普通高等医学院校五年制临床医学专业第二轮教材

U0746282

医学统计学

（第2版）

（供临床医学及相关专业用）

主　编　王　玖　艾自胜

副主编　范　华　曹文君　韦　杰　王瑾瑾

编　者　（以姓氏笔画为序）

马永红（西安医学院）

王　玖（滨州医学院）

王瑾瑾（河南中医药大学）

韦　杰（贵州中医药大学）

艾自胜（同济大学医学院）

包　含（内蒙古医科大学）

米术斌（承德医学院）

苏　晶（海南医学院）

张　俊（滨州医学院）

范　华（山东第一医科大学）

唐龙妹（河北医科大学）

曹文君（长治医学院）

秘　书　张　俊

中国健康传媒集团

中国医药科技出版社

内 容 提 要

本教材为"全国普通高等医学院校五年制临床医学专业第二轮教材"之一，根据本套教材编写总体原则、要求和医学统计学课程教学大纲，结合执业医师考试大纲编写而成，内容主要包括绪论、统计描述、正态分布及其应用、参数估计、单组样本的假设检验、两样本定量资料的比较、多组定量资料的比较、定性资料的比较、直线相关与回归、多重回归分析、生存分析、实验设计、调查设计和统计软件。本教材为书网融合教材，即纸质教材有机融合电子教材、教学配套资源（PPT、微课、图片等）、题库系统、数字化教学服务（在线教学、在线作业、在线考试），使教学资源更加多样化、立体化。

本教材供全国普通高等医学院校临床医学及相关专业的师生教学使用。

图书在版编目（CIP）数据

医学统计学/王玖，艾自胜主编 . — 2 版 . —北京：中国医药科技出版社，2023.5（2025.3 重印）

普通高等医学院校五年制临床医学专业第二轮教材

ISBN 978 – 7 – 5214 – 3679 – 2

Ⅰ.①医⋯ Ⅱ.①王⋯ ②艾⋯ Ⅲ.①医学统计 – 统计学 – 医学院校 – 教材 Ⅳ.①R195.1

中国国家版本馆 CIP 数据核字（2023）第 017397 号

美术编辑　陈君杞

版式设计　友全图文

出版　**中国健康传媒集团** | 中国医药科技出版社

地址　北京市海淀区文慧园北路甲 22 号

邮编　100082

电话　发行：010 – 62227427　邮购：010 – 62236938

网址　www.cmstp.com

规格　889 × 1194mm $^1/_{16}$

印张　15 $^1/_4$

字数　477 千字

初版　2016 年 8 月第 1 版

版次　2023 年 5 月第 2 版

印次　2025 年 3 月第 2 次印刷

印刷　北京盛通印刷股份有限公司

经销　全国各地新华书店

书号　ISBN 978 – 7 – 5214 – 3679 – 2

定价　55.00 元

获取新书信息、投稿、为图书纠错，请扫码联系我们。

出版说明

为了贯彻《中共中央、国务院中国教育现代化2035》"加强创新型、应用型、技能型人才培养规模"的战略任务要求，落实《国务院办公厅关于加快医学教育创新发展的指导意见》，紧密对接新医科建设对医学教育改革的新要求，满足新时代医疗卫生事业对人才培养的新需求，中国医药科技出版社在教育部、国家药品监督管理局的领导下，通过走访主要院校对2016年出版的"全国普通高等医学院校五年制临床医学专业'十三五'规划教材"进行了广泛征求意见，有针对性的制定了第二版教材的出版方案，旨在赋予再版教材以下特点。

1.立德树人，融入课程思政

把立德树人贯穿、落实到教材建设全过程的各方面、各环节。课程思政建设应体现在知识技能传授中厚植爱国主义情怀，加强品德修养、增长知识见识、培养奋斗精神，不断提高学生思想水平、政治觉悟、道德品质、文化素养等。医学教材着重体现加强救死扶伤的道术、心中有爱的仁术、知识扎实的学术、本领过硬的技术、方法科学的艺术的教育，培养医德高尚、医术精湛的人民健康守护者。

2.精准定位，培养应用人才

坚持体现《中共中央、国务院中国教育现代化2035》"加强创新型、应用型、技能型人才培养规模"的战略任务，落实《国务院办公厅关于加快医学教育创新发展的指导意见》中"立足基本国情，以服务需求为导向，以新医科建设为抓手，着力创新体制机制，分类培养研究型、复合型和应用型人才"的医学教育目标，结合医学教育发展"大国计、大民生、大学科、大专业"的新定位，注重人才培养应从疾病诊疗提升拓展为预防、诊疗和康养，以健康促进为中心，服务生命全周期、健康全过程的转变，精准定位教材内容和体系。教材编写应体现以医疗卫生事业需求为导向，以岗位胜任力为核心，以培养医工、医理、医文学科交叉融合的高素质、强能力、精专业、重实践的本科医学人才培养目标。

3.适应发展，优化教材内容

必须符合行业发展要求。构建教材内容结构，要体现医疗机构对医学人才在临床实践能力、沟通交流能力、服务意识和敬业精神等方面的要求；体现临床程序贯穿于教学的全过程，培养学生的整体临床意识；体现国家相关执业资格考试的有关新精神、新动向和新要求；注重吸收行业发展的新知识、新技术、新方法，体现学科发展前沿，并适当拓展知识面，为学生后续发展奠定必要的基础；满足以学生为中心而开展的各种教学方法的需要，充分发挥学生的主观能动性。

4. 遵循规律，注重"三基""五性"

遵循教材规律。针对普通高等医学院校本科医学类专业教学需要，教材内容应注重"三基"（基本知识、基础理论、基本技能）、"五性"（思想性、科学性、先进性、启发性、适用性）；内容成熟、术语规范、文字精炼、逻辑清晰、图文并茂、易教易学；注意"适用性"，即以普通高等学校医学教育实际和学生接受能力为基准编写教材，满足多数院校的教学需要。

5. 创新模式，提升学生能力

加强"三基"训练，着力提高学生分析问题和解决问题的能力。在不影响教材主体内容的基础上要保留"案例引导""学习目标""知识链接""目标检测"模块，去掉知识拓展模块。进一步优化各模块的内容，培养学生理论联系实践的实际操作能力、创新思维能力和综合分析能力；增强教材的可读性和实用性，培养学生学习的自觉性和主动性。

6. 丰富资源，优化增值服务内容

搭建与教材配套的中国医药科技出版社在线学习平台"医药大学堂"（数字教材、教学课件、图片、视频、动画及练习题等），实现教学信息发布、师生答疑交流、学生在线测试、教学资源拓展等功能，促进学生自主学习。

本套教材凝聚了省属院校高等教育工作者的集体智慧，体现了凝心聚力、精益求精的工作作风，谨此向有关单位和个人致以衷心的感谢！

尽管所有参与者尽心竭力、字斟句酌，教材仍然有进一步提升的空间，敬请广大师生提出宝贵意见，以便不断修订完善！

数字化教材编委会

主　编　王　玖　艾自胜

副主编　范　华　曹文君　韦　杰　王瑾瑾

编　者　（以姓氏笔画为序）

马永红（西安医学院）

王　玖（滨州医学院）

王瑾瑾（河南中医药大学）

韦　杰（贵州中医药大学）

艾自胜（同济大学医学院）

包　含（内蒙古医科大学）

米术斌（承德医学院）

苏　晶（海南医学院）

张　俊（滨州医学院）

范　华（山东第一医科大学）

唐龙妹（河北医科大学）

曹文君（长治医学院）

秘　书　张　俊

医学统计学是认识医学现象数量特征的重要工具，是医学科研人员和临床医生进行医学科研和临床工作的重要手段。因此，我国医药院校将医学统计学设为医学生的重要基础课程。由于医学统计学的理论知识体系和学习方法有别于其他门类的医学课程，因此被很多医学生认为是一门难学习和难掌握的课程。

为便于学生的学习，本教材在传承和发扬第 1 版编写风格的基础上，对编写内容和组织形式进行了修订与调整。删除了应用和考核较少的二项分布和 Poisson 分布的有关内容、随机区组设计资料的方差分析和秩和检验、重复测量设计的方差分析等内容，增加了生存分析、调查设计和统计软件等内容。本教材特点体现在主要以实际问题为主线来组织统计概念和方法，而不是传统的以统计学方法来组织内容编写；以实际案例为中心精选内容，强化统计思维教育，以解决实际问题为目的，而不追求理论的系统性和完整性，着重培养学生分析处理数据的思维能力。同时，引入电脑统计实验，简要介绍 Excel、SPSS 等统计软件，使学生能够运用统计软件处理实际科研资料，有助于学生从大量的手工计算中解脱出来，在较短的时间内获得更多的专业知识。

本教材是全国普通高等医学院校五年制临床医学专业第二轮教材之一，编者来自全国 11 所普通高等医药院校，他们长期活跃在医学统计学的教学与科研一线，有着丰富的理论与实践经验，教材内容贴近现实，便于教师的教与学生的学。本教材根据临床医学专业执业医师考试医学统计学大纲的基本要求和课程特点编写，内容涵盖：第一章绪论（王玖编写）、第二章统计描述（张俊编写）、第三章正态分布及其应用（苏晶编写）、第四章参数估计（曹文君编写）、第五章单组样本的假设检验（王玖编写）、第六章两样本定量资料的比较（米术斌编写）、第七章多组定量资料的比较（唐龙妹编写）、第八章定性资料的比较（范华编写）、第九章直线相关与回归（包含编写）、第十章多重回归分析（王瑾瑾编写）、第十一章生存分析（艾自胜编写）、第十二章实验设计（韦杰编写）、第十三章调查设计（马永红编写）、第十四章统计软件（第一、二节王玖编写，第三节艾自胜编写）等内容，附录部分除了常用统计用表外还有希腊字母表、统计符号及教材内容思维导图。本教材适合普通高等医学院校临床医学、口腔医学、药学专业及其他相关专业师生教学使用。

本教材在编写修订过程中得到了所有编者及其所在单位领导的高度重视和大力支持，在此表示衷心的感谢。

由于知识能力所限，书中难免存在不足之处，真诚希望广大师生提出宝贵意见和建议。

编　者
2022 年 11 月

目 录 CONTENTS

第一章 绪 论

PPT

> 📖 **学习目标**
> 1. **掌握** 统计资料的类型；统计学中的基本概念。
> 2. **熟悉** 统计工作的基本步骤。
> 3. **了解** 医学统计学的概念；医学统计资料的来源；医学统计学的学习方法。
> 4. 学会运用医学统计学的基本知识和方法解释医学实际问题，具备发现问题的科研素质。

第一节 统计学与医学统计学的概念 📱微课1

在日常生活中，我们常接触到"统计"一词，如在媒体中常有统计数据、图表等。而且，一提起统计，容易使人联想到数据汇总，如常听到类似这样的说法：统计一下班中人数、男生数、女生数，出勤率等。从统计发展的历史来看，最初的统计的确主要是数据汇总。但统计发展到今天，统计的内涵已远不是这些，数据汇总仅仅是统计工作的一小部分。

统计学是一门处理数据中变异性的科学与艺术，内容包括收集、分析、解释和表达数据，目的是求得可靠的结果。根据研究领域和研究对象的不同，统计学又可细分为数理统计学（mathematical statistics）、经济统计学（economic statistics）、生物统计学（biostatistics）、卫生统计学（health statistics）、医学统计学（medical statistics）等。

医学统计学是用统计学的原理和方法研究生物医学现象的一门学科。它是结合医学研究与实践活动的特点发展起来的，是统计学的一个分支，侧重于介绍医学研究中的统计学原理与方法。20世纪中期以后，医学统计学逐渐形成一门学科，其在医学研究中的作用也愈显重要。目前，许多国际性医学研究项目均需医学统计学人员参加。我国的《药品注册管理办法》规定新药临床试验必须自始至终有统计学人员参与。目前医学统计学已经成为医学研究领域中的重要组成部分，并是医学各专业本科生和研究生的必修课程。

第二节 统计资料的来源与类型 📱微课2

一、统计资料的来源

医学统计资料的来源是由研究目的、所解决问题决定的。例如医师要考察某新药治疗某病的疗效、医院管理者要了解住院患者的满意度情况，这就需要有关的统计资料（即原始资料），通过对统计资料整理分析后得出结论。医学统计资料主要来自以下四个方面。

1. 常规工作记录 一般业务机构都保存有其常规活动记录。例如，医院病案室长期保存住院患者的病案首页数据，医院人力资源部门保存职工流动情况数据。研究者可根据自己的研究兴趣，从这些数据中获取有关信息。例如，为了研究某病历年来的治疗效果，可利用住院患者病案首页数据库来分析该病的治愈率、并发症发生率及住院天数等。获得常规保存数据相对较容易且真实可靠。但此类资料有其局限性，因这类数据是基于业务工作而不是专门为研究者设立的，可能不能完全满足特定研究的需要。

2. 实验研究   包括实验室记录和临床试验记录。它是生物医学研究的主要数据来源。例如，在药理实验中，将实验动物分配到不同剂量组中，观察动物的反应，然后计算出半数有效量或半数致死量。在新药临床试验中，要详细记录被观察患者的用药及病情变化，作为新药疗效评价的依据。

3. 调查记录   当从常规保存记录中得不到所需数据时，常采用现场调查方法搜集数据。例如，调查某地区糖尿病的患病情况，由于有的糖尿病患者并不住院治疗，甚至有的患者尚未被发现，医院保存的住院病案不能满足研究需要，须进行现场调查。

4. 其他数据   我国每 10 年进行的人口普查数据，每年的中国卫生健康统计年鉴，每 5 年的国家卫生服务调查分析报告等；统计报表，如法定传染病报表、职业病报表、医院工作报表等。这些报表由国家统一设计，要求各级医疗卫生机构定期逐级上报，提供居民健康状况、医疗卫生机构工作和医疗卫生事业发展的主要数据，作为制定卫生工作计划与对策，检查和考核卫生工作效果的依据。另外，还有其他公开发表的有关文献报告等。

二、统计资料的类型

统计离不开数据，数据是统计的基础，因此对数据的统计学性质必须有所了解。研究者对每个观察单位的某项特征进行测量或观察，这种特征称为变量。如"身高""体重""性别""血型""疗效"等。变量的测定值或观察值称为变量值（value of variable），亦称资料（data）。

按变量值是定量的还是定性的，可将变量分为定量变量和定性变量，相应的统计资料分别为定量资料和定性资料。变量的类型不同，其分布规律亦不同，对它们采用的统计分析方法也不同。在处理资料之前，首先要分清变量类型。

1. 定量资料   对每个观察单位用定量的方法测定某项指标量的大小，所得的资料称为定量资料（measurement data），亦称计量资料、数值型资料。如患者的身高（cm）、体重（kg）、红细胞计数（10^{12}/L）、脉搏（次/分）、血压（kPa）等。其特点是有数值大小和计量单位。定量变量分为离散型变量（discrete variable）和连续型变量（continuous variable）两种类型。离散型变量只能取整数值。例如，一个妇女所生子女数、一年里住院患者数等。连续型变量可以取实数轴某一区间内的任何数值。如身高、体重等变量，只要测量精度足够，变量值可以在实数轴上没有间隙地连续变动。

2. 定性资料   将观察单位按某种属性或类别分组，所得的观察单位数称为定性资料（qualitative data）。定性资料亦称计数资料（count data）或分类资料（categorical data）。其观察值是定性的，表现为互不相容的类别或属性。如调查某地某时的男、女性人口数；治疗一批患者，其治疗效果为有效、无效的人数；调查居民的 A、B、AB、O 四种血型的人数等。在数据整理时为便于输入计算机，常采用代码（code）表示各分类水平，例如用 1、2、3、4 分别表示 A、B、AB、O 四种血型。不过这些数仅仅是代码，不能进行计算。根据属性或类别有无大小程度的不同，定性资料又分为定性无序资料和有序资料两类。

（1）定性无序资料（unordered categorical data）   又称名义资料（nominative data），指观察单位按测量结果的某种属性或类别分组，而这些属性或类别没有大小程度的不同。如性别男女、婚姻状况为已婚和未婚、家族史有无等二分类；婚姻细分为未婚、在婚、离异、丧偶、再婚，血型分为 A、B、AB、O 等多分类无序资料。

（2）有序资料（ordinal data）   又称等级资料（ordinal data）、半定量资料（semi - quantitative data），将观察单位按测量结果的某种属性的不同程度分组，所得各组的观察单位数。如患者的治疗结果可分为治愈、好转、有效、无效，一批肾病患者尿蛋白含量的测定结果分为 –、+、++、+++ 等，各种结果既有分类，又有顺序和等级差别，但这种差别却往往不能准确测量。

三、资料的转化

统计分析方法的选用与资料类型密切联系。在资料分析过程中，根据需要可在有关专业理论指导下将资料加以转化，以满足不同统计分析方法的要求。例如，以人为观察单位观察某人群脉搏数（次/分），属定量资料；若根据医学专业理论，定义脉搏数在 60 ~ 100 次/分为正常，<60 次/分或 >100 次/分为异常，按"正常"与"异常"两种属性分别清点人数，汇总后可转化为定性二分类资料；若进一步定义脉搏数 <60 次/分为缓脉，>100 次/分为速脉，按"缓脉""正常""速脉"三个等级分别清点人数，汇总后可转化为等级资料。以上的例子是先获取定量资料后向定性无序或等级资料的转化，只要能在专业理论的支持下，确定不同属性或不同等级的数量界限，这种转化是不难实现的。对于定性变量，在资料分析过程中，为满足某些统计分析方法的要求（如各类回归分析的要求），有时要进行哑变量（dummy variable）编码，一个 k 水平定性变量可用 $k-1$ 个哑变量表示。例如，性别变量 2 个水平，可以设置 gender = 1 表示男性，gender = 0 表示女性；A、B、AB、O 血型 4 个水平，可转化为 3 个哑变量：$X_1 = 1$ 表示"A 型"，$X_1 = 0$ 表示"非 A 型"；$X_2 = 1$ 表示"B 型"，$X_2 = 0$ 表示"非 B 型"；$X_3 = 1$ 表示"AB 型"，$X_3 = 0$ 表示"非 AB 型"。这样 $\{x_1, x_2, x_3\} = \{1,0,0\}$ 就代表"A 型"，$\{x_1, x_2, x_3\} = \{0,1,0\}$ 代表"B 型"，$\{x_1, x_2, x_3\} = \{0,0,1\}$ 代表"AB 型"，$\{x_1, x_2, x_3\} = \{0,0,0\}$ 则代表"O 型"。

值得注意的是，虽然定量资料可以转化为定性资料，然后参与统计分析，但这样损失了资料所提供的信息量。因此，在科研设计阶段应尽可能收集详尽的定量资料，在统计分析阶段可根据研究目的进行资料转化。

> **知识链接**
>
> #### 大数据
>
> 在网络信息化时代，凡是人们用某种载体记录下来的、能反映自然界和人类社会某种信息的，就可称为数据。而大数据是指无法在一定时间内用常规软件工具对其内容进行抓取、管理和处理的数据集合。用传统算法和数据库系统可以处理的海量数据不算大数据。大数据 = "海量数据" + "复杂类型的数据"。步入大数据时代，信息的种类和数量越来越丰富，载体也越来越多。数字是数据，文字是数据，图像、音频、视频等都是数据，数据的含义已经大大超出传统范畴，数据处理的理论、方法、手段日新月异。

第三节　统计学中的基本概念　微课3

一、同质与变异

1. 同质（homogeneity）　具有相同性质的观察单位称为同质的，否则，称为异质的（heterogeneous）。例如调查某地 2022 年正常 10 岁男童的身高，则研究对象是该地 2022 年的正常男童，观察单位是每个 10 岁的男童，观察变量是身高，观察值是每个男童的身高测量值，同一地区、同一年份、同为 10 岁男童构成了研究对象同质的要素。严格地讲，同质是指被研究变量的影响因素完全相同。但在医学研究中，有些影响因素往往是难以控制的（如遗传、营养等），甚至是未知的，所以，在统计学中常把同质理解为对研究指标影响较大的、可以控制的主要因素尽可能相同。例如研究儿童的身高时，要求性别、年龄、民族、地区等影响身高较大的、易控制的因素要相同，而不易控制的遗传、营养等影响因素可以忽略。

2. 变异（variation）　同性别、同年龄、同民族、同地区的健康儿童的身高、体重不尽相同；病情相同的患者服用相同的药物，其疗效也不尽相同，这种个体之间的差异称为个体变异。严格地说，同质基础上的个体某变量值之间的差异称为个体变异。客观世界充满了变异，生物医学领域更是如此。哪里有变异，哪里就需要统计学。若所研究的同质群体中所有个体一模一样，只需观察任一个体即可，无需进行统计研究。

二、总体与样本

个体（individual）又称观察单位（observed unit），是根据研究目的所确定的最基本的研究对象单位。根据不同的研究目的，个体可以是一个人、一只大白鼠、一个家庭、一个地区、一个检测样品、一个采样点等。例如，当观察单位是一个人时，则 100 个观察单位就是 100 个人；当观察单位是检测样品时，则 50 个观察单位就是 50 个检测样品。

根据研究目的而确定的同质观察单位的全体称为总体（population），更确切地说，它是同质的所有观察单位某种观察值的集合。例如调查某地 2022 年 7 岁正常男童的身高，则观察对象是该地 2022 年全体正常 7 岁男童，观察单位是每个男童，观察值（变量值）是测得的身高值，该地 2022 年全体 7 岁正常男童的身高值构成一个总体。它的同质基础是同一地区、同一年份、同一年龄的正常男童。这里的总体明确规定了空间、时间、人群范围内有限个观察单位，称为有限总体（finite population）。在另一些情形下，总体的概念是设想的或抽象的，如研究某种药物治疗慢性前列腺增生症的疗效，这里总体的同质基础是慢性前列腺增生症患者，该总体应包括用该药治疗的所有前列腺增生症患者的治疗结果，没有时间和空间范围的限制，其观察单位的全体数只是理论上存在的，因而可视为"无限"，称为无限总体（infinite population）。

正常情形下，为节省人力、物力、财力和时间，许多医学研究都采取从总体中抽取样本（sample），根据样本信息来推断总体特征的方法，即抽样研究（sampling research）的方法来实现，这种从总体中抽取部分观察单位的过程称为抽样（sampling）。为保证样本的代表性，抽样时必须遵循随机化（randomization）原则，从总体中随机抽得的部分观察单位，其实测值的集合称为样本，该样本中所包含的观察单位数称为该样本的样本含量（sample size）。如上例，可从某地 2022 年 7 岁正常男童中，随机抽取 110 名男童，逐个进行身高测量，得到 110 名男童的身高测量值，组成样本；也可从就诊的前列腺增生症患者中，随机抽取 100 名患者，并观察治疗前和治疗一段时间后的病情变化，例如，前列腺容量的变化，组成反映治疗结果的样本。注意，获取样本仅仅是手段，通过样本信息来推断总体特征才是研究的目的。

三、参数与统计量

1. 参数（parameter）　是描述总体的统计指标，如总体均数、总体率等。总体参数是固定的常数。多数情况下，总体参数是不易知道的，但可通过随机抽样抽取有代表性的样本，用算得的样本统计量估计未知的总体参数。

2. 统计量（statistic）　是描述样本的统计指标，如样本均数、样本率等。样本统计量可用来估计总体参数。统计量是在总体参数附近波动的随机变量。统计学关心的常是总体参数的大小，其依据却是统计量。

四、误差

误差（error）泛指实测值与真值之差、样本统计量与总体参数之间的差别。按其产生原因和性质可分为随机误差（random error）与非随机误差（nonrandom error）两大类，后者又可分为系统误差（systematic error）与过失误差（gross error）两类。

1. 随机误差 是一类不恒定的、随机变化的误差，由多种尚无法控制的因素引起。例如，在研究过程中，在同一条件下对同一对象反复进行测量，每次测量结果会出现一些随机变化即随机测量误差（random error of measurement），以及在抽样过程中由于抽样的偶然性而出现的抽样误差（sampling error）。

随机误差是不可避免的，在大量重复测量中，它可出现或大或小、或正或负的呈一定规律性的变化。但由于造成随机误差的影响因素太多、太复杂，以至于无法掌握其具体规律。随着科学的发展与社会的进步，有些随机误差可能会逐渐被认识而得以控制。随机误差呈正态分布，可用统计学的方法进行分析。

2. 系统误差 是实验过程中产生的误差，它的值或恒定不变，或遵循一定的变化规律，有方向性、系统性或周期性地偏离真值。其产生原因往往是可知的或可能掌握的固定因素。例如，仪器未校准，受试者抽样不均匀、分配不随机，不同实验者个人感觉或操作上的差异，外环境非实验因素的不平衡等。因而应尽可能设法预见到各种系统误差的具体来源，力求通过周密的研究设计和严格的技术措施加以消除或控制。

3. 过失误差 在实验过程中由研究者偶然失误而造成的误差称为过失误差，如仪器失灵、抄错数字、点错小数点、写错单位等。这类误差应当通过认真检查核对予以清除，否则将会影响研究结果的准确性。

五、概率与频率

样本中某事件的发生可用频率（relative frequency）来表达。例如治疗 30 名患者，治愈 27 人，则治愈率为 27/30 = 90%，即为样本频率。而概率（probability）是描述随机事件发生可能性大小的一个度量。设在相同条件下，独立地重复 n 次试验，随机事件 A 出现 f 次，则称 f/n 为随机事件 A 出现的频率。当 n 逐渐增大时，频率 f/n 始终在一个常数左右作微小摆动，则称该常数为随机事件 A 的概率，可记为 $P(A)$，简记为 P。一个随机试验有几种可能结果，在重复进行试验时，个别结果看起来是偶然发生的，但当重复试验次数相当大时，总有某种规律性出现。例如，投掷一枚质地均匀的硬币，结果不外乎出现"正面"与"反面"两种，历史上有些人对此作过试验并得到如下结果：

实验者	投掷次数	出现"正面"次数	频率
Buffon	4040	2048	0.5069
K. Pearson	12000	6019	0.5016
K. Pearson	24000	12012	0.5005

可见，在相同条件下重复试验，试验结果为"正面"或"反面"虽不能事先断定，但我们知道试验的所有可能结果只有两种。

在实际工作中，当概率不易求得时，只要观察单位数足够多，可将频率作为概率的估计值。但在观察单位数较少时，频率的波动性很大，用于估计概率是不可靠的。

随机事件概率的大小介于 0 与 1 之间，即 $0 < P < 1$，常用小数或百分数表示。P 越接近 1，表示事件发生的可能性越大，P 越接近 0，表示事件发生的可能性越小。$P = 1$ 表示事件必然发生，称为必然事件；$P = 0$ 表示事件不可能发生，称为不可能事件。这两类事件具有确定性，不是随机事件，但可视为随机事件的特例。统计分析中的很多结论都基于一定可信程度下的概率推断，习惯上将 $P \leq 0.05$ 称为

小概率事件，表示在一次实验或观察中该事件发生的可能性很小，可视为很可能不发生。

第四节　统计工作的基本步骤 [e]微课4

医学研究中的统计工作包括研究设计、数据搜集、数据整理、统计分析四个基本步骤。

一、研究设计

在从事疾病调查、临床试验、实验室研究等工作之前，要事先做好研究设计（research design），也就是事先对研究做出具体计划。研究设计包括专业设计和统计设计两方面，专业设计以专业为出发点，有其个性，如选题、形成假说、干预措施、实验对象、实验方法等；统计设计围绕专业设计进行，考虑如何对资料进行收集、整理和分析，如样本来源、样本量、干预措施的分配、统计设计类型、测量指标的选择等，有共性。这里我们主要指统计设计，它是影响研究能否成功的关键环节，是提高观察或实验质量的重要保证。

根据对研究对象是否施加干预措施，可将研究分为观察性研究和实验性研究两大类。观察性研究对研究对象不施加任何干预措施，主要通过现场调查获取数据；调查之前，需要事先对研究目的、对象、内容、方法、进度、预期结果等做出周密的计划，此称为调查设计（survey design），详见第十三章。

实验性研究包括动物实验研究和临床试验研究（后者的研究对象为人），实验研究需要对研究对象施加干预措施，其相应的设计称为实验设计（experimental design），实验设计应遵循随机化（randomization）、对照（control）、重复（replication）三个基本原则，临床试验设计还须遵从人道主义和医学伦理学的原则，详见第十二章。

二、数据搜集

搜集资料（collection of data）指应采取措施使能取得准确可靠的原始数据（数据的主要来源详见第二节）。不管是常规保存数据、实验数据还是现场调查数据，搜集时均应遵循准确、完整、及时三个原则。为此，数据搜集人员应该是整体素质好、工作热情高、责任心强并接受过统一严格培训的人员。

三、数据整理

数据整理（data sorting）又称数据清理（data cleaning），是将搜集到的原始数据系统化、条理化，以便进一步计算统计指标和进行深入分析。

清理是指对原始数据的检查、核对和错误纠正。可对数据进行预处理，实施逻辑查错。对于定量变量，可查看最大值、最小值、平均值，看看这些值是否与实际相符。例如，发现年龄最大值超过 150 岁或存在负值，就需要查看原始数据，核查是记录有误还是计算机输入有误。对于定性变量，可查看每一分类的频数，如果发现有与实际不相符的分类，就应该进行检查、核对并纠正。

系统化和条理化是指根据研究目的将原始数据合理分组、归纳汇总等，以便进一步进行分析。例如，如果要分析对比某项指标的性别差异，必须将原始数据分男女两组归纳汇总；如果还要分析对比某项指标的年龄差异，可将原始数据在按性别分组的基础上，再按不同年龄分组汇总等。分组可分质分组与量分组，或界于两者之间的等级分组等方式，分别获取相应类型的资料。

四、统计分析

统计分析（statistical analysis）又称分析资料（analysis of data），是统计学的核心组成部分，主要包括统计描述、统计推断。

统计描述（statistical description）指选用恰当的统计指标和合适的统计表与统计图，对资料的数量特征及其分布规律进行测定和描述。包括平均数、发生率及其变异指标（如标准差、变异系数）的计算，统计图表的绘制等。

统计推断（statistical inference）是由样本数据对其相应总体做出估计或决策的过程，包括参数估计和假设检验。

统计工作的四个基本步骤是紧密联系、不可分割的整体，缺少或忽视任何一步，都会影响整个研究的结果。

第五节 医学统计学的学习方法

要想学好统计学，首先要掌握教材中的基本概念。这些概念很重要，但不能死记硬背，要通过理解来加强记忆，要抓住要点，能用自己的认识和语言表达出来。同时，能联系实际或其他课程的知识，将它们具体落实到每一个概念和范畴上去，因为这些概念都是从具体实践中抽象出来的，学习时要能够返回到具体实践中去。只要抓住各个概念的要点，结合实际例子学习，是不难记忆和使用的。

其次，统计学中的方法很多，许多计算公式需要理解并会运用。仅仅具有数学基础和记住计算公式是远远不够的，因为医学统计学是一门方法论的科学，它所研究的是生物医学现象的数量方面，不同于纯数学，如果对生物医学现象认识不清，即便背熟了计算公式，也未必能做到灵活运用。学生从统计课中学到的不是公式、技巧或推理，而是一些基本概念和方法，培养把这些基本概念和方法应用到他们的专业以及日常生活之中的统计学思维。

再次，重视统计软件辅助学习。使用计算机和统计软件可帮助学生克服学习统计学的障碍，使学生从烦琐的计算中解脱出来，让他们把精力集中在对统计过程和概念的理解上，正确领悟统计学思想以及统计软件所输出的结果，并在论文中做出适当的解释与表达。因此，熟练使用统计软件也是学习好医学统计学的一个基本要素，在实际工作中，绝大多数的统计分析工作需要使用有关统计软件实现。但需要注意的是统计分析不等于统计计算，统计软件可减轻统计计算的压力，但统计软件不能代替统计思维。学生不仅应注重掌握数据统计分析方法的选择而且应注重结果的解释，以提高分析问题和解决问题的能力。

总之，正确理解基本概念，掌握研究设计和统计分析方法，提高实际动手能力，并在实践中加深理解是学好医学统计学的关键。只有把学习医学统计学与实际医学研究工作结合起来，才能真正理解有关的基本概念和统计方法。

目标检测

答案解析

一、最佳选择题

1. 下面的变量中，属于定性变量的是（   ）。

    A. 脉搏   B. 血型   C. 肺活量   D. 红细胞计数   E. 血压

2. 下面的变量中，属于定量变量的是（   ）。

    A. 性别   B. 体重   C. 血型   D. 职业   E. 民族

3. 某人记录了 50 名患者体重的测定结果：小于 50kg 的 13 人，介于 50kg 和 70kg 间的 20 人，大于 70kg 的 17 人，此种资料属于（　　）。

    A. 定量资料　　　　　　　　　B. 分类资料　　　　　　　　　C. 有序资料

    D. 二分类资料　　　　　　　　E. 名义变量资料

4. 若要通过样本作统计推断，样本应是（　　）。

    A. 总体中典型的一部分　　　　　　　　　B. 总体中任一部分

    C. 总体中随机抽取的一部分　　　　　　　D. 总体中选取的有意义的一部分

    E. 总体中信息明确的一部分

5. 统计量（　　）。

    A. 是统计总体数据得到的量　　　　　　　B. 是反映总体统计特征的量

    C. 是根据总体中的全部数据计算出的统计指标　　　D. 是用参数估计出来的

    E. 是由样本数据计算出的统计指标

6. 统计学中的样本是指（　　）。

    A. 随意抽取的总体中任意部分

    B. 有意识的选择总体中的典型部分

    C. 依照研究者要求选取总体中有意义的一部分

    D. 依照随机原则抽取总体中有代表性的一部分

    E. 总体中任一部分

7. 观察单位为研究中的（　　）。

    A. 样本　　　　　　　　　　　B. 全部对象　　　　　　　　　C. 影响因素

    D. 个体　　　　　　　　　　　E. 总体

8. 抽样的目的是（　　）。

    A. 研究样本统计量　　　　　　　　　　　B. 由样本统计量推断总体参数

    C. 研究典型案例研究误差　　　　　　　　D. 研究总体统计量

    E. 研究样本规律

9. 参数是指（　　）。

    A. 参与个体数　　　　　　　　B. 总体的统计指标　　　　　　C. 样本的统计指标

    D. 样本的总和　　　　　　　　E. 总体均数

10. 关于随机抽样，下列说法正确的是（　　）。

    A. 抽样时应使得总体中的每一个个体都有同等的机会被抽取

    B. 研究者在抽样时应精心挑选个体，以使样本更能代表总体

    C. 随机抽样即随意抽取个体

    D. 为确保样本具有更好的代表性，样本量应越大越好

    E. 随机抽样可以避免随机误差出现

二、名词解释

1. 总体与样本　　　　　　2. 随机抽样　　　　　　3. 变异

4. 等级资料　　　　　　　5. 概率与频率　　　　　6. 随机误差

7. 系统误差　　　　　　　8. 参数　　　　　　　　9. 统计量

三、简答题

1. 简述医学统计工作的基本步骤。

2. 简述误差的种类及各类误差的特点。

四、案例辨析题

某研究者为评价蒲元胃康胶囊治疗胃溃疡的临床疗效和安全性，以常规胃溃疡药物溃疡灵胶囊作为阳性对照。试分析该项研究包含的总体和样本情况。

（王 玖）

书网融合……

本章小结

微课 1

微课 2

微课 3

微课 4

题库

第二章　统计描述

学习目标

1. 掌握　频数分布表的编制；集中趋势和离散趋势的描述；常用相对数指标的用途；统计图、统计表的绘制。

2. 熟悉　率的标准化的意义和计算方法。

3. 了解　应用相对数的注意事项。

4. 学会编制频数分布表、定量数据集中趋势和离散趋势的描述、定性资料描述，具备运用合适统计指标、统计图和统计表进行数据描述的技能。

第一节　定量资料的统计描述 📱微课 l

一、定量变量的频数表与直方图

例 2-1　测量某地正常成年女性红细胞数（$\times 10^{12}/L$），样本（$n = 108$）观测值如下。

4.49	4.02	4.62	4.28	4.18	4.97	4.80	4.16	4.47
4.55	4.45	4.55	4.45	4.41	4.60	4.26	4.03	4.60
4.65	4.94	4.75	4.49	4.24	3.97	4.74	4.67	4.53
4.72	3.70	4.14	4.38	4.48	4.33	4.80	4.44	4.11
4.93	4.82	4.55	3.82	4.30	4.56	4.67	4.61	3.83
3.98	4.90	4.63	3.79	4.49	4.69	4.02	4.45	4.73
4.05	4.73	4.19	4.93	4.33	4.76	4.57	4.48	4.02
4.98	5.07	4.86	4.83	3.91	3.77	4.26	4.00	4.07
4.62	4.43	4.43	4.23	4.33	4.95	4.88	4.64	4.45
4.75	4.67	5.11	4.48	4.06	5.05	5.06	4.29	4.20
4.93	4.55	4.11	4.19	4.64	4.14	4.52	4.71	4.63
4.78	4.52	4.33	4.37	4.11	4.48	4.28	3.93	4.78

【解析】本组资料是收集得到的原始资料，无法体现资料分布特征，数据多、排列杂乱无章；因此在描述这组资料的特征之前需要对资料进行整理。首先可以采用频数图、表来进行描述其特征。

（一）频数表

在观察值个数较多时，为了解一组同质观察值的分布规律并为下一步指标的计算奠定基础，可编制频数分布表，简称频数表。

对于例 2-1 的资料，可先编制频数分布表，了解数据分布特征。频数分布表编制步骤如下。

（1）计算全距（range）　全距即观察值中最大值和最小值之差，用 R 表示。本例最大值为 5.11，最小值为 3.70，则全距 $R = 1.41$。

（2）确定组数和组距　根据样本含量的大小确定"组段"数，一般设 8～15 个组段，观察单位较少时组段数可相对少些，观察单位较多时，可设置多个组段，常用全距的 1/10 取整做组距，以便于汇总和计算。本例组距 $i = R/10 = 1.41/10$，取整 $i = 0.2$；第一组段应包括全部观察值中的最小值，最后一组段应包括全部观察值中的最大值并同时写出其下限与上限。各组段的起点和终点分别称为下限和上限，除最后一组段外，其余组段应包含其下限值，但不包含其上限值，其组中值为该组段的（下限 + 上限）/2。相邻两组段的上限之差称为组距。

（3）分组划记并确定频数　根据设置组段汇总原始数据，得出各组段的观察例数，即频数，同时计算频率、累计频数、累计频率（表 2－1）。

表 2－1　某地正常成年女性红细胞计数的频数表

红细胞计数（×10¹²/L） （1）	组中值 （2）	频数 （3）	累积频数 （4）	频率（%） （5）	累积频率（%） （6）
3.70 ～	3.80	5	5	4.63	4.63
3.90 ～	4.00	12	17	11.11	15.74
4.10 ～	4.20	18	35	16.67	32.41
4.30 ～	4.40	22	57	20.37	52.78
4.50 ～	4.60	23	80	21.30	74.07
4.70 ～	4.80	17	97	15.74	89.81
4.90 ～	5.00	10	107	9.26	99.07
5.10 ～ 5.30	5.20	1	108	0.93	100.00
合计		108		100	

（二）直方图

在表 2－1 的基础上绘制直方图（histogram），各条段纵轴标度代表各组段的频数，横坐标轴条段宽度代表组距（图 2－1）。将表 2－1 资料用直方图来表示，可以更直观地看出数据的分布特征。

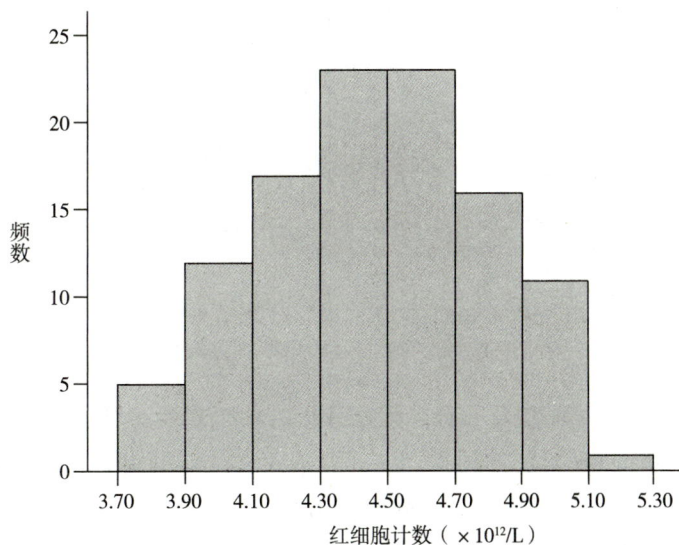

图 2－1　某地正常成年女性红细胞计数的直方图

（三）频数分布表和直方图的用途

1. 揭示频数分布的类型　频数分布分为对称分布和偏态分布。对称分布是指多数频数集中在中央位置，两端的频数分布大致对称，如正态分布或近似正态分布。偏态分布是指频数分布不对称，集中位置为中心，若分布曲线的长尾偏向于正值方向，称为正偏态分布（positive skewness distribution）（图2 - 2）；分布曲线的长尾偏向于负值方向，称为负偏态分布，如冠心病、大多数恶性肿瘤等慢性病患者的年龄分布为负偏态分布（negative skewness distribution）（图2 - 3）。临床上正偏态分布资料较多见，不同分布类型的资料应选用不同的统计描述指标和统计分析方法。

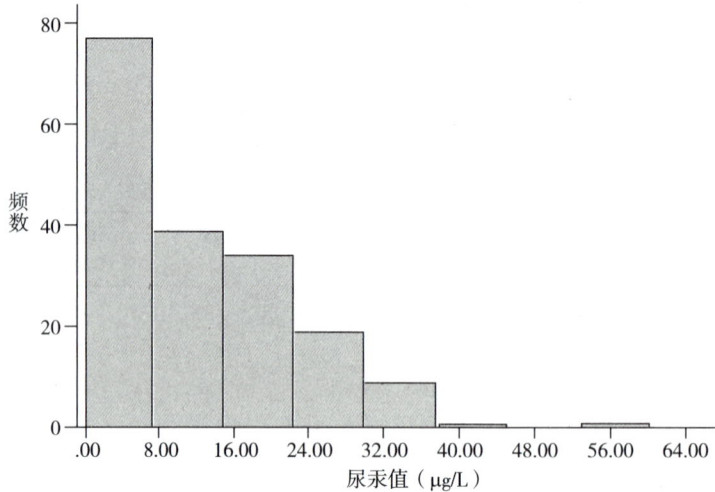

图 2 - 2　某地 180 名正常居民的尿汞值分布（正偏态分布）

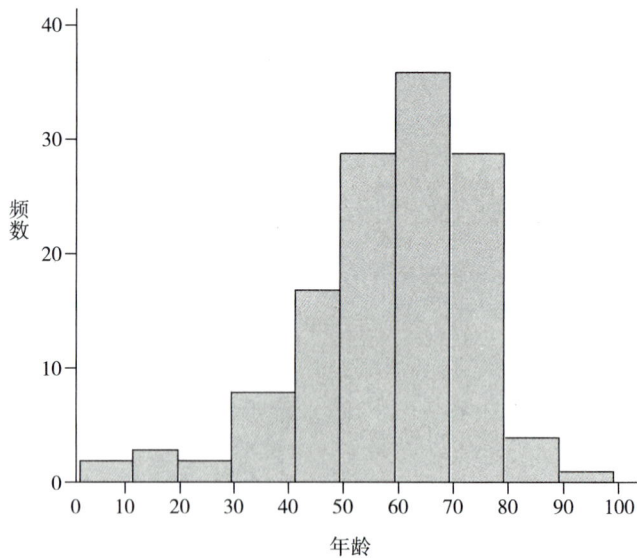

图 2 - 3　某地肿瘤患者年龄分布（负偏态分布）

2. 描述频数分布的特征　由频数表可看出频数分布的两个重要特征：集中趋势（central tendency）和离散趋势（tendency of dispersion）。如例 2 - 1，正常成年女性红细胞数多数集中在中部部分组段，为资料的集中趋势；由中间组段的红细胞数到较高或较低的组段频数逐渐减少，反映了离散程度。对于定量变量资料，可从集中趋势和离散程度两个方面来阐明其规律性。

3. 便于发现某些特大或特小的可疑值　这样利于进一步计算指标和统计处理。

频数表和直方图可以大致反映数据的分布情况，但还不够，需要根据体现出的分布特征选用相应表达集中趋势和离散趋势的统计指标。

二、描述定量资料集中趋势的统计指标

平均数（average）是描述一组同质观察值集中趋势的统计指标，常用指标有均数、几何均数、中位数，用于反映一组观察值的平均水平或中心位置，进行组间数据比较、分析。

（一）算术均数

算术均数（arithmetic mean）简称均数（mean）。常用 $\overline{X}$ 表示样本均数，μ 表示总体均数。均数用于反映一组同质观察值的平均水平，适用于对称分布，尤其是正态或近似正态分布的定量变量资料。均数计算有直接法和加权法。

1. 直接法　计算公式为：

$$\overline{X} = \frac{X_1 + X_2 + \cdots + X_n}{n} = \frac{\sum X}{n} \tag{2-1}$$

式中，X_1，X_2，$\cdots$，X_n 为原始观察值，n 为样本含量，希腊字母 Σ（读作 sigma）是求和符号。如例 2-1 中，用直接法求其均数，即将 108 个原始观察值相加，然后除以样本量 108，平均数等于 $4.46 \times 10^{12}/\text{L}$。

2. 加权法　如果无法获取原始观察值，而只有频数表资料，可用加权法计算均数。计算公式为：

$$\overline{X} = \frac{f_1 X_1 + f_2 X_2 + \cdots + f_k X_k}{f_1 + f_2 + \cdots + f_k} = \frac{\sum fX}{\sum f} \tag{2-2}$$

式中，f_1，f_2，$\cdots$，f_k 表示频数分布表中各组段的频数，X_1，X_2，$\cdots$，X_k 表示组中值，k 表示频数表中的组段数。

如例 2-1，用加权法计算均数，同样可得 108 名正常成年女子红细胞计数为：$4.46 \times 10^{12}/\text{L}$。

$$\overline{X} = \frac{5 \times 3.8 + 12 \times 4 + 18 \times 4.2 + 22 \times 4.4 + 23 \times 4.6 + 17 \times 4.8 + 10 \times 5 + 5.2}{5 + 12 + 18 + 22 + 23 + 17 + 10 + 1} = 4.46 \times 10^{12}/\text{L}$$

注：因用组中值代表相应组段的其他数据，故是近似计算。当样本量较大时与直接法计算结果很接近。

（二）几何均数

几何均数（geometric mean）用 G 表示，适用于观察值之间呈倍数关系变化的资料，或者是数据经对数变换后呈正态分布的资料。例如医学研究中的抗体滴度、细菌计数、某些物质的浓度等。几何均数的计算公式为：

$$G = \sqrt[n]{X_1 X_2 \cdots \cdots X_n} \tag{2-3}$$

或用对数形式：

$$G = \lg^{-1}\left(\frac{\lg X_1 + \lg X_2 + \cdots + \lg X_n}{n}\right) = \lg^{-1}\left(\frac{\sum \lg X}{n}\right) \tag{2-4}$$

例 2-2　某研究者检测了 10 名肝炎患者 HBsAg 滴度倒数分别为：16，16，32，32，64，64，64，256，256，512，欲计算其平均滴度。

该案例资料观察值之间成倍数关系，可用几何均数描述资料集中趋势。

$$G = \lg^{-1} \frac{(2\lg 16 + 2\lg 32 + 3\lg 64 + 2\lg 256 + \lg 512)}{10} \approx 68$$

即 10 名肝炎患者 HBsAg 平均滴度为 1∶68。

（三）中位数

中位数（median）用 M 表示，是将所有观察值由小到大按顺序排列，位次居中的那个数或居中间

位置的两个数的均数。中位数可用于各种分布类型的资料，尤其适用于偏态分布资料、总体分布不清楚或一端或两端无确切数值的资料。计算公式为：

若 n 为奇数，
$$M = X_{(\frac{n+1}{2})} \qquad (2-5)$$

若 n 为偶数，
$$M = \frac{1}{2}\left[X_{(\frac{n}{2})} + X_{(\frac{n}{2}+1)} \right] \qquad (2-6)$$

例 2-3　12 名患者食物中毒的潜伏期分别为：1，2，2，3，3，3，4，5，6，10，16，25 小时，求其平均潜伏期。该资料属于偏态分布资料，可计算其中位数。样本量 $n=12$ 为偶数，计算其中位数可得 3.5 小时。

$$M = \frac{1}{2}\left[X_{(\frac{12}{2})} + X_{(\frac{12}{2}+1)} \right] = \frac{1}{2}(3+4) = 3.5$$

（四）百分位数

百分位数（percentile）用 P_X 表示，X 表示特定的百分位。百分位数是一个位置指标，将一组观察值分为两部分，有 $X\%$ 的观察值比它小，有 $(100-X)\%$ 的观察值比它大。中位数 M 即是 P_{50}。百分位数用于描述一组数据某一百分位位置的水平，多个百分位数结合应用时，可描述一组观察值的分布特征。应用百分位数，样本含量要足够大，否则不宜取靠近两端的百分位数。计算公式为：

$$P_x = L + \frac{i_x}{f_x}(n \cdot x\% - f_L) \qquad (2-7)$$

式中，L 为 P_x 所在组段的下限，i_x、f_x 分别为组距和频数；f_L 为 P_x 所在组段前的各组段的累积频数。

例 2-4　某研究者测得某地 180 名正常人的尿汞值（μg/L），整理得到频数分布表如表 2-2，计算其 P_{25} 和 P_{75}。

表 2-2　某地 180 名正常人的尿汞值（μg/L）频数分布表

尿汞值（μg/L）(1)	频数 (2)	频率（%）(3)	累积频数 (4)	累积频率（%）(5)
0 ~	86	47.78	86	47.78
8 ~	39	21.67	125	69.44
16 ~	31	17.22	156	86.67
24 ~	15	8.33	171	95.00
32 ~	7	3.89	178	98.89
40 ~	1	0.56	179	99.44
48 ~	0	0.00	179	99.44
56 ~ 64	1	0.56	180	100.00
合计	180	100.00	—	—

根据尿汞值频数分布表可知，该资料属于偏态分布。运用百分位数法计算其 P_{25} 和 P_{75}：

$$P_{25} = 0 + \frac{8}{86}(180 \times 0.25 - 0) = 4.19 \mu g/L$$

$$P_{75} = 16 + \frac{8}{31}(180 \times 0.75 - 125) = 18.58 \mu g/L$$

P_{25} 的意义为有 25% 的正常人尿汞值低于 4.19μg/L；P_{75} 的意义为有 75% 的正常人尿汞值低于 18.58μg/L。

知识链接

截尾均数与众数

1. 截尾均数（trimmed mean） 由于均数较易受极端值的影响，因此可以将数据进行排序后，按照一定比例去掉最两端的数据，然后再计算均数。如果截尾均数和原均数相差不大则说明数据不存在极端值，或两侧极端值的影响正好抵消。常用的截尾均数是5%截尾均数，即两端各删除5%的数据。在比赛评分中去掉最高分和最低分后计算得到的均数就是截尾均数。

2. 众数（mode） 是指在统计分布上具有明显集中趋势点的数值，是一组数据中出现次数最多的数值。众数是样本观测值在频数分布表中频数最多的那一组的组中值，常用于大面积普查研究之中。有些数据的分布可以有多个众数。

三、描述定量资料离散趋势的统计指标

离散（dispersion）趋势是指所有观察值偏离中心位置的程度。只有把描述集中趋势和离散趋势的指标结合起来才能全面反映数据的分布特征。常用的描述离散趋势指标包括极差、四分位数间距、方差、标准差、变异系数。

（一）极差

极差（range，R）又称全距，是一组同质观察值中最大值与最小值之差。极差大说明变异程度大，反之，则说明变异程度小。极差反映一组数据的变化范围，常用于传染病、食物中毒等的最短、最长潜伏期等。极差在计算时仅用到最大值和最小值，没有利用全部观察值，易受到极端值的影响，结果不稳定。样本量较大时，出现较大或较小观察值的可能性越大，极差也越大。因此极差只是简略地表达一组数据的变异程度。

（二）四分位数间距

将所有的观察值排序，按照排序位次对数据进行四等分，每一部分的观察值数量占总样本量的25%，四分位数间距（quartile range）就是去取中间50%的观察值并计算该部分极大值和极小值的差值，即所有观察值中 P_{75} 和 P_{25} 的差值。四分位数间距用 Q 表示，即：

$$Q = P_{75} - P_{25} \tag{2-8}$$

四分位数间距越大，说明数据的变异程度越大；反之，四分位数间距越小，说明数据的变异程度越小。由于四分位数间距不受两端个别极大值或极小值的影响，因而四分位数间距较极差稳定，但仍未考虑全部观察值的变异程度，常用于描述偏态分布或分布的一端或两端无确切数值资料的变异程度。四分位数间距常与中位数结合使用描述资料特征。

例2-4的资料属于偏态分布，描述其离散趋势可运用四分位数间距进行计算：

$$Q = P_{75} - P_{25} = 18.58 - 4.19 = 14.39 \mu g/L$$

（三）方差

为全面考虑每个观察值的信息，计算每个观察值 X 与均数 $\overline{X}$ 的平均差距来反映变异程度。为避免正负值抵消，取平方值，即使用方差（variance）来衡量数据的变异程度，计算公式为：

$$S^2 = \frac{\sum (X - \overline{X})^2}{n - 1} \tag{2-9}$$

式中，S^2 为样本方差，X 是观察值，$\overline{X}$ 是样本均数，$n-1$ 称为自由度（degree of freedom）。方差相当于对离均差平方和 $\sum (X - \overline{X})^2$ 取平均值，值越大，说明数据离散程度越大；反之，方差越小，离散程度越小。

（四）标准差

方差的度量单位是原度量单位的平方，将方差开方后其与原数据的度量单位相同。标准差（standard deviation）大，表示观察值的变异程度大；标准差小，表示观察值的变异程度小。标准差适用于呈正态分布或近似正态分布的资料，常与算术平均数一起用来描述资料特征。标准差计算公式为：

$$S = \sqrt{\frac{\sum (X - \overline{X})^2}{n-1}} \qquad (2-10)$$

式中，S 为样本标准差，X 是观察值，$\overline{X}$ 是样本均数，$n-1$ 称为自由度。

（五）变异系数

变异系数（coefficient of variation，CV）常用于比较度量单位不同或均数相差悬殊的两组或多组资料的变异程度。变异系数越大，说明数据的变异程度越大。变异系数计算公式为：

$$CV = \frac{S}{\overline{X}} \times 100\% \qquad (2-11)$$

例 2-5 某地正常成年女性血压收缩压均数为 118.00mmHg，标准差为 4.89mmHg；其空腹血糖均数为 4.80mmol/L，标准差为 0.96mmol/L。试比较血压收缩压和空腹血糖的变异程度。

因两个变量单位不同，此时不宜用标准差值大小直接比较。一般采用变异系数来解决这类问题。分别计算正常成年女性收缩压、空腹血糖的变异系数：

$$血压收缩压\ CV = \frac{4.89}{118} \times 100\% = 4.14\%$$

$$空腹血糖\ CV = \frac{0.96}{4.80} \times 100\% = 20.00\%$$

说明该地正常成年女性血压收缩压变异程度小于空腹血糖变异程度。

第二节 定性资料的统计描述 微课2

对于定性数据常需要计算相对数，常用率、构成比、相对比等指标进行统计描述。

一、相对数

相对数（relative number）是两个有关联的绝对数之比，也可以是两个有关联的统计指标之比。运用相对数比较时将基数进行统一，增强数据的可比性。例如，某病用新疗法 A 治疗 100 人，80 人有效；传统疗法 B 治疗 140 人，100 人有效，仅从有效人数绝对数无法比较两种疗法的有效性，计算 A、B 两种疗法的有效率分别为 80.0%、71.4%；通过有效率的计算可判断出新疗法治疗该病的有效率更高。

（一）率

率（rate）是频率指标，表示在一定时间或空间内某现象发生的例数和可能发生的总例数之比，乘以比例基数，说明某现象发生的强度或频率。比例基数一般用百分率（%）、千分率（‰）、万分率（1/万）和十万分率（1/十万）等表示。通常计算所得的率在小数点前保留 1~2 位整数，计算公式为：

$$率 = \frac{某事物或现象发生的实际数}{可能发生该事物或现象的总例数} \times 比例基数 \qquad (2-12)$$

医学中常用的频率指标有死亡率、年龄别死亡率、死因别死亡率、发病率、患病率、病死率、治愈率等。

例 2-6 某单位共 3650 人，年度体检中新确诊和原患病的慢性病患者共计 370 人，其中高血压患者 207 人。根据该数据资料计算该单位高血压患病率。

$$该单位高血压患病率 = \frac{207}{3650} \times 100\% = 5.67\%。$$

（二）构成比

构成比（proportion）表示某事物内部各组成部分在整体中所占的比重，常以百分数表示，计算公式为：

$$构成比 = \frac{某组成部分的观察单位数}{事物内部的观察单位总数} \times 100\% \qquad (2-13)$$

例 2-6 资料中，该单位体检发现新确诊和原患病的慢性病患者共计 370 人，可应用构成比指标计算该单位各类疾病患者占慢性病患者的构成比例，如高血压构成比 $= \frac{207}{370} \times 100\% = 55.95\%$。

（三）比

比（ratio）又称相对比，比较两个指标时用以反映两个有关联指标间数量上的比值，如 A 指标是 B 指标的若干倍，或 A 指标是 B 指标的百分之几，通常用倍数或分数表示。两个指标可以性质相同，如不同时期某疾病的发病率，也可以性质不同，如体重指数，计算公式为：

$$相对比 = \frac{A\ 指标}{B\ 指标} \qquad (2-14)$$

例 2-7 2020 年我国男性人口数 72334 万人，女性人口数 68844 万人，男女比例相对比 $= \frac{72334}{68844} = 1.05$；说明 2020 年我国男性人口是女性人口的 1.05 倍。

（四）应用相对数的注意事项

1. 计算相对数时分母不宜过小　样本量较小时，用相对数指标描述数据特征不稳定，可靠性差，应该直接用绝对数表示。例如，用某种新疗法治疗某种疾病，共有 5 人接受治疗，3 人有效，此时不宜计算率。

2. 注意构成比和率的区别　构成比是描述某事物内部构成的比例，其分子是分母的一部分。率是一个具有时间概念的频度指标，是描述某事件在一定期间内发生的频率和强度。实际应用中，常将构成比误当成率来描述事件发生频度。

3. 正确计算合计率　对于观察单位数不同的几个率，计算其合计率的时候不能直接计算各个率的平均值，应该将各个率的分子、分母分别求和后再进行合计率的计算。

4. 样本率或构成比存在抽样误差，需进行假设检验　对不同的样本率或构成比进行比较时，不能仅凭样本率的比较就下结论，应对样本率或构成比进行假设检验后再下结论（详见第八章）。

5. 注意资料间的可比性　除了要比较的研究因素之外，影响相对数的其他因素较多，例如，不同地区、不同的年龄结构、不同的病情程度等都有可能造成相对数不同。因此，在进行相对数比较时，除了研究因素之外，要确保其他因素、条件尽量相同或相近。有时为了消除内部构成不同造成的资料间不可比，需要进行率的标准化后再做比较。

二、医学中常用的相对数指标

（一）死亡统计指标

1. 死亡率（death rate, mortality rate） 　又称粗死亡率，表示某年某地每千人口中的死亡人数，反映某地居民的死亡水平，计算公式为：

$$死亡率 = \frac{某年某地死亡人口总数}{同年该地平均人口数} \times 1000‰ \qquad (2-15)$$

某地某年的平均人口数 =（期初人口数 + 期末人口数）/2，也可用某地的期中人口数作为年平均人口数。死亡率计算时要用到某地区的人口数作为基数，因此其计算结果易受到人口内部年龄结构等内部构成的影响。因此，在率的比较中，常比较年龄别死亡率和死因别死亡率。

2. 年龄别死亡率（age-specific death rate） 　表示某年某地各年龄组每千人口中的死亡人数，反映不同年龄段人群的死亡率。年龄别死亡率消除了人口内部年龄结构不同对死亡率的影响。计算公式为：

$$年龄别死亡率 = \frac{某年某地某年龄组死亡人数}{同年该地同年龄别平均人口数} \times 1000‰ \qquad (2-16)$$

3. 死因别死亡率（cause specific death rate） 　表示某年某地每10万人中因某种原因死亡的人数占同年该地平均人口数的比例，反映各类死亡原因的危险程度，常用于死因分析，计算公式为：

$$某死因别死亡率 = \frac{某年某地因某种原因死亡人数}{同年该地平均人口数} \times 100000/10 万 \qquad (2-17)$$

（二）疾病统计指标

1. 发病率（incidence rate） 　表示在一定期间内，某人群中某种疾病新发生的总例数占同期平均人口数的比例，计算公式为：

$$某病发病率 = \frac{某期间某地某病新发生病例数}{同期内该地平均人口数} \times 比例基数 \qquad (2-18)$$

式中，分子是指在一定期间内新确诊（发生）的病例数，不包括在此时间段之前已经确认的病例数；分母是指所有可能会发生该疾病的人口数，一般用同期内平均人口数作为基数计算。比例基数要根据流行病专业要求确定，可为百分率（%）、千分率（‰）、万分率（1/万）和十万分率（1/10万）等。发病率常用于传染病等非慢性疾病的统计学描述。

2. 患病率（prevalence rate） 　表示在一定期间内，某人群中某种疾病新确诊和已经确诊的（旧）病例总数占同期平均人口数的比例，计算公式为：

$$某病患病率 = \frac{某期间某地某病新旧发生病例数}{同期内该地平均人口数} \times 比例基数 \qquad (2-19)$$

患病率常用于慢性疾病的统计学描述，实际应用中要注意区别患病率和发病率的含义和计算。

3. 病死率（case fatality rate） 　表示在一定期间内，患某种疾病的人群中因为该种疾病死亡的频率，表明该疾病的严重程度。病死率常用于传染病的统计，病死率极高的疾病可用死亡率近似估计发病率。计算公式为：

$$病死率 = \frac{某期间内因某病死亡人数}{同期内该病的患病人数} \times 100\% \qquad (2-20)$$

4. 治愈率（cure rate） 　表示接受某种治疗的某种疾病的治愈人数占所有接受该种治疗的患者人数的比例，用于评价药物、手术等的疗效。计算公式为：

$$治愈率 = \frac{接受某种治疗的治愈人数}{接受该治疗的患者人数} \times 100\% \qquad (2-21)$$

三、率的标准化

（一）标准化法的意义和基本思想

比较两组资料的相对数（如患病率、发病率、死亡率等）时，如果两组资料内部构成差异较大，如年龄、病情轻重、工龄等内部构成不同，直接比较两个组的率是不合理的。为消除其内部结构不同对合计率的影响，需要先进行率的标准化。

例2-8 欲比较甲、乙两医院某种疾病的治愈率，资料见表2-3。

表2-3 甲乙两医院某种疾病的治愈率比较

病情	甲医院			乙医院		
	入院人数	治愈人数	治愈率（%）	入院人数	治愈人数	治愈率（%）
轻型	900	738	82.00	650	540	83.08
普通型	600	470	78.33	500	404	80.80
重型	200	126	63.00	550	356	64.73
合计	1700	1334	78.47	1700	1300	76.47

从表2-3看出，乙医院的轻型、普通型、重型每一组的治愈率均高于甲医院相应的组别，但是甲医院的合计治愈率（78.47%）高于乙医院合计治愈率（76.47%）。这是由于甲医院和乙医院入院患者的病例病情程度不一致，甲医院的轻型、普通型、重型病例占总入院病例数的构成比分别为：52.94%、35.29%、11.76%；乙医院的轻型、普通型、重型病例占总入院病例数的构成比分别为：38.24%、29.41%、32.35%；乙医院的重型病例较多，导致其合计治愈率低于甲医院。

为了正确比较甲、乙两医院对某种疾病的治愈率，应将两组数据进行标准化处理，即先将两医院某种疾病的病情程度构成进行统一标准校正，计算出经过标准化后的治愈率，再进行比较。

（二）标准化率的计算

1. 标准化率计算公式 常用的标准化法包括直接法和间接法，本节仅介绍直接法。标准化直接法的计算公式为：

$$P' = \frac{N_1 P_1 + N_2 P_2 + \cdots N_K P_K}{N} = \frac{\sum N_i P_i}{N} \tag{2-22}$$

式中，P' 为标准化率，N_1，N_2，$\cdots N_k$ 为某一影响因素标准构成的每层例数，P_1，P_2，$\cdots P_k$ 为原始数据中各层的率，N 为标准构成的总例数。

2. 标准构成的选取 标准化率计算的关键是选择统一的构成标准，选取标准构成的方法通常有以下三种。

（1）选择用于比较的各个组别例数合计数作为标准构成。

（2）从比较的各组中各选其一作为标准构成。

（3）选取有代表性的、稳定的、数量较大的人群构成作为构成标准，如全国或全省范围的数据作为标准构成。

3. 比较治愈率

（1）选取统一的标准构成 将用于比较的各个组别例数合计数作为标准构成，即将两医院不同病情程度的入院人数分别求和作为各个组的标准构成。

（2）计算预期治愈数 根据两医院各个组的治愈率，计算两医院各组的预期治愈数（表2-4）。

表 2 - 4　标准化后两医院治愈率的比较

病情	标准构成人数	甲医院		乙医院	
		原治愈率（%）	预期治愈数	原治愈率（%）	预期治愈数
轻型	1550	82.00	1271	83.08	1288
普通型	1100	78.33	862	80.80	889
重型	750	63.00	473	64.73	485
合计	3400		2605		2662

（3）计算标准化后的总治愈率　根据式（2-22）分别计算甲、乙两医院的总治愈率：

$$P_{甲}' = \frac{1550 \times 0.82 + 1100 \times 0.7833 + 750 \times 0.63}{3400} = 76.62\%$$

$$P_{乙}' = \frac{1550 \times 0.8308 + 1100 \times 0.808 + 750 \times 0.6473}{3400} = 78.29\%$$

由此可见，经标准化处理后，乙医院的总体治愈率（78.29%）高于甲医院的总体治愈率（76.62%）。

注意：标准化率运用的是标准人口计算的合计率，仅代表相互比较的各组间的相对水平，不能反映各组的实际情况。另外，选取不同的标准构成计算的标准化率是不同的。

第三节　统计表与统计图 🔋 微课 3

统计表和统计图是统计描述的重要工具。对于数据的描述除了前述的统计学指标之外，实际常应用统计表和统计图来描述数据特征，使得数据特征更加直观、形象化。一个简单明了的统计表和统计图可代替冗长的文字描述。

一、统计表

（一）统计表的结构与编制

1. 统计表的结构　统计表由标题、标目、线条、数字和备注构成（表 2-5）。

表 2-5　统计表的结构

横标目名称	纵标目	……	纵标目
横标目	数字		
……			
横标目			
合计			

（1）标题　是统计表的名称，位于表格上方中间位置，表标题须简明扼要，包括时间、地点和内容信息，切中所要表达的目的和内容。

（2）标目　用来说明统计表内数据的含义。标目一般分为横标目和纵标目，如纵标目较多，可设置总标目。横标目列在表的左侧，一般用来表示表中各行数据的意义；纵标目列在表的上方，用来说明各纵列数据的意义。标目设置要按照类别属性，有一定的逻辑性、规律性。

（3）线条　统计表线条不宜用竖线、斜线，常用"三线表"，即表格顶线、底线、分隔线。顶线和底线用来将表格与标题和正文内容分隔，分隔线将纵标目和表格内数据分隔；若表格内标目需要分层或分类表示，可用短横线分隔。

（4）数字 以阿拉伯数字表示。表内的数字必须正确，暂缺与无数字分别以"…""－"表示，数字为"0"应填写"0"，不应有空项。为方便核实与分析，表一般应有合计。

（5）备注 用于表达表内有需要特殊说明的数据，该数据可用"＊"等符号标注；备注列于表格底线下方，不是统计表的必需结构。

2. 统计表的编制原则

（1）内容简单明了，重点突出。一张统计表表达一个中心内容，若有多个内容表达，可分别制作若干张表。

（2）横、纵标目设计合理，符合逻辑。一般将研究对象或研究的主要事物放在横标目（例如实验组、对照组），将研究对象的调研或试验数据放在纵标目（例如有效、无效）。横纵标目一般不宜颠倒。

（3）格式规范。数据表达规范，表内数据小数点位数一致，数据单位和文字表达规范，表格内线条从简。

（4）自明性强，对比性好。自明性即统计表能够让人看明白表达什么，即使不看论文其他内容仅看统计表也能看明白；对比性好是指将相互比较的指标放在一起以便于比较大小、反映特征或规律。

（二）统计表的种类

根据标目属性的复杂程度分为简单表和复合表。

1. 简单表 只按一个主要标志分组，如表2-6，按年龄一个标志分组。

表 2 - 6 2020 年某地不同年龄段男性居民吸烟情况

年龄（岁）	调查人数	吸烟人数	吸烟率（%）
18 ~	175	52	29.7
30 ~	228	63	27.6
40 ~	263	86	32.7
50 ~	213	82	38.5
60 ~	269	71	26.4
合计	1148	354	30.8

2. 复合表 按两个或两个以上主要标志分组，如表2-7将区域和卫生费用类型（卫生总费用和人均总费用）结合起来分组，可以表达不同年份、城市和农村不同费用的情况。

表 2 - 7 2011—2016 年我国城乡卫生总费用比较

年份	卫生总费用（亿元）		人均卫生总费用（元）	
	城市	农村	城市	农村
2011	18571.87	5774.04	2697.50	879.40
2012	21280.46	6838.54	2999.30	1064.80
2013	23644.95	8024.00	3234.10	1274.40
2014	26575.60	8736.80	3558.30	1412.20
2015	31297.85	9676.79	4058.50	1603.60
2016	35458.01	10886.87	4471.50	1846.10

资料来源：《中国卫生健康统计年鉴》。

二、统计图

（一）统计图的结构

统计图包括标题、图域、标目、图例、刻度。统计图标题与统计表标题一样，同样需要简明扼要说明时间、地点和研究内容等要素，位于统计图正下方中央位置，图域一般位于直角坐标的第一象限位置，统计图的标目包括横标目和纵标目，横、纵标目表示横坐标轴和纵坐标轴的数字含义，图例即用不同颜色、形状代表不同的指标注释。刻度是纵轴或横轴上面表示量值大小的记号。

（二）统计图的绘制原则

1. 根据资料特征、研究目的选择合适的统计图。

2. 通常一个图表达一个中心内容，若要将多个指标在一个图中同时呈现，要注意标目、图例要清晰，刻度设置要合理。

3. 注意统计图的数据表达要准确、样式要美观。

（三）描述定量资料常用的统计图

1. 直方图（histogram） 用于表示连续型数值资料的频数分布。以不同直方形面积代表数量，各直方形面积与各组的数量成正比关系，对例2-4资料绘制直方图（图2-2）。

制图要求如下。

（1）一般纵轴表示被观察现象的频数（或频率），横轴表示连续变量，以各矩形（宽为组距）的面积表示各组段频数。

（2）直方图的各直条间不留空隙；各直条间可用直线分隔，也可不用直线分隔。

（3）一般组距取等距，组距不等时，横轴仍表示连续变量，但纵轴是每个横轴单位的频数或频率。

2. 线图（line graph） 适用于连续型资料，以不同的线段升降来表示资料的变化，并可表明一事物随另一事物（如时间）而变动的情况。常见的有纵横轴均为算术尺度，表示时间变化趋势的普通线图（图2-4）。

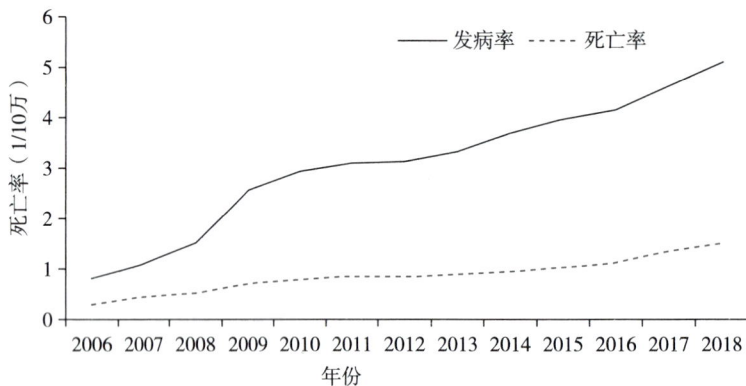

图2-4 2006—2018年我国艾滋病发病率、死亡率

绘制要求（普通线图）如下。

（1）横轴表示某一连续变量（时间或年龄等）；纵轴表示某种率或频数，其尺度必须等距（或具有规律性），横轴和纵轴的刻度都可以不从"0"开始。

（2）同一图内不应有太多的曲线，通常≤5条，以免观察不清。

（3）图线应按实际数字绘制成折线，不能任意改为光滑曲线。

半对数线图（semi-logarithmic linear chart）常用来表示指标消长变化速度，纵轴为对数尺度（通常采用自然对数），横轴为算术尺度（图2-5）。

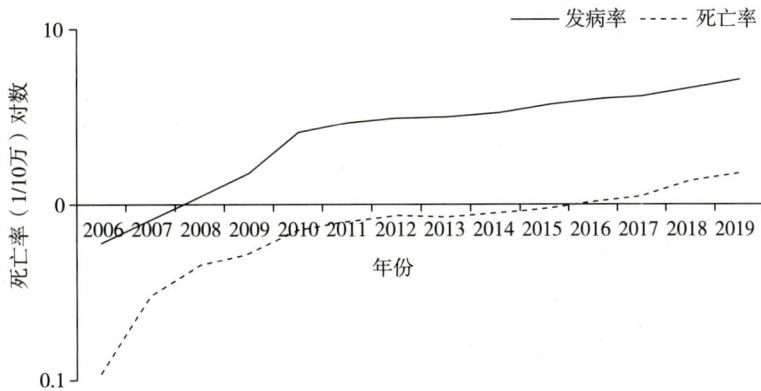

图 2 - 5 2006—2019 年我国艾滋病发病率、死亡率半对数线图

3. 散点图（scatter diagram） 以直角坐标系中各点的密集程度和趋势来表示两种现象间的关系（图 2 - 6）。根据点的散布情况，推测两种事物或现象有无相关，故常在对资料进行相关分析之前使用。

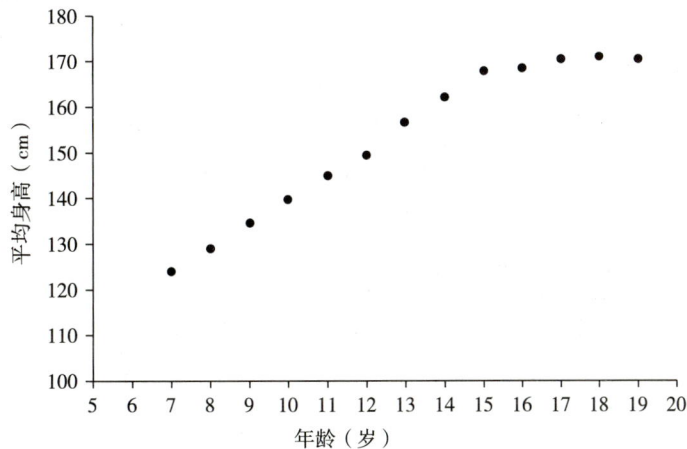

图 2 - 6 7～19 岁青少年男性年龄与平均身高散点图

制图要求如下。

（1）一般横轴代表自变量或可进行精确测量、严格控制的变量，纵轴则代表与自变量有依存关系的因变量。

（2）纵轴和横轴的尺度起点可根据需要设置。

4. 箱式图（box blot） 用于比较两组或多组资料的集中趋势和离散程度，箱式图可以呈现出各组数据的平均水平、四分位数间距、最小值和最大值。箱式图的中间横线表示中位数，箱体的长度表示四分位数间距，两端分别是 P_{75} 和 P_{25}。最外面两端连线有两种表示方法：一种是表示最大值和最小值；另一种是去除离群值后的最大值和最小值，对离群值另作标记。绘制箱式图时纵轴起点不一定从"0"开始（图 2 - 7）。

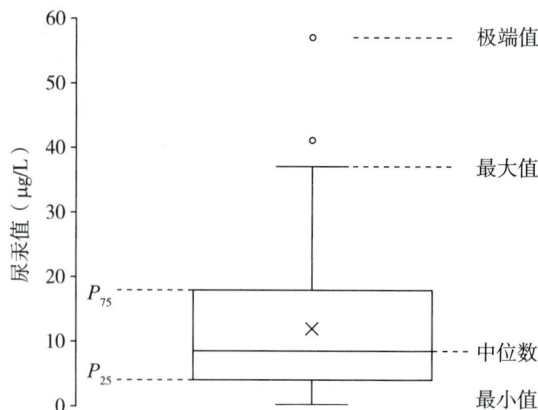

图 2 - 7   正常人尿汞值（μg/L）箱式图

箱式图中表示中位数的横线在箱体中间位置则表明数据呈对称分布。中间横线靠下端则提示右偏态分布。中间横线靠上端则提示左偏态分布。

5. 误差条图（error bar chart）   用于比较多组资料的均值和标准差（或标准误、置信区间）。用线条的高度表示均值的大小，可用"┼"字部分表示均数的标准差或标准误，也可用"工"表示置信区间，上端"—"表示置信区间的上限，下端"—"表示置信区间的下限，中间"丨"的长度表示置信区间的长度。误差条图表示均值的各直条的宽度要相等，直条之间的间隔不必等距（图 2 - 8）。

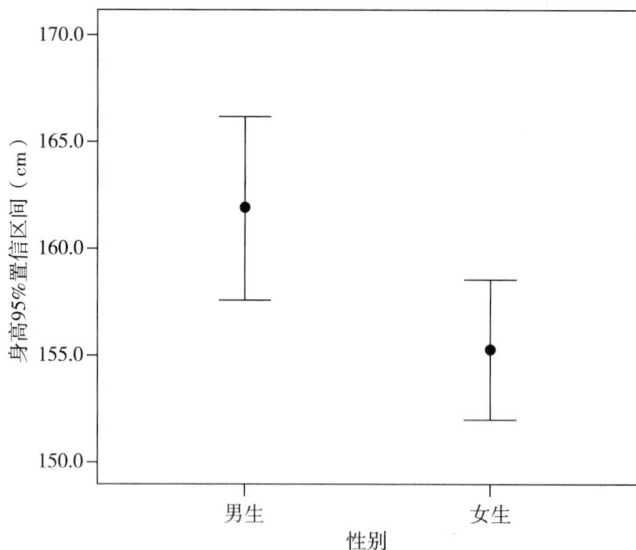

图 2 - 8   某中学初二男生和女生身高误差条图

（四）描述定性资料常用的统计图

1. 直条图（bar chart）   用等宽长条的高度表示按性质分类资料各类别的数值大小，用于表示它们之间的对比关系，一般有单式条图（图 2 - 9）与复式条图（图 2 - 10）。

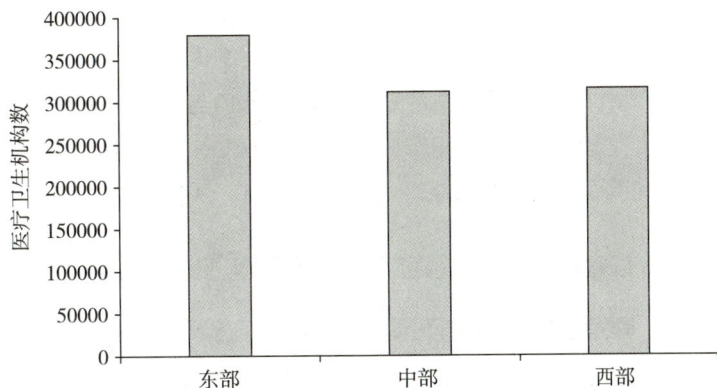

图 2 - 9　2019 年我国不同区域医疗卫生机构数量

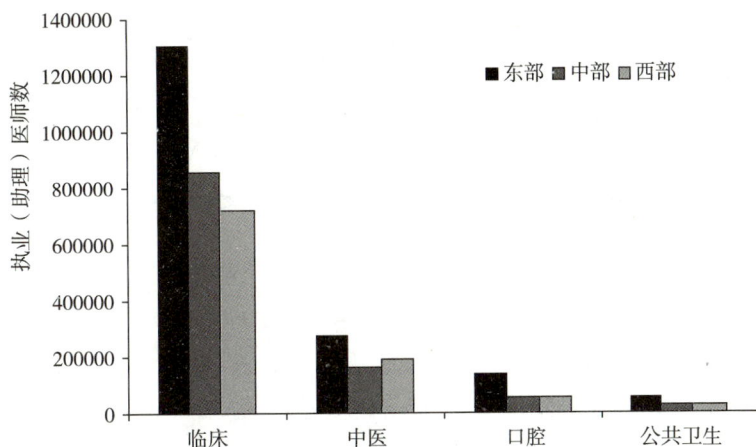

图 2 - 10　2019 年我国不同区域执业（助理）医师数

制图要求如下。

（1）一般以横轴为基线，表示各个类别；纵轴表示其数值大小。

（2）纵轴尺度必须从 0 开始，中间不宜折断，在同一图内尺度单位代表同一数量时，必须相等。

（3）各直条宽度应相等，各直条之间的间隙也应相等，其宽度与直条的宽度相等或为直条宽度的 1/2。

（4）直条的排列通常由高到低，以便比较。

（5）复式条图的绘制方法同上，所不同的是复式条图以组为单位，1 组包括 2 个以上直条，直条所表示的类别应用图例说明，同一组的直条间不留空隙。

2. 圆图（pie chart）　适用于百分构成比资料，表示事物各组成部分所占的比例。以圆形的总面积代表 100%，把面积按比例分成若干部分，以角度大小来表示各部分所占的比重（图 2 - 11）。

制图要求如下。

（1）先绘制大小适当的圆形。由于整个圆的圆心角为 360°，因此每 1% 相当于 3.6°的圆周角，将各部分百分比分别乘以 3.6，即为各构成部分应占的圆周角度数。

（2）圆形图上各部分自圆的 12 点开始由大到小或自

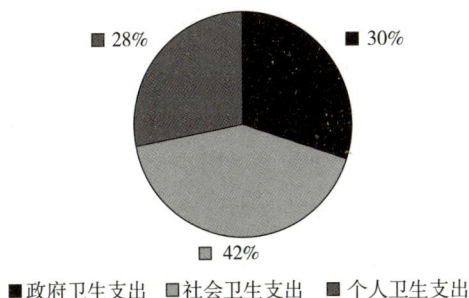

图 2 - 11　2020 年我国卫生总费用筹资结构

然顺序按顺时针方向依次绘制，其他置最后。所得各部分的扇形面积即代表某一构成部分。

（3）圆中各部分用线分开，注明简要文字及百分比或用图例说明。

3. 百分条图（percent chart）   百分条图的意义及适用资料与圆形图相同，不同的是表现形式不一样。百分条图亦称构成条图，是以直条总长度作为100%，直条中各段表示事物各组成部分构成情况。表示多组变量比较内部构成常用百分条图（图2-12）。

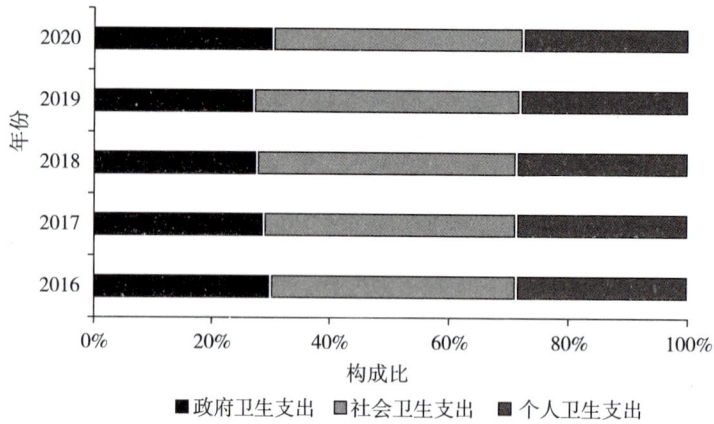

图 2 - 12   "十三五"时期卫生总费用筹资结构

制图要求如下。

（1）先绘制一个标尺，尺度分成5格或10格，每格代表20%或10%，总长度为100%，标尺可绘制在图的上方或下方。

（2）再绘一直线，全长等于标尺的100%，直条宽度可适当选择，一直条内相对面积的大小代表数量的百分比。

（3）直条各部分用线分开并注明简要文字及百分比或用图例说明。

（4）资料一般按各构成由大到小或自然顺序，自左至右依次排列，其他置后。

目标检测

答案解析

一、最佳选择题

1. 呈对称分布的资料宜用（   ）描述其集中趋势。

   A. 几何均数   B. 中位数   C. 算术均数   D. 标准差   E. 四分位数间距

2. 呈偏态分布的资料宜用（   ）描述其离散数据。

   A. 中位数   B. 方差   C. 极差   D. 标准差   E. 四分位数间距

3. 算术均数与中位数相比，其特点是（   ）。

   A. 不易受极端值影响   B. 适合所有分布类型的资料

   C. 利用所有数据信息   D. 因计算复杂，不常用

   E. 常与四分位数间距联合使用描述分布特征

4. 比较某地成年人的舒张压和收缩压的变异程度最适合的指标是（   ）。

   A. 变异系数   B. 标准差   C. 极差   D. 方差   E. 四分位数间距

5. 计算某年某地糖尿病患病率，分子和分母分别是（   ）。

A. 分子是同年该地新确诊的糖尿病患者，分母是平均人口数

B. 分子是同年该地新确诊的和既往已患糖尿病的患者，分母是期初人口数

C. 分子是同年该地新确诊的糖尿病患者，分母是期初人口数

D. 分子是同年该地既往已患糖尿病的患者，分母是期末人口数

E. 分子是同年该地新确诊的和既往已患糖尿病的患者，分母是平均人口数

6. 若某新型治疗方法能够使某种不能治愈的疾病病情减轻并延长生命，则应发生的情况是（   ）。

A. 该病患病率降低   B. 该病患病率增加

C. 该病发病率增加   D. 该病发病率降低

E. 该病发病率和患病率同时降低

7. 描述高血压病的流行病学特征常用的指标是（   ）。

A. 发病率   B. 死亡率   C. 患病率   D. 治愈率   E. 死因别死亡率

8. 关于率的标准化说法正确的是（   ）。

A. 标准化后的标准化率，能够反映当地的实际水平

B. 标准化的方法主要是为了消除组间内部构成不同造成的影响

C. 经标准化后的标准化率主要是为了消除抽样误差

D. 对于所有不具有可比性的资料都可以通过标准化法解决

E. 标准化率和未经标准化的率代表的实际含义相同

9. 在绘制统计表时，下列项目不属于必须项目的是（   ）。

A. 标题   B. 标目   C. 线条   D. 数字   E. 备注

10. 描述定量数据的统计图不包括（   ）。

A. 直条图   B. 直方图   C. 散点图   D. 线图   E. 半对数线图

二、简答题

1. 简述如何编制频数分布表。

2. 定量资料分布类型有哪些？分别用哪些指标描述其分布特征？

3. 简述率的标准化的意义。

4. 常用的统计图有哪几种？分别适用于什么类型资料？

三、计算题

1. 某地 100 名 6 岁男童的身高（cm）测量值如下，试描述该数据的集中趋势和离散趋势。

121.6	122.6	124.0	120.6	123.5	121.5	116.0	122	123.5	121.0
122.5	120.0	121.1	120.5	116.0	120.0	118.5	121.5	125.1	122.5
122.0	126.0	119.0	115.6	123.2	122.1	121.6	121.6	130.2	124.5
124.0	116.8	121.8	125.5	122.0	120.5	115.9	124.3	127.5	120.7
118.2	120.0	119.8	124.0	120.1	115.9	118.6	122.9	119.4	116.9
122.5	119.5	125.0	120.0	125.0	121.0	120.2	118.2	120.8	120.5
120.4	120.6	123.2	121.0	123.5	122.3	120.0	125.0	120.5	118.4
122.6	119.2	122.8	124.6	119.8	119.5	121.5	114.0	123.5	120.3
120.4	121.3	124.2	122.4	122	123.5	118.6	117.5	122.5	130.0
119.5	119.6	119.5	118.4	123.2	123	122	121.5	120.0	116.5

2. 某研究机构检测 12 名流行性出血热患者的抗体滴度，测量值如下，求该数据资料的平均滴度。

| 1：20 | 1：120 | 1：80 | 1：80 | 1：120 | 1：80 |
| 1：40 | 1：40 | 1：160 | 1：320 | 1：320 | 1：160 |

3. 某研究团队调查了某单位职工的高血压患病情况，该单位共有 1346 人，已有高血压患者 186 人，当年体检确认新发现 65 人患高血压。试计算该单位高血压的患病率。

四、案例辨析题

某研究团队调查了两个工厂尘肺病患病情况，调查数据见下表，研究人员比较了两个工厂工人的尘肺病患病率，经计算甲工厂的合计患病率 $P_甲 = \dfrac{18 + 34 + 41}{889 + 1205 + 350} \times 100\% = 3.81\%$；乙工厂的合计患病率 $P_乙 = \dfrac{11 + 21 + 78}{570 + 820 + 980} \times 100\% = 4.64\%$。问该研究者分析是否合适，为什么？若有问题，应该如何处理？

某地甲、乙两工厂尘肺病患病情况

| 工龄（年） | 甲工厂 | | | 乙工厂 | | |
	工人数	患病人数	患病率（%）	工人数	患病人数	患病率（%）
< 6	889	18	2.02	570	11	1.93
6 ~ 10	1205	34	2.82	820	21	2.56
> 10	350	41	11.71	980	78	7.96
合计	2444	93	3.81	2370	110	4.64

（张 俊）

书网融合……

| 本章小结 | 微课 1 | 微课 2 | 微课 3 | 题库 |

第三章　正态分布及其应用

PPT

第一节　正态分布的概念

正态分布（normal distribution）是最重要、最常见的概率分布。1733 年法裔英国数学家棣莫弗（A. de Moivre，1667—1754）在求二项分布的渐进公式时首次导出正态分布。德国数学家、天文学家、地理测量师及物理学家高斯（C. F. Gauss，1777—1855）在研究测量误差时从另一个角度导出正态分布，并率先将其应用于天文学领域的研究，因此正态分布又称为高斯分布（Gaussian distribution）。德国 10 马克纸币四版印有高斯的头像和正态分布曲线，可见正态分布对人类文明具有深远的影响。

第二章讲到对定量资料统计分析时，可以先绘制直方图。直方图以变量值为横坐标，各组段（组距 ΔX）的频率（f/n）为纵坐标（图 3 – 1A），则 $\sum f/n = 1$ 或 100%。如果以变量值为横坐标，各组段频率密度 $[(f/n)/\Delta X]$ 为纵坐标，令 $f(X) = (f/n)/\Delta X$，则 $f(X)\Delta X = f/n$，这样每个直条的面积等于相应组段的频率。随着观察例数的逐渐增加，组距不断变窄，直条变得很细，其顶端中点的连线逐渐形成一条光滑的曲线（图 3 – 1B），该曲线为概率密度曲线，曲线下与横轴上面积为 1 或 100%。曲线若呈现出中间高，两边低，左右对称，形似钟形，近似数学上的正态曲线，则认为资料是正态分布。

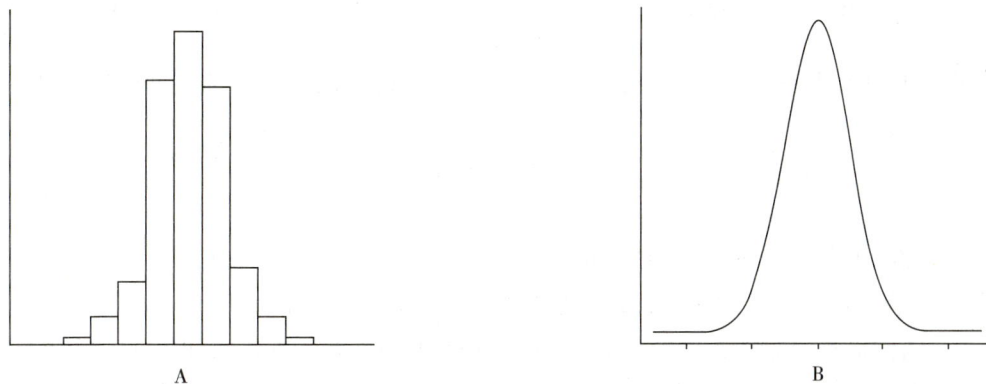

图 3 – 1　直方图逐渐近似正态分布的示意图

若随机变量 X 的概率密度函数为：

$$f(X) = \frac{1}{\sigma\sqrt{2\pi}}e^{\frac{-(X-\mu)^2}{2\sigma^2}}, \quad -\infty < X < +\infty \tag{3-1}$$

则称随机变量 X 服从正态分布，记为 $X \sim N(\mu,\sigma^2)$。式 3-1 中 π 是常数，为圆周率（π 近似等于 3.14159）；e 亦是常数，为自然数（e 近似等于 2.17828）；μ 是参数，为 X 的总体均数；σ 亦是参数，为 X 的总体标准差。

第二节　正态分布的特征 🄴 微课

通过正态分布概率密度函数和正态分布概率曲线，我们可以将正态分布的特征总结为以下 4 点。

1. 正态分布在直角坐标横轴的上方，为单峰的对称分布，以 $X = \mu$ 为轴，左右完全对称。

2. 正态曲线在 $X = \mu$ 处为峰值，值为 $f(\mu) = 1/(\sigma\sqrt{2\pi})$；$X$ 值距 μ 越远，$f(X)$ 值越小，在 $X = \mu \pm \sigma$ 处有拐点，曲线呈钟形，两端与 X 轴永不相交。

3. 正态分布有两个参数，分别是 μ 和 σ。μ 为总体均数，用来描述正态分布的集中位置，决定正态曲线在 X 轴上的位置，因此被称为位置参数；若保持 σ 值不变，改变 μ 值大小，曲线形状不变，沿着 X 轴左右移动（图 3-2）。σ 为总体标准差，用来描述正态分布的离散程度，决定正态曲线的形状，因此它又被称为形状参数；若保持 μ 值不变，改变 σ 值大小，曲线位置不变，σ 值越小，曲线越"陡峭"，σ 值越大，曲线越"平缓"（图 3-3）。

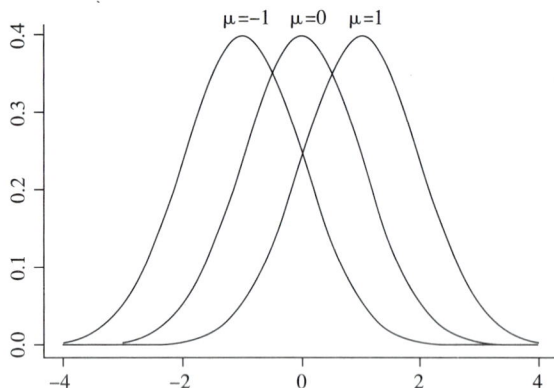

图 3-2　正态分布位置参数变化示意图

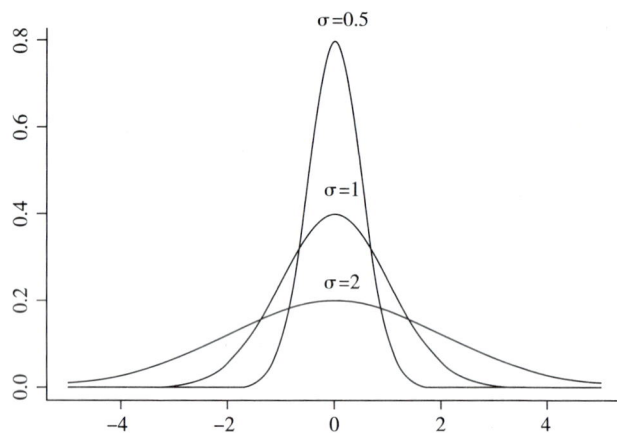

图 3-3　正态分布形状参数变化示意图

4. 正态曲线下面积具有一定规律。正态曲线下一个区间范围内的面积可通过积分公式（3-2）来计算：

$$F(X) = \frac{1}{\sigma\sqrt{2\pi}}\int_{-\infty}^{X} e^{\frac{-(X-\mu)^2}{2\sigma^2}}dX \tag{3-2}$$

式中 $F(X)$ 为随机变量 X 的分布函数。正态曲线下面积的规律有：①随机变量在某区间内取值的概率等于该区间曲线下的面积（图 3-4）；②正态曲线与 X 轴之间面积恒等于 1 或 100%；③对称区域面积相等，$X = \mu$ 两侧面积分别为 50%，越靠近 μ 的区间面积越大；④在区间 $\mu \pm \sigma$ 内曲线下面积为 68.27%，在区间 $\mu \pm 1.64\sigma$ 内曲线下面积为 90%，在区间 $\mu \pm 1.96\sigma$ 内曲线下面积为 95%，在区间 $\mu \pm 2.58\sigma$ 内曲线下面积为 99%（图 3-5）。

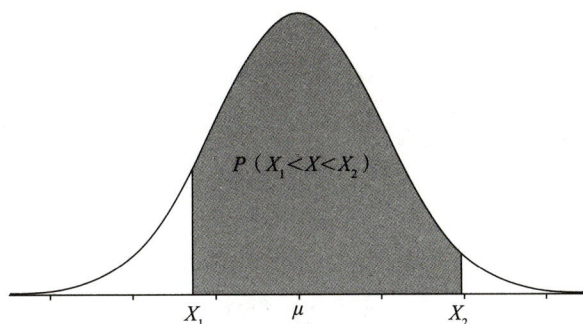

图 3-4　正态曲线下面积示意图

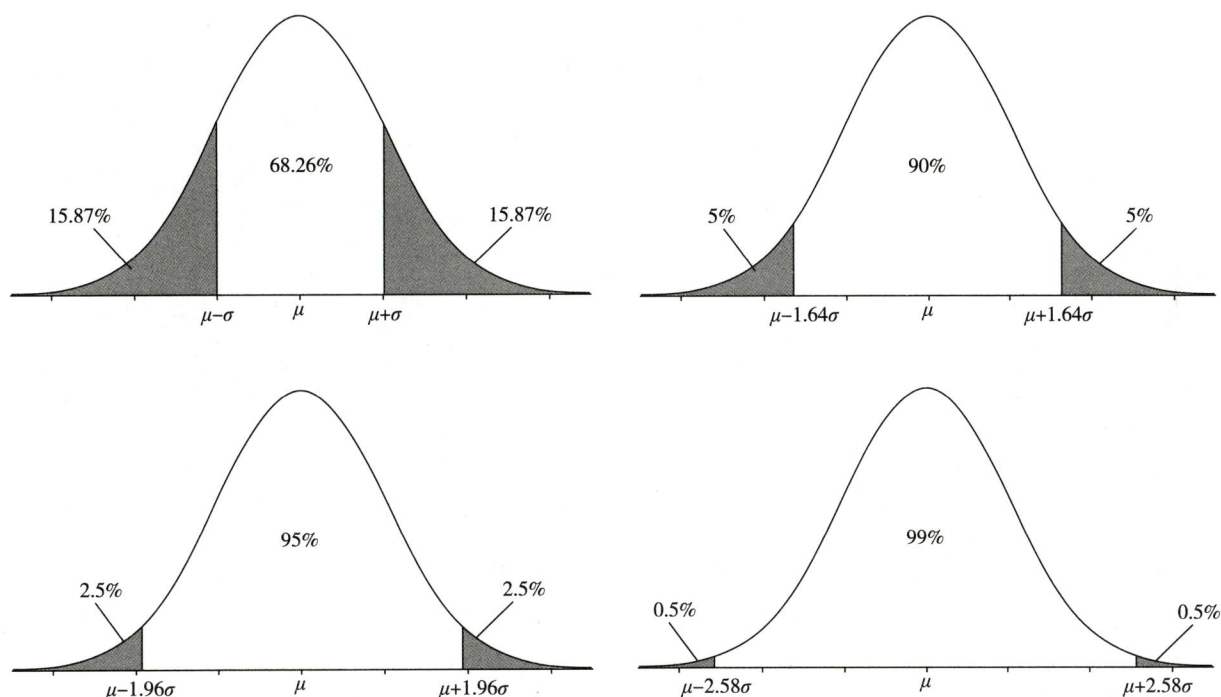

图 3-5　正态曲线下面积分布示意图

正态分布是一个分布族，不同的位置参数 μ 和形状参数 σ 会对应不同的正态曲线。因此，固定区间内曲线下面积不是一个固定值，随着正态曲线位置和形状的变化而变化。

第三节　标准正态分布

标准正态分布（standard normal distribution）又称 Z 分布，是均数为 0，标准差为 1 的正态分布，记为 $Z \sim N(0,1)$。其概率密度函数为：

$$\varphi(Z) = \frac{1}{\sqrt{2\pi}} e^{\frac{-z^2}{2}}, \quad -\infty < Z < +\infty \tag{3-3}$$

概率分布函数为：

$$\Phi(Z) = \frac{1}{\sqrt{2\pi}} \int_{-\infty}^{Z} e^{\frac{-z^2}{2}} dZ \tag{3-4}$$

任意一个服从均数为 μ，标准差为 σ 正态分布 $N(\mu, \sigma^2)$ 的随机变量 X，可通过标准化变换转换为

$\mu = 0$、$\sigma = 1$的标准正态分布，公式如下：

$$Z = \frac{X - \mu}{\sigma} \qquad (3-5)$$

如果总体均数和总体标准差未知，可用样本均数和样本标准差来替代计算Z的估计值。

$$Z = \frac{X - \overline{X}}{S} \qquad (3-6)$$

实际应用时，将关于任意正态分布曲线下面积的问题，通过对随机变量X的标准化变化转换成关于标准正态分布曲线下面积的问题。由式（3-4）制作附表1，即标准正态分布曲线下面积界值表（Z_α表示单侧面积为α的Z界值）。由于标准正态分布曲线以$Z = 0$为轴，左右两侧完全对称，因此界值表中仅列出$-\infty$到负值区间曲线下的面积（图3-6A）。

若$Z > 0$时，求标准正态曲线下（$-\infty, Z$）区间内的面积，直接查附表1可得（图3-6B）：

$$\Phi(Z) = 1 - \Phi(-Z) \qquad (3-7)$$

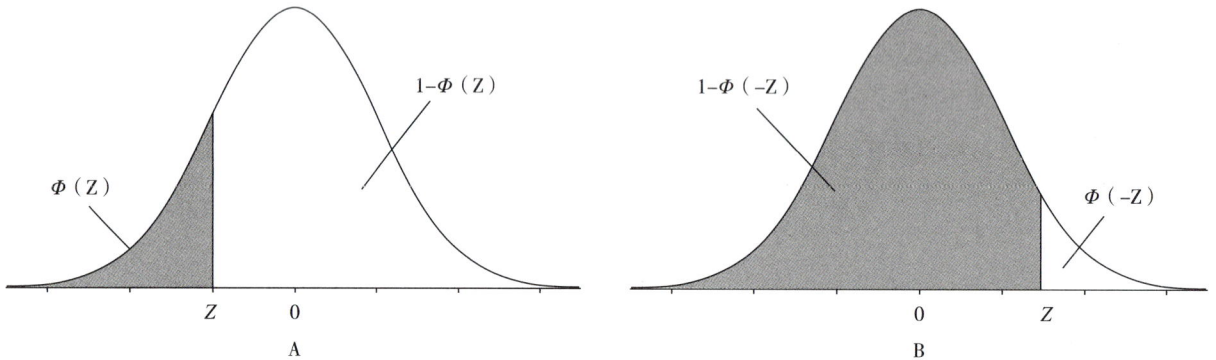

图3-6　标准正态分布曲线下面积示意图

若$Z \sim N(0,1)$，欲求随机变量Z在区间（Z_1, Z_2）内的概率，计算公式为：

$$P(Z_1 < Z < Z_2) = \Phi(Z_2) - \Phi(Z_1) \qquad (3-8)$$

例3-1　若$X \sim N(\mu, \sigma^2)$，估计X取值在（$\mu - 1.28\sigma, \mu + 1.96\sigma$）区间的概率。

首先根据式（3-5）将X取值区间的下限、上限进行标准化变换，得到相对应的Z值：

$$Z_1 = \frac{X_1 - \mu}{\sigma} = \frac{(\mu - 1.28\sigma) - \mu}{\sigma} = -1.28, Z_2 = \frac{X_2 - \mu}{\sigma} = \frac{(\mu + 1.96\sigma) - \mu}{\sigma} = 1.96$$

查附表1，通过式（3-7）和（3-8）计算标准正态曲线下（-1.28，1.96）区间的面积为：

$$P(-1.28 < Z < 1.96) = \Phi(1.96) - \Phi(-1.28) = (1 - \Phi(-1.96)) - \Phi(-1.28)$$
$$= 1 - \Phi(-1.96) - \Phi(-1.28) = 1 - 0.025 - 0.10$$
$$= 0.875$$

即服从均数为μ，标准差为σ正态分布的随机变量X取值在区间（$\mu - 1.28\sigma, \mu + 1.96\sigma$）的概率为87.5%。

第四节　正态分布的应用

一、医学参考值范围

（一）概念

医学参考值范围（medical reference range）传统上称作正常值范围（normal range），指正常人解剖、生理、生化、免疫及组织代谢产物等各项指标的波动范围。医学参考值范围具有非常重要的作用和意义，用以区分"正常"和"异常"的参考标准，为临床诊断疾病或亚健康状态提供参考。

由于存在生物个体变异，即使都是"正常人"，医学指标也会存在差异；即便是同一个"正常人"，在不同时间和内外环境影响下，指标也会有变化。因此，医学参考值范围不可能包含所有"正常人"，仅包含绝大多数"正常人"，通常包含 90%、95%、99%"正常人"，最常用的是 95% 医学参考值范围。

制定医学参考值范围时，需要注意的事项如下。①选取足够多的同质"正常人"作为样本："正常人"不是意味着没有任何疾病的人，而是指排除对该指标有影响的疾病或者有关因素的人群。②确定单、双侧界值问题：有的指标过大或过小均为异常，需要分别制定正常人的下限和上限，应采用双侧界值；有的指标仅过高或过低为异常，仅需要制定上限或者下限，应采用单侧界值；总之，依据医学专业知识来确定。③选择恰当的百分界值：结合医学专业知识、该参考值范围的用途等考虑百分界值的选择，可选择 80%、90%、95%、99% 等。如用于一些敏感疾病的确诊，为避免误诊，可选择 95% 或 99%；如用于筛查、早期诊断，为了避免漏诊，可选择 80% 或 90%。④选择制定医学参考值范围的方法：结合指标的性质、分布类型，参考值范围用途，合理选择制定医学参考值范围的方法。近似服从正态分布或变换后服从正态分布的指标，可选择正态分布法；偏态分布或一端（两端）是不确切值的指标，可选用百分位数法。

（二）医学参考值范围的制定方法

制定医学参考值范围的常用方法有正态分布法和百分位数法。正态分布法要求正常人该指标分布服从正态分布或近似正态分布；百分位数法对指标所服从的分布不做要求，可用于任何分布类型的指标，因此较为常用。两种方法比较来看，正态分布法制定的参考值范围比较稳定，但是该法适用范围较窄；采用百分位数法制定参考值的指标往往波动较大，有极大值和极小值，因此制定的参考值范围不太稳定，常需要较多的例数，实际应用中适用于偏态分布资料。表 3-1 列出相同百分界值医学参考值范围正态分布法和百分位数法的对比。

表 3-1 正态分布法和百分位数法制定医学参考值范围的比较

百分界值（%）	正态分布法			百分位数法		
	双侧	单侧		双侧	单侧	
		下界	上界		下界	上界
90	$\bar{X} \pm 1.64S$	$\bar{X} - 1.28S$	$\bar{X} + 1.28S$	$P_5 \sim P_{95}$	P_{10}	P_{90}
95	$\bar{X} \pm 1.96S$	$\bar{X} - 1.64S$	$\bar{X} + 1.64S$	$P_{2.5} \sim P_{97.5}$	P_5	P_{95}
99	$\bar{X} \pm 2.58S$	$\bar{X} - 2.33S$	$\bar{X} + 2.33S$	$P_{0.5} \sim P_{99.5}$	P_1	P_{99}

1. 正态分布法 对服从正态分布或者经过变量变换服从正态分布的资料，根据正态曲线下面积的分布规律制定医学参考值范围。

例 3-2 检测某地 150 名正常成年男性静脉血中低密度脂蛋白胆固醇（mmol/L），测得值如下，试制定该地正常成年男性低密度脂蛋白胆固醇的 95% 医学参考值范围。

1.26	2.64	4.13	3.49	2.13	3.83	5.38	3.56	2.82	2.04
1.18	2.73	1.99	3.84	0.65	2.07	2.54	3.61	2.91	2.38
3.26	2.98	2.52	4.26	2.49	2.30	3.16	5.65	1.44	2.76
4.60	2.31	2.84	1.32	1.20	2.54	3.22	1.59	1.87	3.38
3.06	3.14	3.61	1.95	2.39	2.58	1.70	2.85	2.28	1.69
3.23	1.88	2.18	1.70	2.43	2.70	2.86	2.87	2.53	3.37
4.12	4.92	3.68	1.87	2.65	3.48	2.89	3.74	3.10	2.78
2.66	2.82	2.31	2.17	2.80	1.65	1.53	4.79	3.85	3.34
2.77	4.79	2.70	2.95	2.97	2.15	2.96	2.16	4.38	4.46
2.94	2.20	3.17	2.96	3.41	2.15	3.56	2.41	3.36	3.46
1.91	3.24	1.82	3.21	2.45	2.49	3.69	3.38	1.86	2.09
2.45	3.45	2.35	3.50	2.49	2.95	3.82	2.32	3.56	4.08
3.14	3.49	2.52	2.68	2.66	3.59	3.23	2.37	4.01	2.58
1.86	3.79	2.53	3.22	2.81	5.05	4.60	1.09	1.88	2.37
2.64	1.87	2.67	3.73	3.30	2.47	1.13	0.59	3.62	2.15

正常人的低密度脂蛋白胆固醇为正态分布，且过高为异常，因此采用正态分布法制定其医学参考值范围，并取单侧上限。

首先计算该地正常成年男性居民低密度脂蛋白胆固醇的均值 $\bar{X} = 2.84$，标准差 $S = 0.92$；再计算单侧95%上限：

$$\bar{X} + 1.64\sigma = 2.84 + 1.64 \times 0.92 = 4.35$$

即该地正常成年男性居民低密度脂蛋白胆固醇的95%医学参考值范围应小于4.35mmol/L。

2. 百分位数法　对于偏态分布或分布不明确或一端（两端）是不确切值的资料，采用百分位数法制定医学参考值范围。

例3-3　研究者随机调查了某省900名女性月经初潮年龄（表3-2），试制定该省女性月经初潮年龄的95%医学参考值范围。

表3-2　某省900名女性月经初潮年龄

年龄（周岁）	人数	累计人数	累计频率（%）
9	2	2	0.2
10	24	26	2.9
11	146	172	19.1
12	307	479	53.2
13	268	747	83.0
14	102	849	94.3
15	43	892	99.1
16	14	896	99.6
17	1	897	99.7
18	1	898	99.8
19	1	899	99.9
20	1	900	100.0

从表3-2可知，月经初潮年龄集中在11~14岁，呈正偏态分布，根据医学专业知识，月经初潮年龄过小或过大均属于异常，故采用百分位数法制定医学参考值范围，且取双侧界值，即计算 $P_{2.5}$ 和 $P_{97.5}$。

采用内插法计算：
$$P_X = L_X + \frac{i_X}{f_X}(nX\% - \sum f_L)$$

$$P_{2.5} = 10 + \frac{1}{24}(900 \times 2.5\% - 2) = 10.1 \text{，} P_{97.5} = 15 + \frac{1}{43}(900 \times 97.5\% - 849) = 15.3$$

即该省女性月经初潮年龄 95% 参考值范围为 10.1 ~ 15.3 岁。

⊕ **知识链接** --

医学参考值范围的评价

当医学参考值范围建立后，要评价是否可以用于医学实践，一般需重新观测一部分健康者和患者，用原观测方法（金标准）与参考值范围判断进行诊断试验评价，需从特异性、敏感性、准确度等方面进行综合评价。实际应用中常采用多指标联合诊断以提高判断的效率。

二、频数频率的估计

如果随机变量服从正态分布，抽样获得样本信息，计算样本均数和样本标准差后，通过正态分布的特征来估计样本来自的总体中任意取值范围内的频数或者频率。

例 3 - 4　某市调查了 150 名 12 岁男童的身高，编制频数表如表 3 - 3，试估计：①该市 12 岁男童身高在 135cm 以下所占的比例；②该市男童身高在 145 ~ 155cm 所占的比例；③该市身高居中的一半男童身高所在的范围。

表 3 - 3　某市 150 名 12 岁男童身高的频数表

身高（cm）	组中值	频数
125 ~	127	1
129 ~	131	4
133 ~	135	9
137 ~	139	38
141 ~	143	45
145 ~	147	37
149 ~	151	11
153 ~	155	4
157 ~ 161	159	1
合计	—	150

先采用加权法计算 150 名男童身高的均数和标准差，得 $\overline{X} = 143.1$，$S = 5.3$；再根据式（3 - 6）对所求身高值进行标准化变换；最后通过查附表 1，结合式（3 - 7）和（3 - 8）进行计算。

①把 $X = 135$ 带入式（3 - 6），得 $Z = \frac{X - \overline{X}}{S} = \frac{135 - 143.1}{5.3} = -1.53$，查附表 1 得 $\Phi(-1.53) = 0.063$，即估计该市 12 岁男童中有 6.3% 的人身高在 135cm 以下。

②分别计算 $X_1 = 145$ 和 $X_2 = 155$ 所对应的 Z 值，得 $Z_1 = 0.36$ 和 $Z_2 = 2.25$；查附表 1 及结合公式（3 - 8）和（3 - 7），得：

$$\Phi(2.25) - \Phi(0.36) = (1 - \Phi(-2.25)) - (1 - \Phi(-0.36)) = \Phi(-0.36) - \Phi(-2.25)$$

$$= 0.3594 - 0.0122 = 0.3472$$

即估计该市 12 岁男童中身高在 145~155cm 之间的儿童所占的比例为 34.72%。

③一半 12 岁男童身高分布的范围，即正态曲线下中间面积为 50%，则一侧面积为 25%。查附表 1，得 $Z_{0.25} = -0.67$，也就是该市 12 岁男童 50% 的儿童身高在 $\bar{X} \pm 0.67S$ 区间，即 139.6~147.7cm。

三、质量控制

质量控制图应用于监控日常生产工作、科研过程误差的变化，分析变化的趋势，及时发现异常，找到产生的原因并及时采取措施。绘制质量控制图的基本理论依据为误差服从正态分布。质量控制图上有中心线（$\bar{X}$）、上下警戒线（$\bar{X} \pm 2S$）和上下控制线（$\bar{X} \pm 3S$），并且有按检测先后依次从左到右排列的检测值序列（图 3-7）。

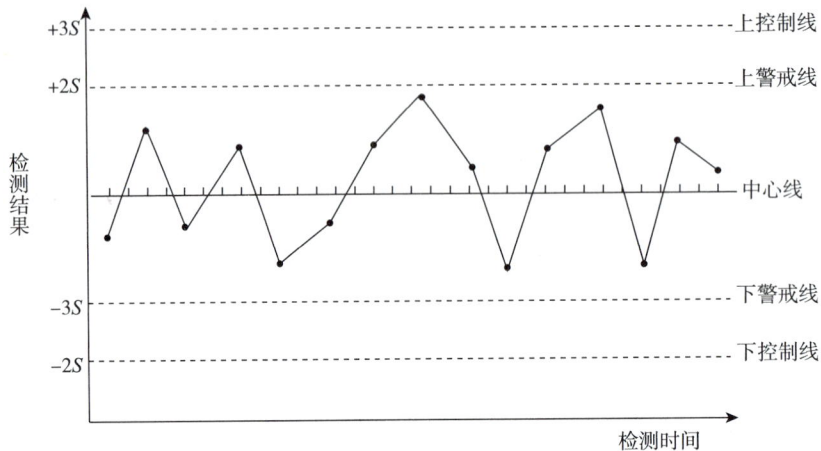

图 3-7 质量控制图

应用质量控制图进行评判的原则：①当检测值位于上下警戒线之内，表明检测过程处于可控状态，分析结果有效；②当检测值超出上下警戒线，但在上下控制线之间，表明检测过程出现问题，可能会导致质量失控，应马上采取应对措施；③当检测值超出上下控制线，表明检测过程已失控，应立即采取措施进行纠正；④当检测值都在可控范围之内，但是连续 7 个点落在中线一侧则表明存在系统误差；⑤连续 7 点呈现递增或递减则表明出现了异常，建议停止实验。

四、统计分析方法的基础

许多统计分析方法要求数据服从正态分布，如 t 检验、方差分析、直线相关与回归分析等；有一些统计分析方法虽然不要求分析数据服从正态分布，但样本量大时，相应的检验统计量近似正态分布，如 Wilcoxon 符号秩和检验。其他概率分布如 t 分布、二项分布、Poisson 分布、χ^2 分布等，当满足一定条件时，都趋于近似正态分布。可见，正态分布是应用最广泛的连续性概率分布，是许多统计学方法的基础。

目标检测

答案解析

一、最佳选择题

1. 正态分布曲线下，横轴上，从 0 到 $+\infty$ 的面积为 （ ）。

    A. 97.5%   B. 95%   C. 90%   D. 50%   E. 参数未知，不能确定

2. 正态曲线越陡峭，说明 （ ）。

    A. μ 越大   B. μ 越小   C. σ 越大   D. σ 越小   E. 无法判断

3. 下列关于医学参考值范围的描述，正确的是 （ ）。

    A. 绝大部分正常人中某个指标的波动范围

    B. 百分界值选取 95%，是因为它最准确

    C. 没有任何疾病的人的解剖、生理、生化等数据的波动范围

    D. 不能根据专业知识确定取单侧界限或双侧界限

    E. 指标值在医学参考值范围之外，一定是异常

4. 评价一名 3 岁女童的身高是否达标，可以 （ ）。

    A. 将这名儿童的身高与其他 3 岁女童身高的均数做差别性检验

    B. 用 3 岁女童身高的 $1-\alpha$ 医学参考值范围评价

    C. 用 3 岁女童身高的均数来评价

    D. 用 3 岁女童身高的 $1-\alpha$ 置信区间来评价

    E. 以上都不对

5. 若 X 服从 μ，σ 为均数和标准差的正态分布，则 X 的第 97.5 个百分位数为 （ ）。

    A. $\mu - 1.64\sigma$ B. $\mu + 1.64\sigma$

    C. $\mu - 1.96\sigma$ D. $\mu + 1.96\sigma$

    E. $\mu + 2.58\sigma$

6. 正常成人的血铅含量 X 近似对数正态分布，拟用 300 名正常人血铅值确定 95% 医学参考值范围，计算公式为 ［其中 $Y = \log (X)$］ （ ）。

    A. $\bar{Y} + 1.96 S_Y$ B. $\bar{Y} + 1.64 S_Y$

    C. $\bar{Y} - 1.64 S_Y$ D. $\lg^{-1}(\bar{Y} + 1.96 S_Y)$

    E. $\lg^{-1}(\bar{Y} + 1.64 S_Y)$

二、简答题

1. 简述正态分布的特征。

2. 简述正态分布的应用。

3. 何谓医学参考值范围？制定医学参考值范围的注意事项有哪些？

4. 估计医学参考值的方法有哪些？它们的适用条件是什么？

三、计算题

1. 3 岁女童的体重近似服从正态分布，假定其平均体重为 14.8kg，标准差为 2.2kg。①随机抽取的一名 3 岁女童，其体重小于 11kg 的概率是多少？②随机抽取的一名 3 岁女童，其体重在 12～16kg 的概

率是多少？③50%的3岁女童体重集中的范围是多少？④制定3岁女童体重的95%医学参考值范围。

2. 测得某地300名正常人尿汞值，其频数表如下。欲根据此资料制定95%参考值范围。

300 例正常人尿汞值（μg/L）频数表

尿汞	0 ~	4 ~	8 ~	12 ~	16 ~	20 ~	24 ~	28 ~	32 ~	36 ~	40 ~	44 ~	48 ~	52 ~	56 ~	60 ~
例数	49	47	58	40	35	22	16	9	9	4	5	–	3	–	2	–

四、案例辨析题

一位口腔医学专业学生研究骨质疏松症对种植体周围骨量的影响，对 Wistar 雌性大白鼠胫骨骨骺端植入羟基磷灰石种植体，术后分别在 28、84 天和 168 天应用骨形态测量学技术探讨种植体周围单位骨量，分析数据整理整理成下表。指导教师提出 3 个测量时间单位骨量的标准差大于均数，应不是正态分布，不能用均数和标准差来描述集中水平和离散程度。请问这个说法是否正确？为什么？

Wistar 雌性大白鼠术后种植体周围单位骨量（%）（$\bar{X} \pm S$）

时间（天）	28	84	168
单位骨量（%）	15.4 ± 20.7	8.5 ± 12.3	7.2 ± 13.6

（苏　晶）

书网融合……

本章小结　　　　微课　　　　题库

第四章　参数估计

学习目标

1. **掌握**　抽样误差与标准误的概念；区分标准差与标准误。
2. **熟悉**　可信区间的概念与含义；根据不同数据特征正确估计总体参数。
3. **了解**　t 分布的概念及其特点。
4. 学会判断统计量的分布类型并根据抽样分布进行参数估计，具备透过现象看本质的科学素养。

参数估计（parameter estimation）是指由样本统计量估计总体参数，常用的方法有点估计和区间估计。区间估计是指按照预先给定的概率，计算出一个区间，使它能在一定的概率保证下包含未知的总体参数。

第一节　抽样分布与抽样误差 @微课1

统计学中，为了描述所研究现象或问题的统计规律，我们常把它视为随机变量，研究该变量的概率分布等特征。如果总体较小且容易得到全部数据，可以采取全面调查。然而，多数情况下全面调查无法实现，虽然理论上可以实现，但由于需要耗费巨大的人力、物力、财力和时间，全面调查并没有必要。因此，抽样调查成了各领域搜集资料的重要手段。抽样调查是从总体中随机抽取具有代表性的样本，并对总体做出估计和推断的一种调查方法。

一、统计量及其抽样分布

统计量是由样本计算得到的，反映样本特征的变量。如样本均数、样本方差和样本标准差等都是统计量。统计量所服从的分布称为"抽样分布"。多数情况下，统计量服从正态分布或近似正态分布，因此正态分布是最常用的抽样分布。

二、抽样误差

例 4 − 1　假定某年某地所有高校女生体重服从正态分布 $N(\mu, \sigma^2)$，其中总体均数 $\mu = 50.1\text{kg}$，标准差 $\sigma = 3.8\text{kg}$。从该总体中随机抽样，每次抽取 20 例（$n_i = 20$），共抽取 100 次，计算每个样本的均数（$\overline{X}_i$）和标准差（S_i），见表 4 − 1。

表 4 − 1　从正态总体 $N(50.1, 3.8^2)$ 抽取的 100 个随机样本的均数和标准差

样本号	$\overline{X}_i$	S_i	95% 可信区间		样本号	$\overline{X}_i$	S_i	95% 可信区间	
			下限	上限				下限	上限
1	50.58	3.42	48.98	52.18	51	50.23	3.17	48.75	51.72
2	50.99	2.87	49.65	52.34	52	49.24	3.52	47.60	50.89
3	51.23	3.94	49.38	53.07	53	50.89	3.82	49.10	52.68
4	49.95	4.06	48.05	51.85	54	48.83	3.15	47.36	50.31

续表

样本号	$\overline{X}_i$	S_i	95%可信区间		样本号	$\overline{X}_i$	S_i	95%可信区间	
			下限	上限				下限	上限
5	50.91	3.20	49.41	52.41	55	48.34	4.75	46.12	50.56
6	51.15	4.31	49.13	53.16	56	49.28	4.63	47.11	51.44
7	50.84	3.89	49.02	52.66	57	48.61	4.44	46.53	50.69
8	49.33	3.80	47.55	51.11	58	49.91	3.08	48.47	51.35
9	50.12	3.99	48.25	51.99	59	50.26	4.29	48.25	52.27
10	50.08	2.82	48.76	51.40	60	51.02	3.38	49.44	52.60
11	48.97	3.79	47.20	50.75	61	49.46	3.13	48.00	50.93
12	49.21	3.47	47.59	50.84	62	51.03	5.24	48.57	53.48
13	50.59	4.01	48.71	52.46	63	50.55	4.06	48.65	52.45
14	48.66	4.00	46.79	50.54	64	49.79	3.50	48.15	51.43
15	51.33	4.37	49.28	53.37	65	49.81	4.21	47.84	51.78
16	48.93	2.99	47.53	50.33	66	50.21	2.99	48.81	51.61
17	49.58	2.96	48.20	50.97	67	49.84	2.86	48.50	51.18
18	50.38	4.57	48.24	52.52	68	49.65	3.82	47.86	51.43
19	48.73	3.76	46.97	50.49	69	52.03	4.19	50.06	53.99
20	51.04	4.51	48.93	53.15	70	50.34	3.60	48.66	52.02
21	51.12	4.66	48.94	53.30	71	51.58	4.81	49.33	53.83
22	48.68	4.53	46.56	50.81	72	51.76	4.18	49.80	53.72
23	49.58	3.60	47.90	51.26	73	50.05	3.99	48.18	51.91
24	49.59	4.17	47.64	51.54	74	49.99	3.76	48.23	51.74
25	50.27	3.31	48.72	51.82	75	49.08	4.14	47.14	51.01
26	50.73	4.31	48.72	52.75	76	49.61	4.37	47.56	51.66
27	50.88	3.08	49.44	52.32	77	49.15	3.13	47.69	50.61
28	49.75	4.57	47.61	51.89	78	51.65	5.77	48.95	54.35
29	50.59	5.14	48.19	53.00	79	50.39	3.45	48.77	52.00
30	50.89	3.27	49.36	52.42	80	50.91	2.76	49.62	52.20
31	50.29	3.67	48.58	52.01	81	49.91	4.14	47.97	51.85
32	50.69	2.44	49.55	51.84	82	48.24	3.48	46.61	49.87
33	50.69	3.75	48.94	52.45	83	49.23	4.25	47.25	51.22
34	49.76	3.91	47.93	51.58	84	50.00	3.65	48.30	51.71
35	49.71	3.34	48.15	51.27	85	48.96	3.99	47.09	50.82
36	51.55	3.38	49.96	53.13	86	49.95	3.21	48.45	51.46
37	51.38	3.80	49.60	53.15	87	50.83	3.76	49.07	52.59
38	50.53	4.88	48.25	52.82	88	48.93	3.52	47.28	50.57
39	49.19	3.17	47.71	50.68	89	50.93	4.31	48.92	52.95
40	49.76	3.19	48.27	51.25	90	50.64	3.42	49.04	52.24
41	49.70	4.17	47.75	51.66	91	50.02	4.42	47.95	52.08
42	50.23	4.21	48.25	52.20	92	49.66	4.79	47.41	51.90
43	49.85	4.36	47.81	51.89	93	48.98	2.76	47.69	50.27

续表

样本号	$\overline{X}_i$	S_i	95%可信区间		样本号	$\overline{X}_i$	S_i	95%可信区间	
			下限	上限				下限	上限
44	50.05	4.11	48.13	51.97	94	50.02	3.96	48.16	51.87
45	50.67	4.35	48.63	52.70	95	49.97	3.92	48.13	51.80
46	50.45	2.46	49.30	51.60	96	50.69	4.76	48.46	52.92
47	49.69	3.39	48.10	51.28	97	49.89	3.48	48.26	51.52
48	50.51	3.49	48.87	52.14	98	48.77	3.97	46.91	50.63
49	50.04	2.33	48.95	51.13	99	49.22	4.93	46.91	51.53
50	49.76	4.20	47.79	51.72	100	50.46	4.62	48.29	52.62

将上述 100 个样本均数看作新的变量，计算其统计量（如均数和标准差），并绘制频率分布图（图 4-1），以观察来自正态总体的样本均数的抽样特征。

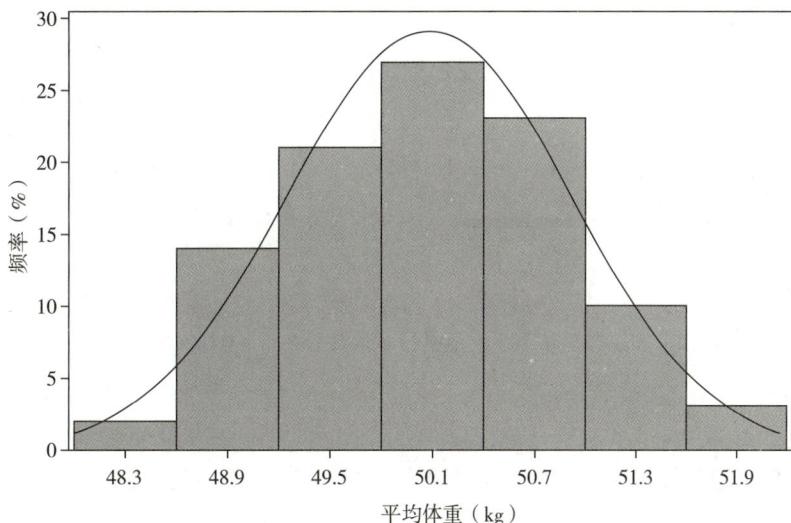

图 4-1　从正态总体 $N(50.1, 3.8^2)$ 抽取的 100 个随机样本均数的分布

1. 抽样误差的概念　抽样研究中，总体参数与样本统计量之间，样本统计量与样本统计量之间的差异称为抽样误差（sampling error）。样本统计量的抽样误差用统计量的标准差来表示，称为标准误（standard error，SE）。样本均数的抽样误差用样本均数的标准误（记作：$\sigma_{\overline{X}}$）来表示，反映样本均数抽样误差大小。

$$\sigma_{\overline{X}} = \sigma / \sqrt{n} \tag{4-1}$$

其中，σ 为总体标准差，其值往往未知，常用样本标准差 S 来进行估计，因此，均数标准误的估计值为：

$$S_{\overline{X}} = S / \sqrt{n} \tag{4-2}$$

例 4-1 计算得到样本均数的均数 $\overline{X}$ = 50.08，样本均数的标准差（标准误）SE = 0.82。说明各样本均数不全相等，样本均数之间的变异远小于原始变量值间的变异，样本均数的均数分布也服从正态分布，且等于原正态总体均数。

2. 影响抽样误差的因素　抽样误差在抽样研究中不可避免，其产生的根本原因是个体的变异性。但我们可以采取一定的措施尽量减小抽样误差。抽样误差的影响因素包括样本量大小、总体方差、抽样方法等。可以通过增加样本量、选择适当的抽样方法以减小抽样误差。

例 4 – 2 假定总体不服从正态分布，而是服从参数 $\lambda > 0$ 的指数分布，从该总体中随机抽样，每次抽取 10，20，30，60 例，各抽取 100 次，计算样本均数并绘制不同样本含量时样本均数的频率分布图（图 4 – 2）。

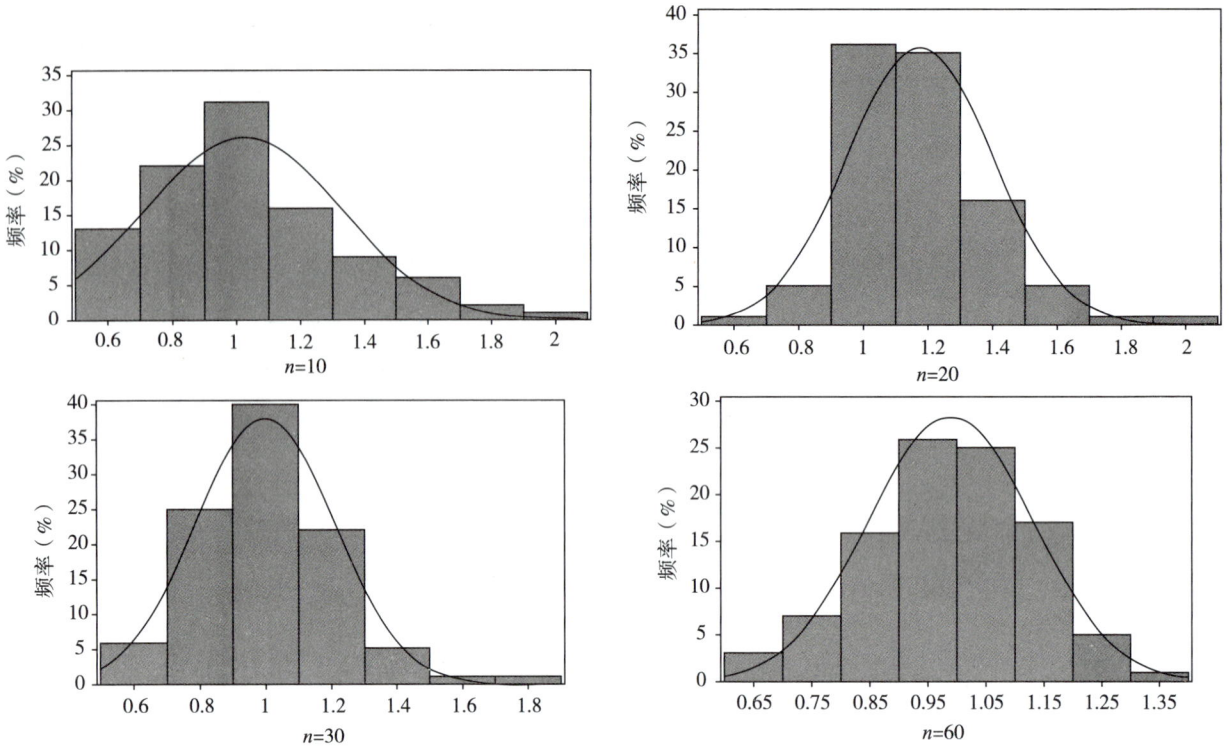

图 4 – 2   非正态总体 100 个随机样本均数分布（$n = 10$，20，30，60）

从上面两个实例可以看出，正态总体 $N(\mu, \sigma^2)$ 的样本均数的抽样分布形状左右对称，服从正态分布。而非正态分布在抽样的样本量足够大时（例如，$n \geq 60$），样本均数的分布也近似服从正态分布。即：

$$
\begin{cases}
\text{若 } X_i \text{ 服从正态分布，则 } \overline{X}_i \text{ 服从正态分布} \\
\text{若 } X_i \text{ 不服从正态分布}
\begin{cases}
\text{样本量 } n \geq 60 \text{，则 } \overline{X}_i \text{ 服从近似正态分布} \\
\text{样本量 } n < 60 \text{，则 } \overline{X}_i \text{ 不服从正态分布}
\end{cases}
\end{cases}
$$

第二节 t 分布

一、t 分布的概念

由上节内容可知，若 X 服从正态分布 $N(\mu, \sigma^2)$，则来自该总体的样本量为 n 的样本均数 $\overline{X}$ 也服从正态分布 $N(\mu, \sigma_{\overline{X}}^2)$。结合第三章正态分布知识，可知经过标准化后，$\dfrac{\overline{X} - \mu}{\sigma_{\overline{X}}}$ 服从标准正态分布 $N(0, 1)$，而 $\sigma_{\overline{X}}$ 不易得到，常用 $S_{\overline{X}}$ 代替。替代后，$\dfrac{\overline{X} - \mu}{S_{\overline{X}}}$ 不再服从正态分布，而是服从 t 分布。

假定 X_1，X_2，$\cdots X_n$ 是来自正态总体 $X \sim N(\mu, \sigma^2)$ 的样本，$\overline{X}$ 与 S 分别为样本均数和标准差，n 为样本例数，$n - 1$ 为自由度（常记作 ν），则：

$$\frac{\overline{X} - \mu}{S_{\overline{X}}} = \frac{\overline{X} - \mu}{S/\sqrt{n}} \sim t(n-1) \tag{4-3}$$

t 分布最早由英国统计学家 William Sealy Gosset 于 1908 年以笔名"Student"发表论文，故又称为学生 t 分布（Student's t – distribution）。t 分布主要用于小样本资料的统计推断，它开创了小样本统计推断的新纪元，是总体均数区间估计和假设检验的基础。

二、t 分布的图形与特征

t 分布的参数仅有一个，即自由度 ν。图 4 – 3 绘制自由度分别为 1、5、30 和 ∞ 的 t 分布，从图中可以看出，t 分布为一簇曲线，且其密度函数形状与自由度 ν 密切相关，图形的特征如下。

1. 单峰曲线，以 0 为中心左右对称。

2. 自由度 ν 越小，曲线越扁平，即峰值越低，尾部越高。

3. 随着自由度的增加（$n > 30$），曲线趋于标准正态分布 $N(0,1)$，故标准正态分布是 t 分布的特殊分布。

如图 4 – 4A 所示，自由度为 ν 的右侧尾部面积为 α，临界值为 t_α，由于该临界值与 t 分布的自由度 ν 有关，常记作 $t_{\alpha,\nu}$，$t_{\alpha,\nu}$ 满足 $P\{t > t_{\alpha,\nu}\} = \alpha$。如图 4 – 4B 所示，自由度为 ν 的双侧尾部面积之和为 α，临界值取绝对值后记为 $t_{\alpha/2}$，由于该临界值与 t 分布的自由度 ν 有关，常记作 $t_{\frac{\alpha}{2},\nu}$，$t_{\frac{\alpha}{2},\nu}$ 满足 $P\{|t| > t_{\frac{\alpha}{2},\nu}\} = \alpha$，即有 $P\{t > t_{\frac{\alpha}{2},\nu}\} = \frac{\alpha}{2}$，$P\{t < -t_{\frac{\alpha}{2},\nu}\} = \frac{\alpha}{2}$。

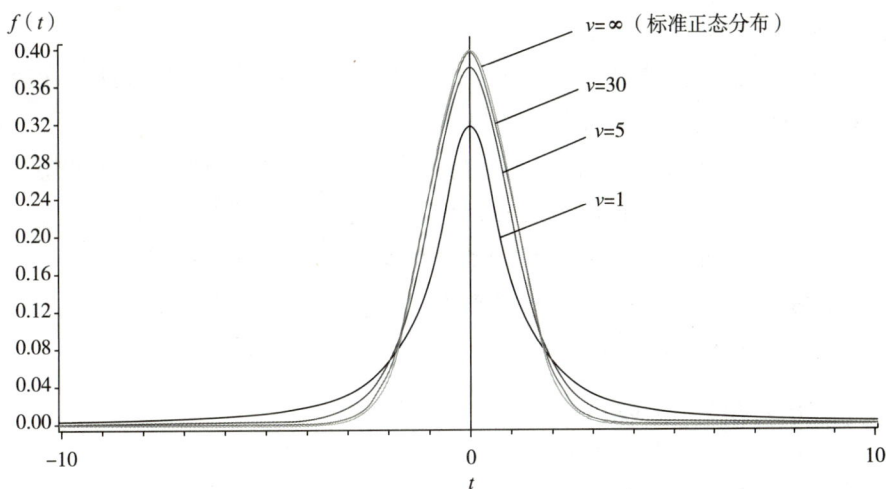

图 4 – 3　不同自由度下 t 分布的概率密度函数图形

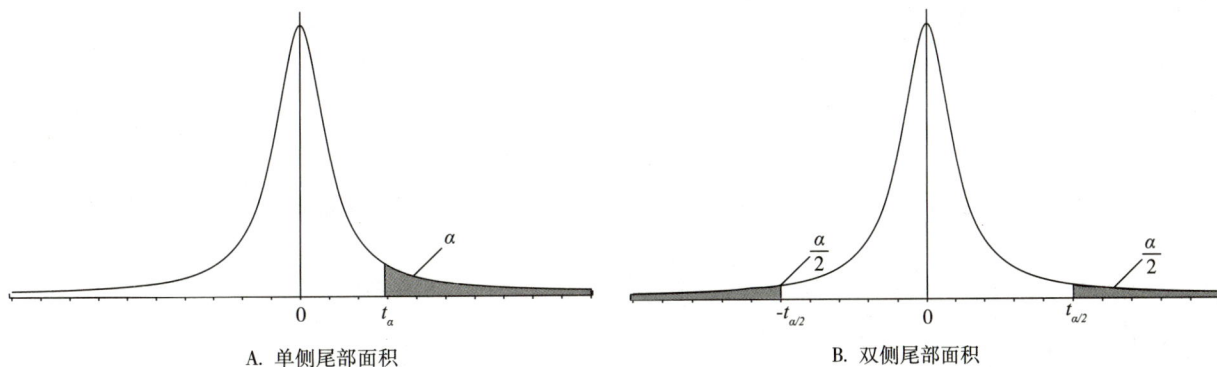

A. 单侧尾部面积　　　　　　　　　　　　B. 双侧尾部面积

图 4 – 4　自由度为 1 的 t 分布尾部面积示意图

不同自由度 ν 和 α 对应的单、双侧临界值 t 见附表 2，我们可以通过查表得到对应的临界值。例如，当自由度 $\nu = 15$，$\alpha = 0.05$，查表可得单侧临界值 $t_{0.05,15} = 1.753$，同理，可查得双侧临界值 $t_{0.05/2,15} = 2.131$。

从 t 界值表可以得出，$|t|$ 值越大，P 值越小，且当 $|t|$ 值相等时，双侧尾部概率是单侧尾部概率的两倍。

第三节　参数估计 🅔微课2

一、点估计与区间估计

参数估计是指用样本统计量（如均数 $\overline{X}$、标准差 S）推断总体参数（如总体均数 μ、标准差 σ）。常用的参数估计包括点估计（point estimation）和区间估计（interval estimation）两种方法。

点估计是用样本统计量直接估计相应总体参数的一种方法，如用样本均数 $\overline{X}$ 来估计总体均数 μ，用样本标准差 S 来估计总体标准差 σ。点估计思想朴素，计算方法简单易操作，但是未考虑抽样误差的大小，因此很难评价其估计的正确性。事实上，对于同一参数来讲，不同抽样会得到不同的样本统计量值，这样估计量和参数之间会有一定的偏差，因此，我们一般需要通过区间估计得到待估参数的范围，并给出该区间包含参数真值的可信程度。

区间估计就是按照预先给定的概率（$1 - \alpha$）确定的包含未知参数的一个范围，该范围称为参数的可信区间（confidence interval，CI）。预先给定的概率（$1 - \alpha$）称为可信度（confidence level），α 一般取 0.05 或 0.01，则 $1 - \alpha$ 为 0.95 或 0.99，如不做特殊说明，一般取双侧 95%。可信区间由可信下限（lower limit）和可信上限（upper limit）构成，通常记作（L，U）。

可信区间的含义：可信区间是个随机变量，每次抽样可计算一个可信区间（L，U），这个可信区间要么包含待估未知参数真值，要么不包含，包含真值的概率为（$1 - \alpha$），不包含的概率则为 α。如 $\alpha = 0.05$，反复抽样 100 次，计算得到 100 个可信区间，那么包含真值的大约有 95 个。

二、总体均数的可信区间

（一）单一样本总体均数的区间估计

1. t 分布方法（σ^2 未知）　设 $X_1,\cdots,X_n$ 是来自正态总体 $X \sim N(\mu,\sigma^2)$ 的样本，$\overline{X}$ 和 S^2 分别为样本均值和样本方差，现估计总体均数 μ 的可信区间。

如前所述，如 σ^2 未知，则有：

$$\frac{\overline{X} - \mu}{S_{\overline{X}}} = \frac{\overline{X} - \mu}{S/\sqrt{n}} \sim t(n - 1)$$

于是对于预先给定的可信水平（$1 - \alpha$），查 t 分布临界值 $t_{\alpha/2,\nu}$，使下式成立：

$$P\left\{- t_{\alpha/2,\nu} < \frac{\overline{X} - \mu}{S_{\overline{X}}} < t_{\alpha/2,\nu}\right\} = 1 - \alpha$$

经移项，得：

$$P\left\{\overline{X} - t_{\alpha/2,\nu}S_{\overline{X}} < \mu < \overline{X} + t_{\alpha/2,\nu}S_{\overline{X}}\right\} = 1 - \alpha$$

于是 σ^2 未知时总体均数 μ 的 $1 - \alpha$ 可信区间为：

$$\left(\overline{X} - t_{\alpha/2,\nu} S_{\overline{X}}, \overline{X} + t_{\alpha/2,\nu} S_{\overline{X}}\right)$$

即：

$$\left(\overline{X} - t_{\alpha/2,\nu} \frac{s}{\sqrt{n}}, \overline{X} + t_{\alpha/2,\nu} \frac{s}{\sqrt{n}}\right) \tag{4-4}$$

2. 正态分布近似方法（σ^2 已知或样本量 $n > 60$） 设 $X_1, \cdots, X_n$ 是来自正态总体 $X \sim N(\mu, \sigma^2)$ 的样本（σ^2 已知），现估计总体均数 μ 的可信区间。

因 σ^2 已知，则有：

$$\frac{\overline{X} - \mu}{\sigma_{\overline{X}}} = \frac{\overline{X} - \mu}{\sigma / \sqrt{n}} \sim N(0,1)$$

于是对于预先给定的可信水平（$1 - \alpha$），查标准正态分布临界值 $Z_{\alpha/2}$，使下式成立：

$$P\left\{-Z_{\alpha/2} < \frac{\overline{X} - \mu}{\sigma_{\overline{X}}} < Z_{\alpha/2}\right\} = 1 - \alpha$$

经移项，得：

$$P\left\{\overline{X} - Z_{\alpha/2}\sigma_{\overline{X}} < \mu < \overline{X} + Z_{\alpha/2}\sigma_{\overline{X}}\right\} = 1 - \alpha$$

于是 σ^2 已知时，总体均数 μ 的 $1 - \alpha$ 的可信区间为：

$$\left(\overline{X} - Z_{\alpha/2}\sigma_{\overline{X}}, \overline{X} + Z_{\alpha/2}\sigma_{\overline{X}}\right)$$

即：

$$\left(\overline{X} - Z_{\alpha/2} \frac{\sigma}{\sqrt{n}}, \overline{X} + Z_{\alpha/2} \frac{\sigma}{\sqrt{n}}\right) \tag{4-5}$$

若 σ^2 未知，但 n 足够大（如 $n \geq 60$），则可用 Z 分布进行总体均数估计，用标准差 S 估计 σ，此时总体均数 μ 的 $1 - \alpha$ 的可信区间为：

$$\left(\overline{X} - Z_{\alpha/2} \frac{S}{\sqrt{n}}, \overline{X} + Z_{\alpha/2} \frac{S}{\sqrt{n}}\right) \tag{4-6}$$

例 4-3 某研究所测定了 25 只某实验用小鼠的体重（g），得均数为 $\overline{X} = 18.6$，标准差 $S = 1.4$，假设已知体重服从正态分布，试估计该实验用小鼠平均体重（g）95% 和 99% 的可信区间。

本例中 σ^2 未知，并且样本容量比较小，故采用 σ^2 未知时的总体均数 μ 的可信区间估计式（4-4），由于 $n = 25$，$\nu = n - 1 = 25 - 1 = 24$，$1 - \alpha = 95\%$，所以 $\alpha = 0.05$，$t_{\alpha/2,\nu} = t_{0.025,24} = 2.064$，将数据代入可信区间式（4-4）得：

$$\left(\overline{X} - t_{\alpha/2,\nu} \frac{S}{\sqrt{n}}, \overline{X} + t_{\alpha/2,\nu} \frac{S}{\sqrt{n}}\right) = \left(18.6 - 2.064 \times \frac{1.4}{\sqrt{25}}, 18.6 + 2.064 \times \frac{1.4}{\sqrt{25}}\right) = (18.0, 19.2)$$

即该实验用小鼠平均体重的可信度为 95% 的可信区间为 (18.0, 19.2) g。

同理，当 $1 - \alpha = 99\%$ 时，$\alpha = 0.01$，$t_{\alpha/2,\nu} = t_{0.005,24} = 2.797$，将数据代入可信区间式（4-4）得：

$$\left(\overline{X} - t_{\alpha/2,\nu} \frac{S}{\sqrt{n}}, \overline{X} + t_{\alpha/2,\nu} \frac{S}{\sqrt{n}}\right) = \left(18.6 - 2.797 \times \frac{1.4}{\sqrt{25}}, 18.6 + 2.797 \times \frac{1.4}{\sqrt{25}}\right) = (17.8, 19.4)$$

即该实验用小鼠总体平均体重的 99% 可信区间为 (17.8, 19.4) g。

例 4-4 某疾病患者红细胞沉降率（mm/h）服从正态分布 $N(\mu, 1.1^2)$，随机抽取 36 例，样本均值为 9.82，试求总体均数 μ 的 95% 可信区间。

本例 σ^2 已知，故采用式（4-5），由于 $\overline{X} = 9.82$，$\sigma = 1.1$，$n = 36$，$\alpha = 0.05$，$Z_{\alpha/2} = Z_{0.025} = 1.96$，将数据代入可信区间计算式（4-5）可得：

$$\left(\overline{X} - Z_{\alpha/2}\frac{\sigma}{\sqrt{n}}, \overline{X} + Z_{\alpha/2}\frac{\sigma}{\sqrt{n}}\right) = \left(9.82 - 1.96 \times \frac{1.1}{\sqrt{36}}, 9.82 + 1.96 \times \frac{1.1}{\sqrt{36}}\right) = (9.461, 10.179)$$

即总体均值 μ 的 95% 可信区间为 $(9.46, 10.18)$ mm/h。

例 4-5 某体检中心随机抽取某地 16 岁以上成年人 100 名，测得其总胆固醇的均数为 4.76mmol/L，标准差为 0.87mmol/L，估计该地 16 岁以上成年人总胆固醇总体均数 μ 的 95% 可信区间。

本题中 σ^2 未知，但是样本容量足够大（$n \geqslant 60$），故采用式（4-6），由于 $n = 100, \overline{X} = 4.76, S = 0.87, \alpha = 0.05, Z_{\alpha/2} = Z_{0.025} = 1.96$，将数据代入公式得：

$$\left(\overline{X} - Z_{\alpha/2}\frac{S}{\sqrt{n}}, \overline{X} + Z_{\alpha/2}\frac{S}{\sqrt{n}}\right) = \left(4.76 - 1.96 \times \frac{0.87}{\sqrt{100}}, 4.76 + 1.96 \times \frac{0.87}{\sqrt{100}}\right) = (4.59, 4.93)$$

即该地 16 岁以上成年人总胆固醇总体均数 μ 的 95% 的可信区间为 $(4.59, 4.93)$ mmol/L。

（二）两总体均数差值的区间估计

假定 $X_{11}, \cdots, X_{1n_1}$ 和 $X_{21}, \cdots, X_{2n_2}$ 两样本分别是来自两个总体方差相等的正态总体 $N(\mu_1, \sigma^2)$ 和 $N(\mu_2, \sigma^2)$，其中 μ_1、μ_2 和 σ^2 均未知，两样本含量分别为 n_1、n_2，样本均数分别表示为 $\overline{X}_1$、$\overline{X}_2$，样本标准差分别为 S_1、S_2，现估算两总体均数差值 $\mu_1 - \mu_2$ 的双侧（$1 - \alpha$）可信区间。

根据抽样误差定义，$\overline{X}_1 \sim N(\mu_1, \sigma_{\overline{X}_1}^2)$，$\overline{X}_2 \sim N(\mu_2, \sigma_{\overline{X}_2}^2)$，根据正态分布具有可加性，得到 $\overline{X}_1 - \overline{X}_2 \sim N(\mu_1 - \mu_2, \sigma_{\overline{X}_1 - \overline{X}_2}^2)$，标准化后 $\frac{\overline{X}_1 - \overline{X}_2 - (\mu_1 - \mu_2)}{\sigma_{\overline{X}_1 - \overline{X}_2}} \sim N(0, 1)$，而 $\sigma_{\overline{X}_1 - \overline{X}_2}$ 不易得到，常用 $S_{\overline{X}_1 - \overline{X}_2}$ 代替。替代后，$\frac{\overline{X}_1 - \overline{X}_2 - (\mu_1 - \mu_2)}{S_{\overline{X}_1 - \overline{X}_2}}$ 不再服从正态分布，而是服从自由度为 $(n_1 + n_2 - 2)$ 的 t 分布。

$$\frac{\overline{X}_1 - \overline{X}_2 - (\mu_1 - \mu_2)}{S_{\overline{X}_1 - \overline{X}_2}} \sim t(n_1 + n_2 - 2)$$

其中 $S_{\overline{X}_1 - \overline{X}_2}$ 为两样本均数之差的标准误，计算公式为：

$$S_{\overline{X}_1 - \overline{X}_2} = \sqrt{S_c^2\left(\frac{1}{n_1} + \frac{1}{n_2}\right)}, S_c^2 = \frac{(n_1 - 1)S_1^2 + (n_2 - 1)S_2^2}{(n_1 + n_2 - 2)} \tag{4-7}$$

S_c^2 称为合并方差。

于是采用前面类似的不等式推导方法，可得两正态总体均数差 $\mu_1 - \mu_2$ 的可信度为 $1 - \alpha$ 的双侧可信区间为：

$$\left(\overline{X}_1 - \overline{X}_2 - t_{\alpha/2, \nu}S_c\sqrt{\frac{1}{n_1} + \frac{1}{n_2}}, \overline{X}_1 - \overline{X}_2 + t_{\alpha/2, \nu}S_c\sqrt{\frac{1}{n_1} + \frac{1}{n_2}}\right) \tag{4-8}$$

特别地，如果两个总体的样本量都足够大（$n_1 \geqslant 60$，且 $n_2 \geqslant 60$），则两总体均数差 $\mu_1 - \mu_2$ 的可信区间也可表示为：

$$\left(\overline{X}_1 - \overline{X}_2 - Z_{\alpha/2}\sqrt{\frac{S_1^2}{n_1} + \frac{S_2^2}{n_2}}, \overline{X}_1 - \overline{X}_2 + Z_{\alpha/2}\sqrt{\frac{S_1^2}{n_1} + \frac{S_2^2}{n_2}}\right) \tag{4-9}$$

例 4-6 为了解某新药治疗高血压的效果，某医生将 50 名患者随机分成两组，其中对照组 24 例（n_1），采用市面上最好的治疗高血压药物；实验组 26 例（n_2），采用新药进行治疗。测得对照组治疗后收缩压的均数 128mmHg（$\overline{X}_1$），标准差 2.8mmHg（S_1）；实验组治疗后收缩压的均数 118mmHg（$\overline{X}_2$），标准差 3.1mmHg（S_2）。假设它们都服从正态分布，且方差相等，试估计不同药物治疗后收缩压之差的 95% 可信区间。

先按式（4-7）计算两样本之差的标准误：

$$S_{\overline{X}_1 - \overline{X}_2} = \sqrt{\frac{(n_1 - 1)S_1^2 + (n_2 - 1)S_2^2}{(n_1 + n_2 - 2)}\left(\frac{1}{n_1} + \frac{1}{n_2}\right)} = \sqrt{\frac{23 \times 2.8^2 + 25 \times 3.1^2}{(24 + 26 - 2)}\left(\frac{1}{24} + \frac{1}{26}\right)} = 0.8379, \alpha =$$

0.05，自由度 $n_1 + n_2 - 2 = 48$，查 $\nu = 50$ 的 t 临界值表，$t_{0.05/2,50} = t_{0.025,50} = 2.009$，再按式（4-8）计算两总体舒张压之差 $\mu_1 - \mu_2$ 的 95% 可信区间为：

$$(128 - 118) \pm 2.009 \times 0.8379 \text{ 即 } (8.31, 11.68) \text{ mmHg}$$

故两组治疗后的收缩压之差总体均数 95% 的可信区间为（-1.98,1.38）mmHg。

例 4-7　为了观测 A、B 两校在校女大学生体重指数（BMI），分别随机抽取 100 名女大学生作为研究对象，测得 A 校 BMI 的均数为 21.97kg/m²（$\overline{X}_1$），标准差为 2.12kg/m²（S_1），B 校 BMI 的均数为 20.43kg/m²（$\overline{X}_2$），标准差为 1.98kg/m²（S_2）假设它们都服从正态分布，且方差相等，试估计不同学校女生 BMI 之差的 95% 可信区间。

因为两个样本含量足够大，故可采用式（4-9），本例中 $n_1 = 100, \overline{X}_1 = 21.97, S_1 = 2.12, n_2 = 100,$ $\overline{X}_2 = 20.43, S_2 = 1.98, u_{0.05/2} = 1.96$，代入式（4-9）得不同学校女生 BMI 之差的 95% 可信区间为：

$$(21.97 - 20.43) \pm 1.96 \times \sqrt{\frac{2.12^2}{100} + \frac{1.98^2}{100}} = (0.97, 1.11)$$

故 A、B 两校女大学生体重指数之差的 95% 可信区间为（0.97, 2.11）kg/m²。

三、总体率的可信区间

利用二项分布可估计总体率的 $1 - \alpha$ 可信区间，α 一般取 0.05 或 0.01。根据样本量和样本率的大小，总体率的区间估计常用的方法有以下两种。

1. 查表法（$n \leq 50$） 当样本量 $n \leq 50$ 时，可通过直接查总体率的可信区间表（附表 3）得到总体率的 95% 或 99% 可信区间。

例 4-8　采用手术治疗 20 例高血压性脑出血患者，其中恢复良好 7 例，试求手术治疗方案能使患者恢复良好总体率的 95% 可信区间。

本例 $n = 20, X = 7$。查附表 3，在 $\alpha = 0.05$，$n = 20$（横向），$X = 7$（纵向）的交叉处数值为 15～59，即该手术治疗方案能使患者病情好转总体率的 95% 可信区间为（15%，59%）。

2. 正态分布近似方法 当样本量足够大，π 不接近 0，也不接近 1，如 $n\pi > 5$ 同时 $n(1 - \pi) > 5$，样本率服从均数为 π，标准差为 σ_p 的正态分布，即 $p \sim N(\pi, \sigma_p^2)$，$\sigma_p^2$ 常未知，故用 $S_p^2 = \dfrac{p(1-p)}{n}$ 来估计，得到 p 近似服从正态分布，即 $p \sim N(\pi, S_p^2)$，标准化后：

$$\frac{p - \pi}{\sqrt{\dfrac{p(1-p)}{n}}} \sim N(0,1)$$

对于预先给定的置信水平（$1 - \alpha$），查标准正态分布临界值 $Z_{\alpha/2}$，使下式成立：

$$P\left\{-Z_{\alpha/2} < \frac{p - \pi}{\sqrt{\dfrac{p(1-p)}{n}}} < Z_{\alpha/2}\right\} = 1 - \alpha$$

经移项，得：

$$P\left\{p - Z_{\alpha/2}\sqrt{\frac{p(1-p)}{n}} < \pi < p + Z_{\alpha/2}\sqrt{\frac{p(1-p)}{n}}\right\} = 1 - \alpha$$

对括号中的不等式变形可得总体率 π 的 $1 - \alpha$ 可信区间为：

$$\left(p - Z_{\alpha/2} \sqrt{\frac{p(1-p)}{n}}, p + Z_{\alpha/2} \sqrt{\frac{p(1-p)}{n}} \right)$$

即：

$$(p - Z_{\alpha/2}S_p, p + Z_{\alpha/2}S_p) \tag{4-10}$$

其中，S_p 为样本率的标准误，记作：

$$S_p = \sqrt{\frac{p(1-p)}{n}} \tag{4-11}$$

例 4-9 采用手术治疗 80 例高血压性脑出血患者，其中恢复良好 30 例，试求手术治疗方案能使患者恢复良好总体率的 95% 可信区间。

本例样本病情好转样本率 $p = 30/80 = 37.5\%$，对 $\alpha = 0.05$，$Z_{\alpha/2} = Z_{0.025} = 1.96$，将其代入式（4-10）的总体率为：

$$(p - Z_{\alpha/2}S_p, p + Z_{\alpha/2}S_p) = \left(p - Z_{\alpha/2} \sqrt{\frac{p(1-p)}{n}}, p + Z_{\alpha/2} \sqrt{\frac{p(1-p)}{n}} \right)$$

$$= \left(0.375 - 1.96 \sqrt{\frac{0.375(1-0.375)}{80}}, 0.375 - 1.96 \sqrt{\frac{0.375(1-0.375)}{80}} \right)$$

$$= (0.27, 0.48)$$

即手术治疗能使患者恢复良好的总体率 95% 可信区间为（27%，48%）。

⊕ 知识链接

Bootstrap 方法

Bootstrap 方法是指用原样本自身的数据抽样得出新样本及统计量，根据给定的原始样本复制观测信息，不需要进行分布假设或增加新的样本信息对总体的分布特征进行统计推断，属于非参数统计方法。Bootstrap 方法的基本思想为：在样本量为 n 的原始数据内作有放回抽样，样本量仍为 n，原始数据中每个观测对象被抽到的概率相等，为 $1/n$，所得样本称为 Bootstrap 样本，于是每次观测都可得到参数 θ 的估计值 $\hat{\theta}$，重复 B 次，可得到该参数的 B 个估计值，然后根据实际问题需要作进一步计算。Bootstrap 方法计算参数的置信区间可以采用标准、百分位数、t 百分位数和修正偏差后的百分位数等来估计。

目标检测

答案解析

一、最佳选择题

1. 均数标准误是指（ ）。

A. 个体变异程度的大小　　　　　　　　B. 个体集中趋势程度

C. 样本均数抽样误差的大小　　　　　　D. 指标的分布特征

E. 频数的分布特征

2. 在可信水平不变的前提下，要缩小可信区间，则（　　）。

　　A. 需要增加样本量　　　　　　　　　　B. 需要减少样本量

　　C. 需要保持样本量不变　　　　　　　　D. 需要改变统计量的抽样标准差

　　E. 以上都不对

3. 有关可信区间正确的描述是（　　）。

　　A. 100 次独立抽样，产生的区间估计，会有 95 次的可能正确预测总体平均数

　　B. 1 次独立抽样，产生的区间估计，会有 95% 的可能正确预测总体平均数

　　C. 100 次独立抽样，产生的点估计，会有 95 个与总体平均数一致

　　D. 100 次独立抽样，产生的区间估计，会有 95 个正确地包含着总体平均数

　　E. 100 次独立抽样，产生的区间估计，会有 95 个可能正确地包含着总体平均数

4. 下列有关 t 分布的叙述，错误的是（　　）。

　　A. t 分布图是以 0 为中心的一簇曲线　　　B. 自由度越大，曲线越陡峭

　　C. 随着自由度的增加，曲线趋于标准正态分布　　D. $|t|$ 越大，P 越大

　　E. t 分布图是对称的单峰曲线

5. 有关总体均数 99% 可信区间的含义，正确的是（　　）。

　　A. 99% 的正常值在该范围内

　　B. 该范围包含总体均数的概率为 99%

　　C. 99% 的样本均数在此范围内

　　D. 总体均数在此范围内的可能性为 99%

　　E. 样本均数在此范围内的可能性为 99%

6. 在未知参数的正态总体中随机抽样，$|\bar{X} - \mu| \leq$（　　）的概率为 95%。

　　A. 1.96σ　　　　B. 2.58σ　　　　C. 2.58　　　　D. $t_{0.05/2,\nu}S$　　　　E. $t_{0.05/2,\nu}S_{\bar{X}}$

7. 2022 年随机抽取某高校健康大学生 100 名，测得血清总胆固醇均数为 4.35mmol/L，标准差为 0.81mmol/L，则其 95% 的可信区间为（　　）。

　　A. $4.35 \pm 1.96 \times 0.81 \div 10$　　　　　　　B. $4.35 \pm 2.58 \times 0.81 \div 10$

　　C. $4.35 \pm 1.96 \times 0.81$　　　　　　　　　D. $4.35 \pm 2.58 \times 0.81$

　　E. 4.35 ± 1.96

二、简答题

1. 简述样本均数的标准误与标准差的区别与联系。

2. 简述样本均数的抽样分布特点。

3. 简述 t 分布的特点。

三、计算题

1. 为研究某地区 18 岁以上健康居民血红蛋白含量的平均水平，现随机抽取该地 18 岁以上居民 400 人，计算其血红蛋白含量均数为 102.3g/L，标准差为 1.4g/L，试计算该地 18 岁以上健康居民血红蛋白总体均数 95% 的可信区间。

2. 为了观测 A、B 两校在校男孩身高，分别随机抽取 100 名男孩作为研究对象，测得 A 校男孩身高的均数为 172.9cm（$\bar{X}_1$），标准差为 3.1cm（S_1），B 校男孩身高的均数为 174.2cm（$\bar{X}_2$），标准差为 2.9cm（S_2）假设它们都服从正态分布，且方差相等，试估计不同学校男孩身高之差的可信水平为 95% 的可信区间。

四、案例辨析题

在冠心病患者血清脂蛋白、胆红素和尿酸水平的临床价值研究中，某研究者觉得自己数据的标准差较大，将标准差放在文中显得不够漂亮，于是他采用"均数 ± 标准误"（$\bar{X} \pm S_{\bar{X}}$），而不是"均数 ± 标准差"（$\bar{X} \pm S$）来对数据进行描述。问在研究论文中这样报告结果正确吗？为什么？

（曹文君）

书网融合……

本章小结   微课1   微课2   题库

第五章 单组样本的假设检验

PPT

第一节 假设检验概述

一、假设检验思想 📱 微课1

假设检验（hypothesis test）是统计推断的重要内容。为了便于理解假设检验的原理，先看生活中的一个例子：某商场宣称其商场的一大批鸡蛋很新鲜，"坏（变质）蛋率不超过 1%"。如何判断这批鸡蛋的质量（即"坏蛋率为 1%"还是"坏蛋率高于 1%"）？当然是检查一下，但不可能对所有这些鸡蛋都打开检查，通常的做法是抽几枚鸡蛋检查一下。假如从中随机抽取 10 枚鸡蛋进行检查，结果为 8 枚"好蛋"，2 枚"坏蛋"。根据这一检查结果，几乎所有顾客都会对"这批鸡蛋坏蛋率不超过 1%"的广告词产生怀疑。因为在"坏蛋率不超过 1%"的前提条件下，10 枚鸡蛋中出现 2 枚"坏蛋"的机会是很小的（应用二项分布的原理可以计算出，在这种前提条件下 10 枚鸡蛋中出现 2 枚乃至更多枚变质蛋的概率为 0.0043）。这一思维逻辑上升到统计理论便是小概率原理（small probability principle），即小概率事件在一次随机试验中不（大）可能发生。如果小概率事件在一次试验中发生了，即认为不合理或出现矛盾，那么可推断前提条件不成立。当然这样推断也可能出错，因为在"坏蛋率为 1%"的条件下，毕竟还有 0.43% 的可能出现 10 枚鸡蛋中有 2 枚，甚至更多枚坏蛋。假设检验理论和方法正是基于这样的思维判断形式而发展出来的，依据随机样本对于未知事物进行判断和决策。

假设检验也称显著性检验（significant test），它是利用小概率反证法的思想，从问题的对立面（H_0）出发间接判断要解决的问题（H_1）是否成立。然后在 H_0 成立的条件下计算检验统计量（test statistic），最后通过获得 P 值（P value）做出判断。

通常假设检验处理的问题一般具有两个特点：一是需要从全局范围，即从总体上对问题作出判断；二是用于抽样研究，不可能、不允许或者没有必要对研究总体中的每一个个体均做观察或研究。例如，某药厂生产了一批用安瓿瓶封装的注射药物，需要检测它们的质量是否合格；某种治疗胃溃疡的新药的疗效是否优于常规药物等。这类问题是从研究总体中抽取大小合适的随机样本，然后应用假设检验的理论和方法，依据样本提供的信息对总体做出推断。

二、假设检验步骤 ⓔ 微课2

（一）实例及解析

例5-1　某医生随机抽查25名某病女性患者的血红蛋白含量，求得其均数为150.0g/L，标准差为16.5g/L。问该病女性患者的平均血红蛋白含量与健康成年女性的平均血红蛋白含量（均数为132g/L）是否有差异？

【分析】本例涉及两个总体和一个样本。总体Ⅰ为健康成年女性的血红蛋白含量，其总体均数 μ_0 = 132g/L；总体Ⅱ为某病女性患者的血红蛋白含量，其总体均数 μ 未知；来自总体Ⅱ的样本 $n=25$，样本均数 $\bar{X}$ = 150.0g/L，标准差 S = 16.5g/L。目的在于判断是否 $\mu \neq \mu_0$。从已有条件看，样本均数 $\bar{X}$ 与已知总体均数 μ_0 不等。造成 $\bar{X}$ 和 μ_0 不同的可能原因有两种：①由抽样误差引起，该病成年女性患者的平均血红蛋白含量（μ）与健康成年女性的平均血红蛋白含量（μ_0）相同，即 $\mu = \mu_0$，$\bar{X}$ 与 μ_0 之间的差别仅仅是由抽样误差引起；②总体均数不同，该病成年女性患者的平均血红蛋白含量（μ）与健康成年女性的平均血红蛋白含量（μ_0）不同，即 $\mu \neq \mu_0$，根据抽样规律抽样时样本均数 $\bar{X}$ 围绕在它的总体均数 μ 周围波动，致使样本均数 $\bar{X}$ 与 μ_0 不同（当然还包括抽样误差的影响）。

直接判断是否 $\mu \neq \mu_0$ 很困难，但可以利用反证法思想，从问题的对立面出发进行间接判断。假设 $\mu = \mu_0$，考察单纯由抽样误差造成的可能性。首先建立检验假设，假设样本来自同一总体（$\mu = \mu_0$），然后在此假设条件的基础上考察出现目前样本的可能性（概率 P）。若 $P>$ 预先规定的概率值 α，则 $\mu = \mu_0$ 成立可能性较大，不拒绝 $\mu = \mu_0$；若 $P \leq \alpha$，则为小概率事件，即有理由认为前提假设 $\mu = \mu_0$ 不成立，判断为 $\mu \neq \mu_0$。

一般把概率 $P \leq 0.05$ 的事件称为小概率事件，小概率事件在一次抽样中发生的可能性很小。如果它发生了，则有理由怀疑原假设（$\mu = \mu_0$）可能不成立，认为其对立面（$\mu \neq \mu_0$）成立。因此，假设检验蕴含独特的逻辑和统计学思维方式。现结合例5-1具体介绍假设检验的基本步骤。

（二）假设检验的基本步骤

1. 建立检验假设，确定检验水准　根据研究目的、研究设计的类型和资料特点（变量类型、样本大小）等因素选择合适的检验方法，并将需要推断的问题表述为关于总体参数或分布特征的假设。假设有两种。

（1）无效假设（hypothesis under test/to be tested）　亦称零假设、原假设（null hypothesis），用 H_0 表示。

（2）备择假设（alternative hypothesis）　常称对立假设，用 H_1 表示。

对于检验假设，需要注意：①检验假设是针对总体而言，而不是针对样本；② H_0 是从反证法的思想提出的，H_1 与 H_0 是相互联系、对立的假设，二者缺一不可；③ H_0 通常是某两个（或多个）总体参数相等，或某两个总体参数之差等于0，或某资料服从某一特定分布（如正态分布）等；④ H_1 的内容直接反映了检验的单双侧。$H_1:\mu >\mu_0$ 或 $\mu <\mu_0$，为单侧检验（one - sided test）；$H_1:\mu \neq \mu_0$，包含了 $\mu > \mu_0$ 和 $\mu < \mu_0$ 两种情形，为双侧检验（two - sided test）。

（3）检验水准（size of a test）是指假设检验结果接受 H_1 时，下"有差别"的结论犯错误的概率，记为 α，是根据研究目的或要求预先规定的概率值，为判定小概率事件发生的标准。在实际工作中 α 常取0.05。α 取值并非一成不变，可根据研究目的给予不同设置。

例5-1的检验假设为：

$H_0 : \mu = 132g/L$，即女性患者的平均 Hb 含量与健康成年女子的平均 Hb 含量相等；$H_1 : \mu \neq 132g/L$，即女性患者的平均 Hb 含量与健康成年女子的平均 Hb 含量不等；检验水准 $\alpha = 0.05$。

2. 选择检验方法，计算检验统计量　统计量（statistic）是随机样本的函数。它不应包含任何未知参数。检验统计量是用于选择是否拒绝 H_0 的统计量，其统计分布在统计推断中至关重要，不同的检验方法要用不同的公式计算。注意：所有检验统计量都是基于 H_0 成立的前提条件下计算出来的。例 5 - 1 中，应计算检验统计量 t。

$$t = \frac{\overline{X} - \mu_0}{S_{\overline{X}}} = \frac{150.0 - 132}{16.5/\sqrt{25}} = 5.45 \text{ , } v = n - 1 = 25 - 1 = 24$$

3. 确定 P 值，做出推断结论　P 值是指在 H_0 所规定的总体中随机抽样，获得等于及大于（或等于及小于）现有样本统计量的概率。P 值亦可以理解为：如果总体状况和 H_0 一致，统计量获得现有数值以及更不利于 H_0 的数值的概率。对于前述鸡蛋的例子，在 10 枚鸡蛋中出现了 2 枚"坏蛋"。那么更不利于广告词（即 H_0）的可能是 10 枚鸡蛋中出现 2 枚、3 枚、…、10 枚坏蛋。于是 P 值就是坏鸡蛋的数量≥2 枚的概率。P 值可以通过查阅相应的统计数表得到（有时是近似值），也可直接计算。多数统计软件可提供足够精确的 P 值。对于例 5 - 1，求得 $t = 5.45$，$v = 24$，$\alpha = 0.05$，P 是在 $\mu = 132g/L$ 的前提条件下随机抽样，得到 $t \leq -5.45$ 和 $t \geq 5.45$ 的概率。统计量越大越不利于 H_0，故此处 P 值应取为自由度为 24 的 t 分布曲线下、大于 $t = 5.45$ 和小于 $t = -5.45$ 的尾端的面积。查 t 分布界值表（附表 2），双侧 $t_{0.05/2,24} = 2.064$，$P < 0.05$（图 5 - 1）。

$P \, (-2.064 < t < 2.064) = 0.95$，$P \, (t < -2.064) + P \, (t > 2.064) = 0.05$，

$P \, (t < -5.45) + P \, (t > 5.45) < 0.05$

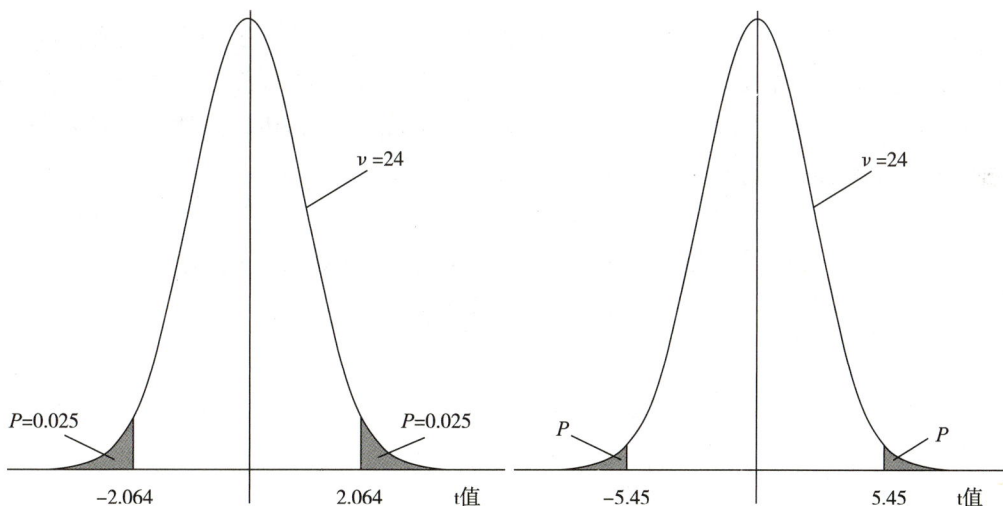

图 5 - 1　例 5 - 1 中 P 值示意图

注意：假设检验的推断结论是对"H_0 是否真实"作出判断。这种判断是通过比较 P 值与检验水准 α 的大小来进行的。在两个检验假设之间进行二者取一抉择（决策）的规则如下。①如果 P 值小于或等于检验水准 α，意味着在 H_0 成立的前提下发生了小概率事件，根据"小概率事件在一次随机试验中不（大）可能发生"的推断原理，怀疑 H_0 的真实性，从而做出拒绝（reject）H_0 的决策。因为 H_1 与 H_0 是对立的，既然拒绝 H_0，就只能接受 H_1。②如果 P 值大于 α，在 H_0 成立的假设下发生较为可能的事件，没有充足的理由对 H_0 提出怀疑，于是做出不拒绝 H_0 的决策。

一般来说，推断结论应包含统计结论和专业结论两部分。统计结论只能说明有统计学意义（statistical significance）或无统计学意义（no statistical significance），而不能说明专业上的差异大小。它必须同

专业结论有机地结合，才能得出恰如其分、符合客观实际的最终推断结论。例 5-1 中，由于 $P < 0.05$，按 $\alpha = 0.05$ 水准，拒绝 H_0，接受 H_1，差别有统计学意义。可以认为女性患者的平均 Hb 含量与健康女性的不同，女性患者的平均 Hb 含量高于健康女性的。注意，无论做出拒绝或不拒绝 H_0 的推断结论，都面临着发生判断错误的风险。这就是假设检验的两类错误。

三、假设检验的注意事项

（一）正确理解假设检验的结论（概率性） 微课3

假设检验采用小概率反证法的思想，根据 P 值做出的推断结论具有概率性，因此其结论不是绝对正确，可能发生两类错误（表 5-1）。

表 5-1　假设检验可能发生的两类错误

客观实际	假设检验结果	
	拒绝 H_0	不拒绝 H_0
H_0 成立	I 类错误（α）	推断正确（$1-\alpha$）
H_0 不成立，H_1 成立	推断正确（$1-\beta$）	II 类错误（β）

1. I 类错误（type I error）　当 $P \leqslant \alpha$，拒绝 H_0，接受 H_1，按接受 H_1 下结论。此时可能拒绝了实际上成立的 H_0，这类错误称为 I 类错误（"弃真"），其概率大小用 α 表示，常称为检验水准。根据研究者的需要 α 常取值为 0.05 或 0.01 等。当 α 取为 0.05 时，其意义是：如果原假设 H_0 成立，按照同样的方法在原假设 H_0 规定的总体中重复抽样，那么在每 100 次检验结论中平均有 5 次拒绝 H_0（犯 I 类错误）。

2. II 类错误（type II error）　当 $P > \alpha$，不拒绝 H_0，不能接受 H_1。此时可能没有拒绝实际上不成立的 H_0，这类错误称为 II 类错误（"存伪"），其概率大小用 β 表示。β 的意义是：如果 H_0 并不成立，即所研究的总体与 H_0 有实质差异（如 $\mu_1 \neq \mu_2$），按照同样的方法在总体中重复抽样，那么在每 100 次检验结论中平均可以有 100β 次不拒绝 H_0（犯 II 类错误）。

从图 5-2 可以看出，对于某一具体的检验，当样本量 n 一定时，α 越小 β 越大；α 越大 β 越小。在实际应用中，往往通过 α 去控制 β。若要同时减少 I 类错误 α 和 II 类错误 β，唯一的方法是增加样本量 n。注意：拒绝 H_0，只可能犯 I 类错误，不可能犯 II 类错误；不拒绝 H_0，只可能犯 II 类错误，不可能犯 I 类错误。

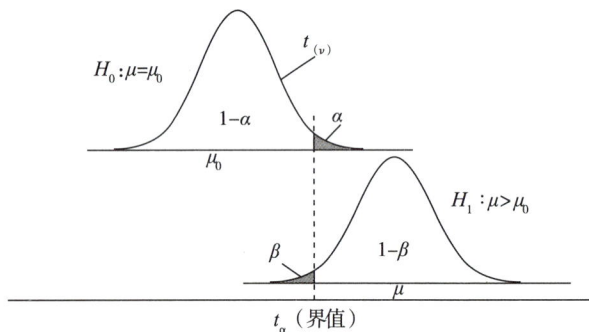

图 5-2　假设检验的 I 类错误和 II 类错误（以单侧 t 检验为例）

3. 检验效能　$1-\beta$ 称为假设检验的效能（power of test），曾称把握度。其意义是，当所研究的总体与 H_0 确有差别时，按检验水平 α 能够发现它（拒绝 H_0）的概率。如果 $1-\beta = 0.90$，则意味着当 H_0 不成立时，理论上在每 100 次抽样中，在 α 的检验水准上平均有 90 次能够得出差异有统计学意义的结论。

一般情况下对同一检验水准 α，检验效能大的检验方法更可取。

（二）假设检验与区间估计的区别和联系 📱微课4

区间估计与假设检验是统计推断的两个方面，它们之间既有区别也有联系。

1. 置信区间具有假设检验的主要功能　置信区间用于说明量的大小即推断总体参数的范围，假设检验推断质的不同即判断两总体参数是否不等。置信区间可回答假设检验问题，置信区间若包含了 H_0，按 α 水准，不拒绝 H_0；若置信区间不包含 H_0，按 α 水准，拒绝 H_0，接受 H_1。

如例 5-1 中，由样本均数推断总体均数 μ 的 95% 置信区间为：

$$\overline{X} \pm t_{\alpha/2,\nu} s_{\overline{X}} = 150.0 \pm 2.064 \times 16.5/\sqrt{25} = 143.2 \sim 156.8 \ (\text{g/L})$$

显然，$H_0: \mu_0 = 132\text{g/L}$ 不在此区间内，这与按 $\alpha = 0.05$ 检验水准拒绝 H_0 的推断结论是一致的。

2. 置信区间可提供假设检验未提供的信息　置信区间不仅可以回答差别有无统计学意义，还可以提示差别是否具有实际意义（实际意义根据专业确定，如降血压药至少要使血压平均降低 10mmHg 以上才认为具有临床治疗意义。则说 10mmHg 是具有实际意义的值）。在图 5-3 中，置信区间（1）~（3）均不包含 H_0，意味着相应的差异具有统计学意义。但其中：置信区间（1）还提示差异具有实际专业意义，值得重视；置信区间（2）提示可能具有实际专业意义；置信区间（3）提示无实际专业意义。

图中的置信区间（4）与（5）提示均无统计学意义，但其中：因置信区间（4）较宽，样本量过小，抽样误差过大，难于做出结论；置信区间（5）提示从决策的观点，可"接受" H_0，因为即使增加样本含量，得到有统计学意义，也无实际的专业意义。

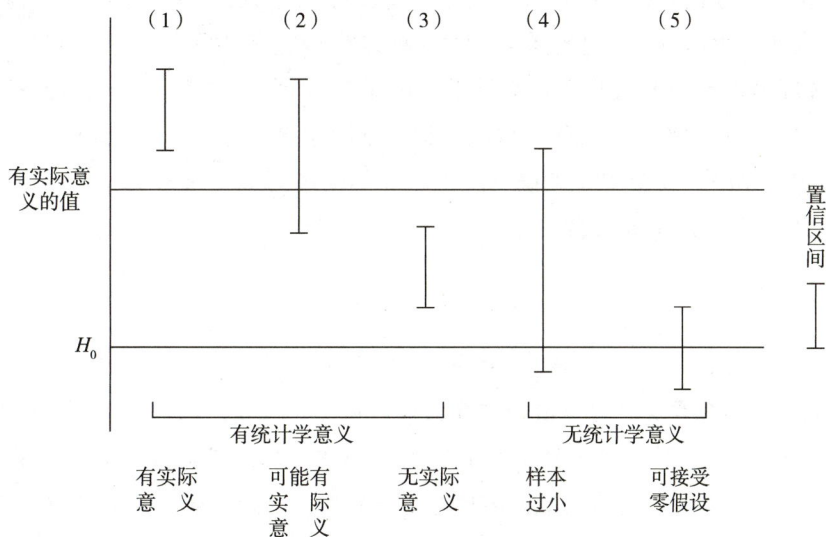

图 5-3　置信区间与假设检验的关系

3. 假设检验能够提供置信区间不提供的信息　在统计推断结论为拒绝 H_0 时，假设检验可以报告确切的 P 值，从而较为精确地说明检验结论的概率保证。置信区间只能在预先确定的置信度 $100(1-\alpha)\%$ 水平上进行推断。在不能拒绝 H_0 的场合，假设检验可以对检验的功效做出估计，从而可以评价是否在识别差异能力较强的情形下不拒绝 H_0，而置信区间不能提供这方面的信息。

综上，置信区间与相应的假设检验既能提供相互等价的信息，又有各自不同的功能。把置信区间与假设检验结合起来，可以提供更为全面、完整的信息。因此国际上规定，在报告假设检验结论的同时，必须报告相应区间估计的结果。

（三）假设检验应注意的问题

1. 要有严密的研究设计　严密的研究设计是假设检验的前提。首先应遵循随机化原则，使获取的样本具有较好的代表性，即接近总体的特征；其次，组间应均衡，具有可比性，除对比的主要因素（如临床试验用新药和对照药）外，其他可能影响结果的因素（如年龄、性别、病程、病情等）在对比组间应相同或相近。

2. 应用检验方法必需符合其适用条件 每一种假设检验方法都有相应的适用条件。在实际应用中，应根据设计类型、变量类型、样本大小等因素选择合适的检验方法。例如，两独立样本 t 检验要求样本来自正态分布总体，且两总体方差相等。另外，属于配对设计的资料不宜应用两独立样本的 t 检验。如果资料与所用检验方法的条件不符，得出的结论就不可靠。

3. 正确理解假设检验的结论 首先统计学上的差别和实际差别意义不同。如果假设检验的结果有统计学意义，主要回答的是拒绝/不拒绝 H_0，并不是回答实际比较的样本所代表的总体指标之间差别有多大；如果假设检验结果拒绝 H_0，差别有统计学意义，不能认为两个总体均数相差很大。其次，专业意义与统计学意义上的差别是不同的。差别有统计学意义，并不意味着有专业意义。只要样本量足够大，即便一个很小的差异，经统计学检验也能有统计学意义。反之，无统计学意义的差别，也可能具有专业意义。

4. 结论不能绝对化 由于统计结论具有概率性，判定的界限是人为规定的，是相对的，如按检验水准 $\alpha=0.05$，拒绝 H_0，差别有统计学意义，如此判定时可能会犯 5% 假阳性错误的风险，所以结论的判断不能绝对化，故不要使用"肯定""一定""必定"等词。

5. 单/双侧检验的选择 应事先根据专业知识和研究目的，在研究设计阶段明确规定出对资料的分析用单侧还是双侧检验。根据专业知识，如果事先知道只能出现某种结果，选择单侧检验。例如难产儿的出生体重与一般婴儿出生体重，宜选择单侧检验。单侧检验更容易得出有差别的结论，因为单侧 t 界值 < 双侧 t 界值。如果事先不知道会出现什么结果，选择双侧检验；一般预实验有探索性质，对结果的考虑思路应宽些，多用双侧检验。一般认为双侧检验比较保守和稳妥。在报告结论时，最好列出检验统计量的值，尽量写出具体的 P 值或 P 值的确切范围，而不简单写成 $P < 0.05$，以便读者与同类研究进行比较或进行循证医学时采用 Meta 分析。

⊕ 知识链接

单双侧检验与单双尾面积

单尾和双尾是指 P 值在某特定分布的密度函数图形中的位置：属单向尾部面积或属双向尾部面积之和。以 t 检验为例，单、双侧检验时 P 值恰好与单、双尾面积相对应，但勿将二者混淆。单侧检验与单尾面积，双侧检验与双尾面积均无必然联系，如常用的方差分析、χ^2 检验均为双侧检验，而它们的 P 值却均与图形上的单向尾部面积对应。有些人将单侧检验称为单尾检验，将双侧检验称为双尾检验，是不妥的。为免于混淆不清，建议不用"单尾"或"双尾"，尤其不要用"单尾检验"或"双尾检验"。t 检验、Z 检验、Wilcoxon 秩和检验、四格表确切概率检验，单、双侧检验均可进行。

第二节 单组大样本均数的假设检验 ⓔ 微课5

根据中心极限定理，不论变量 X 的分布是否服从正态分布，当随机抽样的样本量足够大时，样本均数 $\overline{X}$ 服从正态分布 $N(\mu, \sigma_{\overline{X}}^2)$，其中 μ 为原总体均数，σ 为总体标准差，$\sigma_{\overline{X}} = \sigma/\sqrt{n}$ 为样本均数标准误。因此，可以计算 Z 统计量：

$$Z = \frac{\overline{X} - \mu_0}{\sigma_{\overline{x}}} = \frac{\overline{X} - \mu_0}{\sigma / \sqrt{n}} \tag{5-1}$$

如果变量 X 的分布服从正态分布，则不论样本量 n 大小，样本均数 $\overline{X}$ 均服从正态分布 $N(\mu, \sigma_{\overline{x}}^2)$，$Z$ 服从标准正态分布。因此，当总体标准差 σ 已知，或样本量较大（如 $n \geq 60$）时，定量资料的样本均数 $\overline{X}$ 与总体均数 μ_0 比较的假设检验，可以计算检验统计量 Z 值。用 Z 值与标准正态分布的相应 Z 界值（附表1）或按 $\nu = \infty$ 查 t 分布界值表（附表2）进行比较，很容易确定 P 值和做出推断结论。

例 5-2　大规模调查获得一般中学男生的心率均数 $\mu_0 = 75$ 次/分，标准差 $\sigma = 5.0$ 次/分。抽样调查经常参加体育锻炼的 100 名男生的心率均数为 $\overline{X} = 65$ 次/分。问经常参加体育锻炼的中学男生心率是否与一般中学男生心率不同？

【分析】 根据资料类型和分析目的等确定相应检验统计量。例 5-2 属于定量资料，目的是通过样本统计量的差别来推断总体参数是否有差异，即：是否 $\mu \neq \mu_0$？由于总体标准差 σ 已知，且样本量较大，可以采用 Z 检验。由题意可知：$\mu_0 = 75$ 次/分，$\sigma = 5.0$ 次/分，$\overline{X} = 65$ 次/分，$n = 100$。

（1）建立检验假设，确定检验水准

$H_0: \mu = \mu_0$，经常参加体育锻炼的中学男生的心率与一般中学男生的心率相同

$H_1: \mu \neq \mu_0$，经常参加体育锻炼的中学男生的心率与一般中学男生的心率不同

$\alpha = 0.05$

（2）选择检验方法，计算统计量

$$Z = \frac{\overline{X} - \mu_0}{\sigma_{\overline{x}}} = \frac{\overline{X} - \mu_0}{\sigma / \sqrt{n}} = \frac{65 - 75}{5.0 / \sqrt{100}} = -20.00$$

（3）确定 P 值，做出推断结论

按 $\nu = \infty$ 查 t 分布界值表（附表2），得 $P < 0.001$。按 $\alpha = 0.05$ 水平，拒绝 H_0，接受 H_1，即经常参加体育锻炼的中学男生的心率与一般中学男生的心率不同，经常参加体育锻炼的中学男生的心率低于一般中学男生的心率。

第三节　单组小样本的假设检验 📱 微课6

一、单样本 t 检验

定量资料的假设检验中，最为简单和常用的方法是 t 检验（t-test）。如果样本随机地取自正态总体，但总体标准差 σ 未知，或样本量较小（$n < 50$）时，样本均数 $\overline{X}$ 与总体均数 μ_0 比较，可以计算检验统计量 t 值：

$$t = \frac{\overline{X} - \mu_0}{S_{\overline{x}}} = \frac{\overline{X} - \mu_0}{S / \sqrt{n}}, \quad \nu = n - 1 \tag{5-2}$$

例 5-3　若一般高校男生的晨脉次数均数 $\mu_0 = 65$ 次/分（大规模调查获得）。抽样调查经常参加长跑锻炼的 15 名男生的晨脉次数（次/分）为 48、54、60、64、48、55、54、45、50、48、56、48、62、49、50。问经常参加长跑锻炼的高校男生晨脉次数是否低于一般高校男生的晨脉次数？

【分析】 本例已知 $\mu_0 = 65$ 次/分，但总体标准差 σ 未知，且样本量较小，$n = 15$，样本均数 $\overline{X}$ 与总体

均数 μ_0 比较的假设检验，样本来自正态总体（经正态性检验 $W=0.905$，$P=0.114$），应选择 t 检验。根据题目问题和专业知识，确定为单侧检验。

（1）建立检验假设，确定检验水准

H_0：$\mu=\mu_0$，即经常参加长跑锻炼的高校男生晨脉次数与一般高校男生晨脉次数相等

H_1：$\mu<\mu_0$，即经常参加长跑锻炼的高校男生晨脉次数低于一般高校男生晨脉次数

$\alpha=0.05$

（2）选择检验方法，计算统计量

$$\bar{X}=\sum X_i/n=52.73，S=\sqrt{\frac{\sum(X_i-\bar{X})^2}{n-1}}=5.75$$

$$t=\frac{\bar{X}-\mu_0}{S_{\bar{X}}}=\frac{\bar{X}-\mu_0}{S/\sqrt{n}}=\frac{52.73-65}{5.75/\sqrt{15}}=-8.26，\nu=n-1=15-1=14$$

（3）确定 P 值，做出推断结论

查附表2，$\nu=14$，单侧检验 $t_{0.05,14}=1.761$，$t_{0.001,14}=3.787$，因 $8.26>t_{0.001,14}$，故 $P<0.001$，按 $\alpha=0.05$ 检验水准，拒绝 H_0，接受 H_1，可以认为经常参加长跑锻炼的高校男生晨脉次数低于一般高校男生晨脉次数。

二、Wilcoxon 符号秩和检验

若单组样本来自非正态总体或总体分布无法确定，应选用 Wilcoxon 符号秩和检验，检验其总体中位数是否等于某已知数值。Wilcoxon 符号秩和检验是非参数检验。

例 5-4 已知某地正常人尿氟含量的中位数为 2.15mmol/L。今在该地某厂随机抽取 12 名工人，测得尿氟含量（mmol/L）结果见表 5-2。问该厂工人的尿氟含量是否高于当地正常人？

表 5-2　12 名工人尿氟含量（mmol/L）测定结果

尿氟含量 X (1)	差值 d (2) = (1) -2.15	秩次 (3)
2.15	0	
2.10	-0.05	-2.5
2.20	0.05	2.5
2.12	-0.03	-1
2.42	0.27	4
2.52	0.37	5
2.62	0.47	6
2.72	0.57	7
2.99	0.84	8
3.19	1.04	9
3.37	1.22	10
4.57	2.42	11

$T_+=62.5$　$T_-=3.5$

由表 5-2 第（2）栏可计算观察值与已知中位数 $M_0=2.15$mmol/L 的差值 d，差值样本不满足正态性（经正态性检验，$W=0.8380$，$P=0.026$），因此，不满足 t 检验关于样本来自正态分布的条件，该资料宜用 Wilcoxon 符号秩和检验。

Wilcoxon 符号秩和检验（Wilcoxon signed rank test）又称 Wilcoxon 配对法，由 Wilcoxon（1945）提出。用于推断配对资料的差值是否来自中位数为零的总体。设有一样本，样本量为 m，第 i（$i=1$，…，m）个观察值 x_i，差值 $d_i = x_i - M_0$，M_d 表示 d 的中位数。Wilcoxon 符号秩和检验的基本思想是：假定样本所来自的总体中位数与已知总体中位数相等，则样本中每个观察值与已知总体中位数 M_0 差值的总体分布是对称的，总体中位数为 0。

现以例 5 – 4 为例说明 Wilcoxon 符号秩和检验的步骤。

1. 求差值　$d = x_i - M_0$，见表 5 – 2 的第（2）栏。

2. 建立检验假设，确定检验水准

H_0：该厂工人的尿氟含量总体中位数 $M = 2.15$

H_1：$M \neq 2.15$

$\alpha = 0.05$

3. 编秩　按差值的绝对值由小到大编秩，并按差值的正负给秩次加上正负号。编秩时，若差值为 0，舍去不计；若差值的绝对值相等，称为相持（tie），这时取平均秩次，如本例，差值的绝对值为 0.05 的有 2 个，它们的位次为 2 和 3，取平均秩次为（2 + 3）/2 = 2.5。

4. 求正、负秩和并确定检验统计量 T　将所排的秩次冠以原差值的符号，分别求出正、负差值秩次之和，分别以 T_+ 和 T_- 表示。任取正差值的秩和或负差值的秩和为统计量 T。记正、负差值的总个数为 n（即 n 为差值不等于 0 的对子数），则 T_+ 与 T_- 之和为 n（$n+1$）/2。本例，$T_+ = 62.5$，$T_- = 3.5$，T_+ 与 T_- 之和为 66，恰好等于 11（11 + 1）/2，表明秩和的计算无误；取 $T = 3.5$ 或 $T = 62.5$。

5. 确定 P 值，做出推断结论

（1）查表法（$5 \leq n \leq 50$ 时）　查附表 4 – 1 配对比较的符号秩和检验用 T 界值表，若检验统计量 T 值在上、下界值范围内，其 P 值大于相应的概率水平；若 T 值在上、下界值范围外，则 P 值小于相应的概率水平。注意：当 $n < 5$ 时，应用秩和检验不能得出双侧有统计学意义的概率，故 n 必须大于或等于 5。本例，$n = 11$，$T = 3.5$，查 T 界值表，得 $P < 0.01$，按 $\alpha = 0.05$ 检验水准，拒绝 H_0，接受 H_1。可认为该厂工人尿氟含量高于当地正常人。

（2）正态近似法（$n > 50$ 时）　这时可利用秩和分布的正态近似法做出判断。

已知 H_0 成立时，近似地有 $T \sim N(\mu_T, \sigma_T^2)$。其中：

$$\mu_T = n(n+1)/4 \tag{5-3}$$

$$\sigma_T = \sqrt{n(n+1)(2n+1)/24} \tag{5-4}$$

于是，统计量为：

$$Z = \frac{T - \mu_T}{\sigma_T} \tag{5-5}$$

如果根据样本算得的 Z 值太大或太小，就有理由拒绝 H_0。

当 n 不很大时，统计量 Z 需要作如下的连续性校正：

$$Z = \frac{|T - \mu_T| - 0.5}{\sigma_T} = \frac{|T - n(n+1)/4| - 0.5}{\sqrt{n(n+1)(2n+1)/24}} \tag{5-6}$$

若多次出现相持现象（如超过 25%），用式（5 – 6）求得的 Z 值偏小，应按式（5 – 7）计算校正的统计量值 Z_c。

$$Z_c = \frac{|T - n(n+1)/4| - 0.5}{\sqrt{\dfrac{n(n+1)(2n+1)}{24} - \dfrac{\sum(t_j^3 - t_j)}{48}}} \tag{5-7}$$

式中 t_j 为第 j（$j=1,2\cdots$）次相持所含相同秩次的个数。

第四节　单组样本频率的假设检验

一、直接计算概率法

样本含量较小或样本率较小时，如 np 和 $n(1-p)$ 均小于 5，可采用直接计算概率法。

二项分布出现阳性的次数至多为 k 次的概率为：

$$P(X \leqslant k) = \sum_{X=0}^{k} P(X) = \sum_{X=0}^{k} \frac{n!}{X!(n-X)!} \pi^X (1-\pi)^{n-X} \tag{5-8}$$

出现阳性的次数至少为 k 次的概率为：

$$P(X \geqslant k) = \sum_{X=k}^{n} P(X) = \sum_{X=k}^{n} \frac{n!}{X!(n-X)!} \pi^X (1-\pi)^{n-X} \tag{5-9}$$

例 5-5　新生儿染色体异常率为 0.01，随机抽取某地 400 名新生儿中有 1 名异常，问该地异常率是否低于一般？

H_0：$\pi = 0.01$；

H_1：$\pi < 0.01$

$\alpha = 0.05$，单侧

$$P(X \leqslant 1) = P(X=0) + P(X=1) = 0.99^{400} + \frac{400!}{1! \times 399!} \times 0.99^{399} \times 0.01 = 0.0905$$

$P > 0.05$，不拒绝 H_0，尚不能认为该地异常率低于一般。

二、正态近似法

当样本量 n 较大，p 和 $1-p$ 均不太小，如 np 和 $n(1-p)$ 两者都大于 5 时，二项分布样本率的分布近似正态分布，可作样本所在的总体率 π 与已知总体率 π_0 的比较。关于单个总体率的假设检验统计量 Z 值计算公式为：

$$Z = \frac{p - \pi_0}{\sqrt{\dfrac{\pi_0(1-\pi_0)}{n}}} \tag{5-10}$$

其中，π_0 是假设的总体率，p 是样本率。

例 5-6　已知某疾病采用常规治疗的治愈率为 45%。现在随机抽取 180 名该疾病患者改用新的治疗方法进行治疗，治愈 117 人。问新治疗方法是否比常规治疗效果好？

1. 建立检验假设

H_0：$\pi = 0.45$

H_1：$\pi > 0.45$

$\alpha = 0.05$

2. 计算检验统计量　本例 $n = 180$，$p = 117/180 = 0.65$，按式（5-10）计算：

$$Z = \frac{p - \pi_0}{\sqrt{\dfrac{\pi_0(1-\pi_0)}{n}}} = \frac{0.65 - 0.45}{\sqrt{\dfrac{0.45(1-0.45)}{180}}} = 5.394$$

3. 确定 P 值，做出统计推断　按 $\nu = \infty$ 查附表 2，得（单侧）$Z_{0.0005} = 3.2905$，知 $P < 0.0005$。在

$\alpha = 0.05$ 水准上拒绝 H_0，接受 H_1。即新的治疗方法比常规疗法的效果好。

第五节　正态性检验

许多统计分析方法要求数据的分布是正态的，判定一组数据是否符合正态分布通常有如下几种方法。①根据文献报道：例如，文献报道中学生的体重、肺活量服从正态分布，那么我们可以沿用文献的做法。②根据经验或专业知识判断：例如根据专业知识，同性别健康成人的红细胞数、血红蛋白含量、脉搏数等都近似服从正态分布，而正常成人的血铅含量近似对数正态分布。③可以借助统计软件对资料作正态性检验或拟合优度检验：正态性检验（normality test）的方法有图示法和统计检验法。

一、图示法

（一）P–P 图法

以样本的累计频率（百分比）作为横坐标，以按照正态分布计算的相应累计概率作为纵坐标，把样本值表现为直角坐标系中的散点。所得到的散点图称为 P–P 图（proportion – proportion plots）。如果资料服从正态分布，样本点应围绕第一象限的对角线散布。

（二）Q–Q 图法

以样本的分位数（P_X）作为横坐标，以按照正态分布计算的相应分位数作为纵坐标，把样本值表现为直角坐标系中的散点。所得到的散点图即为 Q–Q 图（quantile – quantile plots）。如果资料服从正态分布，样本点应围绕第一象限的对角线散布。例 5–3 经常参加长跑锻炼的高校男生晨脉次数正态 Q–Q 图见图 5–4，由图看出样本点应围绕对角线散布，可以认为资料服从正态分布。

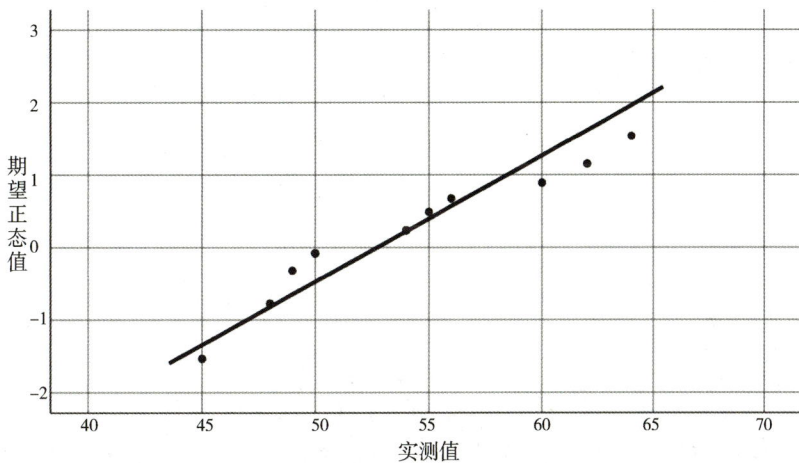

图 5–4　例 5–3 经常参加长跑锻炼的高校男生晨脉次数正态 Q–Q 图

二、统计检验法

通过计算反映正态分布特征的指标来评价资料是否服从正态分布。正态分布有两个特征：一是对称性，二是正态峰。理论上总体偏度系数为 0 时，分布是对称的；取正值时，分布为正偏峰；取负值时，分布为负偏峰。理论上，正态分布的总体峰度系数为 0，比正态峰尖峭的曲线是尖峭峰，或正峰态；比正态峰平坦的曲线是平阔峰，或负峰态。来自正态分布总体的样本资料，峰度不应过高或过低，偏度也不会太大。

(一) W 检验

检验假设为 H_0：样本来自正态分布，H_1：样本不来自正态分布。

首先将取自同一总体的样本值 $X_1, \cdots, X_n$ 按升序排列为 $X_1^*, \cdots, X_n^*$。统计量为：

$$W = \frac{\left[\sum\limits_{i=1}^{[n/2]} a_i (X_{n+1-i}^* - X_i^*) \right]^2}{\sum\limits_{i=1}^{n} (X_i - \overline{X})^2} \tag{5-11}$$

其中，$[n/2]$ 为 $n/2$ 的整数部分；a_i 需要从 W 检验专用的统计用表中查得。

例 5-3 经常参加长跑锻炼的高校男生晨脉次数 W 检验正态性检验，$W = 0.905$，$P = 0.114$，可以认为经常参加长跑锻炼的高校男生晨脉次数服从正态分布。

(二) D 检验

其检验假设与 W 检验法相同，但用于样本量较大的资料。统计量为：

$$D = \frac{\sum\limits_{i=1}^{n} (i - \frac{n+1}{2}) X_i^*}{n^{3/2} \sqrt{\sum (X_i - \overline{X})^2}} \tag{5-12}$$

其中 X_i^* 是按照升序排列后的第 i 个数据。

W 法与 D 法均需要查阅专门的统计用表以确定临界值。

(三) 矩法

矩法是分别对分布偏度与峰度做检验。

检验偏度的统计量为：

$$Z_{SKEW} = \frac{SKEW}{\sigma_{SKEW}} \tag{5-13}$$

其中 $SKEW$ 为偏度系数，其标准误为：

$$\sigma_{SKEW} = \sqrt{\frac{6n(n-1)}{(n-2)(n+1)(n+3)}} \tag{5-14}$$

检验峰度的统计量为：

$$Z_{KURT} = \frac{KURT}{\sigma_{KURT}} \tag{5-15}$$

其中 $KURT$ 为峰度系数，其标准误为：

$$\sigma_{KURT} = \sqrt{\frac{24n(n-1)^2}{(n-3)(n-2)(n+3)(n+5)}} \tag{5-16}$$

若上述两个检验结论均不拒绝相应的零假设，可以认为分布为正态。此外，拟合优度 χ^2 检验也可以用于正态性检验。

目标检测

答案解析

一、最佳选择题

1. 单样本比较时，分别取以下检验水准，下列所取 II 类错误最小的是（　　）。

    A. $\alpha = 0.05$ B. $\alpha = 0.01$ C. $\alpha = 0.10$ D. $\alpha = 0.20$ E. $\alpha = 0.25$

2. 下列关于检验假设的说法，正确的是（ ）。

    A. 检验假设是对总体所作的某种假定   B. 检验假设是对样本所作的某种假定

    C. 检验假设包括零假设和无效假设   D. 检验假设是希望被拒绝的假设

    E. 检验假设是被证明的假设

3. 单样本定量资料的 Z 检验，其无效假设为（ ）。

    A. 样本均数与已知的总体均数不同

    B. 样本均数与已知的总体均数相同

    C. 样本均数所来自的总体均数与已知的总体均数不同

    D. 样本均数所来自的总体均数与已知的总体均数相同

    E. 样本均数所来自的总体位置与已知的总体位置不同

4. 当 Z 检验的结果为 $P < 0.05$ 时，可以认为（ ）。

    A. 样本均数与已知的总体均数不同

    B. 样本均数与已知的总体均数相同

    C. 样本均数所来自的总体均数与已知的总体均数不同

    D. 样本均数所来自的总体均数与已知的总体均数相同

    E. 样本均数所来自的总体位置与已知的总体位置不同

5. 作单组样本均数与一个已知的总体均数比较的 t 检验时，正确的理解是（ ）。

    A. 统计量 t 越大，说明两总体均数差别越大

    B. 统计量 t 越大，说明两总体均数差别越小

    C. 统计量 t 越大，越有理由认为两总体均数不相等

    D. P 值就是 α

    E. P 值不是 α，且总是比 α 小

6. 作样本均数与总体均数比较的 Z 检验，当差别有统计学意义时，Z 值越大则（ ）。

    A. 样本均数与已知的总体均数差异越大

    B. 样本均数所来自的总体均数与已知总体均数差异越大

    C. 越有理由认为样本均数所来自的总体均数与已知总体均数不同

    D. 越有理由认为样本均数所来自的总体均数与已知总体均数无差异

    E. 以上都不对

7. 单样本比较的 Wilcoxon 符号秩和检验中，如相同秩次过多，应计算校正 Z 值，校正结果使（ ）

    A. Z 值增大，P 值减小   B. Z 值增大，P 值增大

    C. Z 值减小，P 值增大   D. Z 值减小，P 值减小

    E. 视具体资料而定

8. 对单样本比较的 Wilcoxon 符号秩和检验，不正确的描述是（ ）。

    A. 将数据统一由小到大编秩

    B. 差值为 0 抛去不用，不参与编秩

    C. 对差值按绝对值从小到大按顺序编秩

    D. 遇差值绝对值相同的数据，应取其平均秩次

    E. 查表时任取正秩次之和、负秩次之和作为检验统计量查表

二、简答题

1. 假设检验的理论依据是什么？

2. 假设检验的两类错误之间的区别与联系是什么？

3. 单样本 t 检验的应用条件是什么？

4. 假设检验中检验水准和 P 值的区别是什么？

5. 假设检验和区间估计有何联系？

6. 如何恰当地应用单侧与双侧检验？

7. 为什么假设检验的结论不能绝对化？

三、计算题

1. 大量研究显示汉族足月正常产男性新生儿临产前双顶径（BPD）均数为 9.3cm。某医生记录了某山区 12 名汉族足月正常产男性新生儿临产前双顶径（BPD）资料如下：9.95、9.33、9.49、9.00、10.09、9.15、9.52、9.33 9.16、9.37、9.11、9.27。试问该地区男性新生儿临产前双顶径（BPD）的是否与一般新生儿不同？

2. 通过以往大量资料得知某地 20 岁男子的平均身高为 1.68m。今随机抽取当地 16 名 20 岁男子，算得其平均身高为 1.72m，标准差为 0.14m。问当地现在 20 岁男子身高是否比以往高？

3. 已知正常人白介素 IL-6 含量中位数为 82.47pg/ml。临床某医生研究白癜风患者的 IL-6 指标与正常人有无差异，调查 8 名患者 IL-6 含量（pg/ml）分别为：40.03、97.13、80.32、25.32、19.61、14.50、49.60、44.56。问白癜风患者的 IL-6 指标是否与正常人不同？

4. 某医院称治疗声带白斑的有效率为 80%。今统计前来求医的此类患者 60 例，其中 45 例治疗有效。试问该医院宣称的疗效是否客观？

四、案例辨析题

若健康成年男性某生化指标 A 均数为 15.6 个单位（经大规模调研获得），某研究者考察 16 名患某病成年男性患者，得到指标 A 均数为 10.4 个单位，标准差为 8.8 个单位。该研究者采用单样本 t 检验，得到 $t=2.36$，$P<0.05$，认为该病成年男性患者指标 A 与健康成年男性不同，该病成年男性患者指标 A 低于健康成年男性。问该研究者统计处理是否合适，为什么？若有问题，应该如何处理？

（王 玖）

书网融合……

| 本章小结 | 微课1 | 微课2 | 微课3 |
| 微课4 | 微课5 | 微课6 | 题库 |

第六章　两样本定量资料的比较 e微课

📖 **学习目标**

1. **掌握**　两样本定量资料的 t 检验和秩和检验。
2. **熟悉**　配对设计和完全随机设计分组方法；秩次编制方法。
3. **了解**　两独立样本定量资料的方差齐性检验、t' 检验。
4. 学会两样本定量资料检验方法的选择和分析操作，具备两样本定量资料统计分析并能得出统计学结论的能力。

第一节　配对设计定量资料的比较

例 6 - 1　2020 年初，我国多地发生了急性呼吸道传染性疾病，党和国家高度重视此传染病，各地政府积极采取防治措施，某中医专家团队采用中西医结合治疗，取得较好效果，其中一指标：淋巴细胞计数治疗前后变化值如表 6 - 1，请分析治疗对此指标是否有效？

表 6 - 1　中西医结合治疗该急性传染病前后淋巴细胞计数（10^9/L）

患者编号	治疗前 (1)	治疗后 (2)	差值（d） (3) = (2) - (1)
1	0.63	0.64	0.01
2	0.97	2.16	1.19
3	0.82	1.99	1.17
4	0.96	1.90	0.94
5	0.71	1.56	0.85
6	1.39	1.02	-0.37
7	1.46	2.46	1.00
8	0.68	1.39	0.71
9	1.04	1.54	0.50
10	1.17	2.37	1.20
11	1.06	1.42	0.36
12	1.17	1.36	0.19
13	1.09	1.97	0.88
14	0.95	0.96	0.01
15	1.30	1.55	0.25
16	1.07	2.18	1.11
合计	16.46	26.47	10.00
$\bar{X}$	1.03	1.65	0.63

【分析】 本例为患者治疗前与治疗后淋巴细胞计数的比较，是自身前后对比，为配对设计，淋巴细胞计数是定量资料，先计算各对子的差值 d，差值 d 经正态性检验满足正态分布（$W = 0.918$，$P =$

0.158），故选择配对 t 检验。

配对设计（paired design）是将受试对象按照某些（个）重要特征（比如性别、年龄、病情等）配成对子，每对中的两个观察单位随机分配到不同的两个处理组，分别给予两种不同处理，然后观察每对指标的变化。配对设计通过减少主要非实验因素的影响，提高统计检验效能，更好评判实验因素对受试对象的效应。

配对设计资料主要有三种情况：①异体配对，配成对子的两个观察对象分别接受两种不同处理，如同性别、同窝别、体重相近的两只动物配成对子，随机化分配到实验组和对照组，两组给予不同处理，观察两组效应有无差异；②同体配对，同一受试对象的不同部位、不同器官的某生理生化等指标比较（条件：观察效应或处理是局部性的），如某中药的叶部和茎部有效成分含量的比较；③自身前后对比，即同一观察对象接受某种处理前和后的两个结果进行比较（局限性：易受到时间等混杂因素干扰，条件：处理前后其他条件有可比性，用于急性或短期试验，可设立平行对照观察），如高血压患者服用某种降压药治疗前后血压值的比较。

配对设计资料常用检验方法有配对 t 检验和 Wilcoxon 符号秩和检验。

一、配对 t 检验

配对设计资料均数 t 检验简称配对 t 检验（paired t-test），适用于配对设计定量资料的比较，目的是检验两相关样本均数所代表的未知总体均数是否有差异。此检验计算各配对的差值，要求差值代表的总体服从正态分布。

配对 t 检验的原理是先求出各对子的差值 d，组成一个样本，若两种处理效应相同，则理论上差值 d 所代表的总体均数 μ_d 应为 0，且差值 d 的样本均数 $\bar{d}$ 应与总体均数 μ_d 即 0 比较接近，否则样本均数 $\bar{d}$ 所代表的总体均数 μ_d 就不为 0，那么两种处理效果就不同。

配对 t 检验公式：

$$t = \frac{\bar{d} - \mu_d}{S_{\bar{d}}} = \frac{\bar{d} - 0}{S_{\bar{d}}} = \frac{\bar{d}}{S_d/\sqrt{n}}, \nu = n - 1 \qquad (6-1)$$

式中 d 为各对子数的差值，$\bar{d}$ 为差值 d 的样本均数，S_d 为差值 d 的样本标准差，$S_{\bar{d}}$ 为差值 d 的样本标准误，n 为对子数。

现以例 6-1 介绍配对 t 检验分析步骤。

1. 建立检验假设，确定检验水准

$H_0: \mu_d = 0$，中西医结合治疗该传染病前后淋巴细胞计数差值的总体均数等于 0（即中西医结合治疗该传染病前后淋巴细胞计数无差异）

$H_1: \mu_d \neq 0$，中西医结合治疗该传染病前后淋巴细胞计数差值的总体均数不等于 0（即中西医结合治疗该传染病前后淋巴细胞计数有差异）

$\alpha = 0.05$

2. 选择检验方法，计算检验统计量　本例先计算差值 d，其服从正态分布，$n = 16$，求得 $\bar{d} = 0.63$，$S_d = 0.50$，带入式（6-1），计算 t 值。

$$t = \frac{\bar{d} - \mu_d}{S_{\bar{d}}} = \frac{\bar{d} - 0}{S_{\bar{d}}} = \frac{0.63}{0.50/\sqrt{16}} = 5.04$$

3. 确定 P 值，做出推断结论　$\nu = n - 1 = 15$，查 t 界值表（附表 2）得 $t_{0.05/2,15} = 2.131$，$t > t_{0.05/2,15}$，故 $P < 0.05$，差异有统计学意义，按检验水准 $\alpha = 0.05$ 拒绝 H_0，接受 H_1，可以认为中西医结合治疗该

传染病前后淋巴细胞计数有差异，治疗后细胞计数高于治疗前，中西医结合治疗该传染病淋巴细胞计数有效。

⊕ 知识链接

非参数检验

非参数检验即不考虑资料总体的参数和总体的分布类型，检验总体的分布或分布位置是否相同，又称任意分布检验。通常适用于：总体分布为偏态或分布形式未知的定量资料、个别数据偏大或数据的某一端无确定数值的定量资料、各组离散程度相差悬殊即总体方差不齐的定量资料、等级资料。秩和检验是非参数检验的常用方法。非参数检验方法适用范围较广，但是损失了部分信息，当资料服从正态分布，满足 t 检验或方差分析时，若采用非参数秩和检验会降低检验效能。因此，适合参数检验的资料应选择参数检验，不适合参数检验的资料可采用非参数秩和检验。

二、配对资料的 Wilcoxon 符号秩和检验

定量资料为配对设计，但是每对数据的差值 d 的总体不满足正态分布，不能采用配对 t 检验，这时选择 Wilcoxon 符号秩和检验。Wilcoxon 符号秩和检验（Wilcoxon signed – rank test），由 Wilcoxon 在 1945 年提出，用于推断配对资料的差值是否来自中位数为零的总体。

例 6 – 2 用甲乙两种方法分别测定 13 名健康人尿液中汞的含量（表 6 – 2），问两种方法测定结果有无差异？

表 6 – 2 甲乙两种方法测定尿汞值含量（μg/L）

编号 (1)	甲方法 (2)	乙方法 (3)	差值 d (4) = (2) – (3)	秩次 (5)
1	2.9	0.2	2.7	6
2	3.4	1.1	2.3	5
3	0	0	0	–
4	3.9	0.4	3.5	11
5	6.5	3.3	3.2	8
6	2.6	5.6	– 3.0	– 7
7	1.8	1.1	0.7	1
8	1.0	4.4	– 3.4	– 10
9	1.8	3.6	– 1.8	– 2.5
10	3.3	1.1	2.2	4
11	2.0	0.2	1.8	2.5
12	5.4	2.2	3.2	9
13	5.7	2.1	3.6	12
合计	—	—	$T_+ = 58.5$，$T_- = 19.5$	

【分析】本例为配对设计两定量资料的比较，先计算各对子的差值 d，差值 d 经正态性检验不满足正态分布（$W = 0.853$，$P = 0.032$），不能选择配对 t 检验，选择配对资料的 Wilcoxon 符号秩和检验。

Wilcoxon 符号秩和检验的原理是先将配对设计资料的差值 d 按绝对值大小依次编秩次，若两种处理效应相同，各对子的差值 d 的总体中位数为 0，则样本的正秩和与负秩和的绝对值应接近；反之，若样

本正、负秩和绝对值相差悬殊，则差值的总体中位数不为0，两种处理效应不同。

现以例6-2介绍配对资料的符号秩和检验步骤。

1. 建立检验假设，确定检验水准

$H_0: M_d = 0$，甲乙两种方法测定尿汞值的差值的总体中位数等于0（即甲乙两种方法测定结果无差异）

$H_1: M_d \neq 0$，甲乙两种方法测定尿汞值的差值的总体中位数不等于0（即甲乙两种方法测定结果有差异）

$\alpha = 0.05$

2. 选择检验方法，计算检验统计量

（1）计算差值　计算甲乙两种方法测定值的差值，差值 d = 甲法 – 乙法，见表6-2第（4）列。

（2）编秩次　按差值绝对值由小到大编秩次，若差值相等符号相同，按照顺序编秩次（如本例两个3.2按照顺序编秩次8和9），若差值的绝对值相等正负号不同，取平均秩次（如本例的 +1.8 和 –1.8 分别取秩次2和3的平均值2.5），并按差值的正负号对应标出秩次的正负号。编秩次时，若差值为0，舍去不计（本例编号"3"差值为0），样本含量相应减少。

（3）求秩次和　计算正秩和 T_+ 与负秩和 T_-，见表6-2。n 为对子数（若有差值等于0，则 n 减去为0的个数）本例 $n = 13 - 1 = 12$，T_+ 与 T_- 之和为 $n(n+1)/2$。本例 $T_+ = 58.5$，$T_- = 19.5$，二者之和为78，等于 $12 \times (12+1)/2$。

（4）确定检验统计量 T　T_+ 或 T_- 可任取一个为检验统计量，习惯上常以较小的秩和为检验统计量，本例取 $T = T_- = 19.5$。

3. 确定 P 值，做出推断结论　如果原假设成立，即差值的总体中位数为0，则理论上样本的正、负秩和应相等，即 T 值应为总秩和 $n(n+1)/2$ 的一半，即 $n(n+1)/4$，由于存在抽样误差，因此 T 值应接近 $n(n+1)/4$；反之 T 与 $n(n+1)/4$ 差距较大，则相应的 P 值就越小，拒绝原假设。根据统计量 T 判定 P 值大小有两种方法。

（1）查表法　当 $n \leq 50$ 时，查配对比较的 Wilcoxon 符号秩和检验 T 界值表（附表4-1）。若检验统计量 T 值在上、下界值范围内，则 $P > \alpha$；若 T 值正好等于上或下界值，则 $P = \alpha$；若 T 值在上、下界值范围外，则 $P < \alpha$。

本例 $n = 12$，查 T 界值表（附表4-1）双侧概率0.05对应界值为 13~65，$T = 19.5$，在界值范围内，则 $P > 0.05$，按 $\alpha = 0.05$ 水准，不拒绝 H_0，差别无统计学意义，尚不能认为甲方法与乙方法测定尿汞值有差异。

（2）正态近似法　当 n 逐渐增大，T 的分布逐渐逼近以 $n(n+1)/4$ 为均数，$n(n+1)(2n+1)/24$ 为方差的正态分布。当 $n > 50$ 时，就可采用近似正态分布法，计算统计量 z 值，公式为：

$$z = \frac{|T - n(n+1)/4| - 0.5}{\sqrt{\dfrac{n(n+1)(2n+1)}{24}}} \tag{6-2}$$

式中，n 为对子个数，T 为检验统计量，0.5 是连续校正数。

当相同秩次较多时，按照式（6-2）计算的 z 值偏小，应计算校正的检验统计量 z_c，公式为：

$$z_c = \frac{|T - n(n+1)/4| - 0.5}{\sqrt{\dfrac{n(n+1)(2n+1)}{24} - \dfrac{\sum(t_j^3 - t_j)}{48}}} \tag{6-3}$$

式中，t_j 为第 j 个相同秩次（即平均秩次）的个数。例如本例中有两个差值为1.8、两个3.2，则

$t_1 = 2$ ，$t_2 = 2$ ，$\sum (t_j^3 - t_j) = (2^3 - 2) + (2^3 - 2) = 12$ 。

第二节　两独立样本定量资料的比较

两独立样本定量资料的检验主要用于完全随机设计的两组资料的比较，完全随机设计是分别从具有不同特征的总体或采取不同处理措施的总体中按照随机的原则抽取样本，比较组间的平均效应。若抽取两个样本，根据资料的分布特点，可以选择两独立样本的 t 检验或两独立样本 Wilcoxon 秩和检验。

例 6 – 3　某病毒性传染病试行诊疗方案中指出，某国产中药可用于该传染病的医学观察期及轻型和普通型患者的治疗，某中医院收治的该传染病患者按照随机数字表法分为对照组和实验组，每组均 15 例，对照组给予常规西药抗病毒药物治疗，实验组在西药治疗同时给予该中药治疗，观察两组临床症状改善情况（表 6 – 3），问两组临床症状改善时间有无差异？

表 6 – 3　两组临床症状改善时间比较（d）

对照组	6	6	4	3	6	7	6	5	4	8	5	5	7	7	5
实验组	5	4	3	2	3	5	1	4	3	2	4	2	3	3	3

【分析】本例为完全随机设计两样本定量资料的比较，根据资料特点总体是否满足正态分布和方差齐性考虑选择两独立样本的 t 检验或两独立样本 Wilcoxon 秩和检验。两组资料经正态性检验均满足正态分布（对照组 $W = 0.960$，$P = 0.692$；实验组 $W = 0.930$，$P = 0.276$），方差齐性检验满足方差齐（$F = 0.885$，$P = 0.355$），故选择两独立样本的 t 检验。

一、两独立样本 t 检验

两独立样本 t 检验（two independent samples t – test），又称成组 t 检验（two samples t – test）或完全随机设计两样本均数比较的 t 检验，检验两独立样本均数各自所代表的未知总体均数是否相等。实验设计时要求将受试对象随机分配到两个不同的处理组。

两独立样本 t 检验要求样本所代表的两总体均服从正态分布，且两总体方差相等，即 $\sigma_1^2 = \sigma_2^2$ 。若 $\sigma_1^2 \neq \sigma_2^2$ ，可采用 t' 检验。

两独立样本 t 检验的公式为：

$$t = \frac{\overline{X}_1 - \overline{X}_2}{S_{\overline{X}_1 - \overline{X}_2}} \tag{6 – 4}$$

$$\nu = (n_1 - 1) + (n_2 - 1) = n_1 + n_2 - 2$$

$$S_{\overline{X}_1 - \overline{X}_2} = \sqrt{S_C^2 \left(\frac{1}{n_1} + \frac{1}{n_2} \right)} \tag{6 – 5}$$

$$S_C^2 = \frac{\sum (X_1 - \overline{X}_1)^2 + \sum (X_2 - \overline{X}_2)^2}{n_1 + n_2 - 2} = \frac{(n_1 - 1)S_1^2 + (n_2 - 1)S_2^2}{(n_1 - 1) + (n_2 - 1)} \tag{6 – 6}$$

现以例 6 – 3 介绍两独立样本 t 检验步骤。

1. 建立检验假设，确定检验水准

$H_0 : \mu_1 = \mu_2$ ，两组患者临床症状改善时间的总体均数相等

$H_1 : \mu_1 \neq \mu_2$ ，两组患者临床症状改善时间的总体均数不相等

$\alpha = 0.05$

2. 计算检验统计量

$$n_1 = 15, \overline{X}_1 = 5.60, S_1 = 1.35$$

$$n_2 = 15, \overline{X}_2 = 3.13, S_2 = 1.13$$

将上述数据代入公式，得：

$$t = \frac{\overline{X}_1 - \overline{X}_2}{S_{\overline{X}_1 - \overline{x}_2}} = \frac{\overline{X}_1 - \overline{X}_2}{\sqrt{S_c^2\left(\frac{1}{n_1} + \frac{1}{n_2}\right)}} = \frac{\overline{X}_1 - \overline{X}_2}{\sqrt{\frac{(n_1-1)S_1^2 + (n_2-1)S_2^2}{(n_1-1)+(n_2-1)}\left(\frac{1}{n_1}+\frac{1}{n_2}\right)}}$$

$$= \frac{5.60 - 3.13}{\sqrt{\frac{(15-1)\times1.35^2 + (15-1)\times1.13^2}{15-1+15-1}\left(\frac{1}{15}+\frac{1}{15}\right)}} = 5.43$$

$$v = 15 - 1 + 15 - 1 = 28$$

3. 确定 P 值，做出推断结论 查 t 界值表（附表 2）得 $t_{0.01/2,28} = 2.763$，$t > t_{0.01/2,28}$，故 $P < 0.01$，差异有统计学意义，按检验水准 $\alpha = 0.05$ 拒绝 H_0，接受 H_1，可以认为实验组与对照组临床症状改善时间有差异，实验组即国产中药结合西药治疗该病毒性传染病临床症状改善所用时间较仅用西药治疗改善时间短。

二、两独立样本校正 t 检验

例 6 - 4 在某中药提取物改善机体耐缺氧实验研究中，抽取同龄相同环境喂养的大鼠随机分为中药组和对照组，测得大鼠生存时间（min）数据见表 6 - 4，请问两组生存时间有无差异？

表 6 - 4 两组大鼠生存时间（min）

对照组	19	17	27	31	22	20	50	34	33	49
中药组	89	74	30	91	61	49	37	23	36	40

【分析】本例为完全随机设计的两独立样本定量资料，大鼠生存时间服从正态分布（对照组 $W = 0.888$，$P = 0.162$；中药组 $W = 0.903$，$P = 0.239$），若考虑两独立样本 t 检验除满足两总体均服从正态分布，还需满足方差齐 $\sigma_1^2 = \sigma_2^2$，方差齐性检验用 F 检验。

方差齐性检验公式为：

$$F = \frac{S_1^2(较大)}{S_2^2(较小)}, \nu_1 = n_1 - 1, \nu_2 = n_2 - 1 \tag{6-7}$$

式中 S_1^2 为数值较大的样本方差值，S_2^2 为数值较小的样本方差值，检验统计量 F 服从自由度为 ν_1 与 ν_2 的 F 分布，若两总体方差相等，则两样本方差值较接近，其比值应接近 1；反之若远大于 1，则认为两总体方差不等。是否远大于 1 可以查附表 5 - 1 得出 P 值，做出结论。

当 $F < F_{0.05/2(\nu_1,\nu_2)}$，$P > 0.05$，不拒绝 H_0，尚不能认为两总体方差不等；当 $F \geq F_{0.05/2(\nu_1,\nu_2)}$，$P \leq 0.05$，拒绝 H_0，接受 H_1，认为两总体方差不相等。

现以例 6 - 4 介绍方差齐性检验 F 检验步骤。

1. 建立检验假设，确定检验水准

$H_0: \sigma_1^2 = \sigma_2^2$ 即两组大鼠生存时间的总体方差相等

$H_1: \sigma_1^2 \neq \sigma_2^2$ 即两组大鼠生存时间的总体方差不相等

$\alpha = 0.05$

2. 计算检验统计量

$$n_1 = 10, S_1^2 = 600.44$$

$$n_2 = 10, S_2^2 = 138.84$$

代入式（6-7），得：

$$F = \frac{S_1^2(较大)}{S_2^2(较小)} = \frac{600.44}{138.84} = 4.33$$

3. 确定 P 值，做出推断结论

查附表5-1，本例 $\nu_1 - 1 = 10 - 1 = 9$，$\nu_2 = n_2 - 1 = 10 - 1 = 9$，$F > F_{0.05/2(9,9)} = 4.03$，$P < \alpha$，差异有统计学意义，拒绝 H_0，接受 H_1，两组大鼠生存时间的总体方差不相等。本例方差不满足齐性，故选择 t' 检验。

t' 检验常用方法是对自由度进行校正，用校正后的自由度查阅 t 分布表来确定 P 值。t' 计算公式为：

$$t' = \frac{|\overline{X}_1 - \overline{X}_2|}{\sqrt{\dfrac{S_1^2}{n_1} + \dfrac{S_2^2}{n_2}}} \tag{6-8}$$

自由度校正公式为：

$$v = \frac{(S_1^2/n_1 + S_2^2/n_2)^2}{\dfrac{(S_1^2/n_1)^2}{n_1 - 1} + \dfrac{(S_2^2/n_2)^2}{n_2 - 1}} \tag{6-9}$$

本例6-4 t' 检验步骤如下。

1. 建立检验假设，确定检验水准

$H_0: \mu_1 = \mu_2$ 两组大鼠生存时间的总体均数相等

$H_1: \mu_1 \neq \mu_2$ 两组大鼠生存时间的总体均数不相等

$\alpha = 0.05$

2. 计算检验统计量

$$n_1 = 10, \overline{X}_1 = 30.2, S_1 = 11.78$$

$$n_2 = 10, \overline{X}_2 = 53.0, S_2 = 24.51$$

$$t' = \frac{|\overline{X}_1 - \overline{X}_2|}{\sqrt{\dfrac{S_1^2}{n_1} + \dfrac{S_2^2}{n_2}}} = \frac{|30.2 - 53.0|}{\sqrt{\dfrac{11.78^2}{10} + \dfrac{24.51^2}{10}}} = 2.65$$

3. 确定 P 值，做出推断结论

校正自由度为：

$$v = \frac{(S_1^2/n_1 + S_2^2/n_2)^2}{\dfrac{(S_1^2/n_1)^2}{n_1 - 1} + \dfrac{(S_2^2/n_2)^2}{n_2 - 1}} = \frac{\left(\dfrac{11.78^2}{10} + \dfrac{24.51^2}{10}\right)^2}{\dfrac{\left(\dfrac{11.78^2}{10}\right)^2}{10 - 1} + \dfrac{\left(\dfrac{24.51^2}{10}\right)^2}{10 - 1}} = 12.95 \approx 13$$

查附表2，$t > t_{0.05/2,13} = 2.16$，$P < 0.05$，按 $\alpha = 0.05$ 的水准，差异有统计学意义，拒绝 H_0，接受 H_1，两组大鼠生存时间的总体均数不相等，中药组大鼠生存时间长于对照组。

三、两独立样本 Wilcoxon 秩和检验

例 6 – 5　选取同龄大鼠随机分为两组，分别使用强化饲料和普通饲料喂养一段时间，观察两组大鼠体重变化情况（表 6 – 5），问两组大鼠体重增加有无差异？

表 6 – 5　两组大鼠体重增加值比较（g）

编号	普通饲料	秩次	强化饲料	秩次
1	77	10	87	12
2	67	5	145	23
3	104	15	151	24
4	131	19.5	73	8.5
5	65	3	155	27
6	72	7	151	25
7	93	13	105	16
8	116	17	66	4
9	85	11	141	21
10	64	2	153	26
11	73	8.5	99	14
12	68	6	143	22
13	62	1	123	18
14			158	28
15			131	19.5
合计	$n_1 = 13$	$T_1 = 118$	$n_2 = 15$	$T_2 = 288$

【分析】本例为完全随机设计两独立样本定量资料的比较，两组经正态性检验不满足正态分布（普通饲料组 $W = 0.851$，$P = 0.029$；强化饲料组 $W = 0.864$，$P = 0.028$），不能选择两独立样本 t 检验，故选择两独立样本 Wilcoxon 秩和检验检验，先编秩次，计算秩和，选择样本量小的秩和作为统计量。

两独立样本 Wilcoxon 秩和检验可用于完全随机设计的两样本定量资料的比较，若两样本所代表的总体不服从正态分布，不能进行两独立样本 t 检验，则采用 Wilcoxon 秩和检验方法。本方法是推断两样本分别代表的两总体分布是否相同。

现以例 6 – 5 介绍两独立样本 Wilcoxon 秩和检验步骤。

1. 建立检验假设，确定检验水准

H_0：两组大鼠体重增加值的总体分布相同

H_1：两组大鼠体重增加值的总体分布不同

$\alpha = 0.05$

2. 计算检验统计量

（1）编秩次　将两组数据混合按照值的大小由小到大编秩次，若数值大小相同且在同一组内按顺序编秩（如本例强化饲料组编号为 3 和 6 的数值均为 151g，则按顺序编秩），数值大小相同但不在同一组内取平均秩次（如本例普通饲料组编号为 4 与强化饲料组编号为 15 数值均为 131g，则取秩次 19 和

20 的平均值 19.5，同理两组均有 73g 取平均秩次为 8.5）。

（2）求秩和　分别计算两组的秩和，以样本量小的秩和为统计量 T_1，若两组样本量相同任取一个作为统计量，本例 $T_1 = 118$，$n_1 = 13$，见表 6 - 5。$N = n_1 + n_2$，T_1 与 T_2 之和为 $N(N + 1)/2$，本例 $T_1 = 118$，$T_2 = 288$，二者之和为 406，等于 $28 \times (28 + 1)/2 = 406$。

3. 确定 P 值，做出推断结论　Wilcoxon 秩和检验的原理是若原假设 H_0 成立两总体的分布相同，则样本的统计量 T 应与理论秩和 $n_1(n_1 + n_2 + 1)/2$ 相接近，反之统计量 T 与理论秩和相差较大，则拒绝 H_0 接受 H_1，两总体的分布不同。根据统计量 T 判定 P 值大小有下面两种方法。

（1）查表法　当 $n_1 \leq 10$，且 $n_2 - n_1 \leq 10$（n_1 为样本量较小者）时，查两样本比较的秩和检验 T 界值表（附表 4 - 2）。若检验统计量 T 值在上、下界值范围内，则 $P > \alpha$；若 T 值正好等于上或下界值，则 $P = \alpha$；若 T 值在上、下界值范围外，则 $P < \alpha$。

本例 $n_1 = 13$，$n_2 - n_1 = 2$，超出查 T 界值表（附表 4 - 2）的查表范围，不能使用查表法确定 P 值。

（2）正态近似法　当 n_1 或 $n_2 - n_1$ 超出了两样本比较的 T 界值表，采用正态分布近似法计算统计量 z 值，公式为：

$$z = \frac{|T - n_1(n_1 + n_2 + 1)/2| - 0.5}{\sqrt{\dfrac{n_1 n_2(n_1 + n_2 + 1)}{12}}} \tag{6-10}$$

式中，n_1、n_2 为各样本含量，T 为检验统计量，0.5 为连续校正数。当相同秩次较多（如超过 25%）时，应计算校正值 z_c 公式为：

$$z_c = \frac{z}{\sqrt{c}} \qquad c = 1 - \frac{\sum(t_j^3 - t_j)}{N^3 - N} \tag{6-11}$$

式中，t_j 为第 j 个相同秩次的个数，$N = n_1 + n_2$。

本例采用正态近似法，秩次和 T 带入式（6 - 10）计算统计量 z：

$$z = \frac{|T - n_1(n_1 + n_2 + 1)/2| - 0.5}{\sqrt{\dfrac{n_1 n_2(n_1 + n_2 + 1)}{12}}} = \frac{|118 - 13 \times (13 + 15 + 1)/2| - 0.5}{\sqrt{\dfrac{13 \times 15 \times (13 + 15 + 1)}{12}}} = 3.25$$

$z > z_{0.01/2} = 2.58$，则 $P < 0.01$，差别有统计学意义，按 $\alpha = 0.05$ 水准，拒绝 H_0 接受 H_1，可认为强化饲料和普通饲料喂养的两组大鼠体重增加值的总体分布不同，强化饲料组平均秩次为 19.2，普通饲料组平均秩次为 9.1，19.2 > 9.1，因此强化饲料喂养大鼠体重增加值大于普通饲料喂养大鼠体重增加值。

⊕ **知识链接**

Mann – Whitney U 检验

Mann – Whitney U 检验是由 H. B. Mann 和 D. R. Whitney 于 1947 年提出的，是对两均值之差的参数 t 检验或相应的大样本正态检验的代用品，用以检验两个独立样本是否取自同一总体。U 检验也有小样本和大样本之分，在小样本时，U 的临界值已编制成表。在大样本时，U 的分布趋近正态分布，可用正态近似法处理。该法与 Wilcoxon 秩和检验原理和检验结果完全等价，只是统计量构造略有不同。

目标检测

答案解析

一、最佳选择题

1. 在两样本定量资料的 t 检验中，无效假设为（　　）。

    A. 两样本均数不等
    B. 两总体均数不等

    C. 两样本均数相等
    D. 两总体均数相等

    E. 样本均数等于总体均数

2. 两样本定量资料的比较，经 t 检验差别有统计学意义，其 P 越小说明（　　）。

    A. 两总体均数差别越大
    B. 两样本均数差别越大

    C. 越有理由认为两总体均数不等
    D. 越有理由认为两样本均数不等

    E. 总体均数与样本均数均不等

3. 若规定 $\alpha = 0.05$，$t > t_{0.05/2,\nu}$，统计学结论为（　　）。

    A. 两总体均数相等
    B. 两样本均数相等

    C. 两总体均数不等
    D. 两样本均数不等

    E. 两总体均数差异大

4. 非参数检验方法的优点不包括（　　）。

    A. 不受总体分布的限制
    B. 适用于未知分布的定量资料

    C. 适用于分布明显偏态的定量资料
    D. 适用于等级资料

    E. 检验效能高于参数检验

5. 配对资料的符号秩和检验若原假设成立，则（　　）。

    A. 理论上正秩和 T_+ 与负秩和 T_- 应相接近，差异只是随机误差造成的

    B. 理论上正秩和 T_+ 与负秩和 T_- 应相差很大

    C. 理论上正秩和 T_+ 大于负秩和 T_-

    D. 理论上正秩和 T_+ 小于负秩和 T_-

    E. 理论上正秩和 T_+ 与负秩和 T_- 应相差很大，差别是随机误差造成的

6. 有关两独立样本 Wilcoxon 秩和检验说法错误的是（　　）。

    A. 秩次编制方法是将两样本资料一起由小到大编秩次，若数值大小相同且位于同一组按顺序编秩次，若数值大小相同且位于不同组取平均秩次

    B. 若原假设成立，则检验统计量 T 与总体的平均秩和 $n_1(N+1)/2$ 应比较接近

    C. 两样本定量资料不能满足 t 检验，可选择两独立样本的秩和检验

    D. 开口资料可采用秩和检验

    E. 两独立样本 Wilcoxon 秩和检验选择秩次和较小的 T 作为统计量

7. 两样本定量资料的 t 检验要求样本代表的各总体服从正态分布，还应具备的条件是（　　）。

    A. 两样本均数接近
    B. 两总体均数相等

    C. 两总体方差接近
    D. 两样本方差相等

    E. 两总体方差相等

8. 欲了解大学生的血糖水平，分别抽取同年级同专业的男同学和女同学进行检测，若血糖分布服

从正态、两总体方差齐，请选择适宜的检验方法（　　）。

A. 单样本 t 检验

B. 配对资料的符号秩和检验

C. 两独立样本 t 检验

D. 配对 t 检验

E. 两独立样本 Wilcoxon 秩和检验

二、简答题

1. 简述配对设计的分组方法？

2. 独立两样本 t 检验的应用条件是什么？

3. 非参数秩和检验的应用条件是什么？

4. 配对设计符号秩和检验秩次编制方法的注意事项是什么？

三、计算题

1. 欲研究孪生兄弟出生体重与出生顺序有关，共收集了 15 对孪生兄弟的出生顺序和出生体重，见下表。问出生体重是否与其出生顺序有关？

15 对孪生兄弟的出生体重（kg）

编号	先出生者体重	后出生者体重	编号	先出生者体重	后出生者体重
1	2.79	2.69	9	3.03	2.82
2	3.06	2.89	10	3.07	3.05
3	2.34	2.24	11	3.61	3.58
4	3.41	3.37	12	2.69	2.66
5	3.48	3.50	13	3.09	3.20
6	3.23	2.93	14	2.98	2.92
7	2.27	2.24	15	2.65	2.60
8	2.48	2.55			

2. 某学校体检随机抽取了同年级男生 12 人，女生 15 人测定其体重指数（kg/m^2），结果如下，试分析男女生体重指数有无差异？

男生（12 人）：20.7　22.4　19.6　20.1　20.8　23.1　18.2　19.6　19.9　21.7　22.5　22.0

女生（15 人）：18.5　17.6　19.5　18.7　21.3　20.5　17.5　21.9　22.1　20.8　19.7　19.0　19.8　20.5　20.7

3. 血清中检测谷丙转氨酶的含量，分别采用原方法和新方法，结果见下表。问两法所得结果有无差别？

原法和新法测谷丙转氨酶（U/L）比较

编号	1	2	3	4	5	6	7	8	9	10
原法	60	112	195	80	242	220	190	25	198	38
新法	106	152	243	82	240	220	205	38	243	44

4. 测量血液中铅的含量，分别选取铅作业与非铅作业工人测量血铅值（μg/L）如下，问铅作业工人的血铅值是否与非铅作业工人的血铅值不同？

非铅作业组：5.1　5.3　5.6　5.9　6.3　6.6　7.4　11.2　16.8　20.5

铅作业组：46.8　34.2　18.6　47.5　42.3　22.7　44.6　46.4

四、案例辨析题

研究者为比较患儿脑脊液中磷酸己糖异构酶含量（U/L）是否不同，选取化脓性脑膜炎患儿 16 例，病毒性脑膜炎患儿 15 例，测量其脑脊液中磷酸己糖异构酶含量，数据及分析结果见下表，认为化脓性脑膜炎患儿磷酸己糖异构酶含量高于病毒性脑膜炎患儿。问该研究者分析是否合适，为什么？若有问题，应该如何处理？

两组患儿脑脊液中磷酸己糖异构酶值的比较

组别	n	$\overline{X} \pm S$	t	P 值
化脓性脑膜炎	16	294.7 ± 407.0	6.47	<0.01
病毒性脑膜炎	15	13.1 ± 15.0		

（米术斌）

书网融合……

本章小结　　　　　　微课　　　　　　题库

第七章 多组定量资料的比较

PPT

学习目标

1. 掌握 方差分析的基本思想及前提条件；单因素方差分析步骤；Kruskal – Wallis H 检验分析步骤。

2. 熟悉 单因素方差和 Kruskal – Wallis H 检验两两比较方法。

3. 了解 多样本方差齐性检验、常用数据变换方法。

4. 学会多组定量资料比较的方法，具备根据数据特点选择比较方法的能力。

多组定量资料进行比较时，若直接采用两组定量资料的方法两两逐一比较，将增大 I 型错误的概率。因此对于多组定量资料，通常根据资料特征，使用方差分析或 Kruskal – Wallis H 检验进行比较。

第一节 单因素方差分析 e 微课1

方差分析（analysis of variance，ANOVA）又称 F 检验，是统计学中的经典方法，可用于两个或多个样本均数的比较。

单因素方差分析又称独立样本均数比较的方差分析或完全随机设计资料方差分析，用于多个独立样本均数的比较，旨在推断多个样本均数代表的总体均数是否相等。多个独立样本包括观察研究中研究对象按某种属性、特征、类别分组，或实验研究中同质受试对象随机分组并接受不同的处理（完全随机设计）。

一、方差分析的基本思想

方差分析的基本思想是把全部观察值的不同（即总变异）按设计分解成两个或多个部分，不同的设计总变异分解各有不同，其中一定包括随机误差，将各部分的变异分别与随机误差进行比较，推断各变异与随机误差的差别是否具有统计学意义。

例 7 – 1 为探讨大蒜素对非酒精性脂肪肝的保护作用，研究者将 45 只成年雄性 SD 大鼠随机等分为甲、乙、丙组 3 组。甲组采用普通饲料喂养，乙组采用高脂饲料喂养，丙组在高脂饲料喂养基础上，每日按 30mg/(d·kg) 剂量大蒜素灌胃给药。7 周后测血清谷草转氨酶（GOT，U/L）水平，结果见表 7 – 1。试比较 3 组的谷草转氨酶总体均数是否存在差异。表 7 – 1 中 i 表示数据所在的列，$i = 1, 2, \cdots, k$，k 表示比较组数，j 表示数据所在的行，$j = 1, 2, \cdots, n_i$，n_i 为第 i 组的例数，$n = \sum_{i=1}^{k} n_i$ 为总例数。

按照方差分析的思想，若要推断 3 组的谷草转氨酶总体均数有无差异首先需要对数据的变异进行分解。

表 7 - 1　各组大鼠谷草转氨酶（U/L）测定结果

	甲组	乙组	丙组	合计
X_{ij}	35.00	59.90	48.80	
	21.80	66.50	51.10	
	35.40	72.00	68.00	
	19.10	53.70	53.50	
	38.70	46.80	47.70	
	20.50	71.90	60.00	
	36.80	69.50	42.90	
	24.90	57.60	43.90	
	40.90	72.00	57.10	
	15.90	41.40	53.90	
	31.60	56.30	37.20	
	16.30	47.50	60.10	
	21.60	70.30	38.40	
	35.60	71.00	62.70	
	13.30	54.50	69.70	
n_i	15	15	15	45（n）
$\overline{X}_i$	27.16	60.73	53.00	46.96（$\overline{X}$）
S_i	9.43	10.51	10.04	17.50（S）

1. 总变异　全部数据的变异，即表中所有观察值 X_{ij} 与总均数 $\overline{X}$ 的差异，其大小以离均差平方和（sum of square of deviation from mean，SS）表示，记为 $SS_总$。

$$SS_总 = \sum_{i=1}^{k} \sum_{j=1}^{n_i} (X_{ij} - \overline{X})^2 \qquad (7-1)$$

总变异的自由度 $\nu_总 = n - 1$。

2. 组间变异　不同处理组大鼠谷草转氨酶的均数 $\overline{X}_i$ 不尽相同，各样本均数 $\overline{X}_i$ 与总均数 $\overline{X}$ 的差异称为组间变异，记为 $SS_{组间}$，它包含了随机误差（包括随机测量误差和个体差异）和处理作用不同而产生的变异。

$$SS_{组间} = \sum_{i=1}^{k} n_i (\overline{X}_i - \overline{X})^2 \qquad (7-2)$$

组间自由度 $\nu_{组间} = k - 1$，对应的组间方差又称组间均方（between - group mean square），$MS_{组间} = SS_{组间}/\nu_{组间}$。

3. 组内变异　同一处理组内，大鼠谷草转氨酶水平不全相等，各组中的观察值 X_{ij} 与其样本均数 $\overline{X}_i$ 的差异称为组内变异，记为 $SS_{组内}$ 或 $SS_{误差}$。它是由于个体变异和随机测量误差造成，统称为随机误差。

$$SS_{组内} = \sum_{i=1}^{k} \sum_{j=1}^{n_i} (X_{ij} - \overline{X}_i)^2 \qquad (7-3)$$

组内自由度 $\nu_{组内} = n - k$，对应的组内均方（within - group mean square）$MS_{组内} = SS_{组内}/\nu_{组内}$。

可以证明：

$$SS_总 = SS_{组间} + SS_{组内}, \quad \nu_总 = \nu_{组间} + \nu_{组内}$$

方差分析的检验假设（H_0: $\mu_1 = \mu_2 = \cdots = \mu_k$）成立时，$MS_{组间}/MS_{组内}$ 服从自由度为 $\nu_{组间}$ 和 $\nu_{组内}$ 的 F 分布。

$$F = \frac{MS_{组间}}{MS_{组内}}, \nu_{组间} = k - 1, \nu_{组内} = n - k \qquad (7-4)$$

当处理因素不起作用时，产生组间变异与组内变异的原因均为随机误差，$MS_{组间} = MS_{组内}$，从理论上讲，F 值等于1，但由于抽样误差的影响，一般不会恰好等于1，但应接近于1，当 $F < F_{\alpha(\nu_{组间}, \nu_{组内})}$ 时，则 $P > \alpha$，按 α 水准，不拒绝 H_0，尚不能认为不同处理因素水平间效应差别有统计学意义，即尚不能认为各组总体均数不全相等。当处理因素有作用时，即不同处理对大鼠谷草转氨酶水平有影响，则 $MS_{组间} > MS_{组内}$，F 值大于1，当 $F \geqslant F_{\alpha(\nu_{组间}, \nu_{组内})}$ 时，$P \leqslant \alpha$，按 α 水准，拒绝 H_0，接受 H_1，可以认为不同处理因素水平间效应差别总的来说有统计学意义，即可以认为各组谷草转氨酶总体均数不同或不全相等。

本节以完全随机设计资料的方差分析为例，介绍方差分析的基本思想。但对于设计类型不同的资料进行方差分析，总变异分解不同，可以查阅相关资料学习。

二、方差分析的步骤

1. 建立检验假设，确定检验水准

H_0: $\mu_1 = \mu_2 = \mu_3$，即3组谷草转氨酶总体均数相等

H_1: μ_1, μ_2, μ_3 不等或不全相等，即3组谷草转氨酶总体均数不等或不全相等

$\alpha = 0.05$

2. 计算检验统计量　可以根据表7-2中的公式计算检验统计量。

表7-2　完全随机设计资料方差分析计算公式

变异来源	SS	ν	MS	F
组间变异	$\sum_{i=1}^{k} n_i (\overline{X}_i - \overline{X})^2$	$k-1$	$SS_{组间}/\nu_{组间}$	$MS_{组间}/MS_{组内}$
组内变异	$SS_{总} - SS_{组间}$	$n-k$	$SS_{组内}/\nu_{组内}$	
总变异	$\sum_{i=1}^{k}\sum_{j=1}^{n_i}(X_{ij} - \overline{X})^2$	$n-1$		

$$SS_{总} = \sum_{i=1}^{k}\sum_{j=1}^{n_i}(X_{ij} - \overline{X})^2 = (35.00 - 46.96)^2 + (21.80 - 46.96)^2 + \ldots + (69.70 - 46.96)^2 = 13476.09$$

$$SS_{组间} = \sum_{i=1}^{k} n_i (\overline{X}_i - \overline{X})^2 = 15 \times (27.16 - 46.96)^2 + 15 \times (60.73 - 46.96)^2 + 15 \times (53.00 - 46.96)^2$$
$$= 9270.64$$

$$SS_{组内} = SS_{总} - SS_{组间} = 13476.09 - 9270.64 = 4205.45$$

$$\nu_{总} = n - 1 = 45 - 1 = 44$$

$$\nu_{组间} = k - 1 = 3 - 1 = 2$$

$$\nu_{组内} = n - k = 45 - 3 = 42$$

$$MS_{组间} = SS_{组间}/\nu_{组间} = 9270.64/2 = 4635.32$$

$$MS_{组内} = SS_{组内}/\nu_{组内} = 4205.45/42 = 100.13$$

$$F = MS_{组间}/MS_{组内} = 4635.32/100.13 = 46.29$$

方差分析结果列表整理成表7-3。

表 7 – 3　不同处理组大鼠血清谷草转氨酶水平方差分析结果

变异来源	SS	v	MS	F	P
组间变异	9270.64	2	4635.32	46.29	<0.01
组内变异	4205.45	42	100.13		
总变异	13476.09	44			

3. 确定 P 值，做出推断结论

根据 $\nu_1 = \nu_{\text{组间}} = 2$，$\nu_2 = \nu_{\text{组内}} = 42$，查方差分析用 F 界值表（附表 5 – 2），$F_{0.01(2,42)} = 5.15$，得 $P < 0.01$，按 $\alpha = 0.05$ 水准，拒绝 H_0，接受 H_1，3 组均数间差别有统计学意义，可以认为 3 组谷草转氨酶平均水平总的来讲有差别。

当方差分析组间差异有统计学意义时，表示至少有两组的总体均数不同，需要采用两两比较（paired comparisons），进一步了解组与组间的差别，详见第二节。根据方差分析的基本思想，方差分析也可用于两独立样本均数间的双侧假设检验，此时结果与 t 检验完全等价，且 $F = t^2$。

三、方差分析的前提条件

（一）方差分析的前提条件

每种方法都有其使用条件，方差分析也不例外，具体要求如下。

1. 独立性　各样本为相互独立的随机样本。

2. 正态性　各样本均服从正态分布或近似服从正态分布。各样本是否服从正态分布，一般要观察各组数据的分布或进行正态性检验来判断。当样本含量较大时，无论各组数据是否服从正态分布，样本均数的抽样分布均服从或近似服从正态分布；但样本含量较小时，各样本数据是否来自正态总体，需通过正态性检验来判断。如果样本数据极度偏离正态总体，需要进行数据变换，改善其分布状态，以满足正态性条件，再行方差分析。正态性检验详见第五章第五节。

3. 方差齐性　即各样本所来自的总体方差相等。各样本方差是否具有齐性，可以进行方差齐性检验。常用的多样本方差齐性检验有 Bartlett χ^2 检验和 Levene 检验。

（二）多样本方差齐性检验

1. Bartlett χ^2 检验　Bartlett χ^2 检验要求数据服从或近似正态分布。

Bartlett χ^2 检验的 H_0 为各总体方差 σ_i^2 相等，即 $\sigma_1^2 = \sigma_2^2 = \ldots = \sigma_k^2$。在 H_0 成立的前提下，Bartlett χ^2 检验计算公式为：

$$\chi^2 = \frac{\sum_{i=1}^{k} (n_i - 1) \ln \frac{S_c^2}{S_i^2}}{1 + \frac{1}{3(k-1)} \left[\sum_{i=1}^{k} (n_i - 1)^{-1} - \left(\sum_{i=1}^{k} (n_i - 1) \right)^{-1} \right]}, \quad \nu = k - 1 \qquad (7 - 5)$$

式中，k 表示样本个数，n_i 为第 i 个样本含量，S_i^2 为第 i 个样本方差，S_c^2 为合并方差，$S_c^2 = \sum_{i=1}^{k} (n_i - 1) S_i^2 / \sum_{i=1}^{k} (n_i - 1)$，在单因素方差分析中 $S_c^2 = MS_{\text{组内}}$。

例 7 – 2　试对例 7 – 1 资料进行方差齐性检验。

（1）建立检验假设，确定检验水准

$H_0: \sigma_1^2 = \sigma_2^2 = \sigma_3^2$，即 3 个总体方差相等

$H_1: \sigma_1^2, \sigma_2^2, \sigma_3^2$ 不等或不全相等

$\alpha = 0.10$

（2）计算检验统计量

利用式（7-5）计算统计量χ^2值，其中$MS_{组内} = 100.13$。

$$\chi^2 = \frac{(15-1) \times \ln(\frac{100.13}{9.43^2}) + (15-1) \times \ln(\frac{100.13}{10.51^2}) + (15-1) \times \ln(\frac{100.13}{10.04^2})}{1 + \frac{1}{3 \times (3-1)} \times \left[3 \times \frac{1}{15-1} - \frac{1}{3 \times (15-1)} \right]} = 0.19$$

（3）确定P值，做出推断结论

根据$\nu = 2$，查χ^2界值表（附表6），χ^2界值$\chi^2_{0.90,2} = 0.21$，$\chi^2_{0.95,2} = 0.10$得$0.90 < P < 0.95$，按$\alpha = 0.10$水准，不拒绝H_0，3组总体方差相等。

2. Levene 检验　与 Bartleet χ^2检验比较，Levene 检验不依赖于数据分布类型。

Levene 检验的H_0为各总体方差σ_i^2相等，即$\sigma_1^2 = \sigma_2^2 = \cdots = \sigma_k^2$。在$H_0$成立的前提下，Levene 检验计算公式为：

$$F = \frac{(n-k) \sum_{i=1}^{k} n_i (\overline{Z}_i - \overline{Z})^2}{(k-1) \sum_{i=1}^{k} \sum_{j=1}^{n_i} (Z_{ij} - \overline{Z}_i)^2}, \nu_1 = k-1, \nu_2 = n-k \quad (7-6)$$

式中，k表示样本组数，n_i为第i个样本含量，Z_{ij}可以通过以下方式算得：

（1）$Z_{ij} = |X_{ij} - \overline{X}_i|$（$\overline{X}_i$为第$i$个样本的均数）

（2）$Z_{ij} = |X_{ij} - M_{d_i}|$（$M_{d_i}$为第$i$个样本的中位数）

（3）$Z_{ij} = |X_{ij} - \overline{X}_i'|$（$\overline{X}_i'$为第$i$个样本截除样本含量10%后的均数）

例 7-3　使用 Levene 检验对例7-1资料进行方差齐性检验。

（1）建立检验假设，确定检验水准

$H_0: \sigma_1^2 = \sigma_2^2 = \sigma_3^2$，即3个总体方差相等。

$H_1: \sigma_1^2, \sigma_2^2, \sigma_3^2$不等或不全相等。

$\alpha = 0.10$

（2）计算检验统计量

先利用$Z_{ij} = |X_{ij} - \overline{X}_i|$计算$Z_{ij}$，再使用式（7-6）计算统计量$F$值。Levene 检验的计算量较大，一般都借助统计软件来完成，可参考第六章，此处仅列出软件计算结果：$F = 0.162$，$P = 0.851$。

（3）确定P值，做出推断结论

根据软件结果，$P > 0.10$，按$\alpha = 0.10$水准，不拒绝H_0，3组总体方差相等。

四、数据变换

对于不满足正态分布或方差齐性条件的资料，可采用变量变换的方式，改善数据的状态，使其满足方差分析的条件。常用的变量变换方法有对数变换、平方根变换、倒数变换和平方根反正弦变换等。

1. 对数变换（logarithm transformation）　适用于某些服从对数正态分布的资料，变换公式为：

$$X' = \lg X \quad (7-7)$$

由于0和负数无对数，此时可以改用$X' = \lg(X + a)$，a为任意常数。

2. 平方根变换（square root transformation）　适用于观察值为服从 Poisson 分布的资料，如单位时间放射粒子数目、每立方米空气中粉尘颗粒数等。由于这类资料的方差等于平均值，当均数大时，方差也大，使用平方根变换可使接近平均值的个体变异相对变小。平方根变换公式为：

$$X' = \sqrt{X} \tag{7-8}$$

3. 倒数变换（reciprocal transformation） 适用于数据两端波动较大的资料，可使极端值的影响减小。倒数变换公式为：

$$X' = 1/X \tag{7-9}$$

4. 平方根反正弦变换（arcsine square root transformation） 又称角度变换（angular transformation），适用于服从二项分布的比例资料，如白细胞分类百分数。由于样本平均值接近 0 或 1 时，方差小，而在 0.5 时方差最大，使用平方根反正弦变换可使靠近 0.5 的个体变异相对小些。平方根反正弦变换公式为：

$$X' = \sin^{-1}\sqrt{X} \tag{7-10}$$

第二节　多个样本均数的两两比较 🔲微课2

当方差分析得到拒绝 H_0，接受 H_1 的结论后，可以认为各总体均数不全相等。若进一步比较各组间的总体均数是否相等，需进行样本均数的两两比较，又称多重比较（multiple comparison）。方差分析两两比较的方法有多种，本节介绍常用的 SNK $-q$ 检验、Bonferroni 校正法和 LSD $-t$ 检验。

一、SNK $-q$ 检验

SNK 为 Student – Newman – Keuls 三个人名字的缩写，又称 Newman – Keuls 检验，适用于各样本均数间的全面比较。检验统计量 q 的计算公式为：

$$q = \frac{|\overline{X}_i - \overline{X}_j|}{S_{\overline{X}_i - \overline{X}_j}} = \frac{|\overline{X}_i - \overline{X}_j|}{\sqrt{\dfrac{MS_{组内}}{2}\left(\dfrac{1}{n_i} + \dfrac{1}{n_j}\right)}}, \quad \nu = \nu_{组内} \tag{7-11}$$

式中，$\overline{X}_i$、$\overline{X}_j$ 为任意两对比组样本均数，n_i、n_j 为任意两对比组样本例数。

q 分布随自由度和组数（a）不同而不同。a 指样本均数排序后两对比组间所包含的组数，如 1 组和 3 组比较，包含组数 $a = 3$。

例 7-4 利用例 7-1 资料，对 3 组大鼠的血清谷草转氨酶（U/L）进行两两比较。

（1）建立检验假设，确定检验水准

$H_0 : \mu_i = \mu_j$，即任意两组谷草转氨酶总体均数相等

$H_1 : \mu_i \neq \mu_j$，即任意两组谷草转氨酶总体均数不等

$\alpha = 0.05$

（2）计算检验统计量

首先将 3 个样本均数由小到大（或由大到小）排列，并编组次。

	甲组	丙组	乙组
$\overline{X}_i$	27.16	53.00	60.73
n_i	15	15	15
组次	1	2	3

利用式（7-11）计算统计量 q 值，其中 $MS_{组内} = 100.13$，结果见表 7-4。

表7-4　例7-1资料的两两比较结果（SNK-q检验）

对比组	$|\overline{X}_i - \overline{X}_j|$	q	a	q界值		P
				0.05	0.01	
(1)	(2)	(3)	(4)	(5)	(6)	(7)
1与2	25.84	10.00	2	2.86	3.82	<0.01
1与3	33.57	12.99	3	3.44	4.37	<0.01
2与3	7.73	2.99	2	2.86	3.82	0.01-0.05

（3）确定 P 值，做出推断结论

根据 $\nu = \nu_{组内} = 42$，查 q 界值表（附表7），附表7中没有给出自由度 $\nu = 42$ 的 q 界值，取更保守的 $\nu = 40$ 的 q 界值。q 值与 q 界值比较，获得表7-4第（7）栏中各对比组 P 值。按 $\alpha = 0.05$ 水准，均拒绝 H_0，接受 H_1，可以认为3组谷草转氨酶平均水平差别均有统计学意义。

二、LSD-t 检验

LSD-t 检验又称最小显著差异检验（least significant different test，LSD），常用于两组或几组有特殊意义组间比较。统计量 t 值计算公式为：

$$t = \frac{|\overline{X}_i - \overline{X}_j|}{S_{\overline{X}_i - \overline{X}_j}} = \frac{|\overline{X}_i - \overline{X}_j|}{\sqrt{MS_{组内}(\frac{1}{n_i} + \frac{1}{n_j})}}, \nu = \nu_{组内} \tag{7-12}$$

式中，$\overline{X}_i$、$\overline{X}_j$ 为任意两对比组样本均数，n_i、n_j 为任意两对比组样本例数。

例7-5　利用例7-1资料，比较甲组与乙、丙2组大鼠的血清谷草转氨酶（U/L）的差异。

（1）建立检验假设，确定检验水准

$H_0: \mu_i = \mu_j$，即任意两组谷草转氨酶总体均数相等

$H_1: \mu_i \neq \mu_j$，即任意两组谷草转氨酶总体均数不等

$\alpha = 0.05$

（2）计算检验统计量

利用式（7-12）计算统计量 t 值，结果见表7-5。

表7-5　例7-1资料的两两比较结果（LSD-t 检验）

对比组	$|\overline{X}_i - \overline{X}_j|$	t	ν	P
(1)	(2)	(3)	(4)	(5)
甲与乙组	33.57	9.19	42	<0.001
甲与丙组	25.84	7.07	42	<0.001

（3）确定 P 值，做出推断结论

根据 $\nu = \nu_{组内} = 42$，查 t 界值表（附表2），附表2中没有给出自由度 $\nu = 42$ 的 t 界值，取更保守的 $\nu = 40$ 的 t 界值，获得表7-5第（5）栏各组 P 值。按 $\alpha = 0.05$ 水准，均拒绝 H_0，接受 H_1，可以认为乙组和丙组均与甲组谷草转氨酶平均水平差别有统计学意义。

三、Bonferroni 校正法

Bonferroni 校正法是通过控制检验水准 α 降低多次两两比较后累积 I 型错误概率增加的情况。Bonferroni 提出，当 H_0 为真时，进行 m 次检验水准为 α 的假设检验后，累积 I 型错误概率 α' 不超过 $m\alpha$，

即有不等式 $\alpha' \leqslant m\alpha$ 成立。因此，令各次比较的检验水准 $\alpha' = \alpha/m$，此时累积 I 型错误概率不超过 α。这种对检验水准进行校正的两两比较方法称为 Bonferroni 校正法，或 Bonferroni 调整法。

$$\alpha' = \alpha/m \tag{7-13}$$

式中，m 为比较次数。

例 7-6　利用例 7-1 资料，使用 Bonferroni 校正法对 3 组大鼠的血清谷草转氨酶（U/L）进行两两比较。

（1）建立检验假设，确定检验水准

$H_0: \mu_i = \mu_j$，即任意两组谷草转氨酶总体均数相等

$H_1: \mu_i \neq \mu_j$，即任意两组谷草转氨酶总体均数不等

$\alpha = 0.05$，校正检验水准 $\alpha' = 0.05/3 = 0.0167$

（2）计算检验统计量

使用式（7-12）分别对任意两组进行比较，结果见表 7-6。

表 7-6　例 7-1 资料的两两比较结果（**Bonferroni** 校正法）

对比组 (1)	$\lvert \bar{X}_i - \bar{X}_j \rvert$ (2)	t (3)	ν (4)	P (5)
甲组与乙组	33.57	9.19	42	<0.001
甲组与丙组	25.84	7.07	42	<0.001
乙组与丙组	7.73	2.12	42	0.02~0.05

（3）确定 P 值，做出推断结论

根据 $\nu = 42$，查 t 界值表（附表 2），获得表 7-6 第（5）栏中各对比组 P 值。按 $\alpha' = 0.0167$ 水准，甲组与乙组、甲组与丙组比较，均拒绝 H_0，接受 H_1，可以认为甲组与乙、丙组谷草转氨酶平均水平差别均有统计学意义；乙组与丙组比较，不拒绝 H_0，尚不能认为乙组与丙组谷草转氨酶平均水平差别有统计学意义。

需要指出的是，Bonferroni 校正法可以用于任意组间的两两比较，是两两比较方法中最保守的。当组数不多、比较次数较少时，效果较好；但如果比较次数较多（如大于 10 次），则校正后检验水准偏低，结果偏于保守。

🌐 **知识链接**

Dunnett – t 检验

Dunnett – t 检验又称新复极差法，是 Duncan 于 1955 年在 Newman 和 Keuls 的复极差法（multiple range method）基础上提出，适用于 $k-1$ 个实验组与一个对照组均数差别的多重比较，多用于证实性研究。统计量 Dunnett – t 有专门的界值表，计算公式为：

$$\text{Dunnett} - t = \frac{\lvert \bar{X}_A - \bar{X}_B \rvert}{S_{\bar{X}_A - \bar{X}_B}} = \frac{\bar{X}_A - \bar{X}_B}{\sqrt{MS_{组内}\left(\frac{1}{n_A} + \frac{1}{n_B}\right)}}, \quad \nu = \nu_{组内}$$

第三节　Kruskal – Wallis H 检验 📱微课 3

如果多个独立样本定量资料不满足方差分析条件时，可选用 Kruskal – Wallis H 检验（Kruskal –

Wallis H test)，利用多个样本的秩和推断总体分布位置是否存在统计学差异。

一、多个样本的比较

例7-7　为了解臭氧缓释水凝胶的止血促凝作用，研究人员将24只肝脏出血模型大鼠随机等分为3组，每组8只：对照组使用普通清洁纱布止血，止血粉组使用 Celox 止血粉止血，臭氧凝胶组使用浓度为 16.0×10^{-6} 的臭氧缓释水凝胶覆盖止血。每隔10秒观察创面是否再出血，并记录止血时间（秒），见表7-7第（1）、（3）、（5）栏。试比较3组的止血时间是否存在差异。

表7-7　3组大鼠的止血时间（秒）

对照组		止血粉组		臭氧凝胶组	
止血时间 (1)	秩次 (2)	止血时间 (3)	秩次 (4)	止血时间 (5)	秩次 (6)
270	10.5	110	2.5	100	1
310	14	160	5	110	2.5
400	18.5	190	7	120	4
470	20	230	9	170	6
550	21	270	10.5	200	8
690	22	310	14	290	12
690	23	390	17	310	14
880	24	400	18.5	320	16
n_i　8		8		8	
R_i　153		83.5		63.5	
$\bar{R}_i$　19.13		10.44		7.94	

本例中3组止血时间不满足方差性条件（$F = 3.999$，$P = 0.034$），故使用 Kruskal – Wallis H 检验。

（1）建立检验假设，确定检验水准

H_0：3组大鼠止血时间的总体分布位置相同

H_1：3组大鼠止血时间的总体分布位置不同或不全相同

$\alpha = 0.05$

（2）计算检验统计量 H

1）编秩　将各组数据混合，由小到大统一编秩。遇相同数据时，取平均秩次。见表7-7第（2）、（4）、（6）列。

2）求秩和　将各组秩次相加，得到各组秩和 R_i。

3）计算 H 值　将各组秩和带入式（7-14），计算统计量 H 值。

$$H = \frac{12}{n(n+1)} \sum_{i=1}^{k} n_i (\bar{R}_i - \bar{R})^2 = \frac{12}{n(n+1)} \sum_{i=1}^{k} \frac{R_i^2}{n_i} - 3(n+1) \tag{7-14}$$

式中，R_i 为各组秩和，$\bar{R}_i$ 为各组的平均秩次，$\bar{R}$ 为全部数据的平均秩次，$\bar{R} = \sum_{i=i}^{k} R_i / n$，$n_i$ 为各组例数，n 为总例数。

本例　　$H = \frac{12}{24 \times (24+1)} \left(\frac{153^2}{8} + \frac{83.5^2}{8} + \frac{63.5^2}{8} \right) - 3 \times (24+1) = 11.03$

当各样本相同秩次较多时（如超过25%），由式（7-14）计算所得的 H 值偏小，需计算校正 H_c。

$$H_c = H/c \tag{7-15}$$

式中 $c = 1 - \sum (t_j^3 - t_j)/(n^3 - n)$；$t_j$ 为第 j 次相同时相同秩次的个数。

本例有 4 处需计算平均秩次，分别为 2 个 110 的平均秩次 2.5，2 个 270 的平均秩次 10.5，3 个 310 的平均秩次 14，2 个 400 的平均秩次 18.5，故 $t_1 = 2$，$t_2 = 2$，$t_3 = 3$，$t_4 = 2$。

$$c = 1 - \frac{(2^3 - 2) + (2^3 - 2) + (3^3 - 3) + (2^3 - 2)}{(24^3 - 24)} = 0.997$$

$$H_c = \frac{11.03}{0.997} = 11.06$$

（3）确定 P 值，做出推断结论

若组数 $k = 3$，每组例数 n_i 均 ≤ 5，可查 H 界值表（附表 8）确定 P 值；若组数 $k = 3$ 但至少有一组例数 > 5，或 $k > 3$ 时，H 统计量近似服从 $\nu = k - 1$ 的 χ^2 分布，可查 χ^2 界值表（附表 6）确定 P 值。

本例 $k = 3$，但 n_i 均大于 5，按 $\nu = k - 1 = 2$ 查 χ^2 界值表，得 $P < 0.005$。按 $\alpha = 0.05$ 水准，拒绝 H_0，接受 H_1，3 组总体分布位置间差别有统计学意义，可以认为 3 组止血时间的总体分布位置不同或不全相同。

二、多个样本间的两两比较

当多个样本比较，经 Kruskal – Wallis H 检验拒绝 H_0 时，可认为各组总体分布位置不同或不全相同，若需进一步了解哪两组间相同或不同，需要进一步进行两两比较。多样本间两两比较的方法有多种，如 Nemenyi 法、Bonferroni 调整法、扩展 t 检验法等。本节主要介绍扩展 t 检验法。

例 7 – 8 对例 7 – 5 资料进行多重比较。

（1）建立检验假设，确定检验水准

H_0：任意 2 组大鼠止血时间的总体分布位置相同

H_1：任意 2 组大鼠止血时间的总体分布位置不同

$\alpha = 0.05$

（2）计算检验统计量

$$t = \frac{|\bar{R}_i - \bar{R}_j|}{\sqrt{\frac{n(n+1)(n-1-H)}{12(n-k)}\left(\frac{1}{n_i} + \frac{1}{n_j}\right)}}, \quad \nu = n - k \tag{7-16}$$

式中，$\bar{R}_i$、$\bar{R}_j$ 为任意两对比组的平均秩次，n_i、n_j 为任意两对比组的样本例数，$n = \sum_{i=1}^{k} n_i$ 为总例数，k 为处理组数，H 为 Kruskal – Wallis H 检验的检验统计量。

利用式（7 – 16）计算统计量 t 值，结果见表 7 – 8。

表 7 – 8　3 组大鼠止血时间两两比较

对比组 (1)	n_i (2)	n_j (3)	$\|\bar{R}_i - \bar{R}_j\|$ (4)	t (5)	P (6)
对照组与止血粉组	8	8	8.69	3.26	0.002 ~ 0.005
对照组与臭氧凝胶组	8	8	11.19	4.20	< 0.001
止血粉组与臭氧凝胶组	8	8	2.50	0.94	0.20 ~ 0.40

（3）确定 P 值，做出推断结论

根据 $\nu = n - k = 21$，查 t 界值表（附表 2），获得各组 P 值，见表 7 – 8 第（6）栏。按 $\alpha = 0.05$ 水准，止血粉组与臭氧凝胶组比较，不拒绝 H_0，尚不能认为两组止血时间总体分布有差异；而止血粉组、臭氧凝胶组与对照组比较，均拒绝 H_0，接受 H_1，可以认为止血粉组、臭氧凝胶组与对照组止血时间的总体分布位置差异均有统计学意义。

目标检测

答案解析

一、最佳选择题

1. 方差分析中变异分解正确的是（　　）。

　　A. $MS_{总} = MS_{组间} + MS_{组内}$　　　　　　　　B. $SS_{总} = MS_{组间} + SS_{组内}$

　　C. $MS_{总} = SS_{组间} + SS_{组内}$　　　　　　　　D. $SS_{总} = SS_{组间} + SS_{组内}$

　　E. $SS_{总} = MS_{组间} + MS_{组内}$

2. 单因素方差分析中理论上（　　）。

　　A. 组间离均差平方和不会大于组内离均差平方和

　　B. 组间离均差平方和不会小于组内离均差平方和

　　C. 组间均方不会等于组内均方

　　D. 组间均方不会小于组内均方

　　E. 组间均方不会大于组内均方

3. 单因素方差分析中组内变异主要反映（　　）。

　　A. 过失误差的作用　　　　　　　　　　　　B. 随机误差的作用

　　C. 系统误差的作用　　　　　　　　　　　　D. 处理因素的作用

　　E. 非随机误差的作用

4. 当 3 组定量资料进行方差分析，得到拒绝 H_0，接受 H_1，进一步需比较其他各实验组与对照组的差异，可使用（　　）。

　　A. $SNK - q$ 检验　　B. 扩展的 t 检验　　C. $LSD - t$ 检验　　D. Bonferroni 调整法　　E. Nemenyi 法

5. 方差分析得到差异有统计学意义的结论后，进一步两两比较不能直接进行两独立样本 t 检验的原因是（　　）。

　　A. 不满足 t 检验条件　　　　　　　　　　B. 计算太复杂

　　C. 累积 I 型错误概率会增加　　　　　　　D. 累积 II 型错误概率会增大

　　E. 统计软件有两两比较的方法没必要

6. 多组定量资料比较，当样本含量较小，且某些组数据明显为偏态分布时，最好选择的假设检验方法是（　　）。

　　A. 方差分析　　　　　　　　　　　　　　　B. t 检验

　　C. Wilcoxon 符号秩检验　　　　　　　　　D. Wilcoxon 秩和检验

　　E. Kruskal - Wallis H 检验

7. 做 Kruskal - Wallis H 检验时，检验假设应写为（　　）。

　　A. 各总体均数相等　　　　　　　　　　　　B. 各总体分布位置相等

　　C. 各总体分布位置不等　　　　　　　　　　D. 各总体分布位置不全相等

　　E. 各总体均数不全相等

8. Kruskal - Wallis H 检验中，（　　）时 H 值近似服从 χ^2 分布。

　　A. $k \geqslant 3$，且 $n_i \geqslant 3$　　　　　　　　　　B. $k \geqslant 3$，且 $n_i > 5$

　　C. $k \geqslant 3$，且 $n \geqslant 10$　　　　　　　　　　D. $k \geqslant 3$，且 $n \geqslant 15$

　　E. $k \geqslant 3$

二、简答题

1. 简述方差分析的基本思想和前提条件。
2. 单因素方差分析变异如何分解，各部分变异产生的原因是什么？
3. 方差分析两两比较的方法有哪些？分别在什么情况下使用？
4. 简述 Kruskal – Wallis H 检验时概率值的确定方法。

三、计算题

1. 为了解高渗乳酸钠（HSL）对炎症的抑制作用，研究人员将 36 只雄性 SD 大鼠随机分为 3 组，每组 12 只。甲组在盲肠结扎和穿刺形成脓毒症模型后静脉注射 11.2% 乳酸钠（CLP – HSL 组），乙组在盲肠结扎和穿刺形成脓毒症模型后静脉注射 0.9% 生理盐水（CLP – NaCl 组），丙组仅切开腹腔未进行盲肠结扎和穿刺（假手术组）。18 小时后观察各组大鼠血清中的 IL – 10（pg/ml），结果见下表。试比较 3 组的 IL – 10 有无差异。

3 组大鼠血清中 IL – 10（pg/ml）

CLP – HSL 组	CLP – NaCl 组	假手术组
692	1063	222
646	1074	367
582	893	355
634	825	447
439	798	279
545	933	385
425	1019	253
570	601	363
446	936	236
345	827	403
664	869	285
641	1107	219

2. 探讨黄芪对代谢综合征（MS）大鼠左心室功能的影响，研究者将 18 只雄性 SD 大鼠随机分为 3 组，每组 6 只。正常对照组予以普通饲料及饮用净化自来水；MS 组大鼠予以高脂肪高盐饲料，饮用 10% 果糖水；黄芪组除予以高脂肪饲料和饮用 10% 果糖水外，予以黄芪 6.0g/（kg·d）灌胃。4 周后超声心动图检查左心室后壁厚度（LVPWd，mm），结果见下表。试比较 3 组大鼠左心室后壁厚度有无差异。

3 组大鼠左心室后壁厚度（mm）

对照组	MS 组	黄芪组
1.34	1.56	2.05
1.37	1.97	1.87
1.28	0.74	0.76
0.98	1.36	1.98
0.89	1.09	0.68
1.48	2.14	0.67

四、案例辨析题

为了解老年慢性阻塞性肺疾病（COPD）患者中降钙基因相关肽（CGRP，μg/L）的水平，研究人员使用 ELISA 法测定了 50 例健康人、38 例稳定期 COPD 患者和 42 例急性加重期 COPD 患者的 CGRP 水平见下表。研究人员使用单因素方差分析对 3 组 CGRP 水平进行了比较，得到 $P = 58.283$，$P < 0.001$，3 组人群 CGRP 水平不全相同。进一步研究人员使用两独立样本 t 检验，分别对健康人和稳定期 COPD 患者（$t = 7.590$，$P < 0.001$）、健康人和急性加重期 COPD 患者（$t = 7.799$，$P < 0.001$），以及稳定期 COPD 患者和急性加重期 COPD 患者进行了比较（$t = 2.327$，$P = 0.022$）。各次比较均得到 $P < 0.05$，因此得出以下结论：稳定期老年 COPD 患者、急性加重期老年 COPD 患者与健康人的 CGRP 水平均存在统计学差异。

老年 COPD 患者与健康人 CGRP 水平（$\bar{X} \pm S$）比较

	n	CGRP
健康人	50	53.25 ± 15.74
稳定期 COPD 患者	38	28.89 ± 15.14^{1}
急性加重期 COPD 患者	42	$21.47 \pm 13.38^{1,2}$

注：[1] 与健康人比较 $P < 0.05$，[2] 与稳定期 COPD 患者比较 $P < 0.05$。

　　请分析：该研究人员统计学分析方法是否有合适，为什么？若有问题，应该如何处理？

（唐龙妹）

书网融合……

| 本章小结 | 微课1 | 微课2 | 微课3 | 题库 |

第八章　定性资料的比较

PPT

学习目标

1. 掌握　χ^2 检验的基本思想和用途；四格表、行列表 χ^2 检验及配对设计四格表 χ^2 检验的应用条件和计算方法。

2. 熟悉　行列表 χ^2 检验的注意事项及行列表 χ^2 两两比较的方法；两组和多组有序资料的分析。

3. 了解　四格表确切概率法的基本思想及计算方法。

4. 学会如何使用 χ^2 检验进行定性资料的分析，具备准确根据数据资料类型和应用条件选择适合的 χ^2 检验方法的能力。

第一节　两独立样本率的比较 📱微课1

χ^2 检验（chi – square test）或称卡方检验，是一种用途较广的假设检验方法，常用于检验两个或多个样本率及构成比之间有无差别，还可用来检验配对定性资料两种属性或特征之间是否有关系等。

一、实例及解析

例 8 – 1　研究人员用微创和开胸两种手术方法治疗食管癌，结果见表 8 – 1，试问两种手术方法的 1 年生存率有无不同？

表 8 – 1　微创和开胸治疗食管癌随访 1 年结局

疗法	生存	死亡	合计	生存率（%）
微创	86（80）	14（20）	100	86.0
开胸	90（96）	30（24）	120	75.0
合计	176	44	220	80.0

注：括号内为理论频数。

例 8 – 1 的数据通用格式可以整理为表 8 – 2（以阳性和阴性为例）。

表 8 – 2　四格表资料 χ^2 检验计算表

组别	阳性数	阴性数	合计
甲组	a	b	$m_1 = a + b$
乙组	c	d	$m_2 = c + d$
合计	$n_1 = a + c$	$n_2 = b + d$	$n = a + b + c + d$

表 8 – 2 中的 a、b、c、d 分别代表两组的实际阳性和阴性的例（频）数，这四个格子的数据是整个表的基本数据，其余数据都是从这四个数据中推算出来的，故这种资料称为四格表（fourfold table）资料。在 H_0 假设下，两组的总体概率应近似地等于合并估计的频率 $\pi \approx n_1/n$。由此，可以得到第 i 组的阳性期望人数 $T_{i1} = n_i\pi = n_i m_1/n$ 和阴性的期望人数 $T_{i2} = n_i（1 - \pi）= n_i m_2/n$，可计算得到在 H_0 为真的情

况下四格表中每个格子的期望人数，也叫理论频数，用 T 表示，实际频数用 A 表示。

χ^2 检验的基本公式为：

$$\chi^2 = \sum \frac{(A-T)^2}{T} \qquad (8-1)$$

从式（8-1）可以看出 χ^2 值反映了实际频数和理论频数的吻合程度。表 8-1 中未加括号的四个基本数据就是实际频数 A，括号内的数值就是根据 H_0 假设计算出的理论频数 T。如果检验假设 H_0 成立，则实际频数与理论频数之差一般不会很大，χ^2 值也不会很大；反之，实际频数与理论频数之差相差很大，则 χ^2 值也会很大，检验假设成立的可能性就很小。

由式（8-1）计算的 χ^2 值近似服从自由度为 ν 的 χ^2 分布。χ^2 分布是一种连续型随机变量的概率分布，其形状完全依赖于自由度 ν 的大小；随着 ν 的增加，曲线逐渐趋于对称；当 ν 趋于 ∞ 时，χ^2 分布近似于正态分布。图 8-1 中给出了自由度为 $\nu=1$、$\nu=3$ 和 $\nu=5$ 时的 χ^2 分布概率密度曲线。

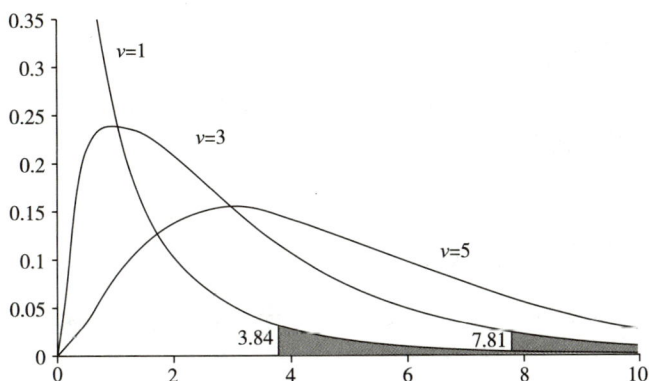

图 8-1 自由度为 $\nu=1$、$\nu=3$ 和 $\nu=5$ 时的 χ^2 分布概率密度曲线

不同自由度 ν 的情况下，χ^2 分布以右侧尾部面积 α 对应临界值记为 $\chi^2_{\alpha,\nu}$，详见附表 6，由式（8-1）计算的 χ^2 值与临界值 $\chi^2_{\alpha,\nu}$ 作比较，得出 P 值的大小，然后做出统计推断。若 $\chi^2 < \chi^2_{\alpha,\nu}$，则 $P > \alpha$，不拒绝检验假设 H_0；反之，$\chi^2 \geq \chi^2_{\alpha,\nu}$，则 $P \leq \alpha$，就要拒绝 H_0，接受 H_1。

本例 χ^2 检验步骤如下。

1. 建立检验假设，确定检验水准

$H_0: \pi_1 = \pi_2$，即微创组和开胸组 1 年生存率相同

$H_1: \pi_1 \neq \pi_2$，即微创组和开胸组 1 年生存率不同

$\alpha = 0.05$

2. 计算理论频数 T 所谓理论频数就是事先假定 H_0 成立，如果不存在抽样误差，理论上两手术组 1 年平均生存率为 80%，以此推算两组理论上的存活数和死亡数。如微创组存活的理论频数 $T = 100 \times 80\% = 80$ 人（理论频数也可以有小数），意即按平均生存率 80% 计算，微创组 100 人中理论上应有 80 人存活，而实际存活人数为 86 人，余类推。理论频数 T 也可按下式求得：

$$T_{RC} = \frac{m_i n_i}{n} \qquad (8-2)$$

式中，T_{RC} 为 R 行 C 列的格子内理论频数，m_i 为与该理论频数同行的合计数，n_i 为与该理论频数同列的合计数，n 为总例数。例如表 8-1 第一行第一列格子的理论频数为：

$$T_{11} = \frac{100 \times 176}{220} = 80$$

又因为四格表的每行和每列都只有两个格子，而每行和每列的合计数都是固定的，所以求出其中任

意一格子的理论频数后，其余格子的理论频数可以用减法求出，如：

$$T_{12} = 100 - 80 = 20$$

$$T_{21} = 176 - 80 = 96$$

$$T_{22} = 120 - 96 = 24$$

3. 计算 χ^2 值 将表 8-1 各相应的实际频数与理论频数代入式（8-1）即得 χ^2 值。

$$\chi^2 = \frac{(86-80)^2}{80} + \frac{(14-20)^2}{20} + \frac{(90-96)^2}{96} + \frac{(30-24)^2}{24} = 4.125$$

4. 确定 P 值，做出推断结论 χ^2 值与 P 值的关系是 χ^2 值越大，P 值越小。χ^2 值与 P 值的对应关系可查附表 6。由式（8-1）可知，χ^2 值的大小除取决于 A 和 T 的差值外，还取决于格子数（严格地说是自由度）的多少，格子数越多，χ^2 值也相应增大。只有排除了这种影响，χ^2 值才能正确地反映 A 和 T 的吻合程度，因此查 χ^2 界值表时要考虑自由度的大小。χ^2 检验的自由度可由下式求得：

$$\nu = （行数-1）（列数-1） \tag{8-3}$$

如四格表是由 2 行 2 列组成，故自由度为：$\nu = （2-1）（2-1）=1$。

本例 $\nu = 1$，查附表 6，$\chi^2_{0.05,1} = 3.84$，$\chi^2_{0.025,1} = 5.02$，现 $\chi^2_{0.05,1} < \chi^2 < \chi^2_{0.025,1}$，故 $0.05 > P > 0.025$。

在 $\alpha = 0.05$ 水准上，拒绝 H_0，接受 H_1，差异有统计学意义。可认为微创组和开胸组的 1 年生存率不同，微创手术组生存率高于开胸组。

二、四格表 χ^2 检验专用公式

对于四格表资料，还可直接用专用公式（8-4）计算 χ^2 值，省去求理论数的过程，以简化运算。

$$\chi^2 = \frac{(ad-bc)^2 n}{(a+b)(c+d)(a+c)(b+d)} \tag{8-4}$$

式中，a、b、c、d 分别为四格表的四个实际频数，总例数 $n = a+b+c+d$。

现将表 8-2 中相应数值代入式（8-4）中得：

$$\chi^2 = \frac{(86 \times 30 - 14 \times 90)^2 \times 220}{100 \times 120 \times 44 \times 176} = 4.125$$

计算结果与使用基本公式相同。

三、四格表 χ^2 值的校正

χ^2 界值表是根据连续性分布的理论计算出来的，χ^2 的基本公式只是一种近似。在 n 较大（$n > 40$），且各个格子的理论数均大于 5 时，这种近似较好。如 ν 为 1 的四格表资料理论频数 T 较小，或总例数 n 较小时，计算得 χ^2 值偏离 χ^2 界值较远，所得概率偏低，易出现假阳性错误，需要根据以下情况做不同的处理。

当任一格的 $1 \leq T < 5$，且 $n \geq 40$ 时，需计算校正 χ^2 值。

连续性校正 χ^2 公式为：

$$\chi^2 = \sum \frac{(|A-T|-0.5)^2}{T} \tag{8-5}$$

$$\chi^2 = \frac{(|ad-bc|-n/2)^2 n}{(a+b)(c+d)(a+c)(b+d)} \tag{8-6}$$

例 8-2 某医师用药物罗沙司他和补充铁剂两种方法治疗肾性贫血，治疗结果见表 8-3，问两治疗方法的有效率是否相等？

表8-3　罗沙司他和铁剂治疗肾性贫血的疗效

疗法	有效	无效	合计	有效率（%）
罗沙司他	36（33.18）	2（4.82）	38	94.74
铁剂	26（28.82）	7（4.18）	33	78.79
合计	62	9	71	87.32

1. 建立检验假设

$H_0：\pi_1 = \pi_2$，即罗沙司他和补充铁剂两法的总体有效率相等

$H_1：\pi_1 \neq \pi_2$，即两法的总体有效率不相等

$\alpha = 0.05$

2. 计算χ^2值　本例有两个格子的$1 < T < 5$，且$n > 40$，故对χ^2值作校正，按式（8-6）计算得：

$$\chi^2 = \frac{(\,|36 \times 7 - 2 \times 26| - 71/2)^2 \times 71}{38 \times 33 \times 62 \times 9} = 2.74$$

3. 确定P值，做出推断结论　查χ^2界值表，得$\chi^2_{0.1,1} < \chi^2 < \chi^2_{0.05,1}$，故$0.10 > P > 0.05$，在$\alpha = 0.05$的水准上，不拒绝$H_0$，差异无统计学意义。尚不能认为罗沙司他和补充铁剂两法治疗肾性贫血的总体有效率不同。

本例若对χ^2值不校正，$\chi^2 = 4.06$，得$P < 0.05$，结论正好相反。

四、四格表的确切概率法

当四格表$T < 1$，或$n < 40$时，尤其是用其他检验方法所得概率接近检验水准时，宜用四格表的确切概率法（exact probabilities in 2×2 table），即四格表概率的直接计算法。

本法的基本思想是在四格表周边合计不变的情况下，获得某个四格表的概率，计算公式为：

$$P = \frac{(a+b)!(c+d)!(a+c)!(b+d)!}{a!b!c!d!n!} \tag{8-7}$$

式中，a、b、c、d的意义同表（8-1），"!"为阶乘符号，如$5! = 5 \times 4 \times 3 \times 2 \times 1 = 120$，注意$0! = 1$。

例8-3　某医生观察首诊食管腺癌和鳞癌患者锁骨上淋巴结转移情况，结果见表8-4。问食管腺癌和鳞癌的转移率有无差别？

表8-4　食管鳞癌和腺癌患者锁骨上淋巴结转移情况

类型	转移	无转移	合计	转移率（%）
腺癌	5（3.27）	7（8.73）	12	41.67
鳞癌	1（2.73）	9（7.27）	10	10.00
合计	6	16	22	27.27

本例$n < 40$，宜用四格表的确切概率法。

1. 建立检验假设

$H_0：\pi_1 = \pi_2$，即食管腺癌和鳞癌患者锁骨上淋巴结转移情况相同

$H_1：\pi_1 \neq \pi_2$，即食管腺癌和鳞癌转移情况不同

$\alpha = 0.05$

2. 计算P值　表8-4中食管腺癌转移率$P_1 = 0.4167$，鳞癌转移率$P_2 = 0.1000$，两者之差$|P_1 - P_2| = 0.3167$。在周边合计数不变的条件下，可能还有其他组合的四格表，其转移率之差≥ 0.3167，所有这些比当前四格表更极端的情况都应考虑进去，因为这些极端情况在H_0条件下都有可能发生。本例为双侧检验，列出周边合计数不变的情况下a、b、c、d各种组合，见表8-5。

表 8-5 中 $|P_1-P_2| \geq 0.3167$ 的四格表为序号（1）、（2）、（6）、（7）的情形，按式（8-7）求得序号（2）的概率为：

$$P_{(2)} = \frac{12!10!6!16!}{5!7!1!9!22!} = 0.1061$$

余仿此，$P_{(1)} = 0.0124$，$P_{(6)} = 0.0405$，$P_{(7)} = 0.0028$，因此所求概率为：

$$P = P_{(1)} + P_{(2)} + P_{(6)} + P_{(7)} = 0.0124 + 0.1061 + 0.0405 + 0.0028 = 0.1618$$

3. 推断结论 按 $\alpha = 0.05$ 的水准，不拒绝 H_0，差异无统计学意义。尚不能认为食管腺癌和鳞癌患者锁骨上淋巴结转移率有差别。

表 8-5 确切概率计算表（四格表周边合计数不变）

序号（i）	转移	无转移	P_1 P_2	$\|P_1-P_2\|$	$P_{(i)}$
1	6	6	0.5000	0.5000	0.0124
	0	10	0.0000		
2	5	7	0.4167	0.3167	0.1061
	1	9	0.1000		
3	4	8	0.3333	0.1333	
	2	8	0.2000		
4	3	9	0.2500	0.0500	
	3	7	0.3000		
5	2	10	0.1667	0.2333	
	4	6	0.4000		
6	1	11	0.0833	0.4167	0.0405
	5	5	0.5000		
7	0	12	0.0000	0.6000	0.0028
	6	4	0.6000		

注：若两组例数相等，则列出的分表是对称的，可以简化计算，即先计算出一侧符合要求的分表的概率，然后乘以 2 便是所求概率。若为单侧检验，只求符合要求的一侧概率即可。

第二节 两个相关样本率比较的 χ^2 检验

定性资料和定量资料一样，有时也通过配对的方法进行试验，如每一对试验对象分别给予不同的处理，或同一试验对象，先后给予不同的处理。只是定量资料的配对试验结果是数值变量，而定性资料的配对试验结果是分类变量，若为二分类变量可得到两相关样本率资料，一般整理为配对四格表的形式。配对定性资料差异性的假设检验，采用配对四格表的 χ^2 检验，此法也称 *McNemar* 检验。

例 8-4 对 120 例结核病患者的标本进行结核分枝杆菌培养，分别接种在甲、乙两种不同的培养基，"+"号表示培养结果阳性，"-"号表示阴性，结果见表 8-6。问两种结核分枝杆菌培养基的效果有无差别？

表 8-6 甲、乙两种结核分枝杆菌培养基的培养结果

甲种	乙种		合计
	+	-	
+	42（a）	18（b）	60
-	30（c）	30（d）	60
合计	72	48	120

表8-6中结果有四种情况：两种培养基均生长的对子数为（a），两种培养基均不生长的对子数为（d），这是结果的相同部分；甲培养基生长而乙培养基不生长的对子数为（b），乙培养基生长而甲培养基不生长的对子数为（c），这是结果不同的部分。显然，分析两种培养基培养效果有无差别，可以只考虑结果不同部分的差异。若两种培养基培养效果无差别，则总体的 $B=C$，但是由于抽样误差的影响，可能样本的 $b\neq c$，为此须进行假设检验。当 H_0 为真时，b、c 两格理论频数均为（$b+c$）/2，代入式（8-1），整理为：

$$\chi^2 = \frac{(b-c)^2}{b+c}, \nu = 1 \tag{8-8}$$

若 $b+c\leqslant40$，需按式（8-9）计算校正 χ^2 值：

$$\chi^2 = \frac{(|b-c|-1)^2}{b+c}, \nu = 1 \tag{8-9}$$

本例检验步骤如下。

1. 建立检验假设，确定检验水准

H_0：总体 $B=C$，即两种结核分枝杆菌培养基的效果相同

H_1：总体 $B\neq C$，即两种结核分枝杆菌培养基的效果不同

$\alpha = 0.05$

2. 计算 χ^2 值　本例 $b=18$，$c=30$，$b+c>40$，故按式（8-8）计算为：

$$\chi^2 = \frac{(18-30)^2}{18+30} = 3.0$$

3. 确定 P 值，做出推断结论　查附表6，$\chi^2 < \chi^2_{0.05,1}$，故 $P>0.05$，在 $\alpha=0.05$ 的水准上，不拒绝 H_0，差异无统计学意义。尚不能认为甲、乙两种结核分枝杆菌培养基的效果有差别。

注意：*McNemar* 检验有个缺陷，只利用了检验结果不一致的对子数 b 和 c，对总的样本对子数 n 却没有约束，即没有充分利用样本所提供的全部信息，有时并不能如实反映实际情况。如果配对四格表资料的 b 和 c 太小而 n 较大时，需结合其他方法进行分析，如 *Kappa* 统计量可以利用四个格子的全部数据，具体方法参考其他资料。

第三节　独立多组二分类资料比较

四格表是行列表中最简单的一种形式。当基本数据的行数或列数大于2时，统称为行列表或 R×C 表。行列表的 χ^2 检验主要用于解决多个样本率或多个样本构成比的比较以及有序分类资料的关联性检验。其 χ^2 检验除可用基本公式（8-1）外，还可用下面简捷公式，它省去计算理论数的麻烦，简化运算：

$$\chi^2 = n\left(\sum \frac{A^2}{n_R\,n_C} - 1\right) \tag{8-10}$$

式中，n 为总例数，A 为每格子的实际频数，n_R、n_C 分别为与某格子实际频数（A）同行、同列的合计数。例8-5为多组有效率的比较。

例8-5　某医生把102例轻中度高血压患者随机分为三组，分别用硝苯地平缓释片、缬沙坦和安慰剂进行治疗，观察治疗的效果，数据见表8-7，问三种药物治疗轻中度高血压的有效率有无差别？

表 8-7 不同药物组治疗轻中度高血压疗效比较

组别	有效	无效	合计	有效率（%）
硝苯地平缓释片	35	5	40	87.50
缬沙坦	20	10	30	66.67
安慰剂	7	25	32	21.88
合计	62	40	102	60.78

（1）建立检验假设

$H_0: \pi_1 = \pi_2 = \pi_3$，即三种药物治疗高血压的总体有效率相同

$H_1: \pi_1$、π_2、π_3 不等或不全相等

$\alpha = 0.05$

（2）计算 χ^2 值 根据式（8-10）计算为：

$$\chi^2 = 102 \times \left(\frac{35^2}{40 \times 62} + \frac{5^2}{40 \times 40} + \frac{20^2}{30 \times 62} + \frac{10^2}{30 \times 40} + \frac{7^2}{32 \times 62} + \frac{25^2}{32 \times 40} - 1 \right) = 32.74$$

（3）确定 P 值，做出推断结论 本例 $\nu = (3-1)(2-1) = 2$，查附表 6，$\chi^2_{0.005,2} = 10.60$，本例 $\chi^2 = 32.74$，故 $P < 0.005$。在 $\alpha = 0.05$ 的水准上，拒绝 H_0，接受 H_1，差异有统计学意义。可认为三种药物治疗高血压的总体有效率不全相同。

当多个样本率（或构成比）比较的 χ^2 检验，结论为拒绝 H_0，接受 H_1，只能认为各总体率（或总体构成比）之间不全相等，但不能认为彼此间都不相等。若要进一步比较哪些率（或构成比）之间有差别，常使用 Bonferroni 校正法进行多重比较，基本思想是对检验水准进行校正以减少假阳性错误。此方法在比较次数不多时效果较好，但若比较次数较多（10 次以上），则检验水准过低而结论偏于保守，此时可对检验水准的校正进行调整，具体方法参考其他资料。

Bonferroni 法是将多个样本率（或构成比）拆分为若干个四格表（2×2 表）进行 χ^2 检验。为减小犯 I 型错误的概率，需要将检验水准 α 调整为 α'，α' 的计算方法为：

$$\alpha' = \frac{\alpha}{\text{比较的次数}} \text{ 或 } \alpha' = \frac{\alpha}{k(k-1)/2} \tag{8-11}$$

式中，k 为比较的样本组数。

例 8-6 对例 8-5 三种药物治疗高血压有效率的分析结果做进一步的两两比较。

本例 3 个有效率的两两比较，要进行 3 次两两比较 χ^2 检验，故：

$$\alpha' = \frac{0.05}{3(3-1)/2} = \frac{0.05}{3} = 0.0167$$

（1）建立假设，确定检验水准

H_0：任意对比组间的总体有效率相等

H_1：任意对比组间的总体有效率不等

$\alpha' = 0.0167$

（2）计算 χ^2 值

将行列表进行拆分，形成三个四格表，见表 8-8。然后再计算 χ^2 值，确定 P 值范围。

表 8-8 三药物组治疗高血压有效率的多重比较

比较	分组	有效	无效	合计	有效率（%）	χ^2	P
1	硝苯地平缓释片	35	5	40	87.50	4.42	>0.0167
	缬沙坦	20	10	30	66.67		
	合计	55	15	70	78.57		

续表

比较	分组	有效	无效	合计	有效率（%）	χ^2	P
2	硝苯地平缓释片	35	5	40	87.50		
	安慰剂	7	25	32	21.88	31.50	<0.001
	合计	42	30	72	58.33		
3	缬沙坦	20	10	30	66.67		
	安慰剂	7	25	32	21.88	12.64	<0.001
	合计	27	35	62	43.55		

（3）做出推断结论　从表 8 - 8 可看出硝苯地平缓释片组和缬沙坦组有效率无统计学差异，而其余对比组之间，即硝苯地平缓释片组和安慰剂组、缬沙坦组和安慰剂组有效率之间的差异有统计学意义，硝苯地平缓释片和缬沙坦治疗高血压的有效率均高于安慰剂组。

第四节　独立无序多分类资料的比较 📱微课2

行列表的 χ^2 检验还可以用于两组和多组无序多分类资料构成比的比较。

例 8 - 7　某医生研究白血病患者与骨外伤患者两组患者的血型构成情况，资料见表 8 - 9，问两组患者血型构成有无差别？

表 8 - 9　白血病患者与骨外伤患者的血型构成比较

组别	A 型	B 型	O 型	AB 型	合计
白血病患者	55	45	57	19	176
骨外伤患者	44	23	36	9	112
合　计	99	68	93	28	288

（1）建立检验假设，确定检验水准

H_0：白血病患者与骨外伤患者血型的总体构成相同

H_1：白血病患者与骨外伤患者血型的总体构成不全相同

$\alpha = 0.05$

（2）计算 χ^2 值　根据式（8 - 10）计算得：

$$\chi^2 = 288 \times \left(\frac{55^2}{176 \times 99} + \frac{45^2}{176 \times 68} + \frac{57^2}{176 \times 93} + \frac{19^2}{176 \times 28} + \frac{44^2}{112 \times 99} + \frac{23^2}{112 \times 68} + \frac{36^2}{112 \times 93} + \frac{9^2}{112 \times 28} - 1 \right) = 2.56$$

（3）确定 P 值，做出推断结论　本例 $\nu = （2 - 1）（4 - 1） = 3$，查附表6，得 $\chi^2_{0.50,3} < \chi^2 < \chi^2_{0.25,3}$，故 $0.50 > P > 0.25$。在 $\alpha = 0.05$ 的水准上，不拒绝 H_0，差异无统计学意义。故尚不能认为白血病患者与骨外伤患者血型的总体构成有差别。

在进行多样本率或多样本构成比的比较时需要注意，χ^2 检验要求理论频数不宜太小，否则将导致分析出现偏性。一般认为行列表中不宜有 1/5 以上格子的理论频数大于等于 1 且小于 5，或有一个理论频数小于 1。一般认为，理论频数太小有三种处理方法：①最好增加样本含量以增大理论频数；②删去理论频数太小的行和列；③将理论频数较小的行或列与邻行或邻列合并以增大理论频数。后两种方法可能会损失信息，实际应用较少，一般不推荐使用。当出现后两种情况时可考虑使用确切概率法，统计软件中一般都有确切概率法，可直接得到检验的概率。

第五节　有序多分类资料的比较

一、两样本比较的秩和检验

两样本比较的秩和检验（Wilcoxon 两样本比较法）除了适用于完全随机设计两组定量资料，还可用于完全随机设计两组等级资料的比较，用于推断两样本分别代表的总体分布是否不同。

例 8 - 8　用某药治疗不同病情的老年慢性支气管炎患者，疗效见表 8 - 10 第（2）、（3）栏，问该药对两种病情的疗效有无差别？

表 8 - 10　某药对支气管炎两种病情疗效的秩和检验

疗效	单纯性	单纯性合并肺气肿	合计	秩次范围	平均秩次	秩和	
						单纯性	合并肺气肿
(1)	(2)	(3)	(4) = (2)+(3)	(5)	(6)	(7) = (2)(6)	(8) = (3)(6)
无效	13	11	24	1 ~ 24	12.5	162.5	137.5
有效	30	23	53	25 ~ 77	51	1530	1173
显效	18	6	24	78 ~ 101	89.5	1611	537
控制	65	42	107	102 ~ 208	155	10075	6510
合计	$n_2 = 126$	$n_1 = 82$	208	—	—	$T_2 = 13378.5$	$T_1 = 8357.5$

本例属于单向有序（等级）资料的比较，不宜用 χ^2 检验。χ^2 值只说明各处理组的效应在构成比上有无差异，而与变量的有序性无关，不能说明组间整体效应的差异。

（1）建立检验假设，确立检验水准

H_0：两种病情患者的疗效总体分布位置相同

H_1：两种病情患者的疗效总体分布位置不同

$\alpha = 0.05$

（2）编秩　本例为等级资料，先计算各等级的合计人数，见第（4）栏，再确定秩次范围。如无效者共 24 例，其秩次范围 1 ~ 24，平均秩次为（1 + 24）/2 = 12.5，依此得第（6）栏。

（3）求两组的秩和　将第（6）栏分别乘以第（2）、（3）栏，相加即得两组各自的秩和，见第（7）、（8）栏合计。

$T_1 + T_2 = 8357.5 + 13378.5 = 21736$，$N(N+1)/2 = 208 \times 209/2 = 21736$，可见计算无误。

（4）计算 Z 值　由于 $n_1 = 82$，超出了附表 4 - 2 的范围，故需用 Z 检验。本例 $n_1 = 82$，$T_1 = 8357.5$，$N = 208$，代入式（6 - 10），得：

$$Z = \frac{|8357.5 - 82(208 + 1)/2| - 0.5}{\sqrt{82 \times 126(208 + 1)/12}} = 0.50$$

每个等级的人数表示相同秩次的个数 t_j，由于相同秩次过多，故需要按式（6 - 11）计算 Z_c 值。

$$C = 1 - \frac{\sum (t_j^3 - t_j)}{N^3 - N} = 1 - \frac{(24^3 - 24) + (53^3 - 53) + (24^3 - 24) + (107^3 - 107)}{208^3 - 208} = 0.8443$$

$$Z_c = 0.50/\sqrt{0.8442} = 0.5413$$

（5）确定 P 值，做出推断结论　查附表 2，t 界值表（$\nu = \infty$ 一行），$Z_{0.50/2} = 0.6745$，现 $Z_c < Z_{0.50/2}$，故 $P > 0.50$。按 $\alpha = 0.05$ 的检验水准，不拒绝 H_0，差异无统计学意义。尚不能认为该药对两种

病情的疗效有差别。

注意：两组等级资料的比较，当 $P \le \alpha$，差异有统计学意义时，可分别计算两组的平均秩（$\overline{T_i} = T_i / n_i$）来说明两组疗效总的差别。如例8-8资料按照从无效到控制的顺序编秩，若总体上两疗法有差别，则疗效愈好，平均秩次越大；反之，如果按照从控制到无效顺序排列，疗效愈好，平均秩次越小。

二、多样本比较的秩和检验

完全随机设计多个样本比较的秩和检验（Kruskal - Wallis H 检验）除了用于不宜用方差分析检验的定量资料的比较，还适用于多组等级资料的比较，该检验的目的是推断多组样本分别代表的总体分布是否不同。

例8-9　五种患者阴道涂片按巴氏细胞学分级的检查结果，见表8-11第(1)~(6)栏，问：五种患者的细胞学分级有无程度上的差别？

表8-11　五种患者阴道涂片的细胞学分级比较

巴氏分级	慢性炎症伴有化生	不典型增生		原位癌	浸润癌	合计	秩次范围	平均秩次
		轻中度	重度					
(1)	(2)	(3)	(4)	(5)	(6)	(7)	(8)	(9)
I	21	19	0	0	0	40	1~40	20.5
II	4	4	41	3	0	52	41~92	66.5
III	0	0	6	11	31	48	93~140	116.5
IV	0	2	3	15	42	62	141~202	171.5
V	0	0	0	21	77	98	203~300	251.5
n_i	25	25	50	50	150	300		
R_i	696.5	998.5	3940	9335	30180			
$\overline{R_i}$	27.9	39.4	78.8	187.6	201.2			

（1）建立检验假设，确立检验水准

H_0：五种患者细胞学分级的总体分布位置相同

H_1：五种患者细胞学分级的总体分布位置不同或不全相同

$\alpha = 0.05$

（2）编秩　先计算各等级的合计，见表8-11第（7）栏。再确定秩次范围和计算平均秩次，见第（8）、（9）栏。

（3）求秩和　如（2）栏的秩和 R_1 是用（2）栏各等级的频数与（9）栏平均秩次相乘再求和，即 $R_1 = 21 \times 20.5 + 4 \times 66.5 = 696.5$，余仿此得各 R_i 值。

（4）计算检验统计量 H 值

将各组的秩次相加即得各组的秩和 R_i（i 为组别），并按式（7-14）计算统计量 H 值：

$$H = \frac{12}{300(300+1)} \left(\frac{696.5^2}{25} + \frac{998.5^2}{25} + \frac{3940^2}{50} + \frac{9335^2}{50} + \frac{30180^2}{150} \right) - 3(300+1) = 184.7$$

由于各样本的相同秩次较多，由式（7-14）计算得 H 值偏小，宜用式（7-15）求校正 H_c 值：

$$C = 1 - \frac{(40^3 - 40) + (52^3 - 52) + (48^3 - 48) + (62^3 - 62) + (98^3 - 98)}{300^3 - 300} = 0.944$$

$$H_c = H/C = 184.7/0.9446 = 195.53$$

（5）确定 P 值，做出推断结论　本例对比组数 $k = 5$，按 $\nu = k - 1 = 5 - 1 = 4$，查 χ^2 界值表，$\chi^2_{0.005,4} =$

14.86，现 $H_c = 195.53 > 14.86$，故 $P < 0.005$。按 $\alpha = 0.05$ 的水准，拒绝 H_0，接受 H_1，差异有统计学意义。故可认为五种患者的细胞学分级有程度上的差别。

注意：对于行列表单向等级资料（单向有序资料）组间的比较，宜用有序多分类资料的比较，如作 χ^2 检验法只说明各处理组的效应在构成比上有无差异，而不能说明组间整体效应的差异。另外，多组等级资料的比较结论若拒绝原假设，一般需进一步进行两两比较，明确哪些组间总体上存在差别。

🌐 **知识链接**

分层定性变量比较

分层分析是一种常用的控制混杂因素的方法，它是将数据资料按照某个需要控制的混杂因素进行分层后再进行分析。分层 χ^2 检验又称 Cochran – Mantel – Haenszel 检验（CMH 检验），用于分层定性变量的比较。它通过对分层因素进行控制，从而考察调整之后处理因素与结局事件之间的关联。实际上 CMH 检验，已经不再是单纯的单因素分析，而是已经开始融入了多因素分析的思维模式，应算作一种最为简单的多因素分析方法。

目标检测

答案解析

一、最佳选择题

1. 四个样本率比较时，若有一个理论频数大于 1 小于 5，则（　　）。

　　A. 必须先作合理的并组　　　　　　　　　B. 直接作 χ^2 检验

　　C. 不能作 χ^2 检验　　　　　　　　　　D. 必须作校正 χ^2 检验

　　E. 不能确定是否需要校正

2. 两组有效率使用 χ^2 检验进行比较，样本总例数 100，则检验自由度为（　　）。

　　A. 1　　　　　B. 4　　　　　C. 95　　　　　D. 99　　　　　E. 100

3. 对两组有序分类变量资料进行比较，可用（　　）。

　　A. 行×表 χ^2 检验　　　　　　　　　　B. 四格表 χ^2 检验

　　C. 配对四格表 χ^2 检验　　　　　　　　D. Wilcoxon 秩和检验

　　E. H 检验

4. 两个四格表的 χ^2 检验，一个 $\chi^2 > \chi^2_{0.01,1}$，另一个 $\chi^2 > \chi^2_{0.05,1}$，可认为（　　）。

　　A. 前者两个的百分数相差大　　　　　　　B. 后者两个的百分数相差大

　　C. 前者更有理由认为两总体率不同　　　　D. 后者更有理由认为两总体率不同

　　E. 尚不能下结论

5. 某医生用 A 药治疗 12 例患者，治愈 9 例，用 B 药治疗 12 例，治愈 2 例，比较疗效时宜用（　　）。

　　A. χ^2 检验　　　　　　　　　　　　　B. 校正 χ^2 检验

　　C. Fisher 确切概率法　　　　　　　　　　D. t 检验

　　E. F 检验

6. 有 52 例可疑宫颈癌患者，分别用甲、乙两法进行诊断，其中甲法阳性 28 例，乙法阳性 25 例，两法均为阳性 20 例，欲比较两法阳性率有无差别，宜用（　　）。

  A. 四格表 χ^2 检验   B. 配对四格表 χ^2 检验

  C. 行列表 χ^2 检验   D. t 检验

  E. 秩和检验

7. 作两样本率的假设检验，其 H_0 假设是（　　）。

  A. $\pi_1 = \pi_2$ B. $\pi_1 \neq \pi_2$ C. $P_1 = P_2$ D. $P_1 \neq P_2$ E. $\mu_1 = \mu_2$

二、简答题

1. 简述 χ^2 检验的基本思想。

2. 配对四格表和普通四格表有何区别？分析方法有何异同？

3. 简述 R×C 表的 χ^2 检验的注意事项。

4. 多组等级资料的比较为什么不用 χ^2 检验？

三、计算题

1. 某医师用两种疗法治疗脑血管梗死，结果见下表，试比较两疗法的疗效。

两种疗法治疗脑血管梗死效果

疗法	有效例数	无效例数	合计	有效率（%）
甲	25	6	31	80.65
乙	29	3	32	90.63
合计	54	9	63	85.71

2. 50 份痰液标本，每份分别接种在甲乙两种培养基中，观察结核分枝杆菌的生长情况，结果见下表，试比较两种培养基的效果。

两种结核分枝杆菌培养基的培养效果比较

甲培养基	乙培养基		合计
	+	−	
+	23（a）	12（b）	35
−	7（c）	8（d）	15
合计	30	20	50

3. 某医生为比较正常人、神经官能症患者、有机磷作业工人脑电图间的差异共随机抽取了 154 人。结果见下表。问：正常人、神经官能症患者、有机磷作业工人脑电图异常率有无差别？

三种不同人群脑电图异常率

分组	正常	异常	异常率（%）
正常人	44	4	8.3
神经官能症患者	44	6	12.0
有机磷作业工人	40	16	28.6
合计	128	26	16.9

4. 为研究果糖二磷酸钠治疗新生儿缺氧缺血性脑病的疗效，将患者随机分为实验组和对照组，实验组用果糖二磷酸钠，对照组用胞二磷胆碱。治疗效果分为无效、有效和显效 3 种结果，见下表。比较果糖二磷酸钠和胞二磷胆碱的疗效是否相同？

实验组与对照组的疗效比较

组别	显效	有效	无效	合计
果糖二磷酸钠	58	44	18	120
胞二磷胆碱	56	43	35	134
合计	114	87	53	254

四、案例辨析题

应用末梢静脉输注和锁骨下静脉穿刺置管输注榄香烯乳注射液治疗中晚期肺癌，A 组 100 例经末梢静脉输注，B 组 100 例经锁骨下静脉穿刺置管输注。观察静脉炎的发生情况，数据见下表。

两种输注方式下静脉炎的发生情况

组别	不同分度例数				合计
	0^0	I^0	II^0	III^0	
末梢静脉 A 组	21	38	16	25	100
锁骨下静脉 B 组	25	38	17	20	100

研究者用行列表的 χ^2 检验对该数据进行分析，您认为该方法合适吗？请给出您的处理建议。

（范　华）

书网融合……

本章小结　　　微课1　　　微课2　　　题库

第九章　直线相关与回归

📒 **学习目标**

1. **掌握** 直线相关、直线回归的意义及应用条件。
2. **熟悉** 直线相关与回归的区别与联系。
3. **了解** 秩相关系数的计算。
4. 学会线性相关与回归的分析操作，具备线性相关与线性回归方法的分析应用能力。

第一节　直线相关 ℮微课1

一、直线相关的概念

直线相关（linear correlation）用于描述两个随机定量变量之间的线性关联程度及相关方向，即随着其中一个变量取值的增加，另一个变量的取值是否呈现线性增加或线性递减的趋势。直线相关分析的两个变量在地位上是平等的，不区分主次，所以研究 X_1 与 X_2 的相关，与研究 X_2 与 X_1 的相关是一回事。需要注意的是，直线相关适用于双变量正态分布资料（二元正态分布）。

根据直线相关的方向可将线性相关划分为正相关、负相关、零相关。在二维坐标体系中，若两个随机变量 X_1、X_2 组成的散点图呈线性趋势，且随着其中一个变量取值的增加，另一个变量的取值呈现递减，即两变量的变化是反向的，则称 X_1、X_2 之间的相关为负相关；若两个变量的变化是同向的，则认为两个变量间的相关为正相关。若一个变量的取值改变时，另一个变量无任何线性变化趋势，则称两变量之间的相关关系为零相关。

二、直线相关分析实例

例 9 - 1　某研究者测量了某地 20 名成人的腰围（cm）及体质指数（BMI, kg/m^2），见表 9 - 1，试分析体质指数与腰围的相关关系。

表 9 - 1　某地 20 名成人的腰围及体质指数

序号	腰围（cm）	体质指数（kg/m^2）	序号	腰围（cm）	体质指数（kg/m^2）
1	100	29.60	11	76	22.95
2	83	22.91	12	74	22.58
3	72	24.39	13	83	27.59
4	75	19.85	14	94	27.42
5	81	20.45	15	90	28.04
6	81	24.28	16	101	31.89
7	74	20.90	17	60	19.82

续表

序号	腰围（cm）	体质指数（kg/m²）	序号	腰围（cm）	体质指数（kg/m²）
8	82	25.80	18	90	28.72
9	82	28.40	19	92	27.05
10	67	18.00	20	62	22.83

本例旨在探讨腰围与体质指数这两个连续型随机变量间是否存在线性关联，关联强度如何，是正相关还是负相关，可考虑进行直线相关分析。

三、直线相关系数的计算及假设检验

（一）直线相关系数的计算

直线相关系数又称线性相关系数、Pearson 积差相关系数，是用于描述两变量之间线性相关密切程度和相关方向的统计指标。一般用 r 表示样本相关系数，用 ρ 表示总体相关系数。相关系数的取值范围为 $-1 \sim 1$，无量纲，$r > 0$ 表示正相关，$r < 0$ 表示负相关。r 的绝对值越接近于 1，表示两变量间相关关系越密切；r 的绝对值越接近于 0，表示两变量的相关密切程度越低。特别地，当 $r = 1$，表示两变量间为完全正相关，$r = -1$，称为完全负相关，$r = 0$ 为零相关（图 9-1）。事实上，在医学研究中，完全正相关或完全负相关很少见，因影响某疾病或某医学现象的因素众多，且存在个体变异，因此单个因素很难解释某疾病或医学现象的全部变异。

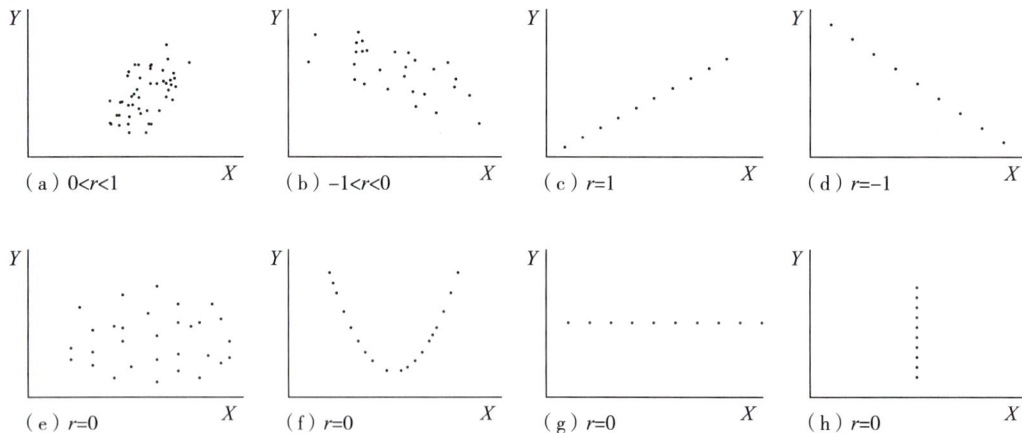

图 9-1　相关系数示意图

直线相关系数的计算公式为：

$$r = \frac{\sum (X - \bar{X})(Y - \bar{Y})}{\sqrt{\sum (X - \bar{X})^2 \sum (Y - \bar{Y})^2}} = \frac{l_{XY}}{\sqrt{l_{XX}l_{YY}}} \tag{9-1}$$

式中，l_{XY} 表示变量 X、Y 的离均差积和，l_{XX}、l_{YY} 分别表示变量 X、变量 Y 的离均差平方和。

（二）直线相关系数的假设检验

样本相关系数 r 为样本统计量，是基于样本数据计算得到的，其大小不可避免地受到抽样误差的影响，因此，不能直接根据 r 与 0 的差别对两变量间是否存在总体直线相关关系下结论。计算得到样本相关系数 r 后，应继续对 r 进行统计推断，比较总体相关系数 ρ 与 0 是否有差别，得到相应检验统计量与 P 值，并据此判断两变量之间是否存在总体直线相关关系。直线相关系数的假设检验采用 t 检验法。

$$t = \frac{r - 0}{S_r} = \frac{r}{\sqrt{\dfrac{1 - r^2}{n - 2}}}, \nu = n - 2 \qquad (9 - 2)$$

式中，S_r 表示样本相关系数 r 的标准误，n 表示样本含量。

1. 绘制散点图　例 9 – 1 进行直线相关分析前，以腰围为横轴，以体质指数为纵轴，绘制散点图（图 9 – 2），图中显示体质指数与腰围呈线性变化趋势。

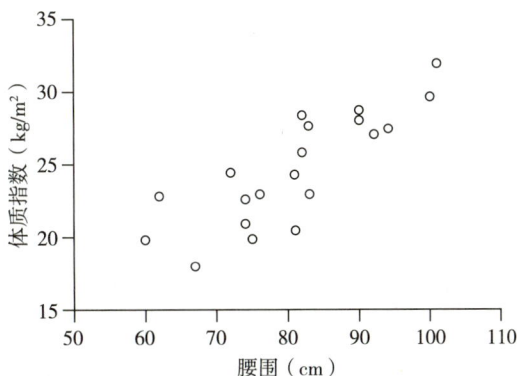

图 9 – 2　20 名成人腰围与体质指数（BMI）的散点图

2. 进行正态性检验　分别对体质指数和腰围进行正态性检验，W 值分别为 0.966、0.972，P 值分别为 0.673、0.794，体质指数和腰围均满足正态性。

3. 计算样本相关系数，并进行假设检验

（1）建立检验假设，确定检验水准

H_0：体质指数与腰围的总体相关系数 ρ 等于 0

H_1：体质指数与腰围的总体相关系数 ρ 不等于 0

$\alpha = 0.05$

（2）计算样本相关系数及检验统计量

$$r = \frac{\sum (X - \bar{X})(Y - \bar{Y})}{\sqrt{\sum (X - \bar{X})^2 \sum (Y - \bar{Y})^2}} = \frac{l_{XY}}{\sqrt{l_{XX} l_{YY}}} = 0.828$$

$$t = \frac{r - 0}{S_r} = \frac{0.828 - 0}{0.132} = 6.27 , \nu = 20 - 2 = 18$$

（3）确定 P 值，做出假设检验结论

查附表 2，$t_{(0.05/2, 18)} = 2.101$，检验统计量 $t = 6.27 > 2.101$，故 $P < 0.05$，按照 $\alpha = 0.05$ 的检验水准，拒绝 H_0，接受 H_1，可认为该地成人腰围与体质指数间存在直线相关关系，且为正相关。

四、直线相关分析的前提条件及注意事项

并非任何两个变量都可以进行直线相关分析，该方法有其应用的前提条件，只有同时满足以下前提条件，才可以进行两变量的线性相关分析，其分析结果才是可信的。

（一）直线相关分析的前提条件

1. 两变量呈线性趋势。可以通过散点图直观体现。

2. 两变量为随机变量，且满足双变量正态分布。可以分别进行正态性检验并结合散点图检测。

3. 观察个体间相互独立。可以通过专业知识或有关统计学检验。

（二）直线相关分析的注意事项

1. 相关分析应有实际意义，不能将任意两个变量放在一起进行分析，两变量的相关关系在专业或理论上应有一定内在联系。

2. 直线相关分析前，应绘制两变量间的散点图，考察变量间是否有线性趋势。直线相关分析对资料的要求是两变量为随机变量，且满足双变量正态分布，此外观测个体间应相互独立。

3. 直线相关关系不一定是因果关系。

4. 线性相关系数假设检验 P 值的大小只能说明两变量间在总体上是否存在直线相关关系，但线性相关的密切程度应用相关系数 r 的绝对值大小进行评价。

5. 直线相关分析时，应注意样本中是否有离群值或异常值存在，因异常值会影响回归分析结果的稳定性，应对其复核、剔除后再进行分析。

第二节　等级相关 [e] 微课2

若样本资料不满足双变量正态分布或资料本身为等级资料时，则不宜采用直线相关进行分析，而应使用非参数统计分析方法，如等级相关分析两变量的相关关系。

一、等级相关的概念

等级相关又称秩相关，是一种非参数统计方法，适用于等级资料、不满足双变量正态分布的资料、总体分布类型未知的资料、资料的一端或两端有不确定值的资料。常用的等级相关分析方法是 Spearman 秩相关（Spearman rank correlation），它是用等级相关系数 r_s 表示两个变量间相关关系的密切程度和相关方向。

二、等级相关系数的计算及假设检验

（一）等级相关系数的计算

与线性相关系数 r 类似，r_s 的绝对值越大，表示两变量间相关关系越密切，若 $r_s < 0$，说明两变量是负相关，若 $r_s > 0$ 说明两变量是正相关关系。将两变量 X、Y 的 n 对观测值，分别记为 X_i、Y_i（$i = 1, 2, \cdots, n$），分别对两变量的取值由小到大排序编秩，以 p_i 表示变量 X_i 的秩次，以 q_i 表示变量 Y_i 的秩次，以秩次代替 X、Y 的原始变量值，利用式（9 - 1）计算得到的即为等级相关系数 r_s。

（二）等级相关系数的假设检验

r_s 是样本秩相关系数，是总体等级相关系数 ρ_s 的估计值，由于抽样误差的存在，需要对其做假设检验。

1. 查表法　当 $n \leqslant 50$，基于样本计算得到 r_s 后，根据样本含量和检验水准直接查 r_s 界值表（附表 9 - 2），将 r_s 与查得的界值进行比较，据此做出假设检验结论。

2. t 检验法　当 $n > 50$，可采用 t 检验，检验统计量 t 的计算见式（9 - 2）。

（三）等级相关分析实例

例 9 - 2　为了解成年女性 C 反应蛋白和甘油三脂水平的关系，某研究人员调查收集某地 15 名 20 岁以上成年女性的 C 反应蛋白（mg/dl）和甘油三酯（mmol/L）数据，见表 9 - 2。试分析 C 反应蛋白和甘油三脂是否有相关关系？

表 9 - 2　成年女性 C 反应蛋白与甘油三脂

序号	C 反应蛋白（mg/dl）	秩次 p_i	甘油三脂（mmol/L）	秩次 q_i
1	0.04	1	0.982	3
2	0.18	8	1.502	10
3	1.22	15	1.231	8
4	0.05	2.5	1.061	5
5	0.76	14	2.89	13
6	0.05	2.5	0.869	1
7	0.13	6	1.084	6
8	0.14	7	1.039	4
9	0.46	12	0.948	2
10	0.1	5	2.145	11
11	0.06	4	1.095	7
12	0.24	10	3.387	15
13	0.66	13	2.348	12
14	0.27	11	1.49	9
15	0.19	9	3.048	14

分析步骤如下。

1. 对 C 反应蛋白和甘油三脂分别做正态性检验，$S-W$ 检验统计量值分别为 0.768、0.820，正态性检验的 P 值均小于 0.05，不满足线性相关分析的正态性要求，因此应采用等级相关分析 C 反应蛋白和甘油三脂的相关关系。

2. 根据公式，计算得到等级相关系数 $r_s = 0.508$。

3. 对 r_s 进行假设检验。

（1）建立检验假设，确定检验水准

$H_0 : \rho_s = 0$，成年女性 C 反应蛋白与甘油三脂水平无相关关系

$H_1 : \rho_s \neq 0$，成年女性 C 反应蛋白与甘油三脂水平有相关关系

$\alpha = 0.05$

（2）计算等级相关系数

将秩次 p_i、q_i 代入直线相关系数的计算公式（9-1），计算得到等级相关系数 $r_s = 0.508$。

（3）确定 P 值，做出统计推断结论

本例 $n < 50$，故直接查 r_s 界值表（附表 9-2），查得 $r_{s\,(0.05/2,15)} = 0.521$，$r_s = 0.508 < r_{s\,(0.05/2,15)}$，$P > 0.05$，按照 $\alpha = 0.05$ 的检验水准，不拒绝 H_0，尚不能认为成年女性 C 反应蛋白水平与甘油三酯水平有相关关系。

第三节　直线回归 微课 3～5

前面介绍的直线相关不区分两个变量的主次，主要用于描述两变量间线性相关关系的方向和密切程度。直线回归又称线性回归（linear regression）或简单线性回归（simple linear regression），用于定量描述两个变量间的线性依存关系。直线回归区分变量主次，一般用变量 X 表示自变量，又称为解释变量，变量 Y 表示因变量，又称为应变量、结果变量，一般将影响着或者决定着其他变量取值的变量设定为

X，而被 X 影响的变量或者依赖于 X 的变量设定为 Y。

一、线性回归应用实例

例 9 – 3　某研究者测试 27 名健康成人的第一秒用力呼气量（FEV_1）（L），数据见表 9 – 3，试分析年龄与 FEV_1（L）是否存在线性回归关系？

表 9 – 3　27 名健康成人年龄与 FEV_1（L）

序号	年龄	FEV_1(L)	序号	年龄	FEV_1(L)
1	39	3.12	15	50	2.26
2	38	3.76	16	45	3.25
3	47	2.63	17	40	3.33
4	54	3.00	18	47	2.86
5	54	2.07	19	54	2.76
6	50	2.66	20	46	3.36
7	50	3.36	21	46	3.32
8	40	4.04	22	40	4.24
9	43	2.74	23	51	2.80
10	50	3.07	24	47	2.41
11	54	2.63	25	50	3.83
12	43	3.12	26	51	2.42
13	53	3.21	27	41	4.41
14	46	3.70			

例 9 – 3 旨在研究 FEV_1 与年龄的回归依存关系，即一个变量是如何受到另一个变量的影响的，回归分析区分自变量和因变量，本例中年龄为自变量，FEV_1 为因变量。本例利用线性回归分析可回答以下问题。

1. 第一秒用力呼气量是否会随着年龄的增长而下降？这种变化是否是线性趋势？

2. 如何用线性回归方程定量地描述年龄与第一秒用力呼气量的依存关系？

3. 年龄每增加 1 岁，第一秒用力呼气量平均会降低多少？

4. 年龄对第一秒用力呼气量的影响是否有统计学意义？

5. 年龄对第一秒用力呼气量的作用或影响有多大？

绘制散点图观察年龄与 FEV_1 之间是否存在线性变化趋势，由图 9 – 3 可见，年龄与 FEV_1 存在线性变化趋势，且随年龄增加 FEV_1 呈下降趋势。

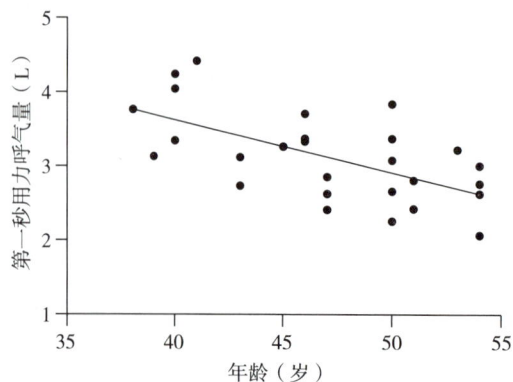

图 9 – 3　成人年龄与第一秒用力呼气量的回归直线

二、直线回归的基本概念

因变量 Y 对自变量 X 的线性依存关系可用以下直线回归方程表示：

$$\hat{Y} = a + bX \qquad (9-3)$$

该直线回归方程是基于样本数据估计得到的，是两变量间总体线性依存关系的样本估计，以下是总体直线回归模型：

$$\mu_{Y \mid X} = \alpha + \beta X \qquad (9-4)$$

式（9-4）中 $\mu_{Y \mid X}$ 表示给定 X 取值的条件下，因变量 Y 的总体均数，式（9-3）中的 $\hat{Y}$ 是 $\mu_{Y \mid X}$ 的样本估计值，也被称为直线回归方程的预测值（predicted value）。α、β 是总体参数，式（9-3）中的 a、b 分别表示 α、β 的样本估计值。a 表示回归方程的常数项，是回归直线在 Y 轴的截距（intercept），即当自变量 X 取值为 0 时对应 Y 的估计值。b 为回归系数（coefficient of regression），即回归直线的斜率，可理解为当 X 每改变一个单位，$\hat{Y}$ 平均改变 b 个单位。与相关系数不同，回归系数 b 的取值范围为 $(-\infty, +\infty)$。b 的符号表示回归方向，若 $b > 0$ 表示随着 X 取值的增加，Y 值逐渐增大；若 $b < 0$，表示随着 X 取值的增加，Y 值逐渐减小；当 $b = 0$，此时回归直线与 X 轴平行，表示 Y 与 X 无直线回归关系。

三、直线回归的估计

基于样本数据 (X_i, Y_i) 建立直线回归方程的过程，即为求解 a、b 的过程。利用最小二乘法估计回归方程的原理为：在所有回归直线中寻求一条能够使得各实际观测点到回归直线的纵向距离的平方和 $\sum (Y_i - \hat{Y}_i)^2$ 最小的回归直线（回归方程），则该回归直线（对应的 a、b）即为最小二乘法所寻求的解。

$$\sum_{i=1}^{n} (Y_i - \hat{Y}_i)^2 = \sum_{i=1}^{n} \left[Y_i - (a + bX_i) \right]^2 \qquad (9-5)$$

实际观察值 Y 与其对应的回归方程预测值 $\hat{Y}$ 的差即为实际观测点到回归直线的纵向距离，也称为残差（residual）。根据最小二乘法原理，可推导出 a、b 的计算公式为：

$$b = \frac{l_{XY}}{l_{XX}} = \frac{\sum (X - \overline{X})(Y - \overline{Y})}{\sum (X - \overline{X})^2} \qquad (9-6)$$

$$a = \overline{Y} - b\overline{X} \qquad (9-7)$$

式（9-6）中，l_{XY} 表示 X 与 Y 的离均差乘积和，l_{XX} 表示 X 的离均差平方和。对例 9-3 利用式（9-6）、（9-7）计算得到回归系数 $b = -0.071$，回归方程常数项 $a = 6.458$，直线回归方程为 $\hat{Y} = 6.458 - 0.071X$，也可采用统计分析软件如 SPSS 等直接输出统计分析结果。

四、直线回归方程的统计推断

由于抽样误差的存在，基于样本数据利用最小二乘法估计得到 a、b 后建立的回归方程能否反映总体上 X 与 Y 间的回归关系，即是否有总体回归系数 $\beta = 0$ 还需进行假设检验。假设检验的方法包括方差分析（F 检验）及 t 检验法。

（一）直线回归方程的假设检验

方差分析的基本思想是将因变量 Y 的总变异 $SS_{总}$ 分解为回归平方和 $SS_{回归}$ 与残差平方和 $SS_{残}$，然后利用方差分析判断回归方程是否有统计学意义。因变量 Y 的离均差平方和 $SS_{总}$ 的分解见图 9-4。

散点图中，任一实际观测点（X_i, Y_i）的纵坐标被回归直线与均数 $\bar{Y}$ 截成三段：$Y_i = \bar{Y} + (\hat{Y}_i - \bar{Y}) + (Y_i - \hat{Y}_i)$。其中，$(Y_i - \hat{Y}_i)$ 是第 i 个观测个体 Y 的实际观测值与其预测值的差，即残差；$(\hat{Y}_i - \bar{Y})$ 是第 i 个观测个体因变量 Y 的预测值与 Y 的均值（全部观测个体 Y 的均值）之差。且有：

$$Y_i - \bar{Y} = (\hat{Y}_i - \bar{Y}) + (Y_i - \hat{Y}_i) \tag{9-8}$$

数学上可以证明：

$$\sum (Y_i - \bar{Y})^2 = \sum [(\hat{Y}_i - \bar{Y}) + (Y_i - \hat{Y}_i)]^2 = \sum (\hat{Y}_i - \bar{Y})^2 + \sum (Y_i - \hat{Y}_i)^2 \tag{9-9}$$

即为 $SS_{总} = SS_{回归} + SS_{残差}$。式中，$\sum (Y_i - \bar{Y})^2$ 为 Y 的离均差平方和，即 $SS_{总}$，表示因变量 Y 的总变异。$\sum (\hat{Y}_i - \bar{Y})^2$ 表示回归平方和，即 $SS_{回归}$，对于某个样本来说，其均数 $\bar{Y}$ 是固定的，因此这部分回归变异是由各观测个体的预测值 $\hat{Y}_i$（回归方程估计值）的不同引起的，而 $\hat{Y}_i = a + bX_i$，因此 X 的取值不同引起 $\hat{Y}_i$ 不同，即 $SS_{回归}$ 反映了 Y 的总变异中可以用 X 与 Y 的回归关系所能解释的部分。$\sum (Y_i - \hat{Y}_i)^2$ 为残差平方和，即 $SS_{残差}$，表示扣除 X 对 Y 的线性影响外，其他一切因素对 Y 的影响，即在 $SS_{总}$ 中无法由 X 解释的部分。$SS_{残差}$ 越小，表示直线回归的估计误差越小，表现为各实际观测点距离回归直线越接近。此外，各部分变异对应的自由度也有如下关系：

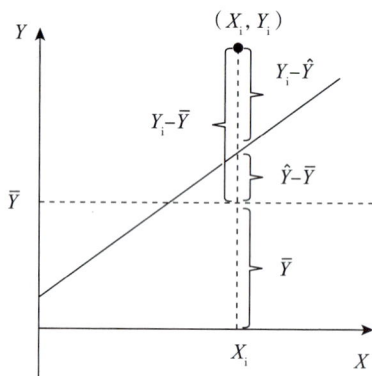

图 9-4　因变量 Y 的离均差平方和分解示意图

$$\nu_{总} = \nu_{回归} + \nu_{残} \tag{9-10}$$

$$\nu_{总} = n - 1, \ \nu_{回归} = 1, \ \nu_{残} = n - 2$$

方差分析检验统计量 F 的计算公式如下：

$$F = \frac{SS_{回归}/\nu_{回归}}{SS_{残差}/\nu_{残}} = \frac{MS_{回归}}{MS_{残}} \tag{9-11}$$

式中，$MS_{回归}$ 为回归平方和的均方，$MS_{残}$ 为残差平方和的均方，检验统计量 F 服从自由度为（$\nu_{回归}$，$\nu_{残}$）的 F 分布（表 9-4）。总体回归关系是否存在，需要经过假设检验得出统计学结论。

表 9-4　直线回归分析的方差分析表

变异来源	离均差平方和（SS）	自由度（ν）	均方（MS）	F
总变异	$\sum (Y - \bar{Y})^2$	$n-1$		
回归变异	$\sum (\hat{Y} - \bar{Y})^2$	1	$\sum (\hat{Y} - \bar{Y})^2/1$	$MS_{回归}/MS_{残}$
残差变异	$\sum (Y - \hat{Y})^2$	$n-2$	$\sum (Y - \hat{Y})^2/(n-2)$	

例 9-3 直线回归方程的假设检验如下。

1. 建立检验假设，确定检验水准

H_0：年龄与 FEV_1 的直线回归方程无统计学意义

H_1：年龄与 FEV_1 的直线回归方程有统计学意义

$\alpha = 0.05$

2. 计算检验统计量

$F = 14.594$，回归分析的方差分析结果见表 9-5。

3. 确定 P 值，做出推断结论

查 F 界值表（附表 5 - 2），$F_{0.05, (1,25)} = 4.24$，$F = 14.594 > F_{0.05, (1,25)} = 4.24$，$P < 0.05$，根据 $\alpha = 0.05$ 的检验水准，拒绝 H_0，接受 H_1，可认为年龄与 FEV_1 的线性回归方程有统计学意义。

表 9 - 5　直线回归分析的方差分析表

变异来源	SS	ν	MS	F	P
总变异	9.228	26			
回归变异	3.401	1	3.401	14.594	< 0.05
残差变异	5.826	25	0.233		

（二）直线回归系数的 t 检验

即使两变量间的总体回归关系不存在，即 $\beta = 0$，由于抽样误差的存在，其样本回归系数 b 也不一定为 0，因此需要对样本回归系数进行假设检验，推断总体回归系数是否等于 0。可以采用 t 检验法对直线回归系数进行假设检验，其基本思想与前面章节学习的单样本均数与已知总体均数比较的 t 检验类似，检验统计量 t 的计算公式如下：

$$t = \frac{b - 0}{S_b}, \nu = n - 2 \tag{9 - 12}$$

$$S_b = \frac{S_{Y,X}}{\sqrt{\sum (X - \bar{X})^2}} \tag{9 - 13}$$

$$S_{Y,X} = \sqrt{\frac{\sum (Y - \hat{Y})^2}{n - 2}} = \sqrt{\frac{SS_{残}}{n - 2}} \tag{9 - 14}$$

式中，S_b 为样本回归系数的标准误，$S_{Y,X}$ 为 Y 的残差标准差，是扣除 X 对 Y 的线性影响后，Y 的变异程度，$S_{Y,X}$ 越小，表示回归方程的估计精度越高。因为直线回归方程中只有一个自变量，所以对整个回归方程进行的 F 检验等价于对直线回归系数进行的 t 检验，且有 $F = t^2$，对于同一资料，二者的检验结论是一致的。

例 9 - 3 直线回归系数的 t 检验步骤如下。

1. 建立检验假设，确定检验水准

$H_0: \beta = 0$，成人年龄与 FEV_1 无线性回归关系

$H_1: \beta \neq 0$，成人年龄与 FEV_1 有线性回归关系

$\alpha = 0.05$

2. 计算检验统计量

$$S_b = \frac{S_{Y,X}}{\sqrt{\sum (X - \bar{X})^2}} = \frac{\sqrt{\frac{SS_{残}}{n - 2}}}{\sqrt{\sum (X - \bar{X})^2}} = \frac{\sqrt{\frac{5.826}{(27 - 2)}}}{\sqrt{645.54}} = 0.019$$

$$t = \frac{b - 0}{S_b} = \frac{-0.071}{0.019} = -3.82, \nu = 27 - 2 = 25$$

3. 确定 P 值，做出推断结论

查附表 2，$t_{0.05/2,25} = 2.060$，$|t| = 3.82 > 2.060$，根据 $\alpha = 0.05$ 的检验水准，拒绝 H_0，接受 H_1，可认为年龄与 FEV_1 存在线性回归关系。

（三）总体直线回归系数 β 的置信区间

根据样本数据计算得到的样本回归系数 b 是总体回归系数 β 的点估计值，由于抽样误差的存在，即

使来自同一总体的不同样本，估计得到的样本回归系数也不同，因此需要对总体回归系数 β 进行区间估计，公式如下：

$$b \pm t_{(\alpha/2,\nu)} S_b \tag{9-15}$$

式中，S_b 为样本回归系数的标准误，自由度 $\nu = n - 2$。根据式（9-15），计算例 9-3 总体回归系数 β 的 95% 置信区间为：$b \pm t_{(\alpha/2,\nu)} S_b = -0.071 \pm 2.060 \times 0.019 = (-0.110, -0.032)$，置信区间不包括 0，说明按照 95% 的置信水平，总体回归系数 $\beta \neq 0$，该结果与 F 检验和 t 检验的结论一致。

五、直线回归应用的条件

利用直线回归分析时，数据资料需要同时满足以下前提条件。

1. 线性（linearity） 即自变量与因变量间呈线性趋势，可通过绘制散点图进行考察。

2. 独立（independence） 即各观察个体的取值相互独立，互不影响，一般基于专业知识或者残差分析进行考察。

3. 正态性（normal distribution） 给定 X 的任一取值下，对应的因变量 Y 的取值服从正态分布，可利用回归残差进行正态性检验，其等价于给定 X 的取值下，对 Y 进行的正态性检验。

4. 等方差（equal variance） 给定 X 的不同取值下，其所对应的因变量 Y 的方差相等，可利用残差图进行方差齐性检验。

六、残差分析

残差分析一般是在拟合了回归方程后，基于回归方程计算得到的残差考察数据资料是否满足直线回归分析的前提条件（正态性、等方差），若残差分析提示数据满足前提条件，则回归方程的拟合结果是可信的，若提示不满足前提条件则需要进行变量变换或者采用其他方法（如加权最小二乘回归、曲线拟合等）进行分析。残差有多种类型，如前文介绍的 $(Y_i - \hat{Y}_i)$ 是普通残差，标准化残差也是常用的残差类型，是普通残差除以其标准差得到的比值。标准化残差图是以自变量或因变量 Y 的估计值 $\hat{Y}$ 为横轴，标准化残差为纵轴绘制而成的。

例 9-3 以自变量年龄为横轴，以 FEV_1 的标准化残差为纵轴，绘制标准化残差图（图 9-5）。残差图显示代表着标准化残差的各散点在 0 这条横线的附近上下随机波动，提示残差满足方差齐性。此外，对残差进行正态性检验：$W = 0.960$，$P = 0.366 > 0.10$，可认为残差满足正态性，即等价于给定 X 的取值，Y 满足正态性。

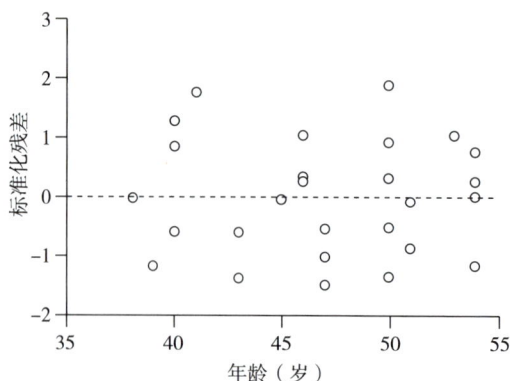

图 9-5 例 9-3 直线回归的标准化残差图

知识链接

异常值及其处理

进行线性相关与回归时，应注意异常值的检测与处理，因异常值的存在可能会导致统计分析结果不可靠。可利用残差及残差图识别异常值，若某个体观测具有较大的标准化残差（标准化残差的绝对值≥2 或≥3），则可将此观测视为异常值。应根据异常值产生的原因采用恰当的方式进行处理，常见处理异常值的方式包括：纠正记录有误的数据、降低异常值的权重（加权最小二乘回归）、数据变换、考虑重新设定模型、重新设计抽样调查等。

七、直线回归方程的应用及注意事项

（一）直线回归的应用

1. 统计预测　是直线回归重要且常见的应用。可将预测因子（自变量）代入直线回归方程，计算因变量 Y 的预测值及其总体均数的置信区间；此外，也可以由易测的变量值估计难测的变量值。

2. 统计控制　实际工作中若规定了 Y 值的变化范围，即 Y 值不高于或不低于某个值，可通过控制自变量 X 的范围以达到控制因变量 Y 取值范围的目的，统计控制实际上是利用回归方程进行的逆估计。

（二）直线回归分析的注意事项

1. 直线回归分析要有实际意义，不能将任意两个变量联系在一起进行回归分析，而应从专业或理论上有一定依据地认为要分析的两个变量可能存在关联，从而进行回归分析。

2. 直线回归分析前首先要绘制散点图，考察自变量与因变量间是否存在线性变化趋势，只有存在线性趋势，才可以考虑进行直线回归。若两变量间呈现明显的曲线变化趋势，可考虑进行变量变换或进行曲线拟合。通过散点图还可以观察样本中是否存在异常值，并根据实际情况对异常者进行复核、修正或剔除。

3. 直线回归分析要求给定 X 取值下因变量 Y 应服从正态分布及方差齐性，利用残差进行正态性检验，通过残差图评价方差齐性是否满足，若残差图显示各散点在 0 这条横线的附近上下随机均匀波动，则可认为满足方差齐性的要求。

4. 直线回归分析要求因变量必须是定量随机变量，而自变量可以是随机变量，也可以是限定取值的变量（严格控制取值的变量），如药物剂量等。

5. 直线回归方程的适用范围一般为样本中自变量的取值范围，在自变量取值范围内计算的估计值 $\hat{Y}$ 称为内插，超出自变量取值范围计算得到的 $\hat{Y}$ 为外延，若无充分理由证明超过自变量取值范围外的两变量间仍然具有该线性回归关系，应避免不合理的外延。

6. 基于样本数据建立的回归方程能否反映总体上两变量间的直线回归关系，需要进行统计推断进行判断。

7. 直线回归分析结果的解释。两变量间的线性依存关系不一定是因果关系，即 X 不一定是 Y 变化的原因，因果关系的判断和论证需要经过严密且复杂的过程，一般依据研究背景、研究设计、时间顺序等多方面进行综合评判。

八、直线相关与回归的区别与联系

（一）区别

1. 分析目的不同 相关分析用于说明两变量间线性相关的密切程度及相关方向，两变量的地位平等，不区分自变量与因变量。直线回归用于分析两变量间数量变化的线性依存关系，变量区分主次，有自变量与因变量之分。

2. 资料要求不同 线性相关要求各观测个体相互间独立、两变量为随机变量，有线性趋势，且服从双变量正态分布；线性回归要求因变量是随机变量，而自变量既可以是随机变量也可以是非随机变量，并且要求数据满足线性、独立、正态及等方差。

3. 相关系数 r 与回归系数 b 的区别 相关系数 r 无量纲单位，取值范围为 $-1 \leqslant r \leqslant 1$；$b$ 有量纲单位，计算公式为 $b = \dfrac{l_{XY}}{l_{XX}}$，取值范围是 $(-\infty, +\infty)$。

（二）联系

1. r 与 b 的方向相同 对于同一资料，计算得到的回归系数与相关系数的方向相同，符号一致。若 $r < 0$，说明两变量间的相互关系是反向变化；若 $b < 0$，说明自变量每增加一个单位，因变量平均减少 b 个单位。

2. r 和 b 的假设检验等价 同一样本资料，对 r 与 b 进行假设检验得到的检验统计量相等 $t_r = t_b$。

3. r 与 b 可相互换算

$$r = b\sqrt{\frac{l_{XX}}{l_{YY}}}, \quad b = r\sqrt{\frac{l_{YY}}{l_{XX}}}$$

4. 可用回归解释相关 决定系数 R^2 为回归平方和与总平方和之比，表示因变量的总变异中可由自变量 X 与 Y 的回归关系所能解释的比例，R^2 的取值范围为 $[0,1]$，R^2 越接近于 1，表示回归贡献的相对程度越大，自变量与因变量的线性依存关系越密切，回归效果越好。例 9-3 回归方程的决定系数为 0.369，表示年龄能够解释 FEV_1 变异的 36.9%。在直线回归分析中，由于方程中只有一个自变量，此时，线性相关系数 r 的平方等于决定系数 R^2。

$$R^2 = \frac{SS_{回}}{SS_{总}} = r^2$$

⊕ **知识链接**

曲线回归

当散点图显示自变量 X 和应变量 Y 呈非线性的变化趋势，应结合专业知识及经验拟合曲线方程。若变量变换后的 X' 与应变量 Y 呈线性形式，则可采用"曲线直线化"的方法对变换后的 X' 与因变量 Y 做最小二乘拟合。若变量变换后的 Y' 与自变量 X 呈线性形式，则可直接采用非线性最小二乘估计 Y 和 X 的曲线方程。

目标检测

答案解析

一、最佳选择题

1. 在简单线性回归分析中，得到回归系数为 -0.3，经假设检验有统计学意义，说明（　　）。

 A. X 对 Y 的影响占 Y 变异的 30%   B. X 增加一个单位，Y 平均减少 30%

 C. X 增加一个单位，Y 平均减少 0.3 个单位 D. Y 增加一个单位，X 平均减少 30%

 E. Y 增加一个单位，X 平均减少 0.3 个单位

2. 对两变量 X 和 Y 作线性相关分析，要求的条件是（　　）。

 A. X 和 Y 服从双变量正态分布   B. X 服从正态分布

 C. Y 服从正态分布   D. X 和 Y 至少有一个服从正态分布

 E. 以上说法都不对

3. 两数值变量的相关关系越强，对应的是（　　）。

 A. 相关系数越大   B. 相关系数的绝对值越大

 C. 回归系数越大   D. 回归系数的绝对值越大

 E. 相关系数检验统计量的 t 值越大

4. 对简单相关系数做假设检验，$t > t_{\alpha(\nu)}$ 统计结论为（　　）。

 A. 两变量不相关

 B. 两变量有线性关系

 C. 两变量无线性关系

 D. 两变量不会是曲线关系，一定是线性关系

 E. 上述说法都不准确

二、简答题

1. 简述直线回归分析对资料的要求。

2. 简述直线相关分析对资料的要求。

3. 简述直线回归分析的思路。

4. 简述直线相关与回归的区别与联系。

5. 简述等级相关的适用情形。

三、计算题

1. 在某项研究中，获得了某地 10 个监测点的饮水氟含量（mg/L）及相应地区的儿童氟斑牙患病率（%）情况，数据见下表。分析饮水氟含量与氟斑牙患病率之间的相关性。

某地 10 个监测点的饮水氟含量与儿童氟斑牙患病率

监测点	饮水氟含量（mg/L）	患病率（%）
1	0.33	18.30
2	0.84	24.80
3	1.55	27.10
4	1.82	29.30
5	0.75	21.40

续表

监测点	饮水氟含量（mg/L）	患病率（%）
6	1.35	22.10
7	2.50	75.70
8	1.20	15.60
9	2.06	26.20
10	2.22	32.30

2. 某医师研究某种代乳粉价值时，用大白鼠做实验，得大白鼠进食量和体重增加量的资料见下表，试建立大白鼠的进食量与体重的增加量的回归方程。

大白鼠进食量和体重增加量的资料

动物编号	1	2	3	4	5	6	7	8	9	10	11
进食量（g）	820	780	720	867	690	787	934	679	639	820	780
增重量（g）	165	158	130	180	134	167	186	145	120	150	135

四、案例辨析题

1. 某研究者调查收集某地 25 名来自于心血管疾病高危人群的调查对象的腰围（cm）数据，并采用统一方法测量调查对象的血压水平，欲分析腰围与收缩压（mmHg）间是否存在线性依存关系，该研究者采用直线回归进行分析，结果见下表。请判断该研究者的分析是否正确。

腰围与收缩压的线性回归分析结果

变异来源	SS	ν	MS	F	P
总变异	15582.260	24			
回归变异	921.378	1	921.378	1.445	0.241
残差变异	14660.882	23	637.430		

（包含）

书网融合……

本章小结	微课1	微课2	微课3

微课4	微课5	题库

第十章　多重回归分析 ⓔ微课

PPT

📖 **学习目标**

1. 掌握 多重线性回归的基本概念和基本思想；logistic 回归的基本概念和模型的一般形式。

2. 熟悉 回归方程的检验、回归系数的检验及多重线性回归的适用条件；参数估计的意义与优势比的正确解释。

3. 了解 变量的筛选方法及方程拟合优度的评价方法；logistic 回归应用时的注意事项。

4. 学会分析研究指标与多个因素之间关联性以及各因素所起作用大小的问题，具备多重回归分析方法的初步应用能力。

第一节　多重线性回归

由于生命现象的复杂性，对某个医学指标的影响因素进行深入研究往往会同时涉及多个自变量，如血压的高低可能与年龄、体重、饮食、职业、精神紧张、饮酒等多种因素有关。若对血压的影响因素进行分析，可将简单线性回归加以拓展，构建血压与多个因素间的线性回归方程。这种用回归方程定量地分析一个定量因变量与多个自变量之间的线性依存关系的统计方法，称为多重线性回归（multiple linear regression）。

一、多重线性回归的概念与模型构建

例 10 – 1 某研究者测量了 33 名 50~70 岁冠心病患者的血清总胆固醇 Y（mmol/L）、低密度脂蛋白 X_1（mmol/L）、高密度脂蛋白 X_2（mmol/L）和甘油三酯含量 X_3（mmol/L），数据见表 10 – 1，试据此分析冠心病患者的血清总胆固醇含量 Y 与低密度脂蛋白 X_1、高密度脂蛋白 X_2 和甘油三酯 X_3 间的线性关系。

表 10 – 1　33 名 50~70 岁冠心病患者的血清学指标测量结果

编号	X_1	X_2	X_3	Y
1	1.37	1.65	1.54	3.62
2	1.89	2.11	1.97	3.54
3	2.73	1.57	1.81	4.77
4	3.52	1.83	2.36	5.36
5	1.84	1.95	1.51	4.03
⋮	⋮	⋮	⋮	⋮
31	2.91	1.50	1.73	4.27
32	1.84	2.31	0.89	4.16
33	2.43	2.09	1.14	4.58

本例中，若想了解冠心病患者的血清总胆固醇含量 Y 与低密度脂蛋白 X_1、高密度脂蛋白 X_2 和甘油三酯 X_3 间的线性关系，可构建以血清总胆固醇含量为因变量（Y），以低密度脂蛋白、高密度脂蛋白和

甘油三酯含量为自变量（X_1、X_2、X_3）的线性回归模型。

（一）基本概念

多重线性回归研究一个因变量（也称反应变量）与多个自变量（也称为协变量、预测变量或解释变量）之间的线性依存关系，是两变量直线回归（简单线性回归）的拓展和延伸，在原理和方法上与直线回归完全一致。

若一个因变量 Y 与 m 个自变量确定存在线性的依存关系，这种关系的定量表达，可以用式（10 - 1）表示：

$$\mu_{Y|X_1, X_2, \cdots, X_m} = \beta_0 + \beta_1 X_1 + \beta_2 X_2 + \cdots + \beta_m X_m \tag{10 - 1}$$

此模型即为多重线性回归的回归方程，其中 β_0 是常数项，即线性回归的截距；β_i 称为自变量 X_i 的偏回归系数（partial regression coefficient），其意义为：固定其他自变量水平不变，该自变量 X_i 对因变量影响的大小，即在方程中其他自变量不变的情况下，自变量 X_i 每变化一个单位，因变量 Y 平均变化 β_i 个单位。

对于抽样研究，由样本资料估计得到的多重线性回归方程为：

$$\hat{Y} = b_0 + b_1 X_1 + b_2 X_2 + \cdots + b_m X_m \tag{10 - 2}$$

其中 $\hat{Y}$ 是对 $\mu_{Y|X_1, X_2, \cdots, X_m}$ 的估计值，$b_0, b_1, b_2, \cdots, b_m$ 对应于 $\beta_0, \beta_1, \beta_2, \cdots, \beta_m$ 的估计值。

（二）模型构建

多重线性回归分析，首先就是利用样本数据建立线性回归方程。求解回归方程，通常采用普通最小二乘法（ordinary least squares，OLS），即构建一组系数，使得这组系数应用于式（10 - 2）时，求得的回归估计值 $\hat{Y}_i$ 与观察值 Y_i 的残差平方和最小。不过，由于存在多个自变量，多重线性回归方程的求解比简单线性回归复杂，一般需借助统计分析软件完成。

利用 SPSS 软件，由例 10 - 1 样本数据，得到以下样本回归方程：

$$\hat{Y} = 0.955 + 0.957X_1 + 0.591X_2 + 0.109X_3$$

需要注意的是，借助样本数据的原始值建立的回归方程，因自变量的量纲、变异程度等特征可能不尽相同，各自变量的偏回归系数，其大小并不直接反映各自变量对因变量影响程度的大小。如果想了解不同自变量对因变量影响的相对大小，可计算标准化偏回归系数（standardized partial regression coefficient）。

标准化偏回归系数即利用标准化后的数据进行回归模型拟合，所获得的回归系数称之为标准化偏回归系数。标准化偏回归系数的绝对值越大，自变量对因变量的影响越大。

原观测数据标准化公式为：

$$X_i^* = \frac{X_i - \overline{X}}{S_i} \tag{10 - 3}$$

二、多重线性回归分析的假设检验

由样本资料得到多重线性回归模型后，为了确定回归模型及模型中的自变量偏回归系数是否具有统计学意义，必须进行假设检验，包括检验整体回归模型是否成立及各自变量的偏回归系数是否有统计学意义。

（一）多重线性回归模型的检验

与简单直线回归相同，多重线性回归方程的检验可采用方差分析的方法，其原假设为 $H_0: \beta_1 = \beta_2 = \cdots = \beta_m = 0$；$H_1: \beta_i (i = 1, 2, \cdots, m)$ 不全为 0。即当方差分析结果 $P \leq \alpha$ 时，说明因变量至少与一个自变量间存在着线性回归的关系。

其基本思想是将因变量 Y 的总变异分解成两部分，分别为回归变异和随机误差所引起的变异。即将因变量 Y 的总离均差平方和分解成回归平方和与残差平方和两部分，相应地，总的自由度也分解成回归自由度与残差自由度两部分。计算公式为：

$$SS_{总} = SS_{回归} + SS_{残差} \tag{10-4}$$

$$\sum (Y - \overline{Y})^2 = \sum (\widehat{Y} - \overline{Y})^2 + \sum (Y - \widehat{Y})^2 \tag{10-5}$$

$$\nu_{总} = \nu_{回归} + \nu_{残差} \tag{10-6}$$

$$\nu_{总} = n - 1, \nu_{回归} = m, \nu_{残差} = n - m - 1 \tag{10-7}$$

式中，回归平方和反映了回归模型中 m 个自变量对因变量 Y 总变异的影响；残差平方和反映了除 m 个自变量之外，其他已知或者未知因素对因变量 Y 总变异的影响。

F 统计量为：

$$F = \frac{SS_{回归/m}}{SS_{残差/(n-m-1)}} = \frac{MS_{回归}}{MS_{残差}} \tag{10-8}$$

当 H_0 成立时，检验统计量 F 服从分子自由度为 m，分母自由度为 $n - m - 1$ 的 F 分布。如果 $F \geq F_{\alpha,(m,n-m-1)}$，则在 α 水准上拒绝 H_0，接受 H_1，认为含有 m 个自变量的整体回归模型成立，即整体模型具有统计学意义。方差分析见表 10-2。

表 10-2　多重线性回归整体模型假设检验的方差分析表

变异来源	SS	自由度	MS	F	P
总变异	$SS_{总}$	$n-1$			
回归	$SS_{回归}$	m	$SS_{回归}/m$	$MS_{回归}/MS_{残差}$	
残差	$SS_{残差}$	$n-m-1$	$SS_{残差}/(n-m-1)$		

例 10-1 的方差分析结果如表 10-3 所示。

表 10-3　例 10-1 多重线性回归方程的方差分析表

变异来源	SS	自由度	MS	F	P
总变异	20.533	32			
回归	16.385	3	5.462	38.187	<0.001
残差	4.148	29	0.143		

根据方差分析中的结果 $P<0.001$，按 $\alpha = 0.05$ 水准，拒绝 H_0，接受 H_1，即各自变量的总体偏回归系数，不等或不全等于 0，此多重线性回归方程有统计学意义，即因变量与三个自变量中的至少一个自变量存在线性回归的关系。

（二）偏回归系数的检验

在模型的整体判断结果为成立后，需要利用各自变量的偏回归系数的假设检验，对哪些自变量对因变量有影响进行判断。

在多重线性回归分析中，偏回归系数的假设检验常用采用 t 检验的方法，当回归方程有统计学意义时，针对某个偏回归系数的 t 检验，其假设为 $H_0: \beta_i = 0$，$H_1: \beta_i \neq 0$；若 $P \leq \alpha$，则说明该偏回归系数不应为 0，可以推断其对应的自变量对回归有贡献。

检验统计量为：

$$t_{b_j} = \frac{b_j}{s_{b_j}}, \nu = n - m - 1 \tag{10-9}$$

式中，b_j 为模型中第 j 个自变量 X_j 的总体偏回归系数的点估计值，s_{b_j} 为 b_j 的标准误。当 H_0 成立时，

检验统计量 t_{b_j} 服从自由度为 ν 的 t 分布。如果 $t_{b_j} \geq t_{\alpha/2,(n-m-1)}$，则在 α 水准上拒绝 H_0，接受 H_1，认为自变量 X_j 对因变量 Y 的作用有统计学意义。

使用 SPSS 软件对例 10-1 中各偏回归系数进行 t 检验。结果见表 10-4。

表 10-4 例 10-1 偏回归系数的 t 检验结果

变量	偏回归系数	标准误	t	P	标准化偏回归系数
常数项	0.955	0.506	1.888	0.069	—
X_1	0.957	0.106	9.007	<0.001	0.852
X_2	0.591	0.209	2.827	0.008	0.237
X_3	0.109	0.195	0.558	0.581	0.053

根据表 10-4 给出的各自变量偏回归系数的假设检验结果，按照检验水准 $\alpha = 0.05$，可以认为，自变量 X_1、X_2 的偏回归系数有统计学意义，而自变量 X_3 的偏回归系数无统计学意义。

由于多重线性回归可以同时对多个自变量进行统计检验，所以当一个结果可能存在多个影响因素时，可以利用这种分析方法探索对结果真正有影响的因素。本例，低密度脂蛋白（X_1）、高密度脂蛋白（X_2）的偏回归系数均为正，说明其对血清总胆固醇含量（Y）的影响是正向的，如 X_1 的偏回归系数为 0.957，表示在固定其他因素的水平不变时，低密度脂蛋白（X_1）每增加 1mmol/L，血清总胆固醇含量（Y）将平均增加 0.957mmol/L。

另外，需要注意的是，偏回归系数的假设检验中，P 值的大小只用于判断相应的自变量有无统计学意义，与该自变量对回归的影响大小并无直接关系，不能认为 P 值越小，对应的自变量对回归的影响就越大，只能说越有理由认为有影响。而影响的大小与方向，可以通过偏回归系数、标准化偏回归系数的大小与正负来衡量。

三、多重线性回归模型的评价与诊断

一个好的线性方程应该形式简约，即用尽可能少的自变量解释尽可能多的因变量变异，即在因变量的变异中，能够用自变量解释的比例越高越好。

（一）回归模型的评价

在多重线性回归整体模型成立的前提下，对模型拟合效果优劣的评价常使用以下指标。

1. 决定系数 也称确定系数（coefficient of determination, R^2），与简单线性回归分析相同，指回归离均差平方和在因变量 Y 总离均差平方和中所占的百分比，即：

$$R^2 = \frac{SS_{回归}}{SS_{总}} = 1 - \frac{SS_{残差}}{SS_{总}} \qquad (10-10)$$

R^2 无度量单位，其取值范围为 [0, 1]，表示在因变量 Y 的变异中利用自变量 X_1, X_2, ……, X_m 能够解释的百分比，其值越接近于 1，说明回归离均差平方和在因变量 Y 的总离均差平方和中所占的比重越大，包含自变量 X_1, X_2, ……, X_m 的回归模型对因变量的拟合程度越好。

例 10-1 回归方程的决定系数为：

$$R^2 = \frac{SS_{回}}{SS_{总}} = \frac{16.385}{20.533} = 0.798$$

表明冠心病患者血清总胆固醇总变异的 79.8% 可由低密度脂蛋白、高密度脂蛋白和甘油三酯的变化来解释。

决定系数的大小随着模型中自变量个数的增加而增大，即使在模型中增加了没有统计学意义的自变量，回归模型的决定系数也会增大。因此，决定系数只能用来评价自变量个数相同的回归模型的回归效果。

2. 调整决定系数　也称校正决定系数（adjusted determination coefficient，R_a^2），在评价回归模型的拟合效果时，可消除模型中自变量个数的影响，当模型中增加的自变量没有统计学意义时，R_a^2 减小，其公式为：

$$R_a^2 = 1 - \left(\frac{n-1}{n-p-1}\right)\frac{SS_{残差}}{SS_{总}} = 1 - \frac{MS_{残差}}{MS_{总}} \tag{10-11}$$

式中，$MS_{残差}$ 为残差均方，n 为拟合多重线性回归模型时的样本量，p 为筛选自变量后模型中的自变量个数。一般情况下，R_a^2 越大，说明回归模型的拟合效果越好。但是当 p/n 很小时，如小于 0.05 时，校正作用趋于消失。

例 10-1 回归方程的调整决定系数为：$R_a^2 = 0.777$。

3. 复相关系数（multiple correlation coefficient，R）　为决定系数的算数平方根，用来度量因变量 Y 与多个自变量间的线性相关程度，即观测值 Y 与估计值 $\hat{Y}$ 之间的相关程度，其公式为：

$$R = \sqrt{R^2} = \sqrt{\frac{SS_{回归}}{SS_{总}}} = \sqrt{1 - \frac{SS_{残差}}{SS_{总}}} \tag{10-12}$$

R 的取值范围为 [0，1]，其值越接近于 1，说明观察值与模型估计值间的线性相关关系越密切，模型拟合效果越好。复相关系数的大小同样与模型中自变量的个数有关，所以只能用来评价自变量个数相同的多重线性回归模型拟合效果的优劣。

例 10-1 的复相关系数为：$R = 0.893$。

（二）回归模型的诊断

多重线性回归与简单线性回归一样，也应满足 LINE 假设，即线性（linearity）、独立性（independence）、正态性（normal distribution）和方差齐性（equal variance）等条件。

线性关系被认为是最重要的条件，因为一旦线性条件不能满足，通过最小二乘法求得的各个偏回归系数，以及对方程的整体检验，都将出现偏性；如果因变量与自变量间的关系是非线性的，多重线性回归分析的结果可能高估或低估它们之间的真实关系，并将增大 Ⅰ 型错误与 Ⅱ 型错误。所以，在进行多重线性回归分析时，应对因变量与自变量间的线性依存关系进行诊断。

可以通过绘图的方式，直观地判断线性关系是否存在，如绘制以因变量的观察值（实测值）为纵坐标，预测值为横坐标的反应变量图，呈现出明显的线性趋势，表明因变量与方程中的自变量存在线性关系。也可以绘制以残差为纵坐标、预测值为横坐标的残差图，直观地判断正态性及方差齐性。

⊕ 知识链接

多重共性线的诊断

当回归模型中的两个或多个自变量存在高度线性相关时，称自变量间存在多重共线性。严重的共线性问题会使分析结果出现偏倚，甚至得出错误的结论。严重的共线性问题常表现为偏回归系数的标准误较大、一些在专业上具有重要意义的自变量无法进入回归方程等，甚至回归方程中的偏回归系数其专业意义无法解释，导致悖论的产生。

对多重共线性的诊断，可通过对自变量进行两两相关分析、绘制矩阵散点图进行直观的判断，也可通过统计量诊断共线性。诊断共线性的统计量有容忍度（tolerance）、方差膨胀因子（variance inflation factor，VIF）等，可查阅相关书籍详细了解。另外，多重共线性问题的诊断，不能仅依靠统计学的方法，还要结合专业上的考虑，对各自变量间是否存在较强的相关性进行评估。

四、多重线性回归的自变量筛选

应用多重线性回归解决医学研究与实践中的问题时，研究者一般根据专业知识和既往研究经验搜集与因变量 Y 可能有关的自变量 X_1，X_2，……，X_m 的信息，这些自变量间可能存在相互联系，其中有些自变量可能对因变量没有影响或影响甚微，若把这些自变量引入回归模型，不但计算量大，而且会降低回归参数估计和预测的精度；另一方面，如果模型遗漏了对因变量有重要作用的自变量，会导致回归的效果不好。所以多重线性回归模型应尽可能包含对因变量有较大影响的自变量，影响较小或没有影响的自变量应排除在模型之外，这一过程称为自变量的筛选，由筛选出的自变量建立的回归方程称为"最优"回归方程。自变量筛选的准则和方法较多，当采用不同的筛选准则会产生不同的方法，由此产生不同的回归结果。

（一）自变量筛选的准则

1. 残差平方和减小或决定系数增大　若某一自变量被引入模型后 $SS_{残差}$ 减小了很多，说明该自变量对因变量 Y 的作用大，可被引入模型；反之，说明其对因变量 Y 的作用很小，不应被引入。另一方面，当某一自变量从模型中剔除后 $SS_{残差}$ 增大了很多，说明该自变量对因变量 Y 的作用大，不应从模型中剔除；反之，说明其对因变量 Y 的作用很小，应被剔除。在多重线性回归分析中，残差平方和减小与决定系数增大完全等价。

2. 残差均方减小或调整决定系数增大　在回归模型中，自变量个数越多，残差平方和越小，决定系数越大，而增加的自变量可能对因变量的作用很小或没有作用。因此，仅以残差平方和减小或决定系数增大作为筛选自变量的准则不够合理。

残差均方可消除自变量个数的影响，残差均方与残差平方和的关系式为：

$$MS_{残差} = \frac{SS_{残差}}{n - p - 1} \qquad (10-13)$$

式中，$MS_{残差}$ 为残差均方，n 为拟合多重线性回归模型时的样本量，p 为筛选自变量后模型中的自变量个数。

在进行自变量的筛选时，若模型中增加的自变量所引起的残差平方和减小被自由度的减小抵消更多，则残差均方不会减小，甚至增大。或者可采用调整决定系数。

3. C_p 统计量　计算公式为：

$$C_p = \frac{(SS_{残差})_p}{(MS_{残差})_m} - [n - 2(p+1)] \qquad (10-14)$$

式中，$(SS_{残差})_p$ 是由 p（$p \leq m$）个自变量进行回归时得到的残差平方和，$(MS_{残差})_m$ 是从含有全部 m 个自变量的回归模型中得到的残差均方，n 为拟合多重线性回归模型时的样本量，p 为筛选自变量后模型中的自变量个数。

当含有 p（$p \leq m$）个自变量的回归模型理论上为最优时，模型合适，则 C_p 的期望值是 $p+1$。因此应选择 C_p 最接近 $p+1$ 的回归方程为最优方程。注意：当 $p=m$，即所有自变量均引入方程时，必有 $C_m = m+1$，这种情况不在选择之列，故要求 $p < m$。

（二）自变量筛选的常用方法

1. 前进法　又称向前选择法（forward selection），是从仅含有常数项的模型开始，自变量从无到有，由少到多逐个引入回归模型。该法按偏回归平方和从大到小的顺序，对各自变量的偏回归系数逐个进行假设检验，若偏回归系数有统计学意义，则把该自变量引入模型。前进法的特点是按照自变量对因变量作用的大小逐个引入变量，直到模型外的自变量不能引入为止，同时前进法还可自动去掉高度相关的自变量；缺点是随着后续变量的引入可能会使先进入模型的自变量变得无统计学意义。

2. 后退法　又称向后选择法（backward selection）或向后剔除法，与前进法截然相反，是从包含所有 m 个自变量的全回归模型开始，然后按照偏回归平方和由小到大的顺序，对各自变量的偏回归系数逐个进行假设检验，若偏回归系数无统计学意义，则把该自变量从模型中剔除。后退法的特点是按照自变量对因变量作用的大小逐个剔除变量，直到模型内所有自变量都具有统计学意义为止。该法的优点是考虑到了自变量的组合作用，利用该法选择的自变量个数通常比前进法多；其缺点是当自变量数目较多或某些自变量高度相关时，可能得不到正确的结果。

3. 逐步回归法　又称逐步选择法（stepwise selection），是在前进法和后退法的基础上，进行双向筛选的一种方法，其本质是前进法。即将全部 m 个自变量按照其对因变量作用的大小逐个引入回归模型，每引入一个自变量，就要对它进行假设检验，该变量有统计学意义才引入；而当新的自变量引入模型后，再对模型内包含的全部自变量进行假设检验，剔除不具有统计学意义的自变量。如此反复进行自变量的引入、剔除过程，直到模型外既没有自变量可被引入、模型内也没有自变量可被剔除为止。

在进行自变量的筛选时，对自变量的引入和剔除可设置相同或不同的检验水准。通常，α 值定的越小表示自变量筛选的标准越严格，被选入模型的自变量个数相对也较少；反之，α 值定的越大表示自变量筛选的标准越宽松，被选入模型的自变量个数也就相对较多。若自变量数量较少或探索性研究，检验水准 α 可取 0.10 或 0.15；若自变量数量较多或验证性研究，检验水准 α 可取 0.05 或 0.01 等。另外，引入自变量的检验水准 $\alpha_入$ 要小于或等于剔除自变量的检验水准 $\alpha_出$。

五、多重线性回归模型应用的注意事项

1. 指标的数量化　多重线性回归一般要求因变量是连续型变量，自变量为连续型数值变量、有序分类变量或无序分类变量均可。对有序分类和多分类无序自变量可以设置哑变量进行分析，哑变量的引入扩大了回归分析的应用范围，但是在建立回归方程时一定要把它们作为一个整体来考虑是否引入方程。

2. 样本量的要求　多重线性回归分析样本量不宜太小，否则参数估计值的标准误变得很大，导致检验结果不准确，使得专业上认为应该有意义的自变量检验结果却无统计学意义，结果难以解释，影响回归效果。因此，一般认为进行多重线性回归时，样本含量至少是自变量个数的 5~10 倍。

3. 多重共线性（multi - collinearity）　是指一些自变量之间存在较强的线性相关关系。当变量间存在多重共线性时，导致计算得到的偏回归系数 β 无解或有无穷多个解，不仅影响回归方程的回归效果，还会影响回归方程的预测能力，且难以用专业知识来解释。多重共线性是多重线性回归分析时的一个普遍问题，需要特别注意与防范。

4. 自变量间的交互作用分析　回归方程中是否考虑交互作用要结合专业知识来判断，如没有这方面的专业知识一般先按无交互作用的模型来进行回归，然后引入交互作用项，根据它是否有统计学意义来判断是否引入。同时注意，交互作用项有统计意义引入回归方程，又与自变量独立性相悖，需权衡利弊而定。

5. 异常点的识别与处理　在回归分析中，数据常包含一些异常或极端的观测点，即这些观测点与其他数据差别较大，并产生较大的残差，严重地影响了回归方程的拟合效果，因此需要对异常观测点进行识别与研究，并决定保留还是剔除。统筹的处理方法是：核对记录是否错误，如不能予以修正，则剔除该条记录；考虑拟合其他形式的模型；进行稳健估计，如加权最小二乘法；可考虑增加样本含量。

第二节　logistic 回归分析

多重线性回归分析中线性模型的构建，需要因变量 Y 是定量随机变量，且满足正态性与方差齐性。

而在医学研究中，我们经常会遇到因变量为分类变量的情况，如发病与未发病、死亡与生存、治愈与未治愈等，显然这类变量不能使用线性回归分析的方法。此时，欲探讨变量之间的关系，需要使用 logistic 回归方法进行分析。

按研究设计的不同，logistic 回归分为非条件 logistic 回归（用于成组设计）和条件 logistic 回归（用于配对或配伍设计）；按反应变量分为二分类 logistic 回归、多分类 logistic 回归和有序分类 logistic 回归。本节主要以二分类非条件 logistic 回归分析为例，介绍 logistic 回归模型的概念、模型构建、回归模型的参数估计与假设检验及应用注意事项等。

一、logistic 回归的概念与模型构建

例 10 - 2　某研究欲分析 2 型糖尿病相关危险因素，调查了 2 型糖尿病患者 500 例，500 例健康对照，调查项目包括性别、年龄、文化程度、饮酒情况、睡眠质量、体力活动以及吸烟情况 7 个相关因素的资料见表 10 - 5，各因素的赋值见表 10 - 6。

表 10 - 5　500 名 2 型糖尿病与 500 名健康对照测量结果

编号	性别 (X_1)	年龄 (X_2)	文化程度 (X_3)	饮酒情况 (X_4)	睡眠质量 (X_5)	体力活动 (X_6)	吸烟情况 (X_7)	糖尿病 (Y)
1	女	65 ~	初中	有	一般	重度体力活动	吸烟	是
2	女	65 ~	小学及以下	有	一般	中度体力活动	吸烟	是
3	男	45 ~	高中及中专	有	差	中度体力活动	吸烟	是
4	女	<45	初中	有	差	中度体力活动	吸烟	是
5	男	65 ~	大学及以上	有	差	重度体力活动	吸烟	是
⋮	⋮	⋮	⋮	⋮	⋮	⋮	⋮	⋮
997	女	65 ~	小学及以下	有	好	无体力活动	不吸	否
998	男	55 ~	初中	有	一般	重度体力活动	吸烟	否
1000	女	55 ~	小学及以下	有	好	中度体力活动	不吸	否

表 10 - 6　糖尿病 7 个相关因素与赋值表

因素	变量名	赋值与单位
性别	X_1	男 =0，女 =1
年龄	X_2	<45 岁 =1，45 以上 =2，55 岁以上 =3，65 岁以上 =4
文化程度	X_3	小学及以下 =1，初中 =2，高中及中专 =3，大专 =4，大学及以上 =5
饮酒情况	X_4	无 =0，有 =1
睡眠质量	X_5	好 =1，一般 =2，差 =3
体力活动	X_6	无 =1，轻度 =2，中度 =3，重度 =4
吸烟情况	X_7	不吸 =0，吸烟 =1
糖尿病	Y	对照 =0，病例 =1

本案例因变量 Y 为 2 型糖尿病患病与否，属于二分类变量，即 $Y=1$ 表示糖尿病患者，$Y=0$ 表示健康对照；将年龄、性别、文化程度、饮酒、睡眠质量、体力活动、吸烟作为自变量，尝试采用回归的方法进行影响因素分析，此时，因变量不是定量变量，无法使用多重线性回归分析，需采用 logistic 回归分析。

（一）基本概念

logistic 回归分析是利用 logistic 回归模型研究分类因变量与自变量（影响因素）之间关系的一种非线性回归分析方法。

（二）logit 变换

在线性回归分析中，模型的因变量值域理论上为（$-\infty$，$+\infty$），而对于医学研究中的二分类变量，如发病与未发病、治愈与未治愈等，统计分析时一般赋值为：

$$Y = \begin{cases} 1 & \text{对应阳性结果,如有效} \\ 0 & \text{对应阴性结果,如无效} \end{cases}$$

设 $Y=1$ 的概率为 π（即阳性结果对应的总体率），通常 π 的值域在 $(0,1)$；若要研究一个或多个因素对总体率 π 的影响，不宜直接针对 π 建立线性回归方程，否则形如：$\pi = \beta_0 + \beta_1X_1 + \beta_2X_2 + \cdots + \beta_mX_m$ 的方程（ $X_1 \sim X_m$ 是待选的自变量），由于等号右侧各自变量的类型与取值是任意的，其线性组合的值域理论上为（$-\infty$，$+\infty$），故等号左侧的 π 值可能出现无法解释的问题（ $\pi > 1$ 或 $\pi < 0$ ）。

若对方程中 π 值进行 logit 变换：

$$\text{logit}(\pi) = \ln\left(\frac{\pi}{1-\pi}\right), 0 < \pi < 1 \tag{10-15}$$

式中的 ln 是以 e 为底的自然对数，这种变换方式称为 logit 变换。当 $P=1$ 时，logit $(P) = +\infty$ ；当 $P=0.5$ 时，logit $(P) = 0$ ；当 $P=0$ 时，logit $(P) = -\infty$ 。则 logit(π) 的值域范围为（$-\infty$，$+\infty$），可作为因变量拟合线性回归模型。

（三）模型构建

logistic 回归分析的实质是利用总体率 π 经 logit 变换后的值 $\ln\left(\frac{\pi}{1-\pi}\right)$ 对各自变量进行线性回归，然后再建立概率模型，从而得到发病、阳性、死亡等阳性结局（即 $Y=1$ 的概率，分析中也可以指定阴性结局）受哪些因素影响、这些因素的影响强度如何等分析结果。

其回归方程可表示为：

$$\ln\left(\frac{\pi}{1-\pi}\right) = \text{logit}(\pi) = \beta_0 + \beta_1X_1 + \beta_2X_2 + \cdots + \beta_mX_m \tag{10-16}$$

式（10-16）也可表示为如下形式的概率模型：

$$\pi = \frac{e^{(\beta)_0 + \beta_1X_1 + \beta_2X_2 + \cdots + \beta_mX_m}}{1 + e^{(\beta_0 + \beta_1X_1 + \beta_2X_2 + \cdots + \beta_mX_m)}} = \frac{1}{1 + e^{[-(\beta_0 + \beta_1X_1 + \beta_2X_2 + \cdots + \beta_mX_m)]}} \tag{10-17}$$

式中，β_0 为常数项，也称为截距，而 β_1 ，$\beta_2 \cdots$ ，β_k 称为 logistic 回归系数。

若用 z 表示自变量 $X_1 \sim X_k$ 的线性组合，即 $z = \beta_0 + \beta_1X_1 + \beta_2X_2 + \cdots + \beta_mX_m$ ，则 π 随 z 变化的规律如图 10-1 所示。由图中可以看出，随 z 的增大 π 趋近于 1，z 变小则 π 向 0 趋近，π 的值域在 0 到 1 之间，与现实中各种率的取值情况相符。

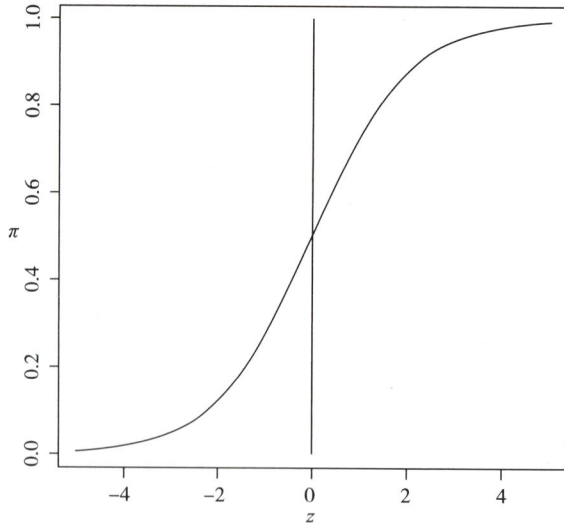

图 10-1 π 随 z 的变化规律

二、logistic 回归模型的参数估计及其意义

(一) logistic 回归模型的参数估计

logistic 回归模型的参数估计采用最（极）大似然估计法（maximum likelihood estimate，MLE）。其基本思想为：首先建立似然函数或对数似然函数，然后求似然函数或对数似然函数达到最大时参数的取值，即为参数的最（极）大似然估计值。

当各事件为独立发生时，n 个观察对象所构成的似然函数 $L(\theta)$ 是每一个观察对象的似然函数贡献量的乘积，即：

$$L(\theta) = \prod_{i=1}^{n} \pi_i^{Y_i} (1 - \pi_i)^{1-Y_i} \quad i = 1, 2, \cdots, n \qquad (10-18)$$

式中的 $\prod$ 为观察对象从 $i=1$ 到 n 的连乘积；Y_i 为因变量，其取值为 0 或 1；π_i 为预测概率，可由相应观察对象的自变量 $X_{1i}, X_{2i}, \cdots, X_{mi}$ 及其相应参数 β_j（$j = 0, 1, \cdots, m$）的估计值 b_j（$j = 0, 1, \cdots, m$）求得。为便于估计，将似然函数 $[L(\theta)]$ 两边取自然对数，得对数似然函数（$\ln[L(\theta)]$）为：

$$\ln[L(\theta)] = \sum_{i=1}^{n} [Y_i \ln \pi_i + (1 - Y_i) \ln(1 - \pi_i)] \qquad (10-19)$$

根据最大似然原理，已知样本的似然函数 L 应有最大值，利用迭代方法可得到 $b_0, b_1, \cdots, b_m$ 即 β_0，$\beta_1, \cdots, \beta_m$ 的最大似然估计值。由于迭代计算复杂，可以利用 SPSS 统计分析结果给出参数 β_j 的估计值 b_j。

对于例 10-2 的数据，利用 SPSS 软件 Forward LR 逐步法，变量进入模型的标准为 0.05，剔除模型的标准为 0.10，最终输出的结果见表 10-7。

表 10-7   logistic 回归分析参数的估计与检验

		bi	S. E.	Wald	df	Sig.	Exp（bi）	95% C. I. for EXP（B）	
								lower	Upper
Step3	X_4	1.178	.570	4.268	1	.039	3.248	1.062	9.929
	X_5	.510	.107	22.776	1	.000	1.665	1.350	2.052
	X_7	1.254	.135	85.947	1	.000	3.504	2.688	4.568
	Constant	-2.802	.621	20.335	1	.000	.061		

故基于样本数据拟合的 logistic 回归方程为：

$$\text{logit}(p) = -2.802 + 1.178X_4 + 0.510X_5 + 1.254X_7$$

方程中 -2.802 为常数项，表示在其他自变量均取零值时糖尿病患者与健康对照的比值比对数值；各自变量的回归系数 b_i，表示自变量 X_i 每改变一个单位，logit（p）的变化的数值。由于 logit（p）无法反映因变量 $Y = 1$ 时的总体率绝对值大小，所以无法通过上述回归系数直接评价自变量对因变量的影响。

（二）模型偏回归系数 β_j 的意义

logistic 回归分析中的偏回归系数 β_j 与流行病学中的 OR 值有紧密的联系。由式（10-17）logistic 回归模型看出，常数项 β_0 表示暴露剂量为 0 时的个体发病与不发病概率之比的自然对数；偏回归系数 $\beta_j(j = 1,2,\cdots,m)$ 表示在其他自变量不变的情况下，自变量 X_j 改变一个单位时引起的 $\text{logit}(P)$ 的改变量，它与用来衡量危险因素作用大小的"比数比"或称"优势比（odds ratio，OR）"存在对应关系。

假定在其他因素的水平相同时，某一暴露因素的两个水平 $X_j = c_1$ 与 $X_j = c_0$ 的发病情况，其优势比的自然对数为：

$$\ln OR_j = \ln\left[\frac{\pi_1/(1-\pi_1)}{\pi_0/(1-\pi_0)}\right] = \log\text{it}(\pi_1) - \log\text{it}(\pi_0) \qquad (10-20)$$

$$= \left(\beta_0 + \beta_j c_1 + \sum_{t\neq j}^{m}\beta_t X_t\right) - \left(\beta_0 + \beta_j c_0 + \sum_{t\neq j}^{m}\beta_t X_t\right)$$

$$= \beta_j(c_1 - c_0)$$

即：
$$OR_j = e^{\beta_j(c_1-c_0)} \qquad (10-21)$$

式（10-20）中的 π_1 和 π_0 分别表示在 X_j 取值为 c_1 及 c_0 时的发病率，OR_j 表示多变量调整后的优势比（adjusted odds ratio，OR_{adj}），即扣除了其他自变量的影响后危险因素的作用。当暴露因素 X_j 为二分类变量，暴露 c_1 编码"1"和非暴露 c_0 编码"0"时，则暴露组与非暴露组发病的优势比为 $OR_j = e^{\beta_j}$。

当 $\beta_j = 0$ 时，$OR_j = 1$，说明暴露因素 X_j 对疾病发生不起作用；当 $\beta_j > 0$ 时，$OR_j > 1$，说明暴露因素 X_j 是促进疾病发生的一个危险因素；当 $\beta_j < 0$ 时，$OR_j < 1$，说明暴露因素 X_j 是防止疾病发生的一个保护因素。各个暴露因素的 OR_j 计算与模型常数项 β_0 无关，因此，在影响因素分析时把 β_0 视为无效参数（常数）。表 10-7 中的各自变量，Exp（b）即为 OR 值。

虽然 β_j 为 OR 或 RR 的自然对数值，但对同一资料分析时，由于对因变量、自变量的赋值形式不同，可能使 β_j 的含义、大小及符号发生变化。所以在解释结果时，一定要结合具体的变量赋值来分析，不能僵硬地套用 β_j 的含义来解释。

三、logistic 回归模型的假设检验

logistic 回归分析中，通过最大似然估计方法求得各自变量的回归系数和相应的 OR 值后，还需要对模型及各回归系数进行假设检验，以确定模型整体上是否有统计学意义、模型中的各个自变量对因变量的影响是否有统计学意义。

（一）似然比检验

似然比检验（likelihood ratio test）可以用于模型整体的检验。其基本思想是通过比较包含与不包含某一个或几个待检验影响因素的两个模型的对数似然函数变化来进行检验，其统计量 $G = -\ln(L)$（又称 Deviance）。当样本含量较大时，G 近似服从自由度为待检验因素个数 $k - p - 1$ 的 χ^2 分布。

$$H_0: \beta = 0; H_1: \beta \neq 0; \alpha = 0.05$$

G 的计算公式为：

$$G = -2\ln L_p - (-2\ln L_k) \approx \chi^2_{k-p-1} \qquad (10-22)$$

其中 $\ln L_P$ 为未包含影响因素时的对数似然值，而 $\ln L_k$ 为包含影响因素时的对数似然值。若经检验 $P \le \alpha$ ，则拒绝原假设 H_0 （ $\beta_j = 0, j = 1, 2, .., k$ ），即模型中至少有一个自变量的回归系数不为 0 ，可认为 logistic 回归模型成立。

利用 SPSS 软件可以得到例 $10-2$ 包含全部 7 个自变量的模型检验结果，即表 $10-8$ 中 Model 对应的 $\chi^2 = 146.486$ ， $P < 0.001$ ，提示模型整体有统计学意义。

表 10 - 8   logistic 回归模型整体检验结果

		Chi – square	df	Sig.
Step1	Step	4.572	1	.033
	Block	115.423	3	.000
	Model	115.423	3	.000

这里需要注意的是，似然比检验中不同模型应基于相同的样本数据，而由于两个模型包含不同自变量，若自变量有缺失数据，在最大似然估计时会将含有缺失数据的记录排除掉，可能造成不同模型的样本量不同。故在进行似然比检验时，应确保所有纳入的自变量无缺失数据，或者采用一定的方法填补缺失数据。

（二）Wald 检验

在模型成立的情况下，模型中单个回归系数是否为 0 ，也需进行假设检验。通常使用 Wald 检验 （Wald test）方法，即广义的 t 检验，若经检验 $P \le \alpha$ ，则拒绝原假设 H_0 （ $\beta_j = 0$ ），认为该回归系数不为 0 。Wald 统计量为：

$$z = \frac{b_j}{S_{b_j}} \qquad (10-23)$$

或：

$$W = \left(\frac{b_j}{S_{b_j}}\right)^2 \qquad (10-24)$$

其中，S_{b_j} 是 b_j 的标准误。在 H_0 条件下 z 近似服从标准正态分布，W 近似服从自由度 $\nu = 1$ 的 χ^2 分布。

表 $10-7$ 中的 Wald 统计量，即 χ^2 统计量，可以看出，3 个自变量中，饮酒、睡眠质量与吸烟情况对于 2 型糖尿病的影响是有统计学意义的。

四、logistic 回归模型的评价

（一）回归模型的评价

回归模型建立后，要评价模型预测值与对应的观测值是否具有良好的一致性，即评价模型有效地匹配观测数据的程度，这就是拟合优度检验。对所建立的 logistic 回归模型进行拟合优度检验，是通过比较模型预测的与实际观测的事件发生与否的实际频数是否有差别来进行检验。如果模型拟合效果好，说明得出的结论更符合实际情况；反之，则说明预测值与实际值差别较大，得出的结论不可靠。

做拟合优度检验时，建立的检验假设分别如下。

H_0：模型的拟合效果好

H_1：模型的拟合效果不好

$\alpha = 0.10$ 或 0.20

模型拟合优度检验常用的方法有似然比检验、Hosmer – Lemeshow 检验（H – L 检验）、偏差检验（Deviance）和 Pearson χ^2 检验，分别计算 $-2\ln(L)$，χ^2_{HL}，χ^2_D 和 χ^2_P，统计量越小，说明拟合效果越好。

1. 似然比检验　判断某回归方程的拟合优度是否达到较好状态，常以所建立的回归方程为基础，再向方程中引入新变量，并用似然比检验判断拟合效果是否改善，如果没有进一步改善，则以此方程为最终结果。此时使用的模型拟合优度信息指标为 $-2\ln(L)$，对于某特定回归方程，其 $-2\ln(L)$ 越小，该回归方程的拟合效果越好。

2. Hosmer – Lemeshow 检验　该方法根据模型预测概率的大小将所观测的样本分成 10 等份，然后根据每一组因变量实际观测值 A 与回归方程预测值 T 计算 Pearson χ^2 拟合统计量，自由度为 $k-2$（k 为组数，组数通常为 10 或更少，需注意每个组预测频数都不得小于 5，否则会增加 I 型错误概率）。当自变量数量增加时，特别是模型纳入定量自变量后，变量间不同取值的组合数量会很大。如果各组合下观测例数较少，拟合优度的偏差检验和 Pearson χ^2 检验的自由度较大，结果会变得不可靠，有时相差甚大。此时较宜选择 H – L 检验来评价回归模型的拟合优度。

3. 偏差检验　该方法是以全模型的对数似然函数记为 $\ln L_1$，待检验的模型的对数似然函数记为 $\ln L_2$，目标模型与全模型在拟合优度上的偏差（Deviance）记为 D，偏差越小，模型拟合效果越好。

$$D = 2(\ln L_1 - \ln L_2) \tag{10 – 25}$$

$$\chi^2_D = 2\sum_{i=1}^{M}\sum_{j=1}^{K} O_{ij}\ln\left(\frac{O_{ij}}{n_i \widehat{p_j}}\right) \tag{10 – 26}$$

4. Pearson χ^2 检验　是衡量模型偏离实际情况程度的统计量，某些情况下，可作为偏差的替代选择。大多数情况下，偏差统计量和 Pearson χ^2 统计量比较接近，可得到相同结论。由于两统计量对 χ^2 分布近似程度不同，可能出现两者相差较大，甚至得出相反结论。一般而言，在评价用最大似然法所拟合的 logistic 回归模型时，偏差统计量比 Pearson χ^2 统计量更可靠。在样本量较大时，二者结果一致。统计量越小，模型拟合效果越好。

（二）回归模型的预测精准度

预测准确度（predicted percentage correct）可以间接判断模型的拟合程度。评价 logistic 回归模型的预测准确度可采用广义决定系数（generalized coefficient of determination），包括 Cox – Snell R^2 系数和 Nagelkerke R^2 系数，广义决定系数越大，说明变异中被模型解释的比例越大，模型预测的准确度越高。也可以用预测准确率、秩次相关指数预测概率与观测值之间的关联性分析等，指标值高的模型有较高的预测能力。

五、自变量筛选

与多重线性回归分析一样，logistic 回归分析也可对自变量进行筛选，只保留对回归方程具有统计学意义的自变量，可采用向前选择法、向后剔除法、逐步回归法及所有可能回归法等进行自变量筛选。在 logistic 回归中，筛选自变量仍以逐步回归法最为常用。

当采用统计学与专业知识结合筛选进入方程的自变量不满意时，可以考虑对 logistic 回归方程进行必要的修改，如方程中增加变量的二次项或相关自变量的交互项等，使拟合方程更加符合客观实际。

六、logistic 模型的应用与注意事项

（一）logistic 回归模型的应用

1. 流行病学危险因素的筛选　logistic 回归模型常用于流行病学中对于疾病危险因素的探索。描述

性流行病学中的横断面研究以及分析性流行病学研究中的病例对照研究与队列研究都可利用 logistic 回归模型对疾病相关病因进行评估,并验证疾病相关危险因素效应的大小。对于疾病危险因素的筛选,首先需在设计阶段就根据研究目的、专业背景拟定可能产生影响的自变量,按照 logistic 回归模型的步骤,采取不同的方法筛选自变量,无统计学意义的自变量予以剔除,通过回归系数与 OR 值筛选出有统计学意义的影响因素。

2. 控制与调整混杂因素 在医学研究中,研究者在对其干预因素的效应进行评价时,常会受到各种混杂因素的影响,例如年龄、性别、病情的轻重程度、病程的长短、各种行为危险因素等。对混杂因素的控制可以从两个阶段进行,首先是研究设计阶段,通过分层、匹配对研究对象的纳入与排除标准进行限定,从而达到控制混杂因素的目的;其次,对于研究设计阶段不易控制的混杂因素,可通过数据分析时,一些多因素分析方法加以校正与调整。当临床试验最终的效应指标为分类变量时,欲验证疗效评价指标是否和某因素或某些因素相关时便使用 logistic 回归模型;且可对其他影响到疗效评价的混杂因素进行调整。

3. 预测与判别 logistic 回归模型是一个概率模型,因此 logistic 回归非常重要的作用之一就是预测与判别。非条件 logistic 回归模型可用于对某种事件发生的概率进行预测。通过假设检验,确定回归模型中解释变量间的关系,并且保证建立的回归模型具有较好的拟合优度,当给出特定的自变量值之后,可通过建立的 logistic 回归模型计算该事件发生的概率,利用其预测概率,对结局作出概率性的判断。对于队列研究和横断面调查,在自然状态下进行随机抽样以及数据的收集,建立的回归模型有较好的拟合优度,能很好地解释变量间的关联性,此时给定相应自变量的数值后,可以预测个体出现可能结局的概率,从而判别个体可能的疾病结局。但对于病例对照研究,通常不能根据 logistic 回归模型预测概率。

(二)注意事项

在 logistic 回归分析过程中,应注意以下问题。

1. logistic 回归分析,因变量需为分类变量(二分类或多分类),根据其具体情况应用不同的 logistic 回归分析模型。自变量可以是分类变量也可以是数值变量,若为数值变量,则 $logit(\pi)$ 与之应存在线性关系,而在实际应用中常将数值变量转换成等级资料,这样优势比的意义更加明确;若是分类变量,可以是二分类,也可以是无序多分类和有序多分类资料,对于多分类特别是无序多分类资料,常用设置哑变量进行回归分析,这样回归的结果更易解释。

2. logistic 回归分析的样本量不能太小。由于多变量 logistic 回归分析引入的变量数量多,各自变量不同水平下的交叉分类数很大,若没有足够的样本量,无法保证回归结果的稳健性。

3. 在多数情况下,logistic 回归模型的常数项没有多大意义,只有在大规模的队列研究或横断面研究、随机对照临床试验中,不同暴露组或处理组的发病率(或有效率等)与研究总体的分布一致时,常数项才有意义,此时模型的回归结果可以用于预测。

最后,无论是多重线性回归,还是 logistic 回归,对自变量进行筛选的过程较为复杂,不同的筛选方法、不同的筛选变量集,都有可能得到不同的筛选结果,故应多尝试不同方法、不同入选变量,以便得到一个稳定的筛选结果;同时要对模型进行拟合优度评价,选择拟合效果好的模型。当然,研究者也不能完全依赖统计软件基于算法的筛选,必要时应根据专业经验纳入某些重要的影响因素,这样得出的统计分析结果在专业上才会更可靠。

目标检测

答案解析

一、最佳选择题

1. 可用于多重线性回归模型检验的方法是（ ）。

 A. χ^2 检验 B. F 检验 C. U 检验 D. Wald 检验 E. t 检验

2. 多重线性回归中的共线性是指（ ）。

 A. Y 关于各个自变量的回归系数相同

 B. Y 关于各个自变量的回归系数与截距都相同

 C. Y 变量与各个自变量的相关系数相同

 D. Y 与自变量间有较高的复相关

 E. 自变量间有较高的相关性

3. 多重回归分析中，能够反映自变量对因变量回归效应大小的指标是（ ）。

 A. 偏回归系数 B. 标准化偏回归系数

 C. 确定系数 D. 偏相关系数

 E. 复相关系数

4. logistic 回归分析适用于反应变量为（ ）。

 A. 定性变量 B. 定量变量

 C. 定性变量或定量变量 D. 正态分布资料

 E. 偏态分布资料

5. 调整决定系数一般用于（ ）。

 A. 简单线性回归模型拟合效果评价

 B. logistic 回归模型拟合效果评价

 C. 估计优势比 *OR*

 D. 评价自变量个数不同的模型的拟合效果

 E. 疾病的危险因素分析

二、简答题

1. 简述多重线性回归分析的前提条件。

2. 多重线性回归分析如何进行假设检验？

3. 多重线性回归分析的多重共线性是什么及如何处理？

4. 简述 logistic 回归模型的概念及其分类。

三、案例辨析题

有人收集了 22 例胎儿受精龄（Y，周）与胎儿外形测量指标：身长（X_1），头围（X_2），体重（X_3）的数据（见下表）。求得由 X_1、X_2、X_3 推算的回归方程为 $\hat{Y} = 11.012 + 1.693X_1 - 2.159X_2 + 0.007X_3$。该回归方程是否合理？为什么？

22 例胎儿周龄与外形测量指标

编号	身长 X_1	头围 X_2	体重 X_3	胎儿周龄 Y	编号	身长 X_1	头围 X_2	体重 X_3	胎儿周龄 Y
1	13.0	9.2	50.0	13.0	12	37.0	26.1	1090.0	24.0
2	18.7	13.2	102.0	14.0	13	37.9	27.2	1140.0	25.0
3	21.0	14.8	150.0	15.0	14	41.6	30.0	1500.0	26.0
4	19.0	13.3	110.0	16.0	15	38.2	27.1	1180.0	27.0
5	22.8	16.0	200.0	17.0	16	39.4	27.4	1320.0	28.0
6	26.0	18.2	330.0	18.0	17	39.2	27.6	1400.0	29.0
7	28.0	19.7	450.0	19.0	18	42.0	29.4	1600.0	30.0
8	31.4	22.5	450.0	20.0	19	43.0	30.0	1600.0	31.0
9	30.3	21.4	550.0	21.0	20	41.1	27.2	1400.0	33.0
10	29.2	20.5	640.0	22.0	21	43.0	31.0	2050.0	35.0
11	36.2	25.2	800.0	23.0	22	49.0	34.8	2500.0	36.0

注：资料来自《中国卫生统计》1991 年第 8 卷第 1 期：20-22。

（王瑾瑾）

书网融合……

本章小结　　微课　　题库

第十一章 生存分析 ^{微课1、2}

学习目标

1. **掌握** 生存资料的基本概念。
2. **熟悉** 生存分析的基本概念。
3. **了解** Kaplan-Meier 估计方法。
4. 学会 log-rank 检验比较两组数据的生存曲线是否相同，Cox 比例风险模型用于研究多个危险因素对生存时间的影响，具备用 SPSS 软件实现的技能。

第一节 生存分析中的基本概念

许多医学研究中对生物统计学方法的应用会涉及到对寿命数据的建模和分析，此时，感兴趣的变量是从受试者进入研究至发生某种"终点事件"所经历的时间（T）。关键事件可以定义为死亡，也可以是罹患某种肿瘤、某一疾病出现进展、某一疾病复发、怀孕、戒烟成功等。虽然有些研究的结局指标并不是真正的生存时间，但统计学上我们仍将这类数据，即从进入研究至发生终点事件的时间，统一称为生存时间，也称失效时间。生存数据的一个显著特点是往往存在"删失"观测。如果某一患者在研究期间没有观察到终点事件，只知道该患者发生终点事件的时间一定晚于某一时间点，就称该患者删失。用于分析处理这种生存数据的方法通常称为生存分析方法。本章我们将主要介绍 Kaplan-Meier 生存曲线、适用于两组数据的 log-rank 检验、风险函数之比以及 Cox 比例风险回归模型。其中 Cox 比例风险回归模型对包含删失观测的生存数据的意义，与线性回归模型方法对连续型数据的作用类似。下面介绍生存分析的几个基本概念。

1. 生存时间 简单的生存时间即为队列研究中受试者从进入研究到死亡经历的时间，而广义的"生存"则不局限于此，可以考虑将生存时间定义为从进入研究到发生其它终点事件的时间，例如肿瘤的无进展生存期等。

例 11-1 表 11-1 给出的是一项研究 1999 年 1 月 1 日至 2009 年 3 月 31 日乳腺癌患者术后复发情况的原始数据。在此例中，按研究目的，生存时间应该定义为患者从乳腺癌手术之日起至癌症复发经历的时间。

表 11-1 1999—2009 年乳腺癌患者术后复发数据（只显示前 7 例观测）

患者编号	开始日期	结束日期	生存时间（月）	结局
1	2003-09-06	2004-05-19	8	删失
2	2006-02-09	2008-02-01	24	删失
3	2006-02-17	2009-04-24	38	删失
4	2003-09-30	2009-04-25	67	删失
5	2005-12-22	2008-07-01	30	复发
6	2001-07-20	2003-07-21	24	复发
7	2003-07-25	2004-11-15	15	复发

2. 删失数据 大部分生存数据集中都包括这样一些患者，他们被随访至某一时间点，并且直至该时间点均未发生终点事件，但在该时间点之后是否发生终点事件以及发生的时间均不知道，这些患者的观测数据被定义为删失数据。删失观测出现的原因包括以下三种情况。

（1）研究结束时患者仍存活。

（2）在研究期间某一时间点后失访，失访前仍存活。

（3）在研究期间由于其他原因死亡无法继续观察，但死因与研究的疾病无关。

对于删失的观测，只能确定他们发生终点事件的时间至少在删失时间点之后，无法确定准确的生存时间。表 11-1 中的删失观测即：1、2、3 和 4 号患者。

3. 生存函数 是用来描述时间事件的基本函数，又称累积生存率，指的是受试者从 0 时刻开始至少生存至 t（$t \geq 0$）时刻的概率。生存函数定义为：

$$S(t) = Pr(T \geq t) = \frac{t\text{ 时刻仍存活的受试者人数}}{\text{受试者总人数}} \tag{11-1}$$

注意生存函数是一个非增函数，在 $t = 0$ 时刻取值为 1，随 t 趋向于无穷大，取值趋向于 0（只要观察时间足够长，死亡率将达到 100%）。

4. 中位生存时间 是描述生存数据的一个非常有用概念。目标总体中约 50% 的个体生存时间大于中位生存时间，其正式定义为：

$$M = F^{-1}(0.5) \tag{11-2}$$

其中 $F(t)$ 表示生存时间小于或等于 t 的概率。累积分布函数 $F(t)$ 与生存函数 $S(t)$ 互补，即：$F(t) = 1 - S(t)$。在生存分析中，由于删失数据的存在导致均数计算困难，因此中位生存时间比均数的使用频率更高。中位生存时间可由样本数据进行估计，公式为 $\hat{M} = \hat{F}^{-1}(0.5)$，表示所有观察到的终点事件时间中，使得估计值 $\hat{F}(t)$ 不大于 0.5 的最大观察时间。

5. 风险函数 $h(t)$ 又称风险率，指一个已经存活（即未出现终点事件）到 t 时刻的受试者，在 t 时刻瞬间死亡（发生终点事件）的概率，公式为：

$$h(t) = \left[\frac{S(t) - S(t + \Delta t)}{\Delta t}\right] / S(t)，\Delta t \text{ 趋向于 } 0 \tag{11-3}$$

例 11-2 根据美国 1986 年的寿命表数据，100000 名男性公民中，共 80908 人存活至 60 岁，79539 人存活至 61 岁，34789 人存活至 80 岁，31739 人存活至 81 岁。据此分别估计 1986 年美国男性公民在 60 岁和 80 岁的死亡风险率。

【分析】由于 80908 人存活至 60 岁，79539 人存活至 61 岁，因此，在 60 岁的死亡风险函数可由下式估计：

$$h(60) = \frac{80908 - 79539}{80908} = 0.017$$

类似地，由于 34789 名男性存活至 80 岁，31739 人存活至 81 岁，则 80 岁的死亡风险函数可由下式估计：

$$h(80) = \frac{34789 - 31739}{34789} = 0.088$$

因此，若任一男性已存活至 60 岁，则他在接下来的一年中死亡的概率为 1.7%；若已存活至 80 岁，则在接下来的一年中死亡的概率为 8.8%。1.7% 和 8.8% 分别表示 60 岁和 80 岁的近似风险，如果想让这种近似更精确，可以考虑更短时间间隔上的数据，而非 1 年。

风险函数可用于描述终点事件发生的可能性随时间变化的情况。风险函数的形状有多种，通常可区分为递增型、递减型、常数型、浴缸型，和驼峰型。大多数人群死亡数据的风险函数都是浴缸型的：初期较高的死亡风险主要源于胎婴儿疾病；随后死亡率下降至稳定；后期由于年龄的自然增长过程导致风险函数再次升高，从而整体呈浴缸型。相反，如果早期风险函数逐渐增大，后期逐渐减小，则呈现驼峰型，这种类型的风险函数常见于术后生存数据，早期由于手术感染、大出血或其他并发症导致死亡风险升高，随后随着病情恢复平稳下降。

第二节　Kaplan – Meier 生存曲线估计

Kaplan – Meier 估计又称乘积极限估计，是用于估计包含删失观测的生存数据的生存函数的非参数估计方法。

假设研究中各受试者的 k 个随访时间点为 $t_1, \cdots, t_k$，各时间点间隔可以不相同，那么受试者至少生存至时间点 t_i 的概率可如下计算：

$$
\begin{aligned}
S(t_i) = \mathrm{Prob}(\text{存活至 } t_i) = & \ Prob(\text{存活至 } t_1) \\
& \times Prob(\text{存活至 } t_2 \mid \text{存活至 } t_1) \\
& \vdots \\
& \times Prob(\text{存活至 } t_j \mid \text{存活至 } t_{j-1}) \\
& \vdots \\
& \times Prob(\text{存活至 } t_i \mid \text{存活至 } t_{i-1})
\end{aligned}
\tag{11-4}
$$

例 11 – 3　考虑 www. cengagebrain. com 上的数据集 SMOKE. DAT，该数据集包括 234 名愿意参与为期 1 年的戒烟及随访研究，研究目的是估计累积复吸率，也就是吸烟者中戒烟一段时间后重新开始吸烟者的比例。表 11 – 2 给出了将吸烟者按年龄分亚组（ >40/≤40 ）后的观察数据。

表 11 – 2　各年龄组戒烟天数

年龄（岁）	戒烟天数					合计
	≤90	91 ~ 180	181 ~ 270	271 ~ 364	365	
>40	92	4	4	1	19	120
≤40	88	7	3	2	14	114
合计	180	11	7	3	33	234
百分比	76. 9	4. 7	3. 0	1. 3	14. 1	

估计表 11 – 2 中年龄 >40 岁和年龄 ≤40 岁的参与者的生存曲线。

对于年龄 >40 岁的受试者，可得：

$$S(90) = 1 - \frac{92}{120} = 0.233$$

$$S(180) = S(90) \times \left(1 - \frac{4}{28}\right) = 0.200$$

$$S(270) = S(180) \times \left(1 - \frac{4}{24}\right) = 0.167$$

$$S(365) = S(270) \times \left(1 - \frac{1}{20}\right) = 0.158$$

对于年龄 ≤40 岁的受试者，可得：

$$S(90) = 1 - \frac{88}{114} = 0.228$$

$$S(180) = S(90) \times \left(1 - \frac{7}{26}\right) = 0.167$$

$$S(270) = S(180) \times \left(1 - \frac{3}{19}\right) = 0.140$$

$$S(365) = S(270) \times \left(1 - \frac{2}{16}\right) = 0.123$$

根据上述生存率的计算结果可绘制生存曲线（图 11 - 1）。从图中可以看出，年龄 >40 岁的参加者的生存率（即仍保持戒烟状态的概率）在 90 天后略高于年龄≤40 岁的参加者。

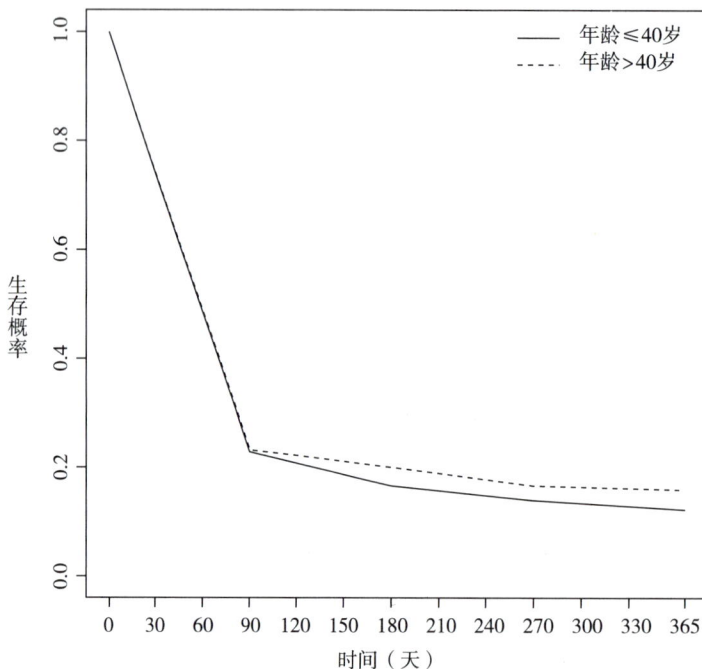

图 11 - 1 各年龄组生存曲线

在例 11 - 3 中，所有参与者都在随访期间发生了终点事件（复吸），但在另外一些情况下，部分研究者可能未随访至可能的最长时间，从而未观察到终点事件，出现删失。对存在删失观测的生存数据估计生存函数时，假设 S_{i-1} 例患者未删失且存活至时间点 t_{i-1}，其中，至时间点 t_i，共 S_i 名患者依然存活，d_i 名患者失效（出现终点事件），l_i 名患者删失，即 $S_{i-1} = S_i + d_i + l_i$。若某一患者已存活至时刻 t_{i-1}，则继续存活至时刻 t_i 的概率为 $(1 - d_i/S_{i-1}) = [1 - d_i/(S_i + d_i + l_i)]$。可见，虽然对时刻 $> t_i$ 的生存函数进行估计时，在 t_i 时刻删失的 l_i 名患者无法不提供信息，但对时刻 $\leq t_i$ 的生存函数进行估计时，在 t_i 时刻删失的 l_i 名患者仍然提供了信息。对应的 t_i 时刻生存函数的 Kaplan - Meier 估计量为：

$$\hat{S}(t_i) = \left(1 - \frac{d_1}{S_0}\right) \times \left(1 - \frac{d_2}{S_1}\right) \times \cdots \times \left(1 - \frac{d_i}{S_{i-1}}\right), \; i = 1, \ldots, k \tag{11 - 5}$$

需注意上述过程假设生存率在时刻 t_{i-1} 至时刻 t_i 之间保持不变（即恒为 $\hat{S}(t_{i-1})$）。

例 11 - 4 一项临床试验旨在考察不同维生素补充方案在预防视网膜色素变性（RP）患者的视功能减退上的效用。视网膜电流图（ERG）可从视网膜电活动上反映视网膜功能，本试验将视功能减退定义为视网膜电流图 30Hz 强度降低至少 50%。正常人群的 ERG 30Hz 强度正常值范围为 >50μV，而 RP 患者的 ERG 30Hz 强度通常 <10μV，有时 <1μV。大约有 50% 的 RP 患者 ERG 30Hz 强度在附近 0.05μV，

基本失明，相比之下仅 <10% 的 RP 患者 ERG 30Hz 强度在 1.3μV（本次临床试验中患者的平均 ERG 强度）附近。研究中患者被随机化分配至以下四个处理组中的一组。

处理组 1：每天服用 15000IU 的维生素 A 和 3IU（微量）的维生素 E

处理组 2：每天服用 75IU（微量）的维生素 A 和 3IU 的维生素 E

处理组 3：每天服用 15000IU 的维生素 A 和 400IU 的维生素 E

处理组 4：每天服用 75IU 的维生素 A 和 400IU 的维生素 E

将上述四个处理组分别称为 A 组、微量组、AE 组和 E 组，想要比较不同组间失效患者（ERG 30Hz 强度降低 50%）所占的比例。患者于 1984—1987 年入组，1991 年 9 月终止随访。由于随访在同一时刻截止，因为不同时间入组的患者随访时间长度也会不一样。较早被纳入研究的患者可以被随访 6 年时间，而进入研究较晚的患者则被随访 4 年时间。此外，部分患者因死亡、其他疾病、可能由研究药物导致的不良反应，或不愿意继续依从（服用研究药物）等原因，在 1991 年 9 月前未失效却从研究中脱落。欲分别估计日服用 15000IU 维生素 A（包括 A 组和 AE 组）的患者和日服用 75IU 维生素 A（包括 E 组和微量组）的患者在服药后 1~6 年的生存概率。

【解法】计算结果见表 11-3，例如，接受 15000IU 维生素 A 干预的参加者在服药后 1 年的生存概率为 0.9826，且在服药后 1 年至 2 年期间的生存率被假设恒定不变，均为 0.9826，即 $S(t) = 0.9826$，$1 \leqslant t < 2$；已经存活至第 1 年，继续存活至第二年的概率为 159/165 = 0.9636；因此，任一接受 15000IU 维生素 A 干预的参加者在第 2 年的生存概率为 $0.9826 \times 0.9636 = 0.9468$。依次类推。根据以上结果可绘制如图 11-2 所示的生存曲线，由图可见接受 15000IU 维生素 A 干预的参加者生存概率高于接受 75IU 维生素 A 干预的参加者，特别是在服药后第 6 年。

表 11-3　接受每日 15000IU 和 75IU 维生素 A 干预的参加者各自的生存概率

时间	失效	删失	存活	合计	Prob（存活至时刻 t_i | 存活至时刻 t_{i-1}）	$\hat{S}(t_i)$
15000IU						
1 yr = t_1	3	4	165	172	0.9826	0.9826
2 yr = t_2	6	0	159	165	0.9636	0.9468
3 yr = t_3	15	1	143	159	0.9057	0.8575
4yr = t_4	21	26	96	143	0.8531	0.7316
5 yr = t_5	15	35	46	96	0.8438	0.6173
6 yr = t_6	5	41	0	46	0.8913	0.5502
75IU						
1 yr = t_1	8	0	174	182	0.9560	0.9560
2 yr = t_2	13	3	158	174	0.9253	0.8846
3 yr = t_3	21	2	135	158	0.8671	0.7670
4 yr = t_4	21	28	86	135	0.8444	0.6477
5 yr = t_5	13	31	42	86	0.8488	0.5498
6 yr = t_6	13	29	0	42	0.6905	0.3796

注意：只要受试者的 ERG 30Hz 强度在任一随访时点较基线值降低至少 50%，不论之后 ERG 30Hz 强度值如何，都认为该受试者失效。

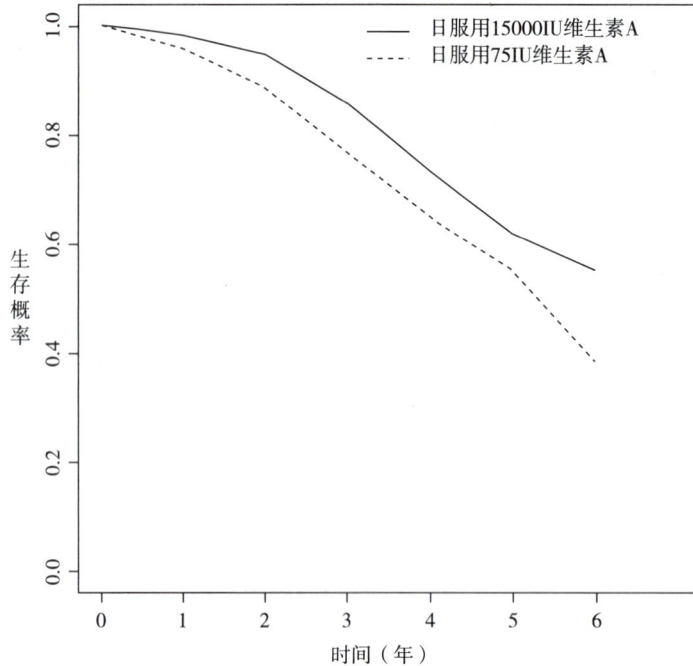

图 11 – 2　各处理组生存曲线

第三节　log – rank 检验

本节我们考虑如何比较图 11 – 2 中的两条生存曲线，即比较 15000IU 维生素 A 组和 75IU 维生素 A 组参与者的生存曲线。虽然可以比较某一特定时间点上两组的生存率，但全面比较整条生存曲线通常效能更高。也可以考虑比较两组生存时间的平均值，但是生存时间的分布通常呈偏态，而且删失数据也会导致难以计算平均生存时间。假设欲进行比较的两个组分别称暴露组和非暴露组，另 $h_1(t)$ 表示暴露组 t 时刻的风险函数，$h_2(t)$ 表示非暴露组 t 时刻的风险函数，我们假设两组各时间点的风险函数之比是常数且等于 $\exp(\beta)$，即：

$$\frac{h_1(t)}{h_2(t)} = \exp(\beta) \tag{11 – 6}$$

需注意各组风险函数可在不同时间点上有不同的取值变化，但两组风险函数之比恒定不变。

我们构建检验的原假设和备择假设 $H_0:\beta = 0$，$H_1:\beta \neq 0$。如果 $\beta = 0$，则说明两组的生存曲线相同；如果 $\beta > 0$，则说明暴露组患者比非暴露组患者患病风险高，也就是说，各时间 t 上暴露组患者的生存概率均比非暴露组低；如果 $\beta < 0$，则说明暴露组患者比非暴露组患者患病风险低，即各时间 t 上暴露组患者的生存概率均比非暴露组高。

考虑表 11 – 3 中的数据，对该数据的分析可以基于 6 年间的累积发生率，即比较 15000IU 维生素 A 组和 75IU 维生素 A 组中 ERG 30Hz 强度降低程度较基线至少达到 50% 的参与者所占的百分比，但如果发生率随时间变化，则应选择 log – rank 检验更为合理，该检验不仅考虑到受试者是否发生终点事件，而且还会将发生终点事件所需的时间考虑进去。

要实现这一检验过程，需要将整个随访期细分为更短的区间，各区间内部发生率相对恒定。对于例 11 – 4，可划分为各个长度为 1 年的时间区间；对各区间确定到达该区间起始时间点时仍未失效（失效指 ERG 30Hz 强度降低程度较基线至少达到 50%）的患者人数，这些人数即为在该时间区间内面临失效风险的人数；随后按这些患者在该区间内是否保持存活或发生失效事件将他们分类；按分类结果，对每个区间整理出 2×2 列联表，关联处理和失效情况。对第一个时间区间，0~1 年，共 172 名接受每日 15000IU 维生素 A 干预的参与者存活至时刻 0，其中，3 人在 0~1 年区间内失效；类似地，共 182 名接受每日 75IU 维生素 A 干预的参与者存活至时刻 0，其中，8 人在 0~1 年区间内失效，据此整理出的 2×2 列联表见表 11–4。对第二个时间区间，1~2 年，共 165 名接受每日 15000IU 维生素 A 干预的参与者存活至第 1 年，其中，6 人在第 1 年至第 2 年间失效；类似地，共 174 名接受每日 75IU 维生素 A 干预的参与者存活至第 1 年，其中，13 人在第 1 年至第 2 年间失效，据此整理出的第二个 2×2 列联表见表 11–5。类似地，可以整理出 2~3 年、3~4 年、4~5 年、和 5~6 年的 2×2 列联表，分别见表 11–6、11–7、11–8 和 11–9。

表 11–4　各组 0~1 年区间失效事件发生情况

维生素 A 剂量	失效	生存	合计
15000IU	3	169	172
75IU	8	174	182

表 11–5　各组 1~2 年区间失效事件发生情况

维生素 A 剂量	失效	生存	合计
15000IU	6	159	165
75IU	13	161	174

表 11–6　各组 2~3 年区间失效事件发生情况

维生素 A 剂量	失效	生存	合计
15000IU	15	144	159
75IU	21	137	158

表 11–7　各组 3~4 年区间失效事件发生情况

维生素 A 剂量	失效	生存	合计
15000IU	21	122	143
75IU	21	114	135

表 11–8　各组 4~5 年区间失效事件发生情况

维生素 A 剂量	失效	生存	合计
15000IU	15	81	96
75IU	13	73	86

表 11–9　各组 5~6 年区间失效事件发生情况

维生素 A 剂量	失效	生存	合计
15000IU	5	41	46
75IU	13	29	42

如果维生素 A 剂量与失效之间没有关联，则六个时间区间内，15000IU 剂量组和 75IU 剂量组之间失效事件发生率均应相等；相反，如果接受 75IU 剂量干预组的参与者较接受 15000IU 剂量干预组的参与者更难生存，则六个时间区间内，75IU 剂量组的失效事件发生率均应较 15000IU 剂量组更高。需注意上述两种情况均允许发生率在各时间区间内变化。基于表 11–4 至表 11–9 中的 2×2 表格，利用 Mantel–Haenszel 过程得到整个随访期间内的累积证据，即完成了 log–rank 检验，将上述完整过程整理如下。

欲比较两个暴露组间某事件的发生率，发生了在随访期间（T）内随时间变化，过程如下。

（1）将随访期 T 分为 k 个更小的区间，各区间内部发生率相同。

（2）根据各区间内暴露情况（ +／- ）和失效事件发生情况（ +／- ），计算 2×2 列联表。对于在某时刻删失的受试者，认为该受试者的随访时间比在该时刻失效的受试者稍长。则对应第 i 个区间的第 i 个表格见表 11 - 10。

其中，n_{i1} = 暴露组在第 i 个区间开始时仍未失效且未删失的受试者人数

n_{i2} = 非暴露组在第 i 个区间开始时仍未失效且未删失的受试者人数

a_i = 暴露组在第 i 个区间内失效的受试者人数

b_i = 暴露组在第 i 个区间内未失效的受试者人数

c_i 和 d_i 对应非暴露组，定义与暴露组类似。

（3）对步骤（2）中定义的 2×2 表格应用 Mantel - Hasenszel 检验，计算统计量

$$\chi^2_{LR} = \frac{(|O - E| - 0.5)^2}{Var_{LR}} \tag{11-7}$$

其中：

$$O = \sum_{i=1}^{k} a_i \tag{11-8}$$

$$E = \sum_{i=1}^{k} E_i = \sum_{i=1}^{k} \frac{(a_i + b_i)(a_i + c_i)}{n_i} \tag{11-9}$$

$$Var_{LR} = \sum_{i=1}^{k} V_i = \sum_{i=1}^{k} \frac{(a_i + b_i)(c_i + d_i)(a_i + c_i)(b_i + d_i)}{n_i^2(n_i - 1)} \tag{11-10}$$

该统计量在 H_0 成立时服用自由度为 df 的 χ^2 分布。

（4）对于显著性水平为 α 的双侧检验，如果 $\chi^2_{LR} > \chi^2_{1,1-\alpha}$ ，则拒绝 H_0 ；如果 $\chi^2_{LR} \leqslant \chi^2_{1,1-\alpha}$ ，则接受 H_0。

（5）假设检验的确切 p 值为：

$$p - \text{value} = \Pr(\chi^2_1 > \chi^2_{LR})$$

（6）上述假设检验只有当 $Var_{LR} \geqslant 5$ 时才适用。

log - rank 检验的接受域和拒绝域见图 11 - 3，确切 p 值的计算示意见图 11 - 4。

表 11 - 10　第 i 个时间区间内的疾病发生于暴露情况

暴露	终点事件		合计
	+	-	
+	a_i	b_i	n_{i1}
-	c_i	d_i	n_{i2}
合计	$a_i + c_i$	$b_i + d_i$	n_i

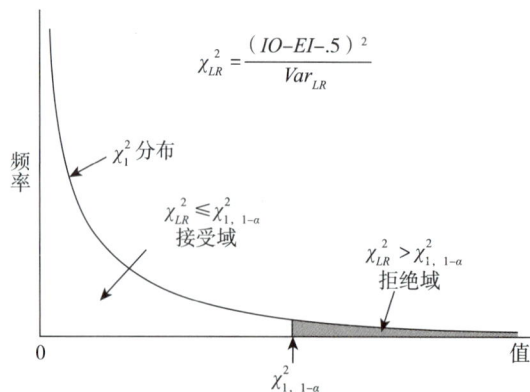

图 11 - 3　log - rank 检验的接受域和拒绝域

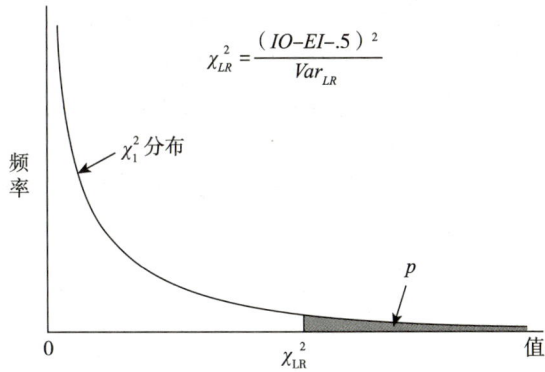

图 11 - 4　检验确切 p 值的计算示意图

对于例 11 - 4 中的 6 个 2 × 2 表格（表 11 - 4 至表 11 - 9），计算如下：

$$O = 3 + 6 + 15 + 21 + 15 + 5 = 65$$

$$E = \frac{172 \times 11}{354} + \frac{165 \times 19}{339} + \frac{159 \times 36}{317} + \frac{143 \times 42}{278} + \frac{96 \times 28}{182} + \frac{46 \times 18}{88} = 78.432$$

$$Var_{LR} = \frac{172 \times 182 \times 11 \times 343}{354^2 \times 353} + \frac{165 \times 174 \times 19 \times 320}{339^2 \times 338} + \frac{159 \times 158 \times 36 \times 281}{317^2 \times 316}$$

$$+ \frac{143 \times 135 \times 42 \times 236}{278^2 \times 277} + \frac{96 \times 86 \times 28 \times 154}{182^2 \times 181} + \frac{46 \times 42 \times 18 \times 70}{88^2 \times 87} = 33.649$$

由于 $Var_{LR} \geqslant 5$ ，可以采用 log - rank 检验，检验统计量为：

$$\chi^2_{LR} = \frac{(\,|\,65 - 78.432\,| - 0.5\,)^2}{33.649} = 4.970 \sim \chi_1^2 \text{ under } H_0$$

本例 $\chi^2_{1,0.95} = 3.84 < 4.970$ ，$p = 0.026$ ，因此，两组生存曲线具有统计学差异。由于 15000IU 剂量组观察到的失效事件数 $O = 65 < 15000IU$ 剂量组的期望失效时间数 $E = 78.432$ ，因此认为 15000IU 剂量组的生存情况较 75IU 剂量组更好，也就是说，15000IU 剂量组的失效事件数显著少于 75IU 剂量组。

⊕ 知识链接

Breslow 检验

Breslow 检验又称 Wilcoxon 检验。如果随机变量 d_i 以四格表的总例数为权重，并可以获得 Breslow 统计量：

$$\chi^2 = \frac{(\sum w_i d_{ki} - \sum w_i T_{ki})^2}{\sum w_i V_{ki}} , V_{ki} = \frac{n_{ki}}{n_i}(1 - \frac{n_{ki}}{n_i})\big[\frac{n_i - d_i}{n_i - 1}\big]d_i$$

d_{ki} 和 T_{ki} 为各组在时间 t_i 上的实际死亡频数和理论死亡频数，$w_i = n_i$，即各期初例数合计值，V_{ki} 是第 k 组第 i 序号的方差值，Breslow 检验给观察早期差别更大权重，即对观察早期敏感；而 log - rank 检验给组间死亡的远期差别更大的权重，即对远期差异敏感。

第四节　Cox 比例风险模型

当终点事件的发生时间和发生率同样重要时，log - rank 检验是一种强大的分析方法。log - rank 检验可进一步拓展，用来考察控制其他一个或多个协变量效应情况下，某一主要暴露因素的作用，这是通过将数据按照其他几个协变量取值进行分层，再在每一层中计算观察事件数、期望事件数和事件数方差，然后将这些数值汇总，最后采用与第三节中相同的检验统计量进行检验。但是，如果感兴趣的危险因素较多，或分层数太多，则应采用更方便的适用于生存数据的回归分析方法。

可用于分析多个危险因素与生存期关系的模型有许多，其中最常用的是 D. R. Cox 提出的 Cox 比例风险模型。

一、比例风险模型

在比例风险模型下，风险函数 $h(t)$ 满足：

$$h(t) = h_0(t)exp(\beta_1 x_1 + \cdots \beta_k x_k) \tag{11-11}$$

其中 $x_1, \cdots, x_k$ 表示一系列独立的影响因素变量，$h_0(t)$ 是 t 时刻的基线风险函数，表示各影响因素取值均为 0 的受试者 t 时刻的风险函数。对式（11-11）左右两侧均除以 $h_0(t)$，再取对数值，则比例风险模型可变型为：

$$\ln\left[\frac{h(t)}{h_0(t)}\right] = \beta_1 x_1 + \cdots \beta_k x_k \tag{11-12}$$

这种表示方式有助于我们按照与多重 logistic 回归模型类似的方式理解比例风险模型参数的意义。Cox 回归分析方法的一个重要假设是主要暴露因素（以及模型中可能的其他协变量）不同水平间的风险函数之比在各时间点上恒等于某常数。

检验的原假设 $H_0:\beta_j = 0$，$H_1:\beta_j \neq 0$，可按如下过程进行检验。

（1）计算检验统计量　$z = \hat{\beta}_j / se(\hat{\beta}_j)$

（2）对于显著性水平为 α 的双侧检验

如果 $z < z_{\alpha/2}$ 或 $z > z_{1-\alpha/2}$，则拒绝 H_0；

如果 $z_{\alpha/2} \leq z \leq z_{1-\alpha/2}$，则接受 H_0。

（3）确切 p 值为

$$2 \times [1 - \Phi(z)]，当 z \geq 0，$$
$$2 \times \Phi(z)，当 z < 0。$$

二、估计比例风险模型中二分类独立变量的风险函数之比

假定对某二分类独立变量 x_j，其代表的危险因素存在时编码为 1，否则编码为 0。在式（11-11）所示的比例风险模型中，$exp(\beta_j)$ 表示该危险因素取值分别为存在和不存在，其余协变量取值相同的两个受试者的风险函数之比。该风险函数，也称相对风险，可解释为均存活到 t 时刻的两个个体中，存在该危险因素的个体相对于不存在该危险因素的个体，在下一个单位时间内瞬间死亡的相对风险，这两个个体除该危险因素外，其余协变量的取值均相同。

β_j 的双侧 $100\% \times (1 - \alpha)$ 置信区间由 (e^{c_1}, e^{c_2}) 给出，其中：

$$c_1 = \hat{\beta}_j - z_{1-\alpha/2}se(\hat{\beta}_j)$$
$$c_2 = \hat{\beta}_j + z_{1-\alpha/2}se(\hat{\beta}_j)$$

三、估计比例风险模型中连续型独立变量的风险函数之比

假定对某连续型独立变量 x_j，有两名受试者该变量的取值相差 Δ，其余所有变量取值均相同，$exp(\beta_j\Delta)$ 就表示这两个受试者的风险函数之比。该风险函数可解释为均存活到 t 时刻的两个个体中，该危险因素取值为 $x_j + \Delta$ 的个体相对于该危险因素取值 x_j 的个体，在下一个单位时间内瞬间死亡的相对风险，这两个个体除该危险因素外，其余协变量的取值均相同。

β_j 的双侧 $100\% \times (1-\alpha)$ 置信区间由 (e^{c_1}, e^{c_2}) 给出，其中：

$$c_1 = \Delta[\hat{\beta}_j - z_{1-\alpha/2}se(\hat{\beta}_j)]$$

$$c_2 = \Delta[\hat{\beta}_j + z_{1-\alpha/2}se(\hat{\beta}_j)]$$

需注意，任一受试者的风险函数可以随时间变化，但如果一个受试者所有协变量的取值分别为 $(x_1, \ldots, x_k)$，另一个受试者所有协变量取值均为 0，则这两个受试者的风险函数之比在所有时间点 t 上恒定不变，等于 $\exp(\sum_{j=1}^{k}\beta_j x_j)$。

Cox 比例风险模型在理解上也可以被看成是 logistic 回归模型的拓展，只不过 Cox 模型在分析时不仅考虑了终点事件是否发生，还考虑了终点事件发生所需的时间长短。

例 11 - 5 采用 Cox 比例风险模型比较表 11 - 3 中维生素 A 高剂量组（15000IU）和低剂量组（75IU）受试者的生存曲线。

我们利用 SPSS 软件对这两组的生存曲线进行比较，只有一个二分类协变量 x，定义如下：

$$x = \begin{cases} 1, & \text{高剂量维生素 A} \\ 0, & \text{低剂量维生素 A} \end{cases}$$

软件的分析结果见表 11 - 11，15000IU 剂量组受试者的风险函数显著低于 75IU 剂量组（$p-value = 0.031$，由 Sig. 表示），风险函数之比的估计值为 $e^{\hat{\beta}} = e^{-0.352} = 0.703$（$\hat{\beta}$ 由 B 表示，$e^{\hat{\beta}}$ 由表示 Exp（B）），因此，在任意时间点，服用 15000IU 剂量维生素 A 的受试者的失效风险约为服用 75IU 剂量维生素 A 受试者失效风险的 30%。同时可以得到风险函数之比的 95% 置信区间 (e^{c_1}, e^{c_2})，其中：

$$c_1 = \hat{\beta} - 1.96se(\hat{\beta}) = -0.352 - 1.96(0.163) = -0.672$$

$$c_2 = \hat{\beta} + 1.96se(\hat{\beta}) = -0.352 + 1.96(0.163) = -0.032$$

因此，95% CI = $(e^{-0.672}, e^{-0.032})$ = （0.51, 0.97），表 11 - 11 也给出了 $se(\hat{\beta})$，表示为 SE，β 的 95% 置信限在表 11 - 11 最后两列。

表 11 - 11　表 11 - 3 中的 RP 数据应用 Cox 比例风险模型的结果

	B	SE	Wald	df	Sig.	Exp（B）	95.0% CI for Exp（B）	
							Lower	Upper
group	- 0.352	0.163	4.644	1	0.031	0.703	0.511	0.969

如果不存在相持情况，即所有受试者的失效时间都是唯一的，则单个二分类协变量的 Cox 比例风险模型的分析结果与 log - rank 检验的结果十分接近。如果存在相持，一般 Cox 比例风险模型与 log - rank 检验的 p 值不完全相等，特别是数据集中相持观测个数较多时。但在这个例子中 Cox 比例风险模型的 p 值（见表 11 - 11，$p = 0.031$）与 log - rank 检验的 p 值（见第三节，$p = 0.026$）较接近。除本例所示外，Cox 比例风险模型也可用于控制其他多个协变量，或其他处理因素的效应，研究感兴趣因素对生存期的影响。

目标检测

答案解析

一、最佳选择题

1. 为了研究膀胱癌患者化疗后的生存情况，进行纵向随访收集资料时，下列生存结局不能当删失数据处理的是（　　）。

A. 死于其他肿瘤   B. 死于交通事故

C. 死于膀胱癌   D. 因患者不配合主动退出

E. 以上都可以作为删失数据

2. 进行生存分析时，不属于截尾数据的是（   ）。

A. 随访期内死于本病者   B. 随访期内死于其他病因者

C. 随访期结束时，仍存活者   D. 随访期内找不到者

E. 随访期内拒绝应答者

3. 生存分析中，描述生存时间的集中趋势宜用的指标是（   ）。

A. 算术平均数   B. 几何均数   C. 中位数   D. 百分位数   E. 众数

4. 不宜做生存分析的情况是（   ）。

A. 膀胱癌患者手术之后的存活时间   B. 患者胃出血的持续时间

C. 患者确诊肝炎后肝功能异常的持续时间   D. 体检查出肿瘤患者的时间

E. 节育器在宫内保存的有效时间

5. 生存分析中的生存时间是（   ）。

A. 观察开始至终止的时间   B. 观察开始至失访的时间

C. 出院至失访的时间   D. 观察起点到终点事件出现的时间

E. 确诊至失访的时间

6. log－rank 法属于（   ）。

A. 参数法   B. 非参数法   C. 半参数法   D. 回归分析法   E. 相关分析法

7. Cox 回归模型要求两个不同个体在不同时刻 t 的风险函数之比（   ）。

A. 随时间增加而增加   B. 随时间增加而减小

C. 开始随时间增加而增加，后来随时间增加而减小   D. 不随时间而改变

E. 视具体情况而定

二、案例辨析题

下表给出了例 11－4 中描述的 RP 临床试验中，高剂量维生素 E 干预（400IU/日）和低剂量维生素 E 干预（3IU/日）对生存期（其中失效指的是 ERG 30Hz 强度较初始值降低至少 50%）的影响效果。据此分析：

1. 估计各剂量组各观察年的生存概率。

2. 比较两个剂量组的生存曲线，并得出 P 值。

400IU 剂量维生素 E 组和 3IU 剂量维生素 E 组每年生存情况

时间（年）	失效	删失	生存	合计
日服用维生素 E 400IU				
0 ~	7	3	170	180
1 ~	9	2	159	170
2 ~	22	2	135	159
3 ~	24	27	84	135
4 ~	13	32	39	84
5 ~ 6	11	28	0	39
日服用维生素 E 3IU				

续表

时间（年）	失效	删失	生存	合计
0 ~	4	1	169	174
1 ~	10	3	156	169
2 ~	14	1	141	156
3 ~	16	27	98	141
4 ~	15	34	49	98
5 ~ 6	7	42	0	49

注意：只要受试者的 ERG 30Hz 强度在任一随访时点较基线值降低至少 50%，不论之后 ERG 30Hz 强度值如何，都认为该受试者失效。

（艾自胜）

书网融合……

本章小结　　　微课 1　　　微课 2　　　题库

第十二章　实验设计

PPT

> **学习目标**
>
> 1. **掌握**　实验设计的基本要素；常用随机分组方法；临床试验的概念及特点。
> 2. **熟悉**　实验设计的基本原则；常用的样本含量估计方法；临床试验的基本步骤。
> 3. **了解**　实验设计的分类；对照的基本形式；临床试验的分期。
> 4. 学会几种常用的实验设计方案，具备样本含量估计的计算能力。

实验设计（experimental design）是指研究者对实验因素做合理、有效的安排，最大限度地减少实验误差，使实验研究达到高效、快速和经济的目的。实验设计是科研计划的具体实施方案，是进行实验和统计分析的先决条件。一项科学合理的实验设计方案，通过合理和系统的安排，能够保证科研课题的先进性和实用性，达到控制系统误差，用较少的人力、物力、财力和时间进行实验，获得较为可靠的结论，为实验研究获得预期的结果提供了重要保障。

第一节　实验设计的特点及分类　微课 1

一、实验设计的特点

（1）研究者能够按照实验设计的目的及要求设置处理因素。

（2）研究对象接受处理因素或处理因素的不同水平是经随机分配的，能使各组的非处理因素保持均衡，组间具有可比性，可以客观评价处理因素的作用。

（3）实验研究设计能使多种实验因素包括在较少次数的实验中，更有效地控制误差，达到高效的目的。

由于实验设计具备这三个特点，使得研究中各比较组之间具有较好的均衡性及可比性，大大减少了各种非处理因素或干扰因素对实验效应及结果的影响，可以更为有效地控制实验误差，提高了实验研究的效率及实验结果的可靠性。

二、实验设计的分类

根据研究目的和对象不同，实验设计可分为动物实验、临床试验和社区试验。

（一）动物实验

动物实验（animal experiment）是指用人工饲养繁殖的动物进行实验研究。动物实验容易控制处理因素及干扰因素，实验误差较小，实验成本较低，观察的实验效应较为客观。如果在实验研究中，出现因各种原因而导致动物意外死亡或缺失时，可根据情况予以补充，收集资料及分析资料均较为方便。

（二）临床试验

临床试验（clinical trial）的研究对象基本单位是患者个体。在药物的临床试验效果评价中，通常研究者将研究对象随机分为实验组和对照组，给予实验组某种干预措施（如新药或新疗法），给予对照组安慰剂或现有的或传统的治疗方法，然后通过一系列临床、实验室或物理检查指标，随访观察并比较两组相应的疾病或健康状态差异，从而评价干预措施的效果。

（三）社区试验

社区试验（community trial）又称社区干预项目（community intervention program，CIP），其研究对象基本单位是社区人群而不是个体。有些实验研究不适合以个体为单位来进行，而更适合于以社区或某一地理区域为单位来划分实验组和对照组，如食盐加碘预防地方性甲状腺肿、自来水加氟预防龋齿等。

第二节　实验设计的基本要素

处理因素、研究对象和实验效应是实验设计的三个基本要素。例如用两种药物治疗糖尿病患者，观察比较两组患者血糖值的下降情况。这里所用的药物为处理因素，糖尿病患者为研究对象，血糖值为实验效应。它们始终贯穿于整个实验研究过程中，从各方面影响着实验研究的结果，在实验设计中必须予以足够重视。

一、处理因素

处理因素（treatment factor）一般指研究者根据研究目的施加于研究对象，在实验中需要观察并阐明其处理效应的因素。处理因素只有一个的实验，称为单因素实验；处理因素为多个的实验称为多因素实验。处理因素在实验中所处的状态称为因素的水平（level）。例如研究某种药物大、中、小三种不同剂量的效果，药物是处理因素，而其剂量大、中、小是不同的三个水平。

在实验过程中，除处理因素之外，非处理因素也会影响实验结果。非处理因素又称混杂因素（confounding factor），是指对正确评价处理因素的作用有一定干扰，但研究者并不想通过实验考察其作用大小的因素。例如在比较饲料对动物体重增加量作用的动物实验中，动物种属、窝别、年龄、雌雄、体重、营养状况等也可能会影响体重增加量，它们属于实验中的非处理因素。在选择处理因素时应遵循以下几点。

（一）要抓住实验中的主要因素

处理因素是根据研究目的而确定的主要因素，研究者应根据专业知识和研究目的，在诸多因素中抓住主要的、关键性的因素。一次实验中的处理因素不宜过多，否则会使分组增多，所需研究对象的例数增多，在实施过程中难以控制，但处理因素过少，又难以提高实验的深度和广度。

（二）要明确处理因素和非处理因素

根据研究目的明确处理因素与非处理因素的界限，例如研究药物治疗加饮食疗法治疗糖尿病的效果时，处理因素为药物治疗加饮食疗法；而合理调配作息时间、运动和其他辅助治疗措施也能缓解症状，有助于康复，但不是本次研究的处理因素，而是非处理因素。研究者应采取各种措施，尽可能使非处理因素在所比较的各组中保持均衡，控制重要的非处理因素，才能排除非处理因素的可能混杂与干扰作用，以便充分突出处理因素的主要作用。

（三）处理因素需要标准化

处理因素标准化就是处理因素在整个实验过程中始终保持不变。例如观察药品的疗效，药品的成分、性质、生产厂家、批号、剂量、保存方法等在整个实验过程中应一致。在评价手术疗效时，手术操作者的熟练程度都应当自始至终保持恒定，否则将会对实验结果产生影响。

二、研究对象

研究对象（study subject）是指在实验研究中根据研究目的而确定的观察客体，即处理因素作用的对象，又称受试对象或实验对象。研究对象选择的合适与否，是一项实验能否成功的重要影响因素。根据研究目的不同，研究对象可以选择人、动物、微生物以及人或动物的试验材料。如器官、组织、细胞、血清、尿液、粪便等材料。例如对新药疗效的观察，一般先通过动物实验初步观察其疗效和副作用，然后在患者身上做临床试验，以确定其疗效和副作用，如预防接种实验、药物毒力实验、某些手术方法等。有些实验则可直接在人体上进行观察，如生理、生化正常值的测定等。通常研究对象的选择应遵循以下原则。

（一）动物的选择

实验研究中，众多领域都要用到实验动物，动物的选择也比较灵活。同时，使用动物作为研究对象也非常方便，安全性高，价格相对便宜，而且不涉及人类的医德问题。研究中动物意外缺失可以据情予以补充，饲养、管理及观察动物十分方便且容易做到。选择动物一般要考虑动物的种类、种属、品系、窝别、性别、年龄、体重、健康状况、是否容易饲养和存活，以及对施加的处理因素的反应特征等方面。

（二）病例的选择

在临床试验中，病例的选择不像动物选择那样灵活，其研究对象是患者，在选择时必须遵循医德要求，选择诊断明确、依从性好的病例，并注意其性别、年龄、民族、职业、文化程度和经济状况等。同时还必须明确病例的纳入标准和排除标准，以保证研究对象的同质性。在医学科研中，所选研究对象必须同时满足两个基本条件：即对处理因素敏感和反应必须稳定。例如在临床中研究某药物对高血压的治疗效果，常选用Ⅱ期高血病患者作为研究对象，因为Ⅰ期高血压患者血压波动范围较大，而Ⅲ期高血压患者对药物不够敏感。

三、实验效应

实验效应（experimental effect）是处理因素作用于研究对象的反应或结果，它是研究结果的最终体现，也是实验研究的核心内容，它一般通过观察指标来体现。如果指标选择不当，未能准确反映处理因素的作用，获得的研究结果就缺乏科学性。因此，选择恰当的观察指标是关系研究成败的重要环节。研究者应当对欲研究的问题有较为全面的了解，避免在实验设计时遗漏重要的观察指标。

（一）观察指标的分类

1. 定量指标 可以用具体的度量衡单位来表示的指标。如人体的身高用厘米（cm）表示，体重用千克（kg）表示，脉搏用每分钟的次数（次/分）来表示。定量指标可以根据具体指标的要求，精确到小数点后面若干位。

2. 分类指标 按研究对象的属性或特征先分类，再计数各类的个数。用绝对数或相对数来表示。如某检测指标的结果可以用"是"或"否"，"阴性"或"阳性"来表示。

3. 等级指标 按实验效应的程度分为若干等级，并计数各等级的个数。该指标介于定量及分类指标之间。如用某治疗方案治疗患者，其观察结果可以分为痊愈、显效、好转、无效四个等级。

（二）选择观察指标的要求

1. 关联性 是指观察指标与研究目的有着本质而密切的联系，能够确切反映处理因素的实验效应。这些指标可以通过查阅文献或根据以往经验而获得。

2. 客观性　是指能够借助各种检测手段及方法所观测记录的指标。如血压、红细胞数、心电图、尿铅含量、胸部 X 线等指标。

3. 精确性　包括准确度和精密度两层含义。

准确度指实际测量值与真值的接近程度。准确度越高，测量值越接近真值，误差则越小。尽管真值往往未知，但准确度越高，指标的可靠性越高（效度）。

精密度指在重复观察及测量时，观察值与其平均值的接近程度。精密度越高，说明重复的测量值越接近，检测设备或手段的稳定性越好。

4. 稳定性　是指观察指标变异度的大小。稳定性高，则变异度小，指标的代表性强，反之亦然。稳定性一般可以用该指标的变异系数来表示，如果变异系数控制在 15%~20%，则该指标的稳定性较好。

5. 灵敏性　是指各种检测手段和方法能够检测出实验效应微小变化的能力。灵敏性越高，则检测出实验效应微小变化的能力越强。随着科学技术的快速发展，检测手段的灵敏性将会越来越高。

6. 特异性　是指检测指标的排他性，是观察指标对某种特殊试验效应及结果的反映能力。特异性越强，观察指标反映某种实验效应的能力越强，特异性对诊断严重疾病的意义非常重要。如果某检测指标特异性强，则该指标对确诊和早期发现严重疾病具有直接意义。如检测指标甲胎蛋白对确诊早期肝癌具有重要意义。

此外，对指标的观察或测量应避免心理偏性，即研究者及研究对象由于各自的心理偏见而在观察或描述实验效应时产生的误差。如医生容易认为自己使用的治疗方案要好于他人的治疗方案。患者容易受到医院规模的大小、医疗设备的先进程度、医院医疗水平的高低、权威医护人员或普通医护人员治疗等等方面的心理影响。这些影响可以导致患者主观感觉的偏见。为消除或减少心理偏性，在设计时一般使用盲法。

第三节　实验设计的基本原则 📱 微课 2

实验设计的主要作用是控制或减小随机误差、提高实验的效率，根据误差产生的来源，在实验设计中，必须遵守三个基本原则，即对照原则、随机化原则和重复原则。

一、对照原则

进行实验研究时应设立对照组。有了比较才能鉴别，缺少对照的研究是不具有说服力的。设立对照组的意义在于使实验组和对照组内的非处理因素基本一致，从而控制非处理因素对实验结果的影响，将处理因素的效应充分显露出来，消除和减少实验误差。

（一）设立对照应遵循的原则

设立对照应满足"均衡"原则，即在设立对照时除给予的处理因素不同外，其他对实验效应有影响的非处理因素应尽量保持一致，这是实验成败的关键。例如在动物实验中，动物的来源、种属、性别、初始体重、健康状况应尽量相同或相近，给药途径、饲养条件、麻醉程度、消毒情况、术后护理等也应一致。又如临床观察中，患者的诊断必须准确可靠，年龄、性别、体质、病情等应力求均衡或相近，疾病分型、服药时间、疗效标准等必须一致。对于对照是否满足均衡性，可采用适当的假设检验方法对实验组与对照组研究对象的非处理因素差别做均衡性检验。

（二）对照的基本形式

对照（control）的形式有多种，可根据研究目的和内容加以选择，常用的有下列几种。

1. 空白对照（blank control） 即不给对照组施加任何处理因素。例如，观察某种疫苗对预防某种疾病的效果，实验组儿童接种该疫苗，对照组儿童不接种疫苗。临床试验中，由于空白对照容易引起实验组和对照组研究对象的心理差异，从而影响实验效果的测定，同时也存在伦理问题。因此，临床试验中一般不设空白对照。

2. 实验对照（experimental control） 不给对照组施加处理因素，但施加某种与处理因素有关的实验因素。例如观察某中药烟熏灭菌效果，若仅设置空白对照，则不能将各平皿中菌落数的差值全部判为中药的效应，因为有可能包含单纯烟熏的作用，故该研究应同时设立实验对照组（即安排无中药烟熏作为实验对照），再设一组空白对照（无烟熏），三组同时观察，使之能得到合理的结果。

3. 标准对照（standard control） 不设立专门的对照组，而是用现有标准值或正常值作为对照。在新药临床试验中，对照组患者采用当前疗效明确的药物治疗（应代表当时疗法的水平），实验组患者采用新药治疗，而当前疗效明确的药物组就是标准对照组。

4. 自身对照（self–control） 对照与实验在同一研究对象身上进行，例如用药前后的对比，将用药前作为对照，用药后的某一时点或多个时点作处理，比较观察值是否存在显著性差异。

5. 相互对照（mutual control） 不设立专门的对照组，而是几个实验组之间相互对照。例如用莫雷西嗪治疗由冠心病、高血压和心肌病所引起的室性早搏时，设立冠心病组、高血压组和心肌病组三个治疗组，比较它们的效果。

6. 配对对照（matching control） 按照配比条件把条件相同的研究对象配成对子，分别施加不同的处理因素，对比两者之间的不同效应。

7. 历史对照（historical control） 是以过去的研究结果作为对照。历史对照要注意资料的可比性，是否各个方面的情况和条件都一致。一般只限于那些对患者生命影响较大的临床研究，如预后严重的恶性肿瘤白血病等的治疗研究。

8. 安慰剂对照（placebo control） 安慰剂是一种无药理作用的伪药，其外形、气味、包装等方面都与研究药物相同或相似，但不含药物的有效成分，在处置上不能为受试对象识别。设立安慰剂对照能够消除研究者、受试者和参与评价人员由于心理因素等对药物疗效的影响，评价由研究药物所引起的不良反应。

二、随机化原则

随机化（randomization）是指在实验分组时，每个实验对象均有相同的概率或机会被分配到不同的处理组。例如评价甲、乙两种药物的疗效，若采用抛硬币来实施随机化，出现正面服用甲药，出现反面服用乙药，这样每个患者抛一次，就可保证每个患者服甲、乙两药的概率相同。随机化是临床科研的重要方法和基本原则之一，只有通过随机化分组，才能避免偏差或渗入主观因素，减少系统误差，使对实验结果有影响的不可控制的非处理因素均衡地分配到不同的处理组中去。此外，随机化也是对资料进行统计推断的前提，满足随机化原则的资料才能应用各种统计分析方法。

在实验工作中，随机化分组主要通过随机数（random number）来实现。获得随机数的常用方法有两种，即由随机数字表和计算机程序产生随机数。随机数字表是统计学家根据随机抽样原理而编制的（附表10）。计算机中的各种统计软件如SPSS、SAS以及办公软件Excel均可以产生随机数。使用计算机进行随机化，有使用方便和可重现的优点，它也是常用的产生随机数的方法。

下面分别介绍实验设计中常用的两种随机化分组方法：完全随机化分组和分层随机化分组。

（一）完全随机化分组

完全随机化分组（completely random grouping）就是直接对实验单位进行随机化分组，分组后各组实验单位的个数可以相同也可以不同，具体步骤如下。

1. 编号　将 n 个研究对象从 1 到 n 编号。动物可按体重大小编号，患者可按就诊顺序编号。

2. 取随机数　从随机数字表或计算机软件产生均匀分布的随机数。每个实验单位对应一个随机数，一般要求与 n 的位数相同。

3. 排序　对随机数从小到大排序。

4. 确定组别　从排序后的随机数中，规定前 n_1 个随机数对应的编号为第 1 组，第 n_1+1 个随机数对应的编号至第 n_1+n_2 个随机数对应的编号为第 2 组，依此类推。

例 12-1　设有同性别、体重相近的动物 15 只，按完全随机化分组方法等分到 A、B、C 三组中。

完全随机化分组方法如下。

（1）将 15 只动物从 1 开始到 15 进行编号，见表 12-1 第一行。

（2）从随机数字表中的任意行任意列开始，如第 12 行第 1 列开始，依次读取 2 位数作为一个随机数录于编号下，见表 12-1 第二行。

（3）将全部随机数从小到大编序号，将每个随机数对应的序号记在表 12-1 第三行。

（4）规定序号 1~5 为 A 组，序号 6~10 为 B 组，序号 11~15 为 C 组，见表 12-1 第四行。

表 12-1　15 只动物完全随机分组结果

动物编号	1	2	3	4	5	6	7	8	9	10	11	12	13	14	15
随机数	48	50	86	54	48	22	06	34	72	52	82	21	15	65	20
排序序号	7	9	15	11	8	5	1	6	13	10	14	4	2	12	3
分组结果	B	B	C	C	B	A	A	B	C	B	C	A	A	C	A

完全随机分组结果如下。

A 组：编号为 6、7、12、13、15 的动物。

B 组：编号为 1、2、5、8、10 的动物。

C 组：编号为 3、4、9、11、14 的动物。

（二）分层随机化分组

完全随机化虽然在一定程度上提高各个处理组的均衡性，但并不能保证各个处理组间一定能够达到良好的均衡性。此时应对可能影响实验过程和结果的非处理因素进行分层，然后在每一层内进行完全随机化，把每一层中的受试对象完全随机地均分到实验组和对照组中，即进行分层随机化（stratified randomization）。分层的目的是使某些对结果影响较大的非处理因素在各组中的影响尽可能相等。配对随机化和区组随机化可看成是分层随机化的实际应用。分层随机化分组的具体步骤如下。

1. 编号　将每层的研究对象编号。同时规定每个处理的序号，如处理 A 对应序号为 1，处理 B 对应序号为 2，处理 C 对应序号为 3，以此类推。

2. 取随机数　从随机数字表或随机数发生器获得随机数。

3. 排序　按层对随机数从小到大排序。

4. 分组　根据每层实验单位获得的随机数的大小顺序决定研究对象在哪一组。

例 12-2　设有同性别、体重相近的动物 15 只，将动物体重作为分层因素，试将 15 只动物按分层随机化分组方法分到 A、B、C 三组中。

（1）先将动物体重从轻到重编号，体重相近的 3 只动物配成一个层，见表 12-2 第一行和第二行。

（2）从随机数字表中的任意行任意列开始，如第 10 行第 5 列开始，依次读取 2 位数作为一个随机数录于编号下，见表 12-2 第三行。

（3）在每个层内将随机数按大小排序，见表 12 - 2 第四行。

（4）各层内序号为 1 的为 A 组，序号为 2 的为 B 组，序号为 3 的为 C 组，见表 12 - 2 第五行。

表 12 - 2　15 只动物分层随机分组结果

分层号	1			2			3			4			5		
动物编号	1	2	3	4	5	6	7	8	9	10	11	12	13	14	15
随机数	96	30	24	18	46	23	34	27	85	13	99	24	44	49	18
排序序号	3	2	1	1	3	2	2	1	3	1	3	2	2	3	1
分组结果	C	B	A	A	C	B	B	A	C	A	C	B	B	C	A

分层随机化分组结果如下。

A 组：编号为 3、4、8、10、15 的动物。

B 组：编号为 2、6、7、12、13 的动物。

C 组：编号为 1、5、9、11、14 的动物。

三、重复原则

重复（replication）是指在相同实验条件下，重复进行多次研究或观察。重复是消除非处理因素影响的又一重要方法，表现为样本含量的大小和重复次数的多少。由于个体差异等影响因素的存在，同一种处理对不同的研究对象所产生的效果不尽相同，其具体指标的数值有高低之分，只有在大量重复试验的条件下，该处理的真实效应才会比较确定地显露出来。所以在试验研究中，需要坚持重复的原则。反之，如果样本含量不够，结果就不够稳定，得不到应有的结论。从统计学的角度讲，观察例数越多，根据样本计算的频率或均数等统计量越接近总体参数。重复原则并非要求无限大的样本，样本含量太大，工作量也大，增大人力物力的消耗，难于控制实验条件，影响研究的质量。样本含量究竟需要多大，可以采用统计学方法进行计算（详见本章第五节）。

第四节　常用的实验设计方案

实验设计类型按照处理因素的多少可分为单因素设计和多因素设计。单因素设计主要有完全随机设计、配对设计、随机区组设计和交叉设计等设计方法；多因素设计主要有析因设计和重复测量设计等设计方法。下面对常用的实验设计方法进行介绍。

一、完全随机设计

完全随机设计（completely random design）又称单因素设计，是将研究对象随机地分配到对照组和处理组中（图 12 - 1）。各组样本含量可以相等（平衡设计），也可以不相等（非平衡设计）。当样本含量相等时检验效能最高。

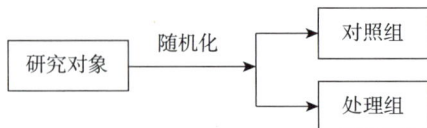

图 12 - 1　完全随机设计方案示意图

完全随机设计的优点是设计操作简单，易于实施，当出现缺失数据时仍可进行统计分析。缺点是实验每次只能分析一个因素的作用，效率不高，样本含量较小时，可能均衡性较差，抽样误差较大。

二、配对设计

配对设计（paired design）是将受试对象按照某些特征或条件配成对子，再将每对中的两个受试对象随机分配到两个不同的处理组中，给予不同的处理。配对的因素是可能影响实验效应的主要非处理因素。在动物实验中，可将种属、性别相同、年龄、体重相近等作为配对条件；在临床试验中，常将性别相同、病情相同或相近、年龄职业相近等作为配对条件。在医学科研中，配对设计的类型主要有两种情况。

1. 同一受试对象分别接受两种不同的处理。如对同一份血样，用 A、B 两种血红蛋白测定仪器同时检测其中的血红蛋白含量。

2. 将条件相同或相近的两个受试对象配成对子，分别接受两种不同的处理。如欲研究维生素 E 缺乏时对肝中维生素 A 含量的影响，将同种属的大白鼠按性别相同，月龄、体重相近配成对子，分别随机喂以正常饲料和维生素 E 缺乏饲料。

配对设计的优点在于抽样误差较小、实验效率较高、所需样本含量也较小；其缺点是当受到配对条件的限制时会导致配对失败或配对效果欠佳，从而损失部分研究对象的信息，降低效率。

三、随机区组设计

随机区组设计（randomized block design）又称配伍组设计或双因素设计，它是配对设计的扩大，该设计是将受试对象按配对条件分成各个区组或配伍组，再将各区组内的受试对象随机分配到各处理或对照组中去。设计时应遵循"区组间的差别越大越好，区组内的差别越小越好"的原则配伍。相比较完全随机设计而言，该设计要求随机分配的次数要重复多次，每次随机分配都对同一个区组内的受试对象进行，且各个处理组的受试对象数量要相同，区组内均衡。随机区组设计方案示意图见图 12 - 2。

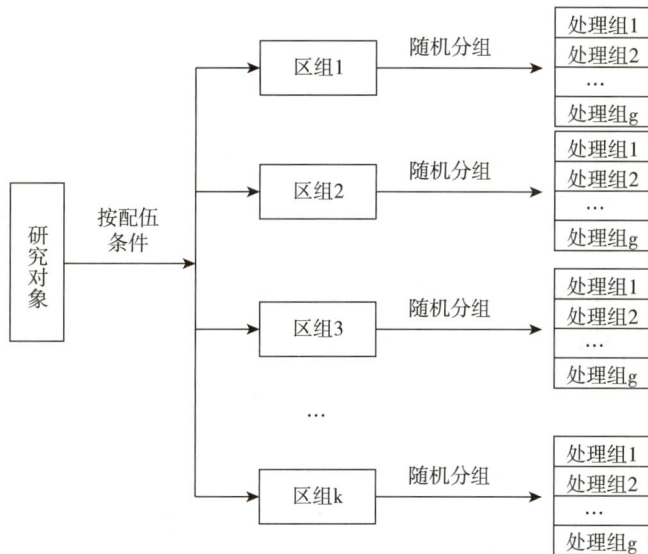

图 12 - 2　随机区组设计方案示意图

随机区组设计的优点是各处理组中的受试对象的条件较均衡，组间的可比性得到保障，比完全随机设计减少了误差，提高统计检验效率。缺点是要求区组内受试对象数与处理数相同，区组内若有受试对象的数据发生缺失，统计分析较为麻烦。

四、交叉设计

交叉设计（cross – over design）是在自身配对设计基础上发展起来的两因素设计方法。它是按照事先设计好的实验次序，在各个时期对受试对象先后实施各种处理，再比较各处理组间的差异。交叉设计方案示意图见图 12 – 3。最简单的交叉设计是 2×2 交叉设计，如开展单因素两水平（处理 A 和 B）、两阶段交叉实验，先将受试对象按某因素相近条件配成对子，再随机分入两组，一组在第一阶段接受 A 处理，第二阶段接受 B 处理，试验顺序为 AB；另一组受试对象在第一阶段接受 B 处理，第二阶段接受 A 处理，试验顺序为 BA。

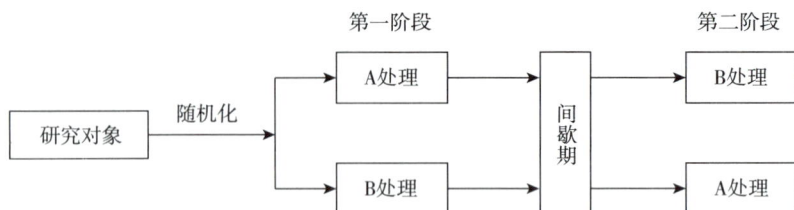

图 12 – 3　交叉设计方案示意图

交叉设计的优点：①能够节省样本含量；②控制个体差异和时间对处理因素的影响，效率较高；③各受试对象均接受了处理因素和对照，照顾了每一个患者的利益，减小了伦理与不良心理因素的影响。其缺点：①安排处理的时间不宜太长，否则会延长实验周期，增加受试对象的失访；②由于实施处理时间过长，受试对象的状态可能会改变，导致后一阶段无法再进行试验；③受试对象退出试验，将会造成该阶段和后续阶段数据缺失，增加统计分析的困难。

五、析因设计

析因设计（factorial design）是一种将多个因素的各个水平交叉组合的全面性试验设计方法。它不仅可以研究两个或两个以上因素各个水平间的差异，还可检验各因素间的交互作用。最简单的析因设计为 2×2 析因设计，它表示实验中共有两个因素，每个因素各有两个水平。再如 2×2×2 析因设计，它表示实验中有三个因素，每个因素各有两个水平。研究因素所有可能的水平组合都能被研究到，例如四个因素同时进行实验，每个因素取三个水平，实验的总组合数为 $3^4 = 81$，即有 81 种组合进行实验。

析因实验设计的优点可以同时观察多个因素的效应，提高了实验效率；能够分析各因素间的交互作用；容许一个因素在其他各因素的几个水平上来估计其效应，所得结论在实验条件的范围内是有效的。缺点是当因素或水平数比较多时，所需样本量比较大。

六、重复测量设计

重复测量设计（repeated measurement design）是指同一受试对象接受某种或某些处理因素后，在不同时间点或部位对某些指标进行多次测量的实验设计方法。重复测量设计中最简单的是一个处理因素和一个重复测量因素设计，处理因素可以施加干预措施并将受试对象进行随机化分组，而重复测量因素各水平间获取的测量数据之间非独立，即数据间存在一定的相关性。重复测量设计在资料分析时，不仅可进行多个处理因素的效应和时间因素效应间的比较，还可进行处理因素和时间因素的交互作用分析，还可综合比较不同处理因素分组随重测时间的变动趋势。该设计的优点是每一个体可以作为自身的对照，研究所需的样本含量相对较少，更加经济，分析时可更好地集中于处理效应。缺点主要有：①顺序效应，处理因素的排列先后可能会有不同的效应；②滞留效应，前面的处理效应有可能会影响到后面处理的效应；③潜隐效应，前面的处理效应有可能激活原本以前不活跃的效应；④学习效应，由于逐步熟悉实验，研究对象的反应能力有可能逐步得到提高。

第五节　样本含量估计 📱微课3

样本含量（sample size）即研究对象的多少，又称样本大小。在科研设计中正确估算样本含量是一项重要内容。若样本含量过少，所得结果往往不稳定，检验效能过低，结论缺乏充分依据；若样本含量过大，又会增加研究难度，造成不必要的人力、物力、时间和经济上的浪费。确定样本含量的原则是在保证研究结论具有一定可靠性的前提条件下，估算最少需要多少研究对象的例数。实验设计方法不同，样本含量的估算方法也不同。

一、样本含量估计的条件

1. I 型错误的概率 α　即检验水准。α 取值越小，实验所需样本含量 n 越大。一般取 $\alpha = 0.05$，还应明确单侧或双侧。

2. 检验效能 $1 - \beta$　β 为 II 型错误的概率。$1 - \beta$ 表示在特定的 α 水准下，H_1 为真时检验能正确发现的能力。$1 - \beta$ 越大，实验所需样本含量 n 越大。通常取 $\beta = 0.1$ 或 0.2，即 $1 - \beta = 0.9$ 或 0.8，一般 $1 - \beta$ 不能低于 0.80。

3. 容许误差 δ　相比较的两个总体间某参数的差别所允许的限度，如 $\delta = \mu_1 - \mu_2$，或 $\delta = \pi_1 - \pi_2$。δ 越小，实验所需样本含量 n 越大。一般用希望发现或需控制的样本和总体间或两个样本间某统计量的差别所代替。δ 在确定可做预实验或用专业上有意义的差值代替。

4. 总体变异度 σ　σ 越大，实验所需样本含量 n 越大。通常根据预实验、查阅文献和专业知识进行判断。

除上述四个要素外，需要注意的是对于设置安慰剂对照的优效性研究，选取临床有效性界值越大，所需要的样本含量越大；对于非劣效性和等效性研究，选取的允许差别的界值越小，所需样本含量越大。

二、样本含量估计的方法

（一）样本均数与总体均数比较（或配对比较）

估算公式为：

单侧：
$$n = \frac{(z_\alpha + z_\beta)^2 \sigma^2}{\delta^2} \tag{12-1}$$

双侧：
$$n = \frac{(z_{\alpha/2} + z_\beta)^2 \sigma^2}{\delta^2} \tag{12-2}$$

式中，n 为所需样本含量，配对设计时 n 为对子数；σ^2 为总体方差，一般用样本方差 S^2 估计，δ 为容许误差，z_α、$z_{\alpha/2}$ 和 z_β 可查标准正态分布 z 值表或 t 分布临界值表（可查自由度为无穷大时的值）。z_α 为单侧，$z_{\alpha/2}$ 为双侧，z_β 只取单侧值。

例 12 - 3　研究资料表明，从事铅作业男性工人血红蛋白含量的平均值为 130.65g/L，标准差为 20.69g/L，若按 $\alpha = 0.05$，$\beta = 0.10$ 的概率，欲分析从事铅作业男性工人血红蛋白含量是否低于正常成年男性平均值 140g/L 时，至少需要多少例男性工人？

本例采用单侧检验，已知 $\delta = 140 - 130.65 = 9.35$，$S = 20.69$，单侧 $\alpha = 0.05$，$z_{0.05} = 1.645$，

$\beta = 0.10$，$z_{0.1} = 1.282$，代入式（12 - 1）：

$$n = \frac{(1.645 + 1.282)^2 \times 20.69^2}{9.35^2} = 41.95，取 42 例。$$

欲分析从事铅作业男性工人血红蛋白含量与正常成年男性平均值有无差别时，至少需要 42 例。

（二）两样本均数比较

在成组比较中，当 $n_1 = n_2$ 时，试验效率最高，所以设计两样本含量相等，其估算公式为：

单侧：
$$n_1 = n_2 = 2\frac{(z_\alpha + z_\beta)^2\sigma^2}{\delta^2} \tag{12 - 3}$$

双侧：
$$n_1 = n_2 = 2\frac{(z_{\alpha/2} + z_\beta)^2\sigma^2}{\delta^2} \tag{12 - 4}$$

式中，n_1 和 n_2 分别为两样本所需含量，一般假设其相等；σ^2 为两总体方差的估计值，一般假设其相等，如不相等则取两个中大的一个，σ^2 可用对应的样本方差 S^2 估计，δ 为两均数之差值。z_α、$z_{\alpha/2}$ 和 z_β 的含义同前。

例 12 - 4 现拟用甲、乙两药治疗 2 型糖尿病患者，以空腹血糖降低值为观察指标。由预实验结果得出，甲药可使患者空腹血糖降低平均值为 2.2mmol/L，标准差为 3.03mmol/L；乙药可使患者空腹血糖降低平均值为 3.9mmol/L，标准差为 2.91mmol/L。为研究两药的疗效需要观察多少例患者？

本例采用双侧检验，已知 $\delta = 3.9 - 2.2 = 1.7$，S 取 3.03，双侧 $\alpha = 0.05$，$z_{0.05/2} = 1.96$，$\beta = 0.10$，$z_{0.1} = 1.282$，代入式（12 - 4）：

$$n_1 = n_2 = 2 \times \frac{(1.96 + 1.282)^2 \times 3.03^2}{1.7^2} = 66.78，取 67 例。$$

本设计各组需要至少取 67 例。

（三）多样本均数比较

估算公式为：

$$n = \psi^2 \frac{\sum_{i=1}^{g} \sigma_i^2/g}{\sum_{i=1}^{g} (\mu_i - \mu)^2/(g - 1)} \tag{12 - 5}$$

式中，n 为各组样本所需的含量，σ_i 和 μ_i 分别为各个总体标准差和总体均值，其中 $\mu = \sum \mu_i/g$，g 为所比较的样本组数，ψ 值可由 α，β，$\nu_1 = g - 1$，$\nu_2 = \infty$ 查附表 12 得到。

例 12 - 5 某课题组研究高脂血脂与高血压、冠心病之间关系，拟以胆固醇（mmol/L）指标进行完全随机设计，分组为高血压组、单纯性冠心病组、冠心病合并高血压组，根据预试验数据，高血压组的胆固醇值为（4.31 ± 0.87），单纯性冠心病组的胆固醇值为（4.79 ± 1.29），冠心病合并高血压组的胆固醇值为（4.95 ± 1.33），设 $\alpha = 0.05$，$\beta = 0.10$，问该项临床研究估计需要观察多少例患者？

本例取 $\alpha = 0.05$，$\beta = 0.10$，已知 $\mu_1 = 4.31$，$\mu_2 = 4.79$，$\mu_3 = 4.95$ 和 $\sigma_1 = 0.87$，$\sigma_2 = 1.29$，$\sigma_3 = 1.33$，计算 $\mu = (4.31 + 4.79 + 4.95)/3 = 4.68$。根据 $\alpha = 0.05$，$\beta = 0.10$，$\nu_1 = 3 - 1 = 2$，$\nu_2 = \infty$，查 ψ 值表（附表 12）得 $\psi = 2.52$，代入式（12 - 5）得：

$$n = 2.52^2 \times \frac{(0.87^2 + 1.29^2 + 1.33^2)/3}{[(4.31 - 4.68)^2 + (4.79 - 4.68)^2 + (4.95 - 4.68)^2]/2} = 79.94，取 80 例。$$

本设计各组需要至少取 80 例。

（四）样本率与总体率比较

估算公式为：

单侧：
$$n = \frac{(z_\alpha + z_\beta)^2 p_0(1 - p_0)}{(p - p_0)^2} \tag{12-6}$$

双侧：
$$n = \frac{(z_{\alpha/2} + z_\beta)^2 p_0(1 - p_0)}{(p - p_0)^2} \tag{12-7}$$

此公式适用于大样本。其中 p_0 为总体率，p 为样本率，z_α、$z_{\alpha/2}$ 和 z_β 的含义同前。

例 12-6　治疗百日咳的常规药物有效率为 70%，现研究新药对治疗百日咳效果，预计有效率为 85%，若按 $\alpha = 0.05$，$\beta = 0.10$ 的概率来说明新药优于常规药物，需要治疗多少例？

本例采用单侧检验，已知 $p_0 = 0.70$，$p = 0.85$，$p - p_0 = 0.15$，单侧 $z_{0.05} = 1.645$，$z_{0.1} = 1.282$，代入式（12-6）：

$$n = \frac{(1.645 + 1.282)^2 \times 0.7 \times (1 - 0.7)}{(0.85 - 0.7)^2} = 79.96 \text{，取 80 例。}$$

本设计至少需要治疗 80 例。

（五）两样本率比较

当 $n_1 = n_2$ 时，试验效率最高，其估算公式为：

单侧：
$$n_1 = n_2 = \frac{(z_\alpha + z_\beta)^2}{2\left(\sin^{-1}\sqrt{p_1} - \sin^{-1}\sqrt{p_2}\right)^2} \tag{12-8}$$

双侧：
$$n_1 = n_2 = \frac{(z_{\alpha/2} + z_\beta)^2}{2\left(\sin^{-1}\sqrt{p_1} - \sin^{-1}\sqrt{p_2}\right)^2} \tag{12-9}$$

式中，n_1 和 n_2 分别为两样本所需含量，p_1 和 p_2 分别为两总体率的估计值，z_α、$z_{\alpha/2}$ 和 z_β 分别为检验水平 α 和 II 型错误概率 β 相对应的 z 值，$\sin^{-1}\sqrt{p_1}$ 和 $\sin^{-1}\sqrt{p_2}$ 为弧度值，度数以弧度计。

例 12-7　对病毒性肝炎患者用新疗法治疗有效率为 82%，用标准疗法治疗有效率为 58%。当 $\alpha = 0.05$，$\beta = 0.10$ 时，两组需要观察多少例能说明新疗法的疗效与标准疗法无显著差异？

本例用双侧检验，已知 $p_1 = 0.82$，$p_2 = 0.58$，以弧度计 $\sin^{-1}\sqrt{0.82} = 1.133$，$\sin^{-1}\sqrt{0.58} = 0.866$；双侧 $z_{0.05/2} = 1.96$，$z_{0.1} = 1.282$。代入式（12-9）得：

$$n_1 = n_2 = \frac{(1.96 + 1.282)^2}{2 \times \left(\sin^{-1}\sqrt{0.82} - \sin^{-1}\sqrt{0.58}\right)^2} = 73.72 \text{，取 74 例。}$$

本设计各组需要观察 74 例。

（六）多样本率比较

估算公式为：

$$n = \frac{2\lambda}{\left(2\sin^{-1}\sqrt{p_{max}} - 2\sin^{-1}\sqrt{p_{min}}\right)^2} \tag{12-10}$$

式中，n 为各组样本所需的含量，p_{max} 和 p_{min} 分别为最大率和最小率，g 为组数，λ 是由 α，β，自由度 $\nu = k - 1$ 所确定的界值，可由附表 13 查得，度数以弧度计。

例 12-8　某医生拟研究三种方法治疗周围性面神经麻痹的效果，初步估计物理疗法的有效率为 78%，药物疗法的有效率为 60%，外用膏药的有效率为 45%，设 $\alpha = 0.05$，$\beta = 0.10$，若比较三种疗法的疗效需要观察多少例患者？

已知 $p_{max} = 0.78$ 和 $p_{min} = 0.45$，以弧度计 $\sin^{-1}\sqrt{0.78} = 1.083$，$\sin^{-1}\sqrt{0.45} = 0.735$，由 $\alpha = 0.05$，$\beta = 0.10$，$\nu = 3 - 1 = 2$，查附表 12 得 $\lambda = 12.65$，代入公式（12-10）得：

$$n = \frac{2 \times 12.65}{\left(2\sin^{-1}\sqrt{0.78} - 2\sin^{-1}\sqrt{0.45}\right)^2} = 52.23 \text{，取 53 例。}$$

故每组需要观察 53 例。

第六节 临床试验设计

在医学实践中，很多疾病的诊疗或防治方法的发现，都是首先以临床观察为基础的；即使动物实验的研究成果，最终也需要在临床中检验其效果。所以，合理科学的临床试验就显得尤为重要。如果弄不清楚科研方法，方法不正确或有漏洞，就会事倍功半，甚至造成失败。以前很多临床研究都是根据临床经验和一些临床实践的资料，容易受到各种主观和客观因素的影响，常产生各种偏倚。许多曾经被认为有效的临床方法，后来经过医学实践证实是无效的，甚至是有害的。正确的临床科研方法不仅有助于临床医学的发展，对临床医学工作者科研能力的提高，也有着重要的作用。本节皆在帮助医学生在较短时间内对临床试验设计建立较为系统的初步认识，较快地理解临床试验的概念、特点及基本步骤，为将来开展临床科研打下基础。

一、临床试验设计概述

临床试验（clinical trial）是指对任何在人体（患者或正常人）中进行的各种治疗方法或预防措施的干预性研究，以证实或揭示治疗方法或预防措施的疗效和安全性，从而综合评价治疗方法或预防措施的效果和价值。临床试验一般属于前瞻性研究。临床试验与实验室研究或动物实验不同，它有自身的许多特点。

1. 临床试验的特点

（1）临床试验首先要明确干预措施并有效实施，追踪研究对象的结局指标发生情况，是一种前瞻性研究。但不一定要对所有研究对象同时开始观察，只要明确随访的起止时间即可。

（2）临床试验在确定研究对象时首先必须随机分组，其中实验组具有的干预措施是人为干预的。然后设定具有均衡可比的对照。所以临床试验又称为随机对照试验（randomized controlled trial，RCT）。

（3）伦理道德要求高。临床研究的最终目的是提高诊疗水平，提高人群健康水平。与普通实验研究不同，临床试验是在人体上进行的，而且是研究者主动地实施各项治疗措施，特别是其研究对象是患者，进行临床试验应该严格遵守伦理学的要求，如果出现损害患者健康和利益的情况，试验均应禁止或者终止。临床试验应在保障受试者的安全并遵循公正自愿的原则上进行。

（4）患者依从性对实验结果影响较大。尽管研究者通过随机化分组能够减少非处理因素的干扰，但是不能完全控制研究对象的所有因素，特别是在患者的依从性方面。患者依从性又称临床依从性（clinical compliance），是指研究对象对于试验要求或医嘱遵守的程度。患者依从性和临床试验设计方案能否贯彻实施、研究结果是否真实可信密切相关。因此要采取必要的措施提高研究对象的依从性，并制订评价依从性的标准和出现对象不依从时的补救措施。

（5）在循证医学证据强度高。由于临床试验是将研究对象随机分组，人为控制各种干预措施的暴露与实施，同时设置了与实验组可比性高的对照组，并采用盲法观察、收集和分析资料。因此，临床试验受选择性偏倚、信息偏倚和混杂偏倚的影响较小，获得的结果较为真实可靠。

（6）实施的复杂性。临床试验容易受疾病类型、病情轻重、患者的特征、治疗的经历、家族史、体内外环境及疾病本身的特点等多种因素的影响和干扰，这些因素之间有时存在混杂和交互作用，有时难以控制与预料。因此标准化临床试验方法有时难以实施。在判断试验效果时，应充分考虑各种干扰因素的作用对结论的影响。

2. 临床试验的分期 在进行药物临床试验之前应该进行新药的药理学和毒理学研究，即临床前试验，其内容包括药效学研究、一般药理学研究、药代动力学研究和毒理学研究等。这一阶段的工作主要在试验室和试验动物身上进行。临床试验分为Ⅰ、Ⅱ、Ⅲ、Ⅳ期。新药在批准上市前，通常应当进行Ⅰ、Ⅱ、Ⅲ期临床试验；Ⅳ期临床试验在新药上市后进行。

（1）Ⅰ期临床试验　初步的临床药理学及人体安全性评价试验。观察人体对于新药的耐受程度和药代动力学，为制定给药方案和用药剂量提供依据。试验对象一般为健康志愿者，例数为20～30例，主要为耐受性试验和药代动力学试验。耐受性主要观察单次或多次给药的生命体征、实验室指标的异常变化和不良反应的发生情况等，确定临床给药的安全范围；药代动力学主要观察药物在体内的吸收、分布、代谢和消除等情况。

（2）Ⅱ期临床试验　治疗作用初步评价阶段。其目的是初步评价药物对目标适应证患者的治疗作用和安全性，也包括为Ⅲ期临床试验研究设计和给药剂量方案的确定提供依据。此阶段的研究设计可以根据具体的研究目的，可采用多种形式，包括多中心随机盲法对照临床试验。

（3）Ⅲ期临床试验　治疗作用确证阶段。其目的是进一步验证药物对目标适应证患者的治疗作用和安全性，评价利益与风险关系，最终为药物注册申请的审查提供充分的依据，试验成功与否能够决定该药是否获得上市许可。试验一般应具有足够样本量，采用随机双盲对照试验。

（4）Ⅳ期临床试验　新药上市后由申请人进行的应用研究阶段。其目的是考察在广泛和长期使用条件下的药物的疗效和不良反应，特别是发生率很低但却属于严重不良事件的出现情况，评价在普通或者特殊人群中使用的利益与风险关系以及改进给药剂量等。Ⅳ期临床试验一般可不设对照组，要求在多家医院进行。

二、临床试验设计的基本步骤

临床试验是用来判断医疗措施是否安全和有效的医学研究，严格设计并认真实施的临床试验，是发现有效措施的最快和最安全的途径。

（一）临床试验设计的内容

1. 专业理论设计　也指专业设计。是指运用专业理论知识选定课题，设计研究内容。医学科研的创新往往体现在专业理论设计，研究的预期结果应该能解决与回答专业理论问题。所以，在临床试验设计中，研究者要有本专业较为扎实的理论基础，并注重做好专业理论设计。

2. 专业技术设计　指对用于各种仪器设备及其操作技术与方法的选择和应用。临床试验中往往需要各种的仪器设备和方法来获取实验数据，甚至有的观察内容若不借助于一定的仪器设备，则几乎无法观测到科研活动中所需观察的指标。专业技术设计就是在确定实验效应指标后，考虑应该用什么仪器设备和操作技术去检测和记录实验效应指标。

3. 统计学设计　指应用统计学原理，对科研中研究对象和影响因素进行合理安排和控制，并对研究结果进行最有效的整理统计分析。合理的统计学设计可使科研结论公正、客观、科学、合理。统计学的应用贯穿了整个研究过程。

（二）临床试验的具体步骤

1. 发现与提出临床问题　临床问题主要包括疾病的病因、诊断、治疗、预防、康复、预后等方面。要想开展临床科研工作，首先要能够在临床实践中发现问题，提炼问题。并不是任何问题都可以成为一个科研问题，一个好的科研问题来自于临床实践所积累的经验、对学科前沿信息的掌握、对传统观念的质疑等方面。

2. 文献检索，知己知彼　在提炼出一个临床研究问题的基础上，还必须进行一定深度和广度的文献检索，了解国内外相关研究的现状，寻找自己开展科研的目标与起点，防止低水平的重复。

3. 选定课题，建立研究方向　选定课题本身就是临床科研工作很重要的一个部分，是科研的起点，如果选准了一个课题方向就相当于科研工作成功了一半。可以这样讲，研究者的科研能力如何，首先就表现在他的选题水平上。目前，课题的来源主要有两个方面。①国家有关部门下达的课题（包括指令性课题和指导性课题），一般是国家一些权威学者们经过集思广益和深思熟虑后，由政府有关部门确定和发布的研究课题。这些课题都是国家迫切需要解决的问题。在提供的课题指南中选题可以减少个人的摸索过程，容易得到科研经费的保证。②科技人员也可以根据个人的实践经验、文献资料中或在学术交流的启发下选定课题。课题选定后，必须进行反复认真的评估和可行性的论证，应具有较好的创新性、科学性、实用性。

在研究课题确定后，由于课题方向范围较大，因此还要根据实际情况明确研究目的。研究目的要明确具体。一项研究只能解决一到两个问题，不要贪多，以免影响研究工作效率和质量。而且要根据研究目的和已掌握的基础资料形成研究假说。假说就是对所提出的问题的一种初步分析与综合，是对提出的问题给以推测性和理论性的说明，是一种预先假定的答案或解释。它决不是毫无根据的空想，而是有一定的事实为依据的。从某种意义上讲，临床试验研究的过程就是验证假说是否成立的过程。

4. 统筹安排，设计方案

（1）必须包含处理因素、受试对象和实验效应等三个基本要素。

临床试验的处理因素可以是疾病的病因、诊断、治疗、预防、康复、预后等某方面的生物学措施，也可以是某些社会因素或者心理行为因素。确定临床试验中的处理因素时要注意两个问题：①把握好主要因素，不要在一项研究中研究太多的处理因素及其水平数；②必须制订出保证处理因素在整个实验过程中稳定不变的措施，如注明药物的名称、剂型、剂量、生产单位、出厂批号及给药途径等。

受试对象的选择在设计阶段就必须明确要求，不能在试验过程中随意选择或变动。受试对象必须对所研究的患者总体有较好的代表性，即能够反映不同病情、不同性别和年龄等各种特征的患者的情况。疾病的诊断应严格按照国内外统一的标准进行，有明确的纳入标准和剔除标准。此外，如果选择危重患者、年龄过大的患者和孕妇等作为研究对象时应谨慎，考虑伦理学的要求。研究对象依从性也要有所保证。

效应指标的选择，要求能够比较全面、客观地反映实验效应，通常确定 1 ~ 2 个主要的结局指标，以及若干个次要结局指标，最好选择客观或定量的指标。

（2）严格遵循随机、对照、重复、均衡的原则，必要时可以采取盲法。

通过随机化分组，可以平衡各组间已知的混杂因素比例，提高各组的可比性。在随机分组时要做到各组诊断病例的标准一致、来源一致、对两组的重视程度一致。有对照才有鉴别，常用的对照有安慰剂对照、标准对照和实验对照等，具体选择何种对照措施应根据所研究的疾病和干预措施的特点确定。在临床试验设计中，研究对象和研究者的主观因素容易影响到研究结果的真实性和可靠性，从而产生偏倚。这种偏倚可以产生于从设计到结果分析的任何环节。适当采用盲法试验可避免这种偏倚。根据盲法设置程度不同，一般可以分为开放试验、单盲、双盲试验。临床试验应尽量采用盲法，但是采用盲法也会带来许多技术上的困难以及伦理学中的问题。

在临床试验设计的原则中，设立对照、随机分组、盲法应用是很重要的，常称为临床试验设计的三大原则，因此采取随机分组、同期对照、双盲原则的临床试验常被认为是最优化设计。

（3）进行科学的样本量估计　在临床试验中，样本含量的估计是一个很重要的问题，样本量过多，会造成不必要的浪费，甚至增大实施难度；样本量不足，容易产生偶然性掩盖必然性的现象，造成实验结果的重现性差，甚至导致错误的统计学推断。样本含量的大小可以通过查表法或直接计算的方法确定。在估计样本量之前，应考虑效应指标预期值的大小、实验组和对照组疗效的预期差值的大小、统计学检验的显著性水准（α）和检验功效（$1-\beta$）、实验需要达到的精确度以及并确定是用单侧检验还是用双侧检验等很多方面的影响。另外，统计资料的性质不同、试验设计方法不同以及是否出现失访，对样本量的大小也有影响。

（4）资料收集方法 临床试验收集资料的过程主要有问卷调查、体格检查或实验室检查，具体实施方法有面访、信访、网络调查、电话访问等形式。为了减少观察偏倚，要对研究的整个过程实施质量控制，规范实验操作流程，严格控制实验条件，实事求是地记录实验过程与数据，保证收集到完整性、真实性、可靠性高的实验数据。

5. 结果分析与解释 通过科研的实施所获取的实验数据往往数量较多，杂乱无章，形式多样，必须进行整理分类，再根据研究目的、设计方法、资料类型、总体特征及样本信息等方面进行合理的统计描述和统计推断，经假设检验后结合实验中存在的偏倚情况，做出合理的结论，不能仅凭表面数值妄下结论。研究结果最终应形成一个研究报告，以作为科研结题、验收、鉴定、归档的主要书面材料，不仅是对本次研究的记录和总结，也能为今后研究或他人的研究提供支撑性的证据。

🌐 **知识链接**

盲法

盲法是控制临床试验中因"知晓随机化分组信息"而产生的偏倚的重要措施之一，目的是达到临床试验中的各方人员对随机化处理分组的不可预测性。根据设盲程度的不同，盲法分为双盲、单盲和非盲（开放）。在双盲临床试验中，受试者、研究者（对受试者进行筛选的人员、终点评价人员以及对方案依从性评价人员）、与临床有关的申办方人员对处理分组均应处于盲态；单盲临床试验中，仅受试者或研究者一方对处理分组处于盲态；开放性临床试验中，所有人员都可能知道处理分组信息。临床试验的设盲程度应综合考虑药物的应用领域、评价指标和可行性，应尽可能采用双盲试验。

目标检测

答案解析

一、最佳选择题

1. 实验设计的三个基本要素是（　　）。

    A. 受试对象、实验效应、观察指标　　　　B. 随机化、重复、对照

    C. 齐同对比、均衡性、随机化　　　　　　D. 处理因素、研究对象、实验效应

    E. 对照、重复、盲法

2. 实验设计的基本原则是（　　）。

    A. 随机化、盲法、对照　　　　　　　　　B. 随机化、重复、对照

    C. 随机化、盲法、均衡　　　　　　　　　D. 重复、随机化、均衡

    E. 均衡、配对、随机化

3. 为研究新药胃灵丹治疗胃溃疡的疗效，在某医院选择 60 例胃溃疡患者，随机分成实验组和对照组，实验组服用胃灵丹治疗，对照组用公认有效的胃苏冲剂治疗。这种对照在实验设计中称为（　　）。

    A. 空白对照　　　B. 实验对照　　　C. 标准对照　　　D. 历史对照　　　E. 安慰剂对照

4. 研究某新药治疗矽肺患者的疗效，预试验尿矽排出量平均比治疗前增加 14mg/L，标准差为

26mg/L，当 $\alpha = 0.05$，$\beta = 0.10$ 时，需要观察（　　）例患者可认为该药有效。

A. 32　　　　B. 30　　　　C. 28　　　　D. 24　　　　E. 22

5. 估算样本含量时，在其他条件不变时，设定的 Ⅱ 型错误概率越小，则（　　）。

A. 所需要的样本含量越小　　　　　　　　B. 所需要的样本含量越大

C. 不影响样本含量大小　　　　　　　　　D. 样本含量的估算越准确

E. 样本含量的估算越粗糙

6. 实验设计和调查设计的根本区别是（　　）。

A. 实验设计以动物为对象　　　　　　　　B. 调查设计以人为对象

C. 实验设计可随机分组　　　　　　　　　D. 实验设计可人为设置处理因素

E. 两者无区别

7. 在评价某药物耐受性及安全性的 Ⅰ 期临床试验中，将符合纳入标准的 30 名健康志愿者随机分为 3 组，每组 10 名，各组注射剂量分别为 0.5U、1U 和 2U，观察 48 小时部分凝血活酶时间（秒）。基于试验目的，本试验属于（　　）。

A. 完全随机设计　　　　　　　　　　　　B. 随机区组设计

C. 交叉设计　　　　　　　　　　　　　　D. 析因设计

E. 配对设计

二、简答题

1. 完全随机设计与随机区组设计有何区别？

2. 在动物镇咳实验中，比较中药复方 Ⅰ 与复方 Ⅱ 使小白鼠推迟发生咳嗽的时间。复方 Ⅰ 平均推迟 32.17 秒，复方 Ⅱ 平均推迟 43.85 秒。设两组的标准差均为 24.64 秒，当 $\alpha = 0.05$，$\beta = 0.10$ 时。要使两组的差别有统计学意义，实验需要多少只小白鼠？

3. 心血管疾病研究人员初步调查某地区高血压组人群冠心病患病率为 10.67%，高胆固醇血症人群冠心病患病率为 5.52%，当 $\alpha = 0.05$，$\beta = 0.10$ 时，要探讨高血压、高胆固醇血症及其与冠心病关系时，每组各需抽查多少人？

4. 临床试验设计中为什么要采用盲法？盲法分为几种？

5. 临床试验通常分为几期？各期的主要目的分别是什么？

三、案例辨析题

为了观察甲紫注入小型猪正常腮腺后组织病理变化情况，研究人员选择 6 月龄、体重 20 ~ 25kg 的实验用小型猪 15 只，其中雄性 9 只，雌性 6 只。每只动物任选一侧腮腺为实验组，另一侧作为正常对照组，以消除个体差异及老龄化对实验结果的影响。按注入甲紫后 1 周、2 周、1 个月、3 个月及 6 个月将 15 只动物随机分为 5 组，每组 3 只（每个组的 3 只动物分别随机注入 0.6、1.0 及 4.0ml 1% 甲紫溶液），然后观察组织病理变化情况，请辨析该实验设计存在哪些差错？若有差错应当如何改进？

（韦　杰）

书网融合……

第十三章　调查设计

📖 **学习目标**

1. **掌握**　调查表的设计、概率抽样方法。
2. **熟悉**　调查研究类型、调查设计步骤、非概率抽样方法。
3. **了解**　不同抽样方法的样本含量估算方法。
4. 学会问卷调查表编制和设计的基本方法，具备完成现况调查的基本能力。

第一节　调查研究概述 📱微课1

医学科学研究是指以提高人群健康水平为目的，以患者和（或）健康者为研究对象，利用医学知识探讨疾病的病因，认识疾病发展演变的规律，从而寻找疾病的有效诊断方法和防治措施，最终提高人群健康水平。医学研究分类方法众多，按研究目的可分为验证性研究（confirmatory study）与探索性研究（exploratory study）；按研究形式分类可分为观察性研究（observational study）与实验性研究（experimental study），其中观察性研究又称调查研究，是指在没有任何干预措施的条件下，以某一特定现场的人群为研究对象，采用一定的工具和手段，客观地观察和记录研究对象的现状及其相关特征的过程。

在调查研究中，研究的问题与假设确定后，应根据问题与假设进行调查设计。调查设计中应确定调查的时点、调查对象及范围，调查方法以及对资料分析方法的初步设想。

一、调查研究的类型

（一）按调查对象的范围分类

调查研究依据调查对象的范围可以分为全面调查和非全面调查，后者又以抽样调查和典型调查最为常见。

1. 全面调查（overall survey）　又称普查（census），是将组成总体的所有观察单位全部加以调查，最典型的是我国的人口普查。普查一般都是用于了解总体某一特定"时点"的情况，如时点患病率、某年年终人口数等。当进行调查研究时，需要在短期内完成，否则会因发病季节性的变动或新发患者的产生、人口流动等因素而影响调查的准确性。

2. 抽样调查（sample survey）　即从总体中抽取一定数量的观察单位组成样本，然后用样本推论总体，用样本指标来估计总体参数。抽样调查比普查的观察单位数少，因而能节省人力、财力和时间，并可获得较为深入细致和准确的资料，它还可用于检查普查的质量。众多医学问题的研究只能进行抽样调查，如疾病的临床治疗效果观察等。

抽样调查有以下特点：①抽取的样本作为一个"代表团"来代表总体，而不是随意挑选的个别单位代表总体；②调查样本一般按随机的原则抽取，在总体中每个单位被抽取的机会相等，因此被抽中的单位在总体中是均匀分布的，不易出现倾向性误差；③所抽取的样本数量是根据误差的要求经过样本量估算公式计算确定的，在调查样本的数量上有可靠保证；④抽样误差在调查前就可以根据样本量和总体中各单位之间的差异程度进行计算，并控制在允许范围内，调查结果的准确程度较高。

3. 典型调查（typical survey） 亦称案例调查，指在对调查对象的特征进行全面分析的基础上，有目的地选定典型的人、典型的单位进行调查。如调查某地区孕妇叶酸服用率高的原因，进行经验总结用于推广。典型调查通常是对同类事物特征集中表现的提取和总结，因此，其有利于对事物特征做深入的了解。典型调查还可与普查结合，分别从广度和深度说明问题。由于典型调查没有遵循随机抽样的原则，不能用于估计总体参数，但在一定条件下，根据专业知识，选定一般典型可对总体特征做经验推论，但这不属于统计推断的范畴。

（二）按抽取样本的方式分类

调查研究按抽取样本的方式可分为概率抽样调查（简单随机抽样、系统抽样、分层随机抽样、整群抽样）和非概率抽样调查（偶遇抽样、判断抽样、定额抽样、雪球抽样等）。本部分内容在本章第三节抽样方法中详述。

（三）按调查研究的性质分类

调查研究根据调查性质可分为定性研究和定量研究。定性研究是指以人群为对象的研究，阐述事物的特点及其发生发展的规律，常与定量研究相结合，揭示事物的内在本质。定性研究常用观察、访谈、专题小组讨论等方式收集资料。

定量研究是指通过现场调查收集人群发生某种事件的数量指标，如患病率、就诊率等，探讨各种因素与疾病和健康的数量依存关系的研究。定量研究主要采用问卷调查表作为收集资料的工具，所以又称问卷调查。

此外，调查研究按照调查时间顺序可分为回顾性调查（如病例对照研究）、现况调查、前瞻性调查（如队列研究）、历史前瞻性调查（如双向队列研究），按照收集资料的具体方法可分为观察法、访谈法、信访法等。由此可见，调查研究的分类方法众多，且在科学研究和实际工作中有着广泛的应用。

二、调查设计的步骤

调查设计是对调查研究所作的周密计划，它包括调查研究资料的收集、整理和分析全过程的统计设想和合理安排。调查设计的目的是用尽可能少的人力、物力、财力和时间，获得符合统计学要求的调查资料，得出预期的结论。完整的调查研究包括调查计划、整理与分析计划两部分。

（一）调查计划

1. 确定调查目标 是决定调查研究成败的根本问题。研究目标要在前期研究的基础上，通过查阅资料、实地调查、学术交流等方式，针对工作中存在的、尚未得到解决的实际问题来提出。因此，进行调查设计的第一步需要明确调查的目的。从统计学的角度，调查研究的目的可归纳为两类：一类是了解总体情况即参数，说明总体特征，如某地常见病的患病率、某地居民年平均收入等；另一类是研究事物之间的相关联系，探讨病因：如吸烟与肺癌之间的关系、运动与肥胖之间的关系、期望寿命与经济水平之间的关系等。

2. 明确研究指标 调查目标要通过具体的研究指标来体现。研究指标要精选，尽量用客观性强、灵敏度高、精确性好的指标。为了便于收集准确的一手资料、便于统计分析，要尽量设计定量指标，少用定性指标。

3. 确定调查对象和观察单位 即解决向谁调查和由谁来具体提供资料的问题。根据研究目的来确定调查对象总体，划清调查总体的同质范围。组成总体或样本的观察单位可以是一个人、一个病例、一个家庭、一个集体单位，也可以是"人次"或采样点等。如调查某一地区食管癌的发病情况，总体的同质范围是该地区某年全部常住人口，观察单位是"人"，观察对象只限于同属该地区和时间范围的常住人口。

4. 确定调查方法 调查方法需要根据调查目的、调查指标以及研究者所具备的调查条件等因素来选择。若调查目的是掌握总体参数（特征），最好的方法是普查；若调查目的是研究事物的相互关系和探索病因，可采用病例 – 对照和队列研究方法；若调查目的是说明事物的典型特征，可采用典型调查。

5. 确定搜集资料的方法 资料搜集方式主要有直接观察法和询问法，在调查研究中经常结合使用。直接观察法是指调查人员在调查现场对调查对象进行直接观察、测量、检查或者计数等形式来获取研究资料，如调查人员在调查现场的体检、生物标本的收集等。询问法也叫采访法，是指调查人员根据调查目的询问调查对象，依据其回答的信息来收集资料。询问法包括三种形式：①直接询问，如现场问卷调查、现场采访等；②现场座谈，如访谈、座谈会等；③信访，如网上调查、邮寄调查表调查等。

6. 确定调查项目并编制调查表 根据调查指标确定调查项目，编制调查表。调查表是用于收集研究资料的一种测量工具，是由一组问题和相应答案构成的表格。调查表设计的质量将直接影响收集到的资料的有效性及可信度，从而影响调查的结果。因此，编制高质量的调查表是制定调查方案的重要工作。该部分内容将在本章第二节详述。

7. 估计样本含量 就是在保证调查结果具有一定可靠性的前提下确定最少的样本例数。样本含量估计方法有经验法、查表法和计算法。经验法是根据研究结果总结的经验或别人研究的经验来确定调查的样本含量。查表法是根据已知的条件或确定的条件查阅样本例数估计表来确定样本含量。计算法是根据已知条件或确定的条件代入公式计算来确定样本含量，是目前样本含量常用的方法。关于总体参数估计所需样本含量的估计详见本章第三节。

8. 制订实施计划 包括组织领导、宣传动员群众、时间进度调查员培训、任务分工与联系、经费预算、调查表和宣传资料的准备，以及调查资料的检查（完整性、正确性）制度等内容。在正式调查之前，应先进行小范围的试点调查，以便检验和修改调查计划。

（二）整理与分析计划

按照调查计划进行现场调查是收集原始资料的过程，是调查研究至关重要的环节，其实施质量直接决定着调查研究的质量。根据实施计划进行现场调查完成调查资料的现场采取后，收集资料主要包括以下几个步骤。

1. 调查表的接受和核查 在完成现场调查后，需要接受、整理调查问卷。接受调查问卷要求做好相关记录，包括问卷完成日期、收回日期，完成问卷的调查员、审核人等信息，并掌握问卷的回收情况。

在收集调查表时，首先需要对问卷调查表进行完整性和逻辑性的核查。完整性核查是核对填写问卷时是否有缺项，缺项内容应立即返回调查补填。完整性核查一般应在调查现场进行，否则弥补困难。逻辑核查主要检查被试者在回答调查内容时是否存在逻辑上的矛盾，如出生年月与身高、患病病种与性别不符的现象。随着计算机技术的发展，调查问卷的部分逻辑核查可在数据录入后，由统计软件进行自动核查。

2. 数据编码和录入 数据编码即对每条调查项目（每一个条目）的所有可能的调查结果分配一个代码。在问卷设计时的编码为事前编码，编码要方便调查员和被调查者对调查问题的理解和做答。在数据收集后的编码为事后编码，主要针对调查表中的开放性调查项目，将调查中的各种回答进行比较，归纳整理出回答内容的主要类型，给予恰当的编码，便于计算机录入和识别。

3. 设计数据整理表 根据研究目的和预期分析指标设计数据整理表和数据分组，它可以使调查目的更加具体、明确，是预期结果的表达形式。设计分组目的是将性质相同的观察单位合在一起，将性质不同的观察单位分开，把组内的共性及组间的差异性或相似性显示出来。分组有两种形式。①类型分组：又称质量分组或品质分组，是按资料的性质或类别进行分组，如将观察单位按民族、职业、疾病病种等进行分类，或者某项检查结果按阳性和阴性分组。②数量分组：即按分组因素的数量大小来分组，如将观察单位按身高大小、疾病的病情程度等分组，数量分组的多少因研究目的、资料性质和样本含量而定，分组的界限应清楚，不应有重叠。

如在研究设计阶段尚未掌握研究现象的变化规律时，设计分组可分得细一些，分析时再按实际情况作必要的合并；反之，设计分组一开始就很粗，汇总资料后，要想再分细一些，只有重新分组汇总了。

4. 数据汇总　即按拟定的整理表和分组要求，将原始资料分别导入各组的过程，一般采用计算机软件进行汇总。此外，在数据分析之前，要对各组的数据进行赋值，说明各个指标的内涵及意义，甚至要注明计算方法、消除混杂因素影响的方法、预期要做的统计描述和推断等。

5. 归纳汇总　即按拟定的整理表，统计不同类别的分布情况。一般归纳汇总常用统计软件包直接调数据库文件进行归纳汇总或统计分析。

第二节　调查表的设计 📱微课 2

一、调查表的类型与结构

（一）调查表的类型

在调查研究中，根据收集资料方法的不同，调查表分为自填式问卷和访谈式问卷两种类型。

1. 自填式问卷　一般采取邮寄、现场发送或网络平台等方式，将问卷交到被调查者手中由被调查者自行填写。一般要求被调查者有较高文化程度，且有详细的填表说明，问题不宜太复杂。

2. 访谈式问卷　直接面向被调查者，由调查者将问题念给被调查者听，再由调查者根据被调查者的回答进行填写。因此，填表说明可不列入调查表，由调查者掌握，调查的问题也可以较复杂。

（二）调查表的结构

1. 封面信　通常放在调查问卷最前面，向应答者说明调查目的及有关事项的短信，其目的是取得应答者的理解、信任和合作。一般包括调查者的身份、研究目的、重要性及主要内容、应答者回答问题的必要性和为应答者的回答保密等内容。

2. 知情同意书　根据医学伦理学的要求，为了保障被调查人的尊严、权利和利益，需要对调查对象告知本次调查实施的依据、目的、方法及潜在的损伤、风险和不可预测的意外等情况。然后在没有威胁利诱的条件下获得受试者主动的同意，或在可能的多种选择办法中作出自由的选择。当受试者无行为能力时，应由与他们没有利益或感情冲突的监护人表示"代理同意"。

3. 指导语　是对填写问卷的说明，即对如何回答问题或选择答案做出明确的说明，对问题中的一些概念和名词给予通俗易懂的解释，有时甚至可以举例说明答卷方法。指导语根据问卷的形式而异，自填式问卷是对回答者的指导语，而访谈式问卷是对访谈员的指导语，所以在语气、方式等方面均有所差异。

4. 问题及答案　调查表的问题按照其内容可以分为以下三种：①特征问题，用以测量被调查者的基本情况，如年龄、性别、职业、文化程度、婚姻状况等，是各种问卷必不可少的一部分；②行为问题，测量的是调查者过去发生的或正在进行的某些行为和事件，如吸烟、饮酒、患病、就医等，行为问题是了解各种社会现象、社会事件、社会过程的重要工具；③态度问题，用于测量被调查者对某事物的看法、认识、意愿等主观因素，态度问题是揭示某现象产生的直接和社会历史原因的关键环节。

5. 编码　包括调查表编号、调查项目（条目）编号和回答选项编号。对于正规的调查表，还要有过录框，将要录入计算机的各种数据和编码填于其中，以便于录入计算机。

二、调查表的制订步骤

（一）明确调查目的

在设计问卷之前，首先需要明确研究目的，并将研究目的分解为一系列可测量的指标，一般用相应的问题条目来表述。

（二）建立问题库（条目池）

1. 头脑风暴法　针对首次涉及的研究领域，或对已有的问卷进行修改完善，可采用头脑风暴法建立问卷的问题库（条目池）。具体做法是根据研究目的和对象设立由有关人员组成的研究工作组，工作组围绕研究目的和基本内容，自由发表意见，提出各种可能的相关问题。然后将提出的问题进行归类、合并等，建立本研究所需的条目池。

2. 借鉴其他问卷的条目　借鉴已有问卷，从中选择相关条目是问卷编制过程中的常用方法。因为已有问卷已经反复应用和检验，借鉴的条目一般具有较高的信效度。但是新设计的问卷仍然需要重新进行信效度的检验。

（三）设计问卷初稿

该部分内容是问卷编制的关键，主要包括从问题库（条目池）中筛选合适的条目，将问题的描述标准化、规范化，进行初步的量化处理，按照一定的逻辑结构、对被试者的心理影响等合理排序，合理编码合成结构完整的初始问卷。

（四）试用和修改

试用的方法有两种：第一种是客观检查法，即将问卷初稿进行一次预调查，以发现问卷存在的问题；第二种是主观评价法，即将问卷的初稿分送给相关领域的专家，请专家结合研究目标进行评价。有条件时可将两种方法结合用以试用问卷的修改。

（五）信度、效度的检验

问卷调查表的最终质量要通过信度和效度检验来评价，检验后才能确定最终的正式问卷。

三、调查表问题和答案的设计

（一）调查表问题的设计

调查表的问题根据是否预设答案，可以分为开放式和封闭式问题，在实际调查研究的过程中要根据研究设计的具体需求来选择。

1. 开放式问题　用于事先不知道所设问题答案的具体情况，让被试者自由发挥，能收集到尽可能多的信息。但其缺点首先是开放式问题要求回答者有较高的知识水平和语言表达能力，能够正确理解题意并表达出来，因此一般自填式问卷通常不用开放式问题。其次被试者回答此类问题，需花费较多的时间和精力，导致回答率低。最后，对开放式问题的统计处理常比较困难，有时甚至无法归类编码和统计。

2. 封闭式问题　具有较多优点，首先从调查实施的角度出发，被试者容易理解、问题容易回答，节省时间，问卷的回收率较高；其次从定量研究的层次出发，封闭式问题在测量级别、程度、频率等一些等级问题方面有独特优势，这类问题一般必须列出一系列不同层次的答案，供回答者选择。例如："您对某事是否满意？①非常满意；②很满意；③满意；④比较满意；⑤不满意"；最后从资料的整理和分析方面看，封闭式问题列出答案种类，可以将不相干的回答减少到最小程度，收集到的资料略去了回答者间的某些差异，统一归类，便于分析和比较。

但是其缺点是问题答案不易列全，回答者如果不同意问卷列出的任何答案，就没有表明自己意见的可能，并且给被试者猜答案和随便选答的机会，同时容易导致误选的发生。采用封闭式问题的调查表通常为了保证封闭式问题包括全部答案，可在答案最后加上"其他＿＿＿"。

（二）调查表答案的设计

调查表问题答案的格式在一定程度上是由问题的特性决定的。调查表问题答案格式一般有五种。

1. 填空式　用于事实性的定量问题，如"您的月均收入是多少？"等。

2. 二项式　在问题后给出两个互相排斥的答案，测量的是统计学中"0/1 型"变量，如"您的性别是：男/女"，"您是否参保？是/否"。由于这种答案格式对于研究者和被调查者而言均简便易行，故而应用非常广。

3. 多项选择式　问题后的答案超过两个，该格式在问卷设计中应用最广，无论测量的尺度如何，对于连续性特征的变量测量也多采用多项选择式的答案设计。但要注意答案数量太少，信度便会下降，问卷测量的稳定性不佳。而答案数量太多，不仅造成问卷篇幅的增加，而且被调查者可能不耐烦，从而不认真答卷。一般认为 5 ~ 7 个答案是比较适宜的，最多不宜超过 10 个。在排列答案时，对于有一定顺序关系的答案，应按顺序排列，以免逻辑混乱，影响选择答案。

4. 图表式　有的问题答案可以用图表的方式列出，回答者在图表上表示自己的意见。常见的有线性尺度、脸谱、梯形等。其中线性尺度用得最多，通常绘出一条 10cm 长的刻度线，线的两个端点分别表示某项特征的两个极端情况，回答者根据自己的实际情况、看法或意见，可在线上的适当地方做标记来回答。此种方式实际上将答案视为一种连续的频谱，所得结果是定量资料。但是线性尺度对于被试者而言在确定选择哪一刻度来表示自己情况时可能有失误，而且极少有人选择线性尺度的极端。

5. 排序式　有的提问是为了解回答者对某些事情重要性的看法，其答案是列出要考虑的有关事情，让回答者排序。例如："您认为下列问题中最重要的是？请按重要程度从 1（最重要）排到 5（最不重要）。"

四、调查表质量评价

调查表的质量一般从其效度、信度、可接受性等方面进行评价。

（一）信度

信度（reliability）是指通过调查表得到结果的一致性和稳定性，又称精确度。一般认为信度反映测量中偶然误差引起的变异程度。信度分为重测信度、分半信度和内部一致性信度。①重测信度：指利用同一个调查问卷，对具有相同特征的调查对象、甚至同一调查对象在分别进行两次测试，两次调查间隔足够的时间使得调查对象对调查内容无记忆，利用两次测试所得分数进行相关性分析用以判断问卷的稳定性。②分半信度：指利用一定的方法如奇偶数，将所要检验调查问卷的条目对等分成两部分，然后用 Spearman – Brown 法来计算各自得分的相关系数。③内部一致性信度：一般用克朗巴赫系数（Cronbach's α）表示，以条目之间的联系程度对信度作出估计。

（二）效度

效度（validity）是指测量结果与要达到的目标之间的接近程度，即调查表是否能真正反映出被调查者的实际情况。①内容效度比（content validity ration，CVR）：是评价问卷内容效度常用的指标，其基本思想是利用专家咨询法进行统计分析。如调查表的条目包含了所测概念的各个方面而且有一定的比例，则可认为有好的内容效度，否则，内容效度不好。②结构效度：又称构思效度或特征效度（trait validity）：是说明调查表的构造是否符合有关的理论构想和框架，也就是检验调查表是否真正测量了所提出的理论构思。结构效度的评价较复杂，通常用验证性因子分析法来揭示众多项目之间内在的联系，分析是否与理论构想一致。③标准关联效度：又称效标效度（criterionvalidity），是调查表得分与某种外部标准（效标）间的关联程度，常用测量得分与效度标准之间的相关系数表示。外部标准指调查表以外的另一些客观指标或人们熟知的另一种调查表。

（三）可接受性

可接受性（acceptability）是指被测者对调查表的接受程度，主要取决于调查表内容是否为被测者所熟悉且易于填写，调查时间是否较少等因素。可通过调查表回收率、合格率和填表所需平均时间等来评价。

⊕ **知识链接**

问卷结构效度评价

设计问卷一般是依据相关理论框架，提出概念模型，然后按照模型来编制问题条目从而形成问卷。问卷结构效度用于评价测量结果是否与理论假设相关。结构效度主要用因子分析方法来评价。

探索因子分析是在未知潜在因子的情况下，依据相关专业知识，通过数据分析得出因子的过程。主要目的是找出潜在因子的个数以及各个因子和各个观测变量之间的相关程度。利用该方法分析问卷结构，公因子表示问卷潜在维度，因子载荷反映问卷条目对该维度的贡献。

验证性因子是在已知因子的情况下，检验收集数据是否按事先预定的概念模型产生作用，目的是评价事先定义因子的模型拟合实际数据的能力，评价数据与预期理论是否吻合。

五、调查表的设计原则

1. 调查表必须围绕研究目的进行设计，问卷中每一个条目都应与研究目的相关。

2. 调查表中的条目都要提前考虑可能涉及到的统计学方法，避免出现资料收集后无法进行统计分析，或者统计分析过于复杂无法完成的现象。

3. 调查表所设置的问题在保证规范的基础上，必须通俗易懂，尽量避免使用被试者难以理解的专业术语。

4. 调查表设置问题要有严密的逻辑性，尽量避免定性的调查条目，选择性问题一定包含所有可能的答案，调查项目的回答应尽可能选用客观指标。

六、调查的质量控制

（一）调查误差的种类

1. 非抽样误差　在调查研究过程中由各种人为因素或者偶然因素造成的误差称为非抽样误差，包括系统误差和过失误差。比如一个普查项目中，尽管没有抽样误差，但有可能因为调查设计考虑不周、资料收集不准确、数据汇总计算有误等问题造成误差。导致非抽样误差产生的原因不仅与调查研究设计人员有关，还与参与调查的工作人员、调查对象等有关。非抽样误差的控制应贯穿于调查研究的整个阶段，包括调查设计、现场调查及资料收集、整理、分析等整个过程。因此可以说，非抽样误差要比抽样误差更加复杂，难以控制。

2. 抽样误差　是指在抽样调查中由于随机抽样的偶然因素，使样本各单位的结构不足以代表总体各单位的结构，而引起抽样指标和全局指标的绝对偏差。抽样误差不可避免，但有一定的规律，不仅易于控制，还可作出估计。

（二）调查的质量控制

本部分主要介绍在调查实施的过程中，常见的非抽样误差如何进行质量控制。

1. 设计阶段　在调查设计阶段非抽样误差可能来源于以下情况。①调查指标选择不当。如回顾性调查了解某地居民肝癌的发病情况，须知未采用有效防治措施前，肝癌发病率和死亡率是很接近的，但调查发病率比调查死亡率的误差会大一些。②调查对象的范围划分不当。如调查某地居民某病患病率，分母一般为该地区常住人口数，判断的标准是户口在该地区的居民。但是会将户口在该地区但不在该地常住的居民包括进去，同时又会忽略户口不在该地但在该地常住的流动人员，这势必会影响调查的准确性。③调查项目的定义不明确。如调查某地区的出生缺陷发生率，针对部分内脏发生缺陷的新生儿由于定义不明等原因，有可能产生漏报。④周岁年龄计算不准确。由于我国年龄计数方法有阳历、农历等多种方式，且在问卷调查表编制的过程中对某一年龄选项（如 2～3 岁）上限/下限是否包含标注不明确，往往造成年龄统计的偏差。⑤未编制周密的逻辑检查与计算检查提纲，以提高资料的检查效果。

2. 调查阶段　在调查阶段非抽样误差可能来自两方面。①调查人员的方法不当或专业性不强。调查员为了得到自己想要的调查结果，诱导被试者做出违背自己意愿选择的情况。此外，还有调查员为了快速完成调查工作督促被试者应付答题的情况。因此，需要选择责任心强、业务水平高的调查员，对其进行专业的培训，统一认识，掌握调查技巧。②调查对象的因素，如有意躲避调查、隐瞒事实、无法理解问题等情况。因此，需要准确定位调查对象，广泛开展动员宣传，提高调查对象的配合度和依从性。

3. 分析阶段　非抽样误差可能来自编码、录入、汇总、统计分析等方面的错误。要做到调查问卷的登记与编码不重复、不遗漏，调查问卷要填写完整，检查是否存在明显的逻辑错误，在数据录入的过程中要严格控制录入质量，尽量采用"双盲录入"，可以利用统计软件对问卷的逻辑关系进行核查。

第三节　抽样方法 🇪 微课3

抽样调查是从总体中随机抽取一定数量的观察单位组成样本，用样本信息推断总体特征。一般来说，抽样调查比普查节约人力、物力、财力和时间，若事先进行严密的设计，同样可获得细致深入和准确的资料。因此，抽样调查是医学研究中常用的方法。

抽样方法包括概率抽样和非概率抽样（图 13 - 1）。概率抽样（probability sampling）是指在总体中，每个研究对象都有被抽中的可能，任何一个对象被抽中的概率是已知的或可计算的。概率抽样方法有统计的理论依据，可计算抽样误差评价调查结果的精度，在抽样设计时还能对调查误差加以控制。非概率抽样（non probability sampling）是指每个个体被抽样抽中的概率是未知的和无法计算的。一些非概率抽样方法，尽管不能按照常规的理论来计算抽样误差和推断总体，在特定条件下，还是有应用价值的。

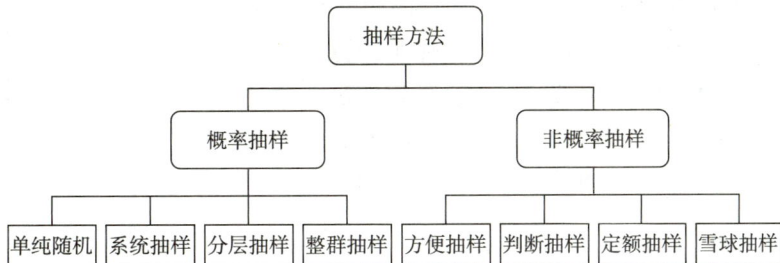

图 13 - 1　常用抽样方法分类

一、抽样方法的分类

（一）概率抽样

1. 单纯随机抽样（simple random sampling）　又称简单随机抽样，是按等概率原则直接从含有 N 个观察单位的总体中抽取 n 个观察单位组成样本，常采用随机数字表来抽样。单纯随机抽样是最基本的抽样方法，是其他抽样方法的基础。优点是均数（或率）及标准误的计算简便，缺点是当总体观察单位数较多时，要对观察单位一一编号，增加工作难度。

2. 系统抽样（systematic sampling）　又称机械抽样或等距抽样，是把总体的所有观察单位进行编号排序后，再计算出某种间隔，然后按固定的间隔抽取相应号码的观察单位来组成样本的方法。

优点是：①易于理解，简便易行；②容易得到一个按比例分配的样本，由于样本相应的顺序号在总体中是均匀分布的，其抽样误差小于单纯随机抽样。缺点是：①当总体的观察单位按顺序有周期趋势或递增（或减）趋势，则系统抽样将产生明显的偏性，也缺乏代表性；②实际工作中一般按单纯随机抽样方法估计抽样误差，但系统抽样抽取各个观察单位并不是彼此独立的。

3. 分层抽样（stratified sampling）　又称分类抽样或类型抽样，是先将总体中的所有观察单位按某种特征或标志（如性别、年龄、职业或地区等）划分成若干类型或层次，然后再在各个类型或层次中采用单纯随机抽样或系统抽样的方法抽取一个子样本，最后将这些子样本合起来构成样本。当样本含量确定后，确定各层观察单位数的方法一般有：①按比例分配（proportional allocation），即按总体各层观察单位数的比例分配各层样本单位数；②最优分配（optimum allocation），即同时按总体各层观察单位数的多少和标准差的大小分配各层样本观察单位数。

分层抽样的优点是：①减少抽样误差，分层后增加了层内的同质性，可使观测值的变异度减小，各层的抽样误差减小，其标准误一般均小于（样本含量相同时）单纯随机抽样、系统抽样和整群抽样的标准误；②便于对不同层采用不同的抽样方法，有利于调查组织工作的实施；③还可对不同层独立进行分析。

4. 整群抽样（cluster sampling）　是从总体中随机抽取一些小的群体，然后由所抽出的若干个小群体内的所有观察单位构成调查样本。整群抽样中对小群体的抽取可采用简单随机抽样、系统抽样或分层抽样的方法。整群抽样与前几种抽样的最大差别在于，它的抽样单位不是单个的个体，而是成群的个体。"群"的大小是相对的概念，可以是自然的区划，也可以是人为的区划。每个群内的观察单位数可以相等，也可以不等，但相差不应太大。

整群抽样的优点是便于组织，节省经费，容易控制调查质量；缺点是当样本含量一定时，其抽样误差一般大于单纯随机抽样的误差（因为样本观察单位未能广泛地散布在总体中）。群间差异越小，抽取的"群"越多，精度越高。因而在样本含量确定后，宜增加抽样的"群"数而相应地减少群内的观察单位数。

5. 多阶段抽样（multistage sampling） 前述的四种基本抽样方法都是通过一次抽样产生一个完整的样本，称为单阶段抽样。但在现场调查中，往往面临的总体非常庞大，情况复杂，观察单位很多，且分布面广，很难通过一次抽样产生完整的样本，需根据实际情况将整个抽样过程分为若干阶段来进行，称为多阶段抽样。它是按抽样单位的隶属关系或层次关系，把抽样过程分为几个阶段进行。不同的阶段可采用相同或不同的抽样方法。

（二）非概率抽样

1. 方便抽样（convenience sampling） 又称偶遇抽样（accidental sampling），是指研究者根据实际情况，以自己方便的形式抽取偶然遇到的人作为调查对象，或者选择那些离得最近的、最容易找到的人作为调查对象。例如销售调查时，在车站或街头对来往行人进行调查等。

2. 判断抽样（judgmental sampling） 又称立意抽样（purposive sampling），是调查者根据研究目的和自己主观分析来选择和确定调查对象的方法。例如在进行艾滋病防控的调查中，需要对艾滋病感染者进行调查访谈，但是由于其隐私等诸多问题，且不知道其总体有多少，不可能采用随机抽样的方法，只能找到符合条件的就调查，在样本含量达到一定数量的时候进行分析。

3. 定额抽样（quota sampling） 又称配额抽样。进行定额抽样时，研究者要尽可能地依据有可能影响研究变量的因素来对总体分层，并找出具有各种不同特征的成员在总体中所占的比例。它是一种比偶遇抽样复杂一些的非概率抽样方法。

4. 雪球抽样（snowball sampling） 当无法了解总体情况时，可以从总体中少数成员入手，对他们进行调查，向他们询问还知道哪些符合条件的人，再去找那些人并再询问他们知道的人。如同滚雪球一样，可以找到越来越多具有相同性质的群体成员，直到达到所需的样本含量。

二、调查样本量估计

在抽样设计中必须考虑样本含量的大小，即样本观察单位的数量。如果样本含量过少，调查所得到的指标不够稳定，用于推断总体的精度就会差，检验效能低；如果样本含量过多，不但会造成不必要的浪费，而且会给调查的质量控制带来更多困难。估计样本含量的目的是在保证一定精度和检验效能的前提下，确定最少的观察单位数。

观察性研究中估计总体参数所需样本含量的条件如下。

（1）可信度 $1-\alpha$ 其值越大，可信区间估计的可靠性越好，但相应所需的样本含量就越大，通常取 $\alpha=0.05$。

（2）总体的标准差 σ 其值越大，相应所需的样本含量也越大。一般从文献资料或预调查中获得。

（3）容许误差 δ 即预计样本统计量（$\bar{X}$ 或 p）与相应总体参数（μ 或 π）的最大相差控制在什么范围。

用上面的三个条件求得的样本含量的意义是：当样本含量为 n 时，用统计量来估计总体参数（$\bar{X}$ 或 p），二者之差不超过 δ 的可能性是 $1-\alpha$。

抽样方法不同，估计样本含量的方法各异。各种抽样方法的抽样误差一般是：整群抽样≥单纯随机抽样≥系统抽样≥分层抽样。因而单纯随机抽样的样本含量粗估值对整群抽样来说，一般偏低；而对系统抽样或分层抽样来说，一般偏高。对系统抽样来说，被抽样的个体间隔不同，其抽样误差也不同，故系统抽样本身无统一的方法估计样本含量。

以下介绍整群抽样、单纯随机抽样和分层抽样估计总体参数所需样本含量的估算方法。

（一）单纯随机抽样样本含量的估计

1. 抽样方法 先对调查总体的全部观察单位编号，然后通过随机数字表、抓阄、抓纸条等方法随机抽取调查对象作为样本。

2. 估计总体率所需样本含量 无限总体抽样按公式1求 n，有限总体抽样还需将算得的 n 代入式（13-2）作校正，求 n_c。若 n/N 很小，比如小于 0.05，这种校正可以省去，而直接用 n 代替 n_c。式（13-1）是根据正态分布的原理推导出来的。

无限总体所需样本量为：

$$n = \frac{Z_{\alpha/2}^2 \pi(1-\pi)}{\delta^2}$$ (13-1)

式中，π 为总体率，δ 为允许误差，α 为显著性水平。

$$有限总体所需样本量 \ n_c = \frac{n}{1 + n/N}$$ (13-2)

式（13-1）中若 π 同时有几个估计值可供参考，应取最接近 0.5 者；若对总体一无所知，亦可设 $\pi = 0.5$。因为此时 $\pi(1-\pi) = 0.5^2 = 0.25$ 为最大，以免 n 过小。式（13-2）中 N 是有限总体包含的单位数。

3. 估计总体均数所需样本含量 无限总体抽样用式（13-3）；有限总体抽样还需用式（13-2）进行校正：

$$n = \left(\frac{Z_{\frac{\alpha}{2}}\sigma}{\delta}\right)^2$$ (13-3)

实际工作中总体 σ 经常是未知的，一般可根据预调查或者文献资料估算，如果 σ 同时有几个估计值可资参考，应取其较大者。

（二）系统抽样样本含量的估计

1. 抽样方法 先将总体观察单位编号后按某一顺序排列，再计算出间隔，然后按照相等间隔从中各抽取相应编号的观察单位组成样本。

2. 系统抽样样本量 随总体性质、抽样的间隔大小而异，无专用的估算公式，也有学者认为可以根据单纯随机抽样方法估算。

抽样间隔的计算：$k = \dfrac{N}{n}$

k 为整数，N 为总体样本，n 为抽取样本量。

（三）分层抽样样本含量的估计

1. 抽样方法 先将总体中所有观察单位按照某种特征（年龄、性别、职业、民族等）分成若干个层次，然后在每个层内采用简单随机抽样的方法抽取一个子样本，然后将每层抽取的子样本合起来构成抽样样本。

2. 估计总体率所需样本含量

$$n = \frac{\left(\sum W_i \sqrt{p_i q_i}\right)^2}{V + \sum \dfrac{W_i p_i q_i}{N}}$$ (13-4)

式中，$W_i = N_i/N$，N_i、p_i、q_i 分别为第 i 层的例数、阳性率及阴性率；N 为总例数，V 为估计总体率的方差，一般 $V = \left(\dfrac{\delta}{Z_{\alpha/2}}\right)^2$。

估计总体率的各层样本含量 n_i 的公式为：

$$n_i = \frac{n N_i \sqrt{p_i q_i}}{\sum N_i \sqrt{p_i q_i}}$$ (13-5)

3. 估计总体均数所需样本含量

$$n = \frac{\sum W_i^2 S_i^2 / \omega_i}{V + \sum W_i S_i^2 / N} \qquad (13-6)$$

式中，$W_i = N_i/N$，$\omega_i = N_i S_i / \sum N_i S_i$，$N_i$ 为第 i 层的单位个数，S_i^2 为第 i 层的方差，N 为总例数，V 为估计总体均数的方差，一般 $V = (\frac{\delta}{Z_{\alpha/2}})^2$

估计总体中各层样本含量 n_i 的公式为：

$$n_i = \frac{n N_i S_i}{\sum N_i S_i} = n \times \omega_i \qquad (13-7)$$

（四）整群抽样样本含量的估计

1. 抽样方法 先将总体按某种与研究指标无关的特征分为 K 个组，再从 K 个组中随机抽取 k 个组，这 k 个组中的全部观察值组成样本。

2. 估计总体率所需样本量 对于无限总体估计样本含量的公式为：

$$k_0 = Z_{\alpha/2}^2 \sum \frac{m_i^2 (p_i - p)^2}{(k_y - 1)\overline{m}^2 \delta^2} \qquad (13-8)$$

k_0 为无限总体应调查的群数，k_y 为预调查的群数，m_i 和 p_i 为预调查的群体中第 i 群调查人数和某事件的发生频率，$\overline{m}$ 和 p 分别是 k_y 群的平均调查人数和平均发生频率。δ 为容许误差。

对于有限总体估计样本含量用式（13-9）作校正：

$$k_1 = k_0 \left(1 - \frac{k_0}{K}\right) \qquad (13-9)$$

式中，k_1 为应调查的群体数，K 为所有群数。

3. 估计总体均数所需样本含量

$$k_0 = Z_{\alpha/2}^2 \sum \frac{m_i^2 (\overline{X_i} - \overline{X})^2}{(k_y - 1)\overline{m}^2 \delta^2} \qquad (13-10)$$

公式内变量意义与式（13-8）相同，$\overline{X_i}$ 为预调查的第 i 个群体某项观察指标的平均值；$\overline{X}$ 为 k_y 个群体该项观察指标的平均值。

对于有限总体估计样本含量用式（13-11）作校正：

$$k_0 = k_0 \left(1 - \frac{k_0}{K}\right) \qquad (13-11)$$

目标检测

答案解析

一、最佳选择题

1. 下列抽样调查方法中不属于概率抽样的是（　　）。

　　A. 简单随机抽样　　　　　　　　　B. 多阶段抽样

　　C. 雪球抽样　　　　　　　　　　　D. 整群抽样

　　E. 分层抽样

2. 对调查表考评的三个主要方面是（ ）。

    A. 信度、效度、特异度   B. 信度、效度、灵敏度

    C. 信度、效度、可接受性   D. 灵敏度、特异度、可接受性

    E. 灵敏度、特异度、可靠性

3. 整群抽样的优点是（ ）。

    A. 易于理解，简便易行   B. 减少抽样误差

    C. 节省经费，容易控制调查质量   D. 均数及标准误计算简便

    E. 抽样误差大

4. 下列情况适合使用抽样调查的是（ ）。

    A. 为发现某病的全部病例并提供治疗

    B. 欲调查人群数量不大

    C. 要了解各种疾病的常年发病情况

    D. 欲知道某地一定时期内某病的患病情况

    E. 为早期发现癌症患者以减少死亡率

5. 相对而言，下列抽样方法中抽样误差最大的是（ ）。

    A. 单纯随机抽样   B. 系统抽样

    C. 整群抽样   D. 分层抽样

    E. 分层整群抽样

二、简答题

1. 调查表的内容有哪些？

2. 在抽样调查中，估计样本含量的意义是什么？需要哪些条件？

3. 概率抽样与非概率抽样都有哪些抽样方法？

4. 评价调查问卷信度和效度的方法有哪些？

5. 简述调查设计与实验设计的区别与联系。

三、计算题

1. 某医院拟用抽样调查了解本地区健康成人血红蛋白水平，要求误差不超过 0.2（g/L），据文献报告，健康成人血红蛋白的标准差为 1.5（g/L），问需调查多少人（$\alpha = 0.05$）？

2. 某地区 50 万人，2005 年检查粪便，发现该人群钩虫感染率为 70%，2008 年抽样复查，考核三年来防治效果，据估计感染率已降到 30%，则本次复查钩虫感染状况，应抽样多少人进行调查？（$\alpha = 0.05$，$d = 0.2p$）

四、案例辨析题

欲比较两地区中学生近视情况。首先分别选定 A、B 两个城市作为研究点。其次，在 A 城市中随机抽取 3 个中学，每个中学再随机抽取 4 个班级，抽到每个班级全部中学生（360 人）均为调查对象；在 B 城市中，抽取 4 个重点中学，在每个重点中学中随机抽取 4 个班级，抽到的班级的全部中学生（640 人）均为研究对象。经过统计发现 A 城市的中学生视力情况较 B 城市学生好，故认为 A 城市学校更重视学生的视力。

    分析：1. 该研究属于什么抽样调查，其调查设计（包括抽样方法，调查方法等）有无问题？若有问题，怎样做才正确？

2. 该研究的结论有无问题？

3. 你认为要达到同样的目的还可以采用什么样的调查方法，其调查设计应当怎样做？

（马永红）

书网融合……

本章小结	微课 1	微课 2	微课 3	题库

第十四章　统计软件

📖 **学习目标**

1. 掌握　Excel 数据统计分析工具，应用 SPSS 实现常用统计分析。

2. 熟悉　Excel 窗口，SPSS 窗口、SPSS 数据文件的建立，Stata 窗口、Stata 数据文件建立。

3. 了解　Excel 函数与公式、创建图表，SPSS 菜单，Stata 进行统计分析。

4. 学会用常见统计软件 Excel、SPSS 和 Stata 分析处理实际问题的技能，具备常见统计软件应用的基本素质。

统计分析需要借助统计软件实现，统计软件很多，国际上常用的统计软件有 SAS、SPSS、Stata 等，国产统计软件有 PEMS、SPLM、DPS 等。近年来 Python、R 等软件的应用非常广泛。本章将简要介绍 Excel 统计应用、SPSS 和 Stata 统计软件。

第一节　Excel 统计应用简介

Excel 主要由三部分组成：①工作表，用来进行数据输入、运算、分析；②图表，根据工作表建立二维或三维图表；③数据库，进行数据的组织和管理；此外还可以进行数据分析。Excel 中文版界面友好，操作简单，非常适合数据处理。R、SAS、SPSS 等统计软件可以方便地读取 Excel 文件数据。

一、Excel 窗口概述

启动 Excel 程序后自动生成一个 Excel 文件（即工作簿），默认文件名为"工作簿 1 – Excel"，见图 14 – 1。每个单元格都可输入数据、文本或公式、设置背景、字体格式、单元格边框、条件格式、超连接等。

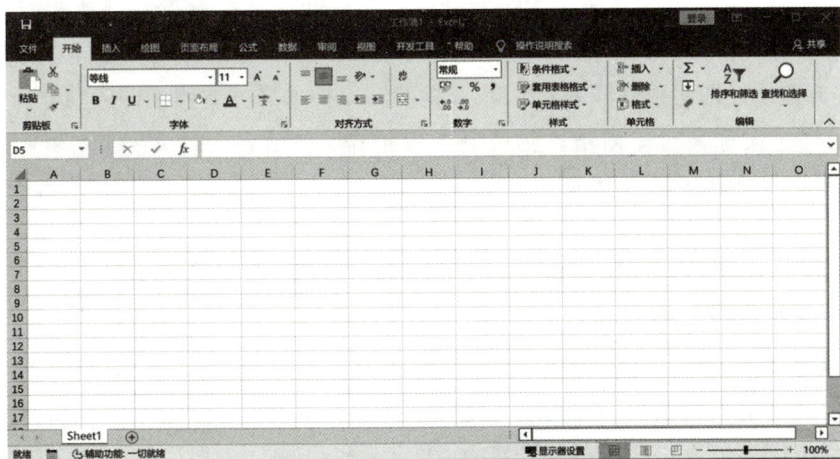

图 14 – 1　Excel 窗口与活动单元格

二、建立一个 Excel 文件

运行 Excel 程序自动生成一个文件，默认文件名为"工作簿1"（可以在"另存为"对话框中改文件名，或保存后改文件名）；默认当前工作表为"Sheet1"（可以双击工作表标签更改工作表名称）；通过"翻页钮"或单击工作表标签选择当前工作表；默认 A1 为当前单元格，用鼠标直接点击将要操作的单元格（如 D5）或在"引用区"输入单元格地址（D5）按回车键，该单元格即为当前单元格（即活动单元）如图 14－1。可开始对当前单元格输入内容。

三、数据统计分析工具

Excel 有一个分析工具叫做"数据分析（data analysis）"。在安装好微软 Excel 后，一般在 Excel 工具菜单中找不到"数据分析"，需要"加载宏"，进行继续安装。

以 Excel 2016 为例，安装"数据分析"工具的方法如下。

1. 单击"文件→选项→加载项→转到→加载宏"，弹出加载宏界面。

2. 选择"分析工具库"复选框，按确定键，根据屏幕提示进行安装。如果以前的 Excel 不是完全安装，还需按照安装提示插入相同版本的 Office 盘进行安装。安装完"加载宏"后，点"数据"菜单，即可在快捷按钮行右端发现"数据分析"。单击"数据→数据分析"，可弹出数据分析界面（图 14－2）。

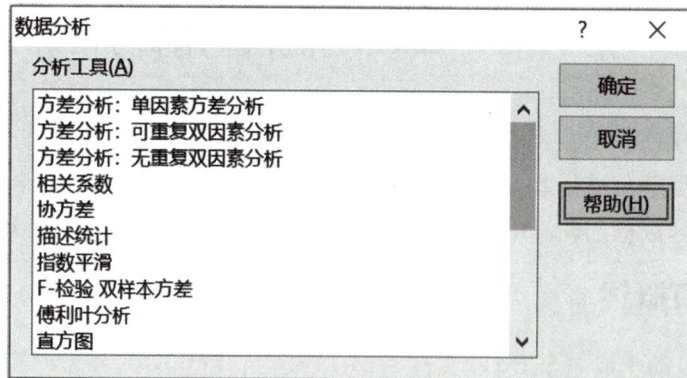

图 14－2　数据分析工具

利用数据分析工具可简单地完成常用的统计分析，如数据的统计描述、t 检验、方差分析、相关与回归分析、抽样、百分比排位、制作直方图等。注：t 检验中，平均值的成对二样本分析即配对 t 检验，t 检验 – 双样本等方差假设即两独立样本 t 检验，t 检验 – 双样本异方差假设即两独立样本校正 t 检验。

例 14－1　为探讨大蒜素对非酒精性脂肪肝的保护作用，比较 3 组处理的谷草转氨酶总体均数是否存在差异，数据见本书例 7－1（图 14－3）。

操作步骤：鼠标指向菜单栏选择"数据→数据分析→方差分析：单因素方差分析"，然后按对话框中提示进行设置，其中输入区域为 A1：C16，选中分组方式按列、标志位于第一行，单击"确定"按钮后，可得到如图 14－4 所示结果。由方差分析结果可知，$F = 46.29$，$P < 0.001$，说明三组谷草转氨酶总体均数的不同。

	A	B	C
1	甲组	乙组	丙组
2	35	59.9	48.8
3	21.8	66.5	51.1
4	35.4	72	68
5	19.1	53.7	53.5
6	38.7	46.8	47.7
7	20.5	71.9	60
8	36.8	69.5	42.9
9	24.9	57.6	43.9
10	40.9	72	57.1
11	15.9	41.4	53.9
12	31.6	56.3	37.2
13	16.3	47.5	60.1
14	21.6	70.3	38.4
15	35.6	71	62.7
16	13.3	54.5	69.7

图 14－3　三组大鼠谷草转氨酶（U/L）测定结果

方差分析：单因素方差分析						
SUMMARY						
组	观测数	求和	平均	方差		
甲组	15	407.4	27.16	89.00686		
乙组	15	910.9	60.72667	110.5092		
丙组	15	795	53	100.8729		
方差分析						
差异源	SS	df	MS	F	P-value	F crit
组间	9270.64	2	4635.32	46.29318	2.39E-11	3.219942
组内	4205.445	42	100.1297			
总计	13476.09	44				

图 14－4　单因素方差分析结果

若对数据分析工具中的方法操作不甚清楚，可点击数据分析中"帮助"按钮，即可弹出帮助菜单，可进行相应查询。此外，Excel 的数据透视功能可帮助我们进行统计数据的探索性分析。其调用方式是：将鼠标放在数据区内，点击菜单中的"插入→数据透视表和数据透视图"，按提示完成数据的整理与分析。

四、Excel 函数与公式

Excel 内置函数有近 400 个，包括数学和三角函数、统计函数、日期与时间函数、文本函数、逻辑函数、查询和引用函数、数据库函数、信息函数、工程函数、财务函数、用户定义函数等 11 类。其中常见的统计函数及其应用说明见表 14－1。举例：根据 2×4 行列表计算的卡方值为 2.56，求 P 值。内置函数为 CHIDIST（x，degrees_ freedom），其中 x 为卡方值，degrees_ freedom 为自由度。在单元格中输入 "＝CHIDIST（2.56，3）"，按 Enter 键，该公式单元格显示 P 值为 0.4645。

表 14－1　常见的统计函数及其应用说明

编号	函数	举例	说明
1	AVERAGE（number1，number2，…）	＝AVERAGE（A2：A6）	获得一组数据（或单元格引用）的均数 公式：（Σx）/n
2	BINOMDIST（number_ s，trials，probability_ s，cumulative）	＝BINOMDIST（6，10，0.3，0）	总体率为 0.3 时 10 次试验中成功 6 次的概率； Cumulative ＝0 或 FALSE 计算概率密度函数； Cumulative ＝1 或 TRUE 计算累积分布函数
3	CHIDIST（x，degrees_ freedom）	＝CHIDIST（18.307，10）	卡方值 18.307 在自由度为 10 的卡方分布中的 P 值（0.05）
4	CHIINV（probability，degrees_ freedom）	＝CHIINV（0.05，10）	自由度为 10 的卡方分布中概率 P ＝0.05 时的界值（18.307）
5	CONFIDENCE（alpha，standard_ dev，size）	＝CONFIDENCE（0.05，2.5，50）	由检验水准 α、标准差 S、样本例数 n 获得总体平均值的置信区间宽度的一半（0.693） 公式：$Z_{\alpha/2}S/\sqrt{n}$
6	CORREL（array1，array2）	＝CORREL（A2：A6，B2：B6）	计算区域 A2：A6 与 B2：B6 内数据间的 Pearson 相关系数
7	COUNT（value1，value2，…）	＝COUNT（A2：8）	清点区域中数值单元格的个数（不包括空白单元格、文本、逻辑值）
8	COUNTIF（range，criteria）	＝COUNTIF（B2：B5，" ＞55"）	计算区域 B2：B5 中的数值大于 55 的单元格个数量
9	COVAR（array1，array2）	＝COVAR（A2：A6，B2：B6）	计算协方差，即每对数据点的离均差乘积的平均数；公式：$[\Sigma（x-\bar{x}）（y-\bar{y}）]/n$

续表

编号	函数	举例	说明
10	DEVSQ (number1, number2, …)	= DEVSQ (A2：A8)	计算离均差平方和 公式：$\Sigma\ (x-\bar{x})^2$
11	FDIST (x, degrees_ freedom1, degrees_ freedom2)	= FDIST (15.21, 6, 4)	计算 15.21 在分子自由度为 6、分母自由度为 4 的 F 分布中的 P 值 (0.01)
12	FINV (probability, degrees_ freedom1, degrees_ freedom2)	= FINV (0.01, 6, 4)	获得分子自由度为 6、分母自由度为 4 的 F 分布的 0.01 界值 (15.21)
13	FISHER (x)	= FISHER (0.75)	相关系数为 $r =0.75$ 的正态变换值 (0.973)；可采用变换后的值按正态方法求相关系数置信区间。 公式：$Z=ATANH\ (r)\ =0.5\ln\ [\ (1+r)\ /\ (1-r)\ ]$
14	FISHERINV (y)	= FISHERINV (0.973)	将变换值 $Z = 0.973$ 还原为相关系数 (0.75)。 公式：$r=TANH\ (Z)\ =(e^{2y}-1)/(e^{2y}+1)$
15	FREQUENCY (data_ array, bins_ array)	= FREQUENCY (A2：A10, B2：B5)	获得连续型变量的频数表；A2：A10 为原数据，B2：B5 为频数表各个组段的上限值
16	GEOMEAN (number1, number2, …)	= GEOMEAN (3, 4, 5, 6, 10, 50, 100)	计算数据的几何均数 (10.876)
17	HARMEAN (number1, number2, …)	= HARMEAN (A2：A8)	计算数据区域 A2：A8 的调和平均值 (5.028376)
18	MAX (number1, number2, …)	= MAX (A2：A6)	求区域 A2：A6 中最大值
19	MEDIAN (number1, number2, …)	= MEDIAN (A2：A7)	求数据 A2：A7 的中位数
20	MIN (number1, number2, …)	= MIN (A2：A6)	求数据 A2：A6 的最小值
21	MODE (number1, number2, …)	= MODE (A2：A7)	求数据 A2：A7 的众数，即出现频率最多的数
22	NORMDIST (x, mean, standard_ dev, cumulative)	= NORMDIST (42, 40, 1.5, TRUE)	计算 42 在正态分布 (40, 1.5^2) 中的累积函数 (0.909)； Cumulative =0 或 FALSE 计算概率密度函数； Cumulative =1 或 TRUE 计算累积分布函数
23	NORMINV (probability, mean, standard_ dev)	= NORMINV (0.909, 40, 1.5)	获得正态分布累积函数的逆函数值（或分位数）(42)
24	NORMSDIST (z)	= NORMSDIST (1.645)	获得 1.645 的标准正态分布累积函数值
25	NORMSINV (probability)	= NORMSINV (0.95)	获得标准正态累积分布函数的逆函数值；即由 P 值获得标准正态分布临界值 (1.645)
26	PEARSON (array1, array2)	= PEARSON (A2：A6, B2：B6)	获得 Pearson 相关系数，等价于 CORREL 函数
27	PERCENTILE (array, k)	= PERCENTILE (A2：A51, 0.3)	求单元格区域 A2：A5 数据的第 30 百分位数值
28	PERCENTRANK (array, x, significance)	= PERCENTRANK (A2：A51, 12)	返回特定数值 12 在数据集 A2：A51 中的百分比排位。Significance 表示返回数值的有效位数，为可选项，省略则保留 3 位小数
29	POISSON (x, mean, cumulative)	= POISSON (2, 5, TRUE)	均值 5 的泊松分布中发生 2 次的概率 (0.125)； Cumulative =0 或 FALSE 计算概率密度函数； Cumulative =1 或 TRUE 计算累积分布函数
30	RSQ (known_ yś, known_ x´s)	= RSQ (A2：A8, B2：B8)	计算 Pearson 相关系数的平方，即决定系数
31	STANDARDIZE (x, mean, standard_ dev)	= STANDARDIZE (42, 40, 1.5)	将一般正态分布 (μ, $σ^2$) 转化为标准正态分布 (0, 1^2), (1.333) 公式：$z=(X-\bar{X})\ /\ S$

续表

编号	函数	举例	说明
32	STDEV（number1，number2，...）	= STDEV（A2：A11）	无偏估计单元格区域 A2：A11 中数据的标准差
33	TDIST（x，degrees_freedom，tails）	= TDIST（1.96，60，2）	返回 1.96 在自由度为 60 的 t 分布中的双侧 P 值（0.0546）；tails = 2，双侧；tails = 1，单侧
34	TINV（probability，degrees_freedom）	= TINV（0.0546，60）	返回自由度为 60 的 t 分布中 $P = 0.0546$ 双尾界值（1.96）
35	VAR（number1，number2，...）	= VAR（A2：A11）	估计区域 A2：A11 的样本方差（即标准差的平方）；公式：$S^2 = \sum_{i=1}^{n} \frac{(X_i - \bar{X})^2}{n-1}$
36	VARP（number1，number2，...）	= VARP（A2：A11）	估计区域 A2：A11 的总体方差；公式：$\sigma^2 = \sum_{i=1}^{n} \frac{(X_i - \mu)^2}{n}$

利用函数和运算符［如算术运算符（+、−、*、/、^、%）、比较运算符（=、>、<、> =、< =、< >）、文本运算符（&）、引用运算符（":（冒号）"，"（逗号）""（空格）"）］，可建立各种 Excel 公式，完成各种纷繁复杂的统计计算。一般可使用下列操作步骤建立公式。

1. 选择要建立公式的单元格。

2. 键入"="表示编辑公式开始。一般先将鼠标指针指向编辑栏，并单击，然后输入等号"="；如果要利用 Excel 函数建立公式，可在编辑栏左侧点击插入函数"fx"按钮。

3. 输入公式的内容，比如" = SUM（B4：G4）"。如果输入的是内置函数，如求和函数 SUM，Excel 会自动弹出函数的格式文本框，提示用户正确的函数输入格式。

4. 确认输入的公式可按 Enter 键，或用鼠标单击编辑栏左侧的"√"按钮；如果要取消编辑的公式，可单击编辑栏的"×"按钮。

总之，在单元格里输入的第一个字符是"="，表示该单元格内容为公式。在编辑栏中显示输入的公式，公式单元格显示运算结果。

五、创建图表

Excel 图表类型有十多种，有二维图表和三维图表，每类又有若干子类型。可以点击菜单"插入"，显示图表快捷按钮，点击相应的图表向导快捷按钮可创建图表。下面以图 14 – 5 中资料为例简要介绍操作步骤。

1. 确定图表类型 本例图表应反映各年龄段的达标率情况，应选择直条图。

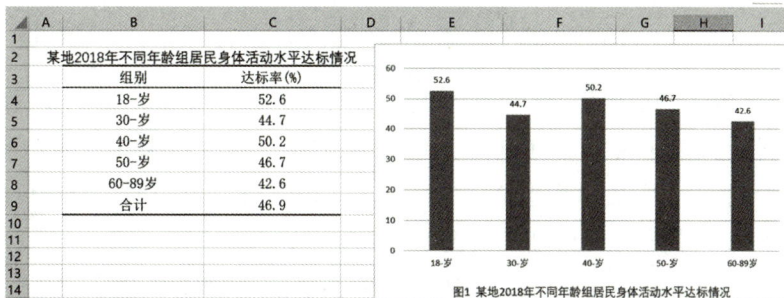

图 14 – 5 分析工作表数据性质确定图表类型

2. 开始建立条图 选定数据区域 B4：C8，鼠标指向菜单栏"插入→条图"，点击条图下拉菜单选择二维柱形条图，即可产生条图。

3. 修饰图表 对图表编辑修饰，使之符合我们的要求。如添加数据标签，将标题位置拖至图的下方修改（默认标题位置在图上方），改字体，修改数据系列格式（包括字体等），修改数据点格式（包括背景图案等），调整绘图区大小及其在图表区的位置。见图 14 – 5。

第二节 SPSS 统计软件简介

SPSS 是软件简称，最早为 Statistical Package for Social Sciences，意为社会科学统计软件包，后来随着产品服务领域的扩大和服务深度的增加，改为 "Statistical Product and Service Solutions（统计产品与服务解决方案）"，是国际上最流行、最具权威性的统计分析软件之一。该软件于 1968 年研制，2009 年 IBM 收购 SPSS 公司后，冠名 IBM SPSS，并推出多国语言版，使用者可以自行设置英文或简体中文操作界面。本节以 26.0 版本为例，介绍 SPSS 软件的基本统计分析方法，对于使用其他版本的用户也基本适用。

一、SPSS 窗口

1. 数据编辑窗口 启动 SPSS 后，进入 SPSS 后的第一个窗口就是数据编辑（Data Editor）窗口（图 14 –6），它由数据窗口（Data View）和变量窗口（Variable View）组成，是一个标准的关系型数据库下的二维数据表，一行代表一个个案（记录），一列代表一个变量。数据窗口中可进行数据文件的录入、查看和编辑；变量窗口可用于变量的定义、编辑和显示，每行代表一个变量的具体属性。两个窗口可相互切换。若同时打开了多个数据文件，则每个文件都有单独的数据编辑窗口。数据文件的扩展名是 ".sav"。

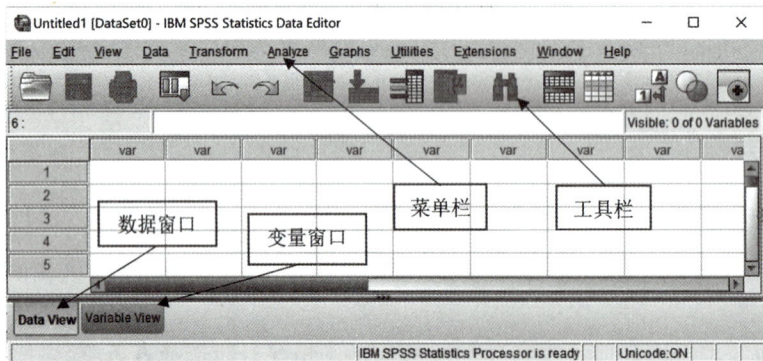

图 14 –6 数据编辑窗口

2. 结果输出窗口 在程序运行后自动打开，显示统计分析的结果或绘制的相关图表，双击某部分结果可对其进行编辑。多个结果显示在同一个结果输出窗口中。结果文件可以保存，其扩展名为 ".spo"。窗口左边是导航窗口，显示输出结果的目录，单击目录前面的加、减号可显示或隐藏相关内容；右边是显示窗口，显示所选内容的细节（图 14 –7）。

3. 程序编辑窗口 通过编辑程序以实现不能通过对话框使用的特殊功能，或者保存已经执行过的命令，便于以后使用。打开程序编辑窗口的方式有两种：①点击菜单栏 "File" → "New" → "Syntax"，打开程序编辑窗口（Syntax Editor）；②通过对话框进行统计分析时，点击 Paste 按钮，可以激活程序窗口。程序文件的扩展名是 ".sps"。

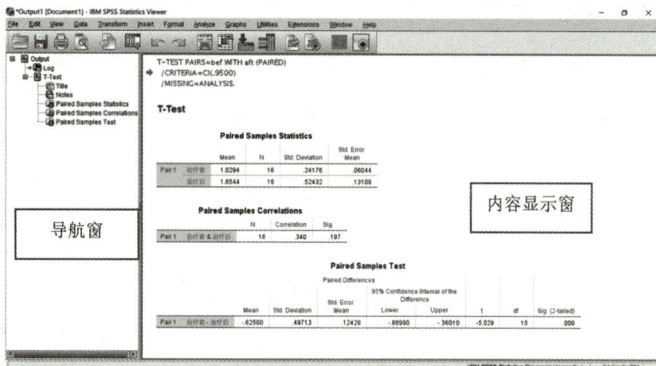

图 14 – 7 结果输出窗口

二、SPSS 菜单

SPSS 的菜单栏共有 11 个选项。

（1）File 文件管理菜单 包括文件的建立、打开、保存、显示、重命名、存储库等。

（2）Edit 编辑菜单 包括文本的复制、剪切、粘贴、查找、插入变量、插入记录及选项，选项中，可以进行不同语言之间的切换，方便读者使用。

（3）View 视图菜单 包括状态栏、工具栏、菜单编辑器、字体、值标签等。

（4）Data 数据管理菜单 包括变量的排序、选择、记录的筛选、数据库文件的合并和拆分、变量的赋权等。

（5）Transform 转换菜单 包括变量值的计算、重新编码、缺失值替代、随机数字生成等。

（6）Analyze 分析菜单 包括具体的统计分析过程。

（7）Graphs 作图菜单 可以绘制各种不同的统计图。

（8）Utilities 实用程序，为用户提供一些比较方便的数据文件管理功能和界面编辑功能。

（9）Extensions 24 版之后独立出的菜单 为用户提供下载并安装 SPSS 社区中各种扩展包的功能。

（10）Window 窗口菜单 包括窗口的显示、拆分和排列等。

（11）Help 帮助菜单 提供帮助和指导。

三、SPSS 数据文件的建立

建立数据文件的方式有两种：一是读取其他格式的数据库文件；二是直接通过数据编辑窗口录入变量及其变量值建立数据文件。

（一）读取其他数据文件

直接读取其他格式的数据库文件，如 .xls、.sta、.sas、.dat 等，可用 File/Open /data 或菜单 File/ Import Data 进行向导式导入。如直接读取 Excel 文件（.xls），具体操作为："File→Open→Data"，在 "Open Data" 对话框中，"Files of type" 下拉菜单选择 "Excel（ *.xls, * .xlsx, *.xlsm)"，然后在 Excel 文件所在的文件夹中打开相应的 Excel 文件；若有选项 ☑ Read variable names from the first row of data，则视第 1 行数据为变量名。若不选该项，则从第 1 行开始读为数据（图 14 –8）。

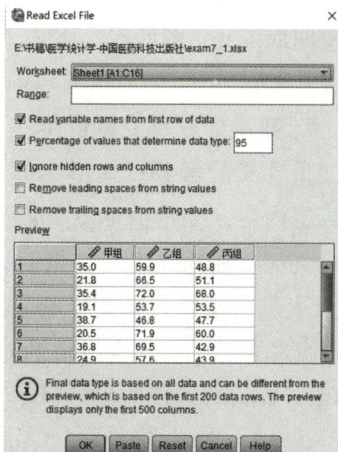

图 14 –8 读取 Excel 文件窗口

（二）通过数据编辑窗口建立文件

通过"File→New→Data"打开数据编辑窗口创建新的数据集。

1. 数据文件的建立 录入数据的过程分两步：①录入数据之前，应对变量进行定义，包括定义变量名、变量类型、变量长度、变量标签（或变量值标签）及变量的格式（显示宽度、对齐方式、缺失值标记）等；②将每一个具体的变量值录入至数据库单元格内，输入了一个数据之后，回车或按↓，再输入第二个数据……。

2. 修改变量名 数据编辑窗口中，鼠标单击左下方的"Variable View"按钮即可打开定义变量的窗口（图14-9）。定义变量名（Name）应遵循以下原则：名称最长不超过64个字节（32个汉字）；首字符必须是字母或汉字，不能以下划线"_"或圆点"."结尾；变量名中不能有空格或某些特殊符号，如"!"、"?"和"＊"等；变量名不能与SPSS的关键字相同，即不能用 ALL、AND、BY、EQ、GE、GT、LE、LT、NE、NOT、OR、TO、WITH 等作变量名。系统不区分变量名中英文字母的大小写，可对变量其他属性的默认值进行修改。

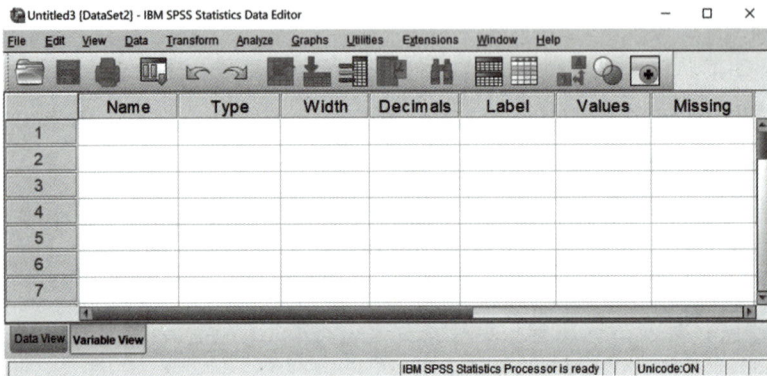

图 14-9 变量视窗

3. 变量类型与宽度 在变量窗口单击变量类型 Type 后的 ⋯ 按钮，即可展开 Variable Type 变量类型对话框（图14-10）。对话框左边显示有9种可供选择的变量类型，包括：①Numeric 标准数值型；②Comma 逗号数值型变量，千进位用逗号分隔，小数与整数间用圆点分隔；③Dot 圆点数值型变量，千进位用圆点分隔，小数与整数间用逗号分隔；④Scientific notation 科学计数型；⑤Date 日期型，可从软件指定的日期格式中加以选择；⑥Dollar 带有美元符号的货币数值型；⑦Custom currency 自定义变量，可自定义数值宽度和小数位数；⑧String 字符型，主要起标识作用，但不能参与运算；⑨Restricted Numeric 受限制数值型，不使用数位分组的形式。其中，以标准数值型、日期型和字符型最为常用。参数框中 Width 表示数值的总宽度（默认为8），Decimal Places 为小数位数（默认为2），可根据需要进行修改。

4. 变量标签及变量值标签 变量标签 Label 是对变量含义的解释，单击 Label 对应单元格直接填写标签内容。变量值标签 Values 是对变量取值的说明。例如，在输入组别变量时，"1"表示实验组，"2"表示对照组，定义变量值标签时单击变量值标签单元格的"⋯"，在弹出的对话框（图14-11），取值（Value）处键入"1"，标签"Label"处键入"实验组"，单击添加键"Add"后，显示为 1 = "实验组"，即完成一条变量值标签的定义，同样操作可定义 2 = "对照组"。

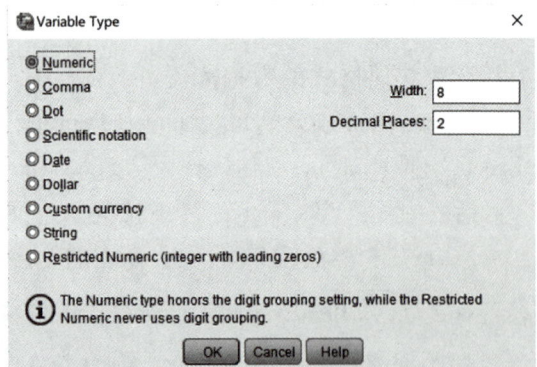

图 14-10 变量类型对话框

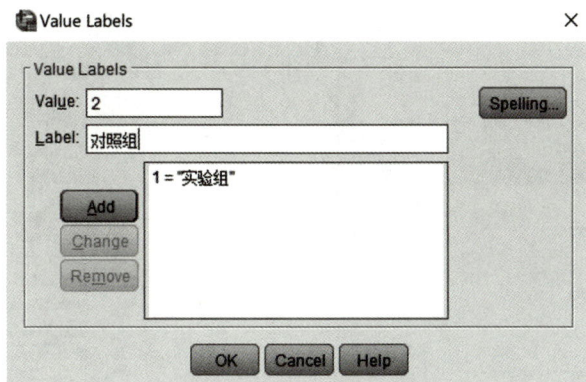

图 14 - 11　定义变量值标签

四、定量变量资料的统计描述

对定量变量资料进行统计描述，可计算出均数、标准差、最大值、最小值、方差、极差及均数的标准误等统计量。

例 14 - 2　测量某地 108 名正常成年女性红细胞数（$\times 10^{12}$/L），对其进行统计描述。

SPSS Statistics 中很多模块都具有统计描述的功能，除了各种统计推断的过程会附带描述性结果外，与统计描述相关的子菜单如下。

（1）"Analyze"→"Reports"，其中的"Case Summaries"个案汇总项中可以计算出一些常用的描述性统计量，而且还提供了几何均数、调和均数等指标。

（2）"Analyze"→"Tables"，这是 SPSS 专门为了生成出版级报表而设计的模块，可以根据用户需求生成复杂的表格。

（3）"Analyze"→"Descriptive Statistics"，该子菜单下集中了常用的几个用于定量变量统计描述的过程。频率（Frequencies）过程可以产生原始数据的频数表，并能计算各种百分位数、集中趋势和离散趋势指标。描述（Descriptives）过程用于一般性的统计描述，输出的统计量稍少，却是使用频率最高的过程。探索（Explore）过程用于分布不清的定量变量的分析，除了可以提供常见的描述性指标外，还可以列出极端值、截尾均数等，同时还可绘制出茎叶图、直方图、Q - Q 图等。

操作步骤如下。

1. 建立数据文件（录入原始数据），此例仅有一个变量：RBC，表示 108 名正常成年女性红细胞数，并以文件名 exam2_ 1. sav 保存，数据格式见图 14 - 12。

图 14 - 12　定量变量统计描述的数据格式

2. 在数据窗菜单栏内选择"Analyze→Descriptive Statistics →Descriptives…"，展开对话框（图 14 - 13），选定"RBC"，点击"　➡　"将"RBC"变量选入"Variable（s）"列表框中，点击"Options"出现对话框（图 14 - 14），根据需要选择描述性统计量，而后点击"continue"，返回到主对话框后，点击"OK"，结果见表 14 - 2。

表 14 - 2　**Descriptive Statistics**

	N	Minimum	Maximum	Mean	Std. Deviation
RBC	108	3. 70	5. 11	4. 4646	. 33066
Valid N（listwise）	108				

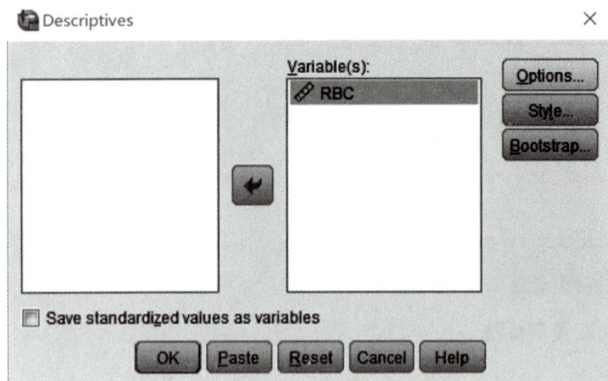

图 14 - 13　Descriptive 对话框

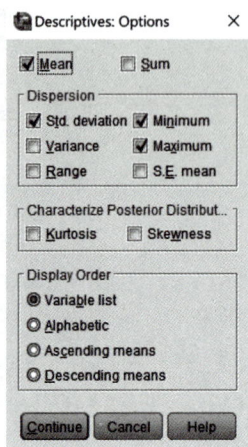

图 14 - 14　Option 对话框

输出的结果依次是样本量 108，最小值 3.70，最大值 5.11，样本均数 4.4646，标准差 0.33066。除默认输出这五个描述性指标，在 "Descriptives" 功能中还可以提供方差、求和、极差、均数标准误、偏度系数和峰度系数等。

如果选择 "Frequencies" 子菜单，出现 Frequencies 对话框，调入分析变量程序默认输出频数表。点击选项 "Statistics"，可以输出百分位数、集中趋势、离散趋势指标及分布指标。

五、定量变量资料的统计推断

（一）总体均数的区间估计

例 14 - 3　以例 2 - 1 成年女性红细胞数为例，求其总体均数 95% 的置信区间。

操作步骤如下。

依次点击 "Analyze→Descriptive Statistics→Explore…→Statistics，选择 Descriptives，结果见表 14 - 3。可知总体均数 95% 的可信区间为：$4.4016 \sim 4.5277 \times 10^{12}/L$。explore 过程还给出了其他描述性统计量。另外，在统计分析方法中也会给出相应变量的 95% 置信区间。

表 14 - 3　Explore 过程分析结果（Descriptives）

			Statistic	Std. Error
RBC	Mean		4.4646	.03182
	95% Confidence Interval for Mean	Lower Bound	4.4016	
		Upper Bound	4.5277	
	5% Trimmed Mean		4.4696	
	Median		4.4850	
	Variance		.109	
	Std. Deviation		.33066	
	Minimum		3.70	
	Maximum		5.11	
	Range		1.41	
	Interquartile Range		.51	
	Skewness		-.216	.233
	Kurtosis		-.633	.461

（二）正态性与方差齐性检验

正态性与方差齐性检验在"Analyze→Descriptive statistics→Explore…→Plots"中实现。另外，两独立样本 t 检验（independent – samples t – test）输出结果自动进行方差齐性检验，单因素方差分析（one – way ANOVA options）选项中也有方差齐性检验选项。

例 14 – 4　对例 6 – 3 资料进行正态性和方差齐性的检验。

SPSS 软件操作步骤如下。

（1）建立数据文件　此例中有两个变量：group（1 – 对照组，2 – 实验组）和时间天数（图 14 – 15）。

（2）正态性与方差齐性检验　依次点击"Analyze→Descriptive statistics →Explore…"，将变量天数（x）调入 Dependent List 框，将组别（g）调入 Factor List 框；选择 Plots，☑ Normality plots with tests（正态性检验），Spread vs Level with Levene Test（方差齐性检验）选定 ⊙ Untransformed（对未变换数据即原始数据进行方差齐性检验），点击"Continue"返回 Explore 窗口，点击"OK"，运行结果见表 14 – 4、14 – 5。由表 14 – 4 可见，对照组（$W = 0.960$，$P = 0.692$），实验组（$W = 0.930$，$P = 0.276$），P 值均大于 0.10，可以认为均满足正态性。注：大样本时以 Kolmogorov – Smirnov 结果为准。由表 14 – 5 可见，不管基于哪种统计量，均有 P 大于 0.355，可以认为满足方差齐性。

x	g
4	1
8	1
5	1
5	1
7	1
7	1
5	1
5	2
4	2
3	2

图 14 – 15　两独立样本检验数据格式

表 14 – 4　正态性检验结果（Tests of Normality）

	组别	Kolmogorov – Smirnov[a]			Shapiro – Wilk		
		Statistic	df	Sig.	Statistic	df	Sig.
天数	对照组	.150	15	.200 *	.960	15	.692
	实验组	.214	15	.063	.930	15	.276

∗. This is a lower bound of the true significance.

a. Lilliefors Significance Correction

表 14 – 5　方差齐性检验结果（Test of Homogeneity of Variance）

	Levene Statistic	df1	df2	Sig.
天数	Based on Mean	.885	1	28	.355
	Based on Median	.772	1	28	.387
	Basedon Median and with adjusted df	.772	1	27.527	.387
	Based on trimmed mean	.850	1	28	.364

（三）均数比较

1. 单样本 t 检验（one – sample t – test）　目的是推断样本代表的未知总体均数 μ 是否与一个已知的总体均数 μ_0 相同，μ_0 一般为理论值、标准值或经过大量观察所得的稳定值。

例 14 – 5　利用例 5 – 3 的资料，抽样调查经常参加长跑锻炼的 15 名男生的晨脉次数，经常参加长跑锻炼的高校男生晨脉次数是否低一般高校男生的晨脉次数？

SPSS 软件操作步骤如下。

（1）建立数据库　读取数据文件 exam5_3. sav，或直接录入原始数据。

（2）正态性检验　过程参见例14 – 3，$W = 0.905$，$P = 0.114$，可以认为该样本来自正态分布总体。

（3）单样本 t 检验　依次点击"Analyze →Compare Means→One – Sample T Test…"，展开单样本 t 检验对话框，如图14 – 16 所示，将变量"pulse"选至"Test Variable（s）"框中，并在"Test Value"中填入已知的总体均数"65"，点击"OK"。结果见表14 – 6。

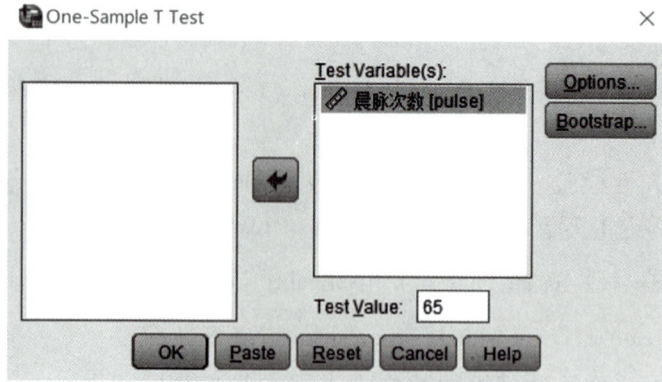

图 14 – 16　单样本 t 检验对话框

表 14 – 6　单样本 t 检验结果表（One – Sample Test）

	Test Value = 65					
	t	df	Sig.（2 – tailed）	Mean Difference	95% Confidence Interval of the Difference	
					Lower	Upper
晨脉次数	− 8.262	14	.000	− 12.267	− 15.45	− 9.08

运行结果首先给出了描述性统计量的结果，分别是样本含量、样本均数、标准差及样本均数的标准误。单样本 t 检验结果显示：$t = -8.262$，自由度 $= 14$，P 值 < 0.001。两均数之差 $= -12.267$，差值总体均数95% 置信区间为（-15.45，-9.08），可知样本均数与总体均数的差异具有统计学意义，可以认为经常参加长跑锻炼的高校男生晨脉次数低一般高校男生的晨脉次数。

2. 配对 t 检验（paired – samples t – test）　用于配对设计成对数据的差值与总体均数"0"的比较。

例 14 – 6　对例6 – 1中西医结合治疗急性传染病前后淋巴细胞计数效果进行分析，数据见表6 – 1。SPSS 软件操作步骤如下。

（1）建立数据文件　定义变量：治疗前、治疗后，数据格式见图14 – 17。

（2）产生差值　点击"Transform →Compute Variable…"进入 Compute Variable 窗口，在 Target Variable 框中键入"d"（即新生成的变量），在 Numeric Expression 框中表达为"aft – bef"（含义为 d = aft – bef），点击"OK"，即产生新变量 d。

（3）正态性检验　对变量 d 进行正态性检验，得 $W = 0.918$，$P = 0.158$，可以认为满足正态性。

（4）配对 t 检验　点击"Analyze→Compare Means→Paired – Samples t Test…"，展开配对 t 检验对话框，如图14 – 18 所示，将"bef"和"aft"变量指定为配对变量，点击"OK"，结果见表14 – 7。

	⌀ bef	⌀ aft
1	.63	.64
2	.97	2.16
3	.82	1.99
4	.96	1.90
5	.71	1.56
6	1.39	1.02
7	1.46	2.46
8	.68	1.39
9	1.04	1.54
10	1.17	2.37
11	1.06	1.42
12	1.17	1.36
13	1.09	1.97
14	.95	.96
15	1.30	1.55
16	1.07	2.18

图 14 – 17　配对 t 检验数据格式

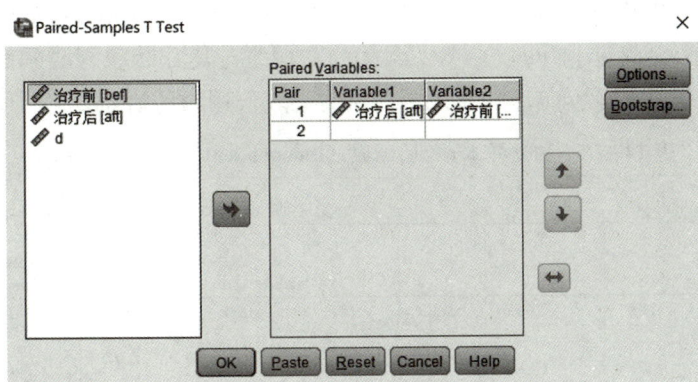

图 14 – 18 配对 t 检验对话框

表 14 – 7 配对 t 检验（paired samples t – test）

		Paired Differences					t	df	Sig. (2 – tailed)
		Mean	Std. Deviation	Std. Error Mean	95% Confidence Interval of the Difference				
					Lower	Upper			
Pair 1	aft – bef	.6250	.49713	.12428	.36010	.88990	5.029	15	.000

结果显示，中西医结合治疗急性传染病前后淋巴细胞计数差值均数 $= 0.625 \times 10^9/L$，差值标准差 $0.497 \times 10^9/L$，差值标准误 $0.124 \times 10^9/L$，差值 95% 可信区间为 $(0.360, 0.890) \times 10^9/L$。配对 t 检验 $t = 5.029$，自由度 $= 15$，$P < 0.001$，因此，可认为中西医结合治疗急性传染病后淋巴细胞计数升高。

3. 独立样本 t 检验（independent samples t – test） 主要用于完全随机设计两样本的情景，或者观察性研究两个独立样本的比较。

例 14 – 7 对例 6 – 3 资料进行统计学检验，数据见表 6 – 3。

SPSS 软件操作步骤如下。

（1）建立数据文件，进行正态性和方差齐性检验，结果满足正态性和方差齐性要求，见正态性和方差齐性检验例题表 14 – 4，表 14 – 5。

（2）独立样本的 t 检验 点击 "Analyze→Compare Means→Independent – Samples T Test…"，展开独立样本 t 检验主对话框，如图 14 – 19 所示。将 "x" 天数值作为检验变量，放入 "Test Variable（s）" 中；选择 "g" 作为分组变量，单击 Define Groups… 按钮，在 Define Groups 对话框中选择 Use specified values，并在 Group 后面分别输入代表两组的变量值，本例中输入 1 代表对照组，输入 2 代表实验组，按 Continue 按钮返回主对话框，点击 "OK"。结果见表 14 – 8。

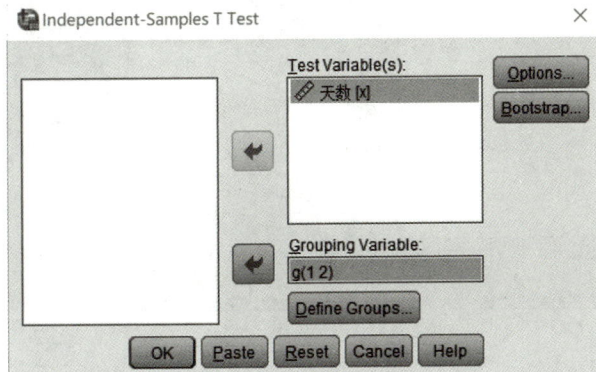

图 14 – 19 独立样本 t 检验对话框

独立样本 t 检验的结果选取第一行即可（若方差不齐时校正 t 检验结果看第二行），本例中，$t =$ 5.430，自由度 $df = 28$，$P < 0.001$，可以认为实验组与对照组临床症状改善时间有差异，实验组即国产中药结合西药治疗该病毒性传染病临床症状改善所用时间较仅用西药治疗改善时间短。

表 14 – 18　独立样本 t 检验结果（independent samples t – test）

		Levene's Test for Equality of Variances		t–test for Equality of means						
									95%Confidence Interval of the Difference	
		F	Sig	t	df	Sig.(2–tailed)	Mean Difference	Std.Error Difference	Lower	Upper S
天数	Equal variances assumed	.885	.355	5.430	28	.000	2.467	.454	1.536	3.397
	Equal variances not assumed			5.430	27.107	.000	2.467	.454	1.535	3.399

4. 方差分析　用于检验多个样本均数是否相等，也可以用于两独立样本的检验。单因素方差分析（one way ANOVA）不考虑干扰因素的影响，对效应变量进行组间比较。主要用于完全随机设计多组的情景，或观察性研究多个独立样本的比较。

例 14 – 8　为探讨大蒜素对非酒精性脂肪肝的保护作用，研究者将 45 只成年雄性 SD 大鼠随机等分为甲、乙、丙组 3 组，比较 3 组的谷草转氨酶总体均数是否存在差异。数据见表 7 – 1。

SPSS 软件操作步骤如下。

（1）建立数据文件，此例中有两个变量：group（1 – 甲组，2 – 乙组，3 – 丙组）（分组变量）和谷草转氨酶含量 X（效应变量），数据格式与独立样本 t 检验一致。

（2）正态性检验与方差齐性检验　参见例 14 – 3 步骤,检验结果表明满足正态性(三组正态性检验结果 W 值和 P 值分别为 $W_1 = 0.905$，$P_1 = 0.115$，$W_2 = 0.890$，$P_2 = 0.068$，$W_3 = 0.971$，$P_3 = 0.868$)和方差齐性($F = 0.162$，$P = 0.851$)。

（3）方差分析　点击"Analyze →Compare means →One – Way ANOVA…"，进入主对话框，将 X 选入"Dependent List"，group 变量选入"Factor"，见图 14 – 20。

点击"Post Hoc"，选择多重比较的方法。方差分析中如果总体均数之间存在差异，可以进行多重比较以确定哪些均数间存在差别。单因素方差分析中提供的多重比较方法，见图 14 – 21。选择"SNK"法可以在方差齐性的情况下进行均数间全面的两两比较。

注意：点击"Options"，选择"Descriptive"可进行变量的描述性统计和"Homogeneity of Variance"进行方差齐性检验。

分析结果见表 14 – 9 至表 14 – 11。

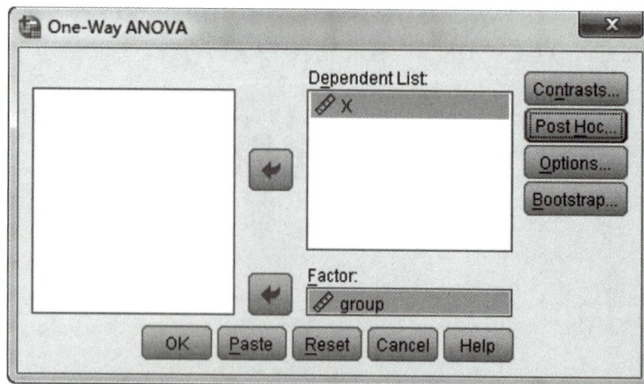

图 14 – 20　单因素方差分析对话框

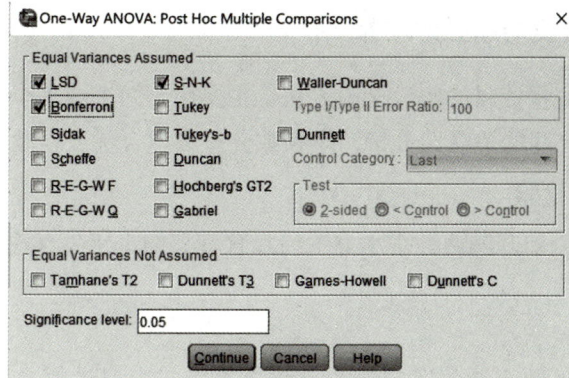

图 14 – 21　单因素方差分析 – 多重比较

表 14 – 9　单向方差分析描述性结果表（Descriptives）

	N	Mean	Std. Deviation	Std. Error	95% Confidence Interval for Mean		Minimum	Maximum
					Lower Bound	Upper Bound		
甲组	15	27.1600	9.43434	2.43594	21.9354	32.3846	13.30	40.90
乙组	15	60.7267	10.51234	2.71427	54.9051	66.5482	41.40	72.00
丙组	15	53.0000	10.04355	2.59323	47.4381	58.5619	37.20	69.70
Total	45	46.9622	17.50071	2.60885	41.7044	52.2200	13.30	72.00

表 14 – 10　单因素方差分析结果（ANOVA）

	Sum of Squares	df	Mean Square	F	Sig.
Between Groups	9270.640	2	4635.320	46.293	.000
Within Groups	4205.445	42	100.130		
Total	13476.086	44			

表 14 – 10 分别给出了组间变异、组内变异、自由度、组间均方、组内均方，$F = 46.293$，$P < 0.001$，因此均数间存在差别，可以认为三组谷草转氨酶平均水平不全相同。

表 14 – 11　SNK 法结果

	组别	N	Subset for alpha = 0.05		
			1	2	3
Student – Newman – Keuls[a]	甲组	15	27.1600		
	丙组	15		53.0000	
	乙组	15			60.7267
	Sig.		1.000	1.000	1.000

Means for groups in homogeneous subsets are displayed.

a. Uses Harmonic Mean Sample Size = 15.000.

多重比较的结果显示：甲、乙、丙 3 种处理间均有统计学差异。

另外，单因素方差分析也可以用 General Linear Model 实现，特别在各组例数不等时。依次点击"Analyze →General Linear Model →Univariate…"，进入 Univariate 窗口，将 x 调入 Dependent Variable 框，group 调入 Fixed Factor（s）框，点击 OK 即可运行。可在 Post Hoc…选择两两比较方法，与 ANOVA 类似。

六、定性无序变量资料的统计推断

χ^2 检验是最常用于分类变量资料的假设检验方法，主要用于两个或多个样本率或构成比的比较，此外也可以用于两个分类变量之间的关联性分析，及频数分布的拟合优度检验。

（一）四格表资料的 χ^2 检验

例 14 - 9 对例 8 - 1 微创和开胸两种手术方法治疗食管癌的 1 年生存率有无不同进行检验，数据结果见表 8 - 1。

SPSS 软件操作步骤如下。

（1）建立数据文件 本例题记录数据的形式是频数表格式，记录每一变量各类别的频数，需设定频数变量。本例设置三个变量，group（行变量，表示不同手术方法）、outcome（列变量，表示生存和死亡），freq（表示频数）。数据文件如图 14 - 22 所示。若为原始数据，则仅两个变量 group、outcome，无需加权。

group	outcome	freq
1	1	86
1	2	14
2	1	90
2	2	30

图 14 - 22　四格表资料卡方检验数据格式

（2）指定 freq 为频数变量 点击"Data→Weight Cases…"，选择 Weight Cases by，将 freq 调入 Frequency Variable 框内，点击 OK。

（3）点击"Analyze →Descriptive Statistics → Crosstabs…"，选择变量 group 进入"Row（s）"框内，选择变量 outcome 进入"Column（s）"框内。

点击"Statistics…"，选择"Chi - square"；点击 Continue 返回，点击 OK 运行。结果见表 14 - 12。可知，本例中最小理论频数为 20.00（表下方备注 a），因此 Pearsonχ^2 检验的结果 χ^2 = 4.125，P = 0.042，两种手术方法治疗食管癌的 1 年生存率不同，微创手术 1 年生存率高于开胸手术。

表 14 - 12　四格表资料卡方检验结果（Chi - Square Tests）

	Value	df	Asymptotic Significance (2 - sided)	Exact Sig. (2 - sided)	Exact Sig. (1 - sided)
Pearson Chi - Square	4.125[a]	1	.042		
Continuity Correction[b]	3.466	1	.063		
Likelihood Ratio	4.224	1	.040		
Fisher's Exact Test				.044	.030
Linear - by - Linear Association	4.106	1	.043		
N of Valid Cases	220				

a. 0 cells (0.0%) have expected count less than 5. The minimum expected count is 20.00.

b. Computed only for a 2×2 table.

注：若任一格的 $1 \leqslant T < 5$，且 $n \geqslant 40$ 时，需要连续性校正，结果见表 14 - 12 中 Continuity Correction[b] 行；若四格表有理论频数小于 1，或 $n < 40$ 时，尤其是用其他检验方法所得概率接近检验水准时，宜用确切概率法，则结果以表中 Fisher's Exact Test 为准。

（二）配对四格表 χ^2 检验

例 14 - 10 例 8 - 4 对 120 例结核病患者进行结核分枝杆菌培养，分别接种在甲、乙两种不同的培养基，问两种结核分枝杆菌培养基的效果有无差别？数据结果见表8-6。

SPSS 软件操作步骤如下。

（1）建立数据文件 本例应定义三个变量，a（表示甲法，1-阳性，2-阴性），b（乙法，1-阳性，2-阴性），freq 表示频数变量，数据格式见图 14-23。

（2）指定 freq 为频数变量 点击 "Data→Weight Cases…"，选择 Weight Cases by，将 freq 调入 Frequency Variable 框内，点击 OK。

（3）点击 "Analyze→Nonparametric tests→Related samples…"，将 a、b 调入 Test Fields 框，点击 Run。结果见表 14-13。

分析过程中也可以点击 "Analyze→Nonparametric test→Legacy dialogs→2 Related Samples…"，将变量 a、b 选入右侧 Test Pairs，选择 McNemar 法。

也可点击 "Analyze →Descriptive Statistics → Crosstabs…"，选择变量 a 进入 "Rows"，选择变量 b 进入 "Columns"；Statistics 窗口中选定 McNemar，不过这个结果没有提供 χ^2 值。

a	b	freq
1	1	42
1	2	18
2	1	30
2	2	30

图 14-23 配对 χ^2 检验数据格式

表 14-13 配对四格表检验结果

Total N	120
Test Statistic	2.521
Degree Of Freedom	1
Asymptotic Sig.（2-sided test）	.112

由表 14-13 可知，$\chi^2 = 2.521$，$P = 0.112$，还不能认为甲乙两培养基培养阳性率不同。

（三）行×表资料的 χ^2 检验

例 14-11 某医生把 102 例轻中度高血压患者随机分为三组，分别用硝苯地平缓释片、缬沙坦和安慰剂进行治疗，问三种药物组治疗轻中度高血压的有效率有无差别。数据结果见表 8-7。

SPSS 软件操作步骤如下。

（1）建立数据文件 本例中应输入三个变量，method 表示方法，可赋值 1、2、3，分别代表硝苯地平缓释片法、缬沙坦和安慰剂组；result 表示结局，可赋值 1、2，分别表示有效和无效；freq 表示频数。数据文件如图 14-24 所示。

（2）指定频数变量 点击 "Data→Weight Cases…"，选择 Weight Cases by，将 freq 调入 Frequency Variable 框内，点击 OK。

（3）点击 "Analyze→Descriptive Statistics→Crosstabs…"，选择变量 method 进入 "Rows"，选择变量 result 进入 "Columns"。

点击 "Statistics"，选择 "chi-square"，依次点击 Continue 返回，点击 OK 运行。结果见表 14-14。结果显示所有

method	result	freq
1	1	35
1	2	5
2	1	20
2	2	10
3	1	7
3	2	25

图 14-24 行×表 χ^2 检验的数据格式

的理论频数都大于5，$\chi^2 = 32.736$，$P < 0.001$，因此三种方法的总有效率不全相同。

表 14-14　行×表 χ^2 检验的结果

	Value	df	Asymptotic Significance (2-sided)
Pearson Chi-Square	32.736[a]	2	.000
Likelihood Ratio	34.666	2	.000
Linear-by-Linear Association	31.157	1	.000
N of Valid Cases	102		

（4）进一步两两比较　点击"Analyze→Descriptive Statistics→Crosstabs…"，选择变量 result 进入"Rows"，选择变量 method 进入"Columns"；点击"Cells…"，选择"z-test"，选中"Compare column proportions"和"Adjust p-values（Bonferroni method）"，点击"Continue"，运行结果见表 14-15。组别标注是相同字母的表示无统计学差异，标注是不同字母表示有统计学差异。

表 14-15　行×表两两比较检验的结果表

		组别			Total
		硝苯地平缓释片	缬沙坦	安慰剂	
结局	有效	35[a]	20[a]	7[b]	62
	无效	5[a]	10[a]	25[b]	40
Total		40	30	32	102

七、非参数统计

（一）Wilcoxon 符号秩和检验

该方法用于配对设计定量资料差值的比较或者单个样本与已知总体中位数的比较。

例 14-12　用甲乙两种方法分别测定 13 名健康人尿液中汞的含量，分析两种方法测定结果有无差异。数据见表 6-2。

SPSS 软件操作步骤如下。

（1）建立数据文件　设置两个变量 a、b，表示甲方法、乙方法测定值，数据结构同配 t 检验，见图 14-25。

（2）产生差值　点击"Transform →Compute Variable…"进入 Compute Variable 窗口，在 Target Variable 框中键入"d"（即新生成的变量），在 Numeric Expression 框中表达为"a-b"（含义为 d = a-b），点击"OK"，即产生新变量 d。

（3）正态性检验　对变量 d 进行正态性检验，得 W = 0.853，$P = 0.032$，可以认为不满足正态性。

（4）点击"Analyze→Nonparametric Tests →Legacy Dialogs →2 related samples…"，弹出对话框后，将两变量放入"Test Pairs"框，并在"Test Type"下勾选"Wilcoxon"，见图 14-26。

	a	b
1	2.90	.20
2	3.40	1.10
3	.00	.00
4	3.90	.40
5	6.50	3.30
6	2.60	5.60
7	1.80	1.10
8	1.00	4.40
9	1.80	3.60
10	3.30	1.10
11	2.00	.20
12	5.40	2.20
13	5.70	2.10

图 14-25　Wilcoxon 符号秩和检验数据格式

点击"OK"后，结果见表 14-16。$Z = -1.531$，$P = 0.126$，差异无统计学意义，尚不能认为甲方法与乙方法测定尿汞值有差异。

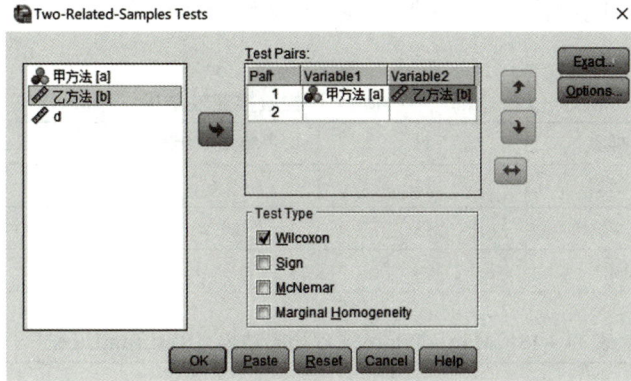

图 14 – 26 Wilcoxon 符号秩和检验对话框

表 14 – 16 配对符号秩和检验结果

	甲方法 – 甲方法
Z	– 1. 531[b]
Asymp. Sig.（2 – tailed）	. 126

a. Wilcoxon Signed Ranks Test

b. Based on positive ranks.

（二）Man – Whitney U 检验

该方法适用于两组独立定量变量资料或者等级资料的比较，推断两样本代表的总体分布是否相同。Man – Whitney U 检验原理和结果与 Wilcoxon 秩和检验完全等价。

例 14 – 13 选取同龄大鼠随机分为两组，分别使用强化饲料和普通饲料喂养一段时间，考察两组大鼠体重增加有无差异。数据见表 6 – 5。

SPSS 软件操作步骤如下。

（1）建立数据文件 本例中输入两个变量，X 表示体重变化值，group 表示饲料（1 – 普通饲料，2 – 强化饲料）。

（2）正态性和方差齐性检验 操作步骤参见例 14 – 3，经正态性检验，得普通饲料 $W = 0.851$、$P = 0.029$，强化饲料 $W = 0.864$、$P = 0.028$，均不满足正态性。方差齐性检验，$P = 0.101$，可认为满足方差齐性。

（3）点击 "Analyze→Nonparametric Tests →Independent Samples…→Fields"，将变量 "X" 放入 "Test Fields" 框中，将变量 "group" 放入 "Groups 框中，并点击 "Run" 运行。

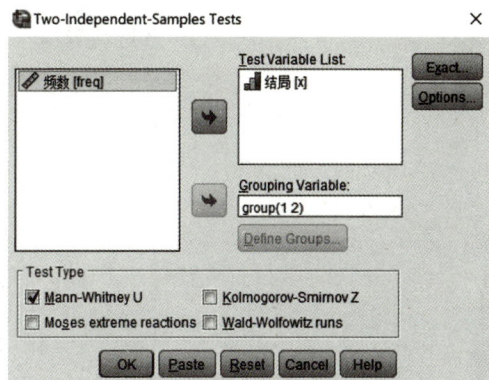

图 14 – 27 Man – Whitney U 检验对话框

也可点击 "Analyze→Nonparametric Tests→Legacy Dialogs→Independent Samples …"，进入 Two – Independent Samples Tests 窗口，将变量 "X" 放入 "Test Variable List" 框中，将变量 "group" 放入 "Grouping Variable" 框中，见图 14 – 27；激活 Define Groups…按钮，在 Group1 和 Group2 框中分别键入 1、2；点击 "Run" 运行。

结果见表 14 – 17 和表 14 – 18。表 14 – 17 给出了各组的秩和及平均秩次，表 14 – 18 给出了检验的结果，$Z = – 3.249$，$P = 0.001$，可认为强化饲料和普通饲料喂养的两组大鼠体重增加值的总体分布不同，强化饲料喂养大鼠体重增加值大于普通饲料喂养大鼠体重增加值。

表 14 – 17　Man – Whitney U 检验描述性结果（Ranks）

	饲料种类	N	Mean Rank	Sum of Ranks
x	普通饲料	13	9.08	118.00
	强化饲料	15	19.20	288.00
	Total	28		

表 14 – 18　Man – Whitney U 检验结果（Test Statistics[a]）

	x
Mann – Whitney U	27.000
Wilcoxon W	118.000
Z	– 3.249
Asymp. Sig. （2 – tailed）	.001
Exact Sig. ［2 * （1 – tailed Sig.）］	.001[b]

a. Grouping Variable：饲料种类

b. Not corrected for ties.

（三）Kruskal – Wallis H 检验

例 14 – 14　为了解臭氧缓释水凝胶的止血促凝作用，研究人员将 24 只肝脏出血模型大鼠随机等分为 3 组，每组 8 只，比较 3 组的止血时间是否存在差异。数据见表 7 – 7。

SPSS 软件操作步骤如下。

（1）建立数据文件　本例中输入两个变量，X 表示止血时间，group 表示不同处理组（1. 对照组，2. 止血粉组，3. 臭氧凝胶组），数据结构同 Man – Whitney U 检验。

（2）正态性和方差齐性检验　结果表明满足正态性，但方差不齐（$F = 3.999$，$P = 0.034$）。

（3）点击"Analyze→Nonparametric Tests→Independent samples…"，点击 Fields，将变量"X"放入"Test Fields"框中，将变量"group"放入"Groups"框中（图 14 – 28），点击"Run"。结果显示，$\chi^2 = 11.072, P = 0.004$，不同处理止血时间不同，进一步两两比较结果见表 14 – 19。

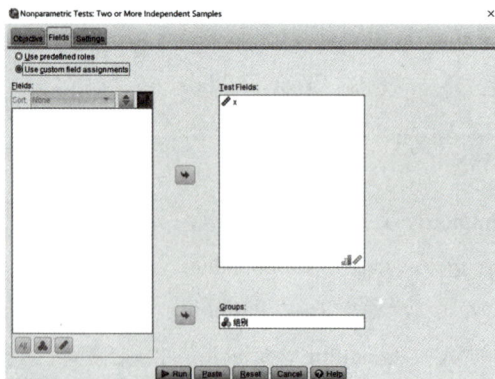

图 14 – 28　Kruskal – Wallis H 检验窗口

表 14-19 两两比较结果（Pairwise Comparisons of 组别）

Sample 1 – Sample 2	Test Statistic	Std. Error	Std. Test Statistic	Sig.	Adj. Sig. [a]
臭氧凝胶组 – 止血粉组	2.500	3.529	.708	.479	1.000
臭氧凝胶组 – 对照组	11.188	3.529	3.170	.002	.005
止血粉组 – 对照组	8.688	3.529	2.461	.014	.042

八、相关分析

（一）直线相关

例 14-14 某研究者测量了某地 20 名成人的腰围（cm）及体重指数（BMI，kg/m²），数据见表 9-1，试分析体质指数与腰围的相关关系。

SPSS 软件操作步骤如下。

（1）建立数据文件 本例输入两个变量，waistline 表示腰围，BMI 表示体重指数。

（2）做散点图与正态性检验 点击"Graphs→Legacy Dialogs→Scatter/Dot→Simple Scatter→Define"，将 BMI 调入 Y Axis 框，waistline 调入 X Axis 框，点击 OK。结果见图 14-29，由图可见两变量散点图呈直线趋势。

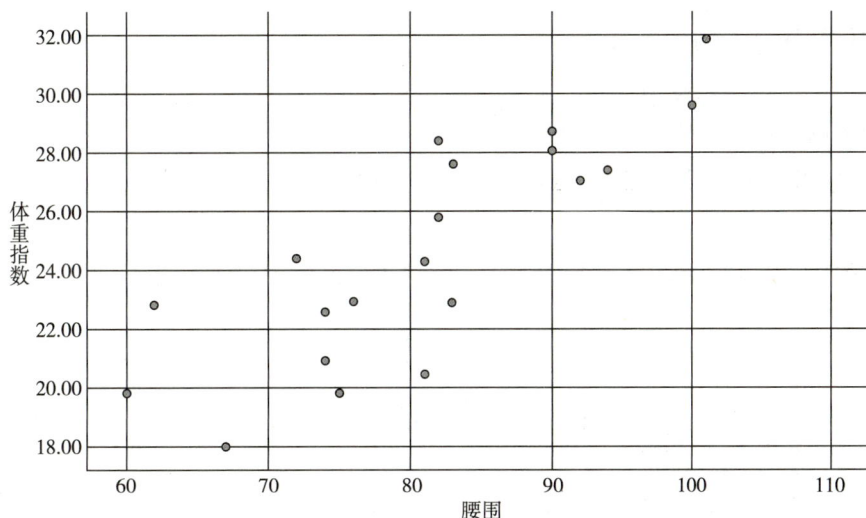

图 14-29 腰围与体重指数散点图

对两变量进行正态性检验，体重指数（$W = 0.966$，$P = 0.673$）、腰围（$W = 0.972$，$P = 0.794$）均服从正态性。

（3）相关分析 点击"Analyze→Correlate→Bivariate"，将变量 waistline 和 BMI 移至 Variables 矩形框中。见图 14-30。

对话框下部 Correlation Coefficients 栏中列出了三种相关系数，可根据资料的性质选用：

Pearson 相关复选项，即简单相关系数。

Kendall'stau-b 复选项，即 Kendall 秩相关系数。

Spearman 相关复选项，计算等级相关系数。

本案例满足直线相关条件，选定 Pearson 相关复选项，点击

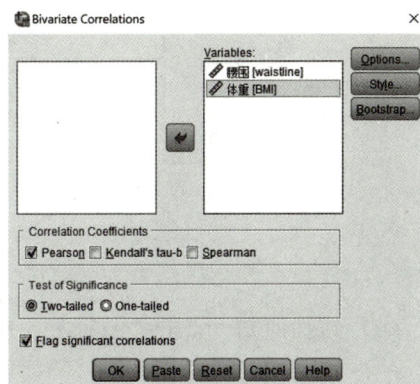

图 14-30 相关分析窗口

OK，结果显示，腰围与体重指数之间的线性相关系数 $r = 0.828$，$P < 0.001$，说明体重指数与腰围存在线性相关关系。

（二）等级相关

若不满足直线相关条件，运用等级相关，则选择 Spearman 相关复选项或 Kendall's tau – b 复选项，如教材例 9 – 2 分析 C 反应蛋白和甘油三脂之间的相关关系（数据见表 9 – 2），步骤同直线相关分析，散点图显示非直线趋势，且两变量均不满足正态分布，考虑用等级相关，选中 Spearman 相关复选项，结果为 $r_s = 0.460$，$P = 0.011$，两变量之间存在等级相关关系。

九、回归分析

（一）直线回归

直线回归又称线性回归、简单回归，用回归方程的形式反应两个数值变量之间数量上的依存关系。这两个变量中，一个作为自变量（independent variable），一个作为因变量（dependent variable）。

例 14 – 16　某研究者测试 27 名健康成人的 FEV_1（L），试分析年龄与 FEV_1（L）是否存在线性回归关系，数据见表 9 – 3。

SPSS 软件操作步骤如下。

（1）建立数据文件　本例输入两个变量，第一列 age 表示年龄，第二列 FEV_1 表示第一秒用力呼气量。

（2）绘制散点图　点击"Graphs→Legacy Dialogs→Scatter/Dot…"，选定 Simple Scatter，指定自变量和因变量，绘制散点图。本例中，年龄与 FEV_1（L）之间的散点图如图 14 – 31 所示，可见，存在线性趋势。

（3）正态性检验　对 FEV_1 进行正态性检验，$W = 0.974$，$P = 0.718$，满足正态性。

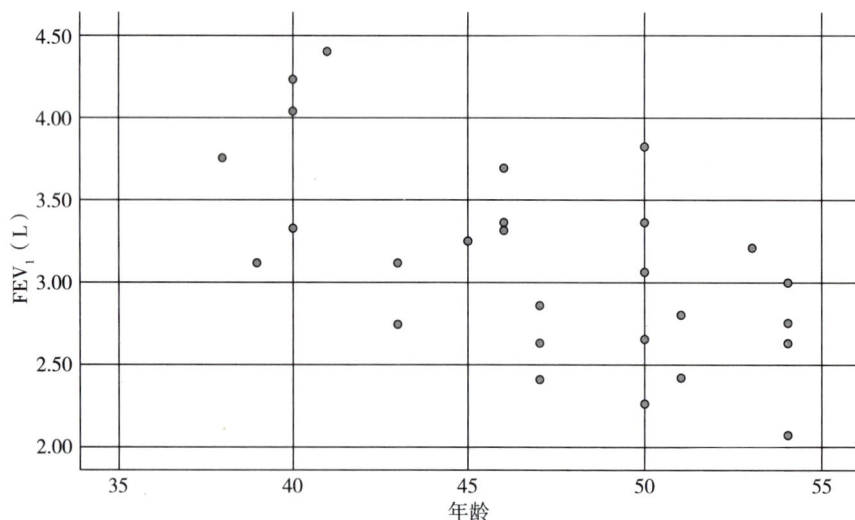

图 14 – 31　年龄和 FEV_1 散点图

（4）线性回归　点击"Analyze→Regression→Linear…"，展开线性回归对话框，见图 14 – 32。

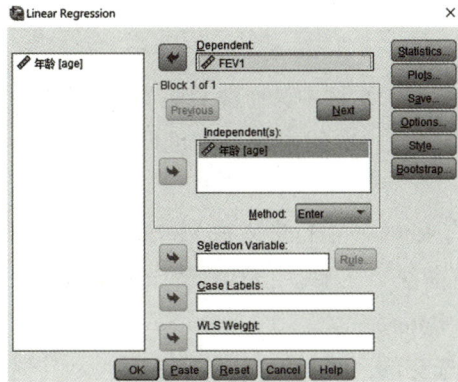

图 14 – 32 线性回归对话框

点击"OK"。结果见表 14 – 20 和表 14 – 21。

表 14 – 20 直线回归方差分析表 ANOVA[a]

Model		Sum of Squares	df	Mean Square	F	Sig.
1	Regression	3.401	1	3.401	14.594	.001[b]
	Residual	5.826	25	.233		
	Total	9.228	26			

a. Dependent Variable：FEV_1

b. Predictors：(Constant)，年龄

表 14 – 21 直线回归系数检验结果

Model		Unstandardized Coefficients		Standardized Coefficients	t	Sig.
		B	Std. Error	Beta		
1	(Constant)	6.458	.878		7.359	.000
	年龄	-.071	.019	-.607	-3.820	.001

a. Dependent Variable：FEV_1

假设检验的结果提示，存在线性回归关系，由此可以建立回归方程：

$$\hat{Y} = 6.458 - 0.071\text{age}$$

利用方差分析法进行线性关系假设检验的结果：$F = 14.594$，$P = 0.001$，显示回归方程有统计学意义，年龄与 FEV_1 之间的回归方程有统计学意义。

（二）多重线性回归

例 14 – 17 分析冠心病患者的血清总胆固醇含量（Y）与低密度脂蛋白（$X1$）、高密度脂蛋白（$X2$）和甘油三酯（$X3$）间的线性关系，数据见表 10 – 1。

SPSS 软件操作步骤如下。

（1）建立数据文件 本例中输入四个变量，分别是低密度脂蛋白（$X1$）、高密度脂蛋白（$X2$）和甘油三酯（$X3$）、血清总胆固醇含量（Y），4 列 33 行，数据结构见图 14 – 33。

（2）点击"Analyze →Regression→linear…"，弹出主对话框如图 14 – 32。将（Y）放入 Dependent 框中，将 $X1$、

X1	X2	X3	Y
2.03	1.39	1.61	4.24
2.21	1.71	1.95	4.73
1.33	1.81	1.62	3.49
3.51	1.87	2.06	5.47
2.78	1.22	1.35	4.15
2.75	1.17	1.53	4.09
2.99	1.27	1.74	4.47
3.27	1.49	1.40	4.73
3.77	2.19	2.48	6.11
2.57	2.21	.97	4.76

图 14 – 33 多重线性回归数据结构

*X*2、*X*3 放入 Independent 框中。

各部分说明如下。

Dependent 选入回归分析的因变量，本例中为血清总胆固醇含量（*Y*）。

Independent 选入回归分析的自变量，本例中为低密度脂蛋白（*X*1）、高密度脂蛋白（*X*2）和甘油三酯（*X*3）。

Method 自变量的选入方法，有 Enter（强行进入法）、Stepwise（逐步法）、Remove（强制剔除法）、Backward（向后法）、Forward（向前法）五种。该选项对当前 Independent 框中的所有变量均有效。默认的选入方法为 Enter 法。本例选 Enter。

Selection Variable 选入一个筛选变量，并利用右侧 Rules 建立一个选择条件，只有满足条件的记录才会进入回归分析。这一操作与"Data"菜单中的"select data"等价。

点击"Statistics"出现对话框，见图 14 – 34。

其中 Regression Coefficients 组：定义回归系数的输出情况，选中 Estimates 可输出回归系数及其标准误，*t* 值和 *P* 值，还有标准化的回归系数 beta；选中 Confidence intervals 则输出每个回归系数的 95% 置信区间。默认只选中 Estimates。

Residuals 组：可输出残差诊断的信息，可选的有 Durbin – Watson 残差序列相关性检验、超出规定的 *n* 倍标准误的残差列表。

Model fit 框：模型拟合过程中进入、退出的变量列表，以及一些有关拟合优度检验的指标，如 *R*，*R*² 和调整的 *R*²，标准误及方差分析表。

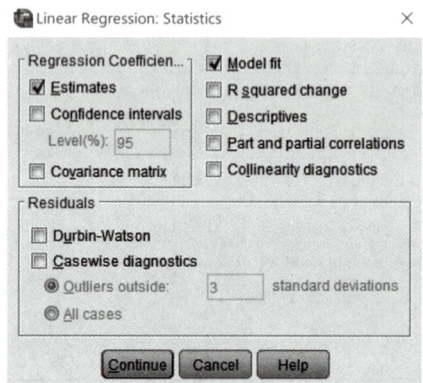

图 14 – 34　多重线性回归分析 Statistics 对话框

R squared change 框：显示模型拟合过程中 *R*²、*F* 值和 *p* 值的改变情况。

Descriptives 框：提供一些变量描述，如有效例数、均数、标准差等，同时还给出一个自变量间的相关矩阵。

Part and partial correlations 框：显示自变量间的相关、部分相关和偏相关系数。

Collinearity diagnostics 框：共线性诊断的统计量，如特征根（Eigenvalues）、方差膨胀因子（VIF）等。

Plots：可绘制回归分析诊断或预测图。

Save：可以存储中间结果，包括预测值系列、残差系列、距离（Distances）系列、预测值可信区间系列、波动统计量系列。

Options：可设置回归分析的一些选项，如纳入排除标准、是否在模型中放置常数项等。

多重线性回归分析结果见表 14 – 22 至表 14 – 28。

表 14 – 22　回归模型拟合情况（Model Summary）

Model	R	R Square	Adjusted R Square	Std. Error of the Estimate
1	.893ᵃ	.798	.777	.37818

a. Predictors：(Constant)，甘油三脂，高密度脂蛋白，低密度脂蛋白

该表显示的是模型的拟合优度情况。显示在该模型中，相关系数 *R* 为 0.893，决定系数 *R*² 为 0.798，校正的决定系数为 0.777。其中校正决定系数可作为变量筛选的指标之一。

表 14 – 23　方差分析表（ANOVA^a）

Model		Sum of Squares	df	Mean Square	F	Sig.
1	Regression	16. 385	3	5. 462	38. 187	. 000^b
	Residual	4. 148	29	. 143		
	Total	20. 533	32			

a. Dependent Variable：血清总胆固醇

b. Predictors：(Constant)，甘油三脂，高密度脂蛋白，低密度脂蛋白

表 14 – 23 显示的是采用方差分析法进行模型检验的结果，$F=38.187$，$P<0.001$，模型具有统计学意义。在模型有意义的前提下，可进行偏回归系数的假设检验，结果见表 14 – 24。

表 14 – 24　偏回归系数的假设检验（Coefficients^a）

Model		Unstandardized Coefficients		Standardized Coefficients	t	Sig.
		B	Std. Error	Beta		
1	(Constant)	. 955	. 506		1. 888	. 069
	低密度脂蛋白	. 957	. 106	. 852	9. 007	. 000
	高密度脂蛋白	. 591	. 209	. 237	2. 827	. 008
	甘油三脂	. 109	. 195	. 053	. 558	. 581

a. Dependent Variable：血清总胆固醇

该表显示的是多重线性回归方程中逐步回归分析各参数及假设检验的结果，可知自变量低密度脂蛋白（$X1$）、高密度脂蛋白（$X2$）有统计学意义，而甘油三酯（$X3$）无统计学意义，由此可列出多重线性回归方程如下：

$$\hat{Y} = 0.955 + 0.957X1 + 0.591X2 + 0.109X3$$

（三）logistic 回归

根据因变量分类的不同，Logistic 回归可分为两分类 logistic 回归、有序分类 logistic 回归和无序多分类 logistic 回归模型。本书仅介绍最基本的两分类 logistic 回归模型。

例 14 – 18　某研究欲分析 2 型糖尿病相关危险因素，调查了 2 型糖尿病患者 500 例，500 例健康对照，调查项目包括性别、年龄、文化程度、饮酒情况、睡眠质量、体力活动以及吸烟情况 7 个相关因素的资料见表 10 – 6。

SPSS 软件操作步骤如下。

（1）建立数据文件　本例中输入 8 个变量，分别是性别 $X1$、年龄 $X2$、文化程度 $X3$、饮酒情况 $X4$、睡眠质量 $X5$、体力活动 $X6$、吸烟情况 $X7$、糖尿病 Y，7 列 1000 行，数据结构见图 14 – 35。

X1	X2	X3	X4	X5	X6	X7	Y
1	2	2	1	2	1	1	0
1	4	4	1	3	4	1	0
1	4	1	1	2	1	0	0
2	4	2	1	2	4	1	1
1	4	1	1	1	3	0	0
2	3	1	1	2	3	0	0
1	1	1	1	1	4	0	0
1	2	2	0	2	4	0	0
2	4	1	1	2	3	1	1

图 14 – 35　logistic 回归数据结构

（2）点击"Analyze→Regression→Binary logistic"，弹出二分类 logistic 回归对话框，见图 14 – 36。将因变量 Y 放入"Dependent"框，将自变量 X1、X2、X3、X4、X5、X6、X7 放入"Covariates"框中。Method 框中选择 Forward：LR；点击 Options…按钮，弹出窗口（图 14 – 37），选中 CI for exp（B）95%。其余选项的说明可参考线性回归部分。

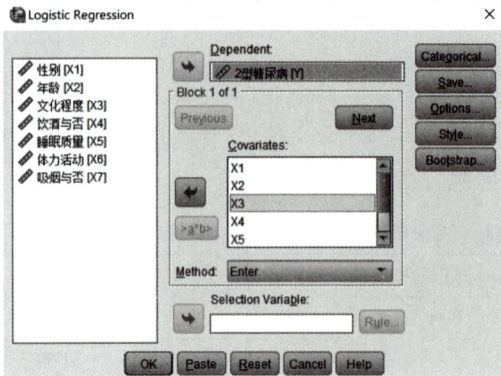

图 14 – 36　logistic 回归对话框

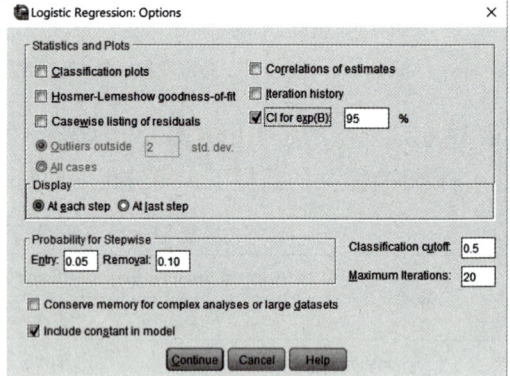

图 14 – 37　logistic 回归 Options 对话框

特别需要注意的是"Categorical"选项，当自变量是多分类（尤其是无序多分类）时，应该采用该选项将这类变量转化为 $k-1$ 个哑变量（k 为该变量的水平数），同时，还可定义以何水平作为比较的参照水平。

结果见表 14 – 25 至表 14 – 37。由表 14 – 24 可见，– 2 Log likelihood 逐步减小，伪决定系数逐步增大。

表 14 – 25　模型汇总（Model Summary）

Step	– 2 Log likelihood	Cox & Snell R Square	Nagelkerke R Square
1	1795.429[a]	.066	.091
2	1769.878[a]	.082	.113
3	1759.754[a]	.088	.122

a. Estimation terminated at iteration number 4 because parameter estimates changed by less than .001.

表 14 – 26　方程中的变量（Variables in the Equation）

		B	S. E.	Wald	df	Sig.	Exp（B）	95% C. I. for EXP（B）	
								Lower	Upper
Step 3[c]	饮酒与否	1. 178	.570	4. 268	1	.039	3. 248	1. 062	9. 929
	睡眠质量	.510	.107	22. 776	1	.000	1. 665	1. 350	2. 052
	吸烟与否	1. 254	.135	85. 947	1	.000	3. 504	2. 688	4. 568
	Constant	– 2. 802	.621	20. 335	1	.000	.061		

表 14 – 26 为方程中各自变量检验情况列表，这是 Logistic 回归分析结果中最重要的一部分。输出的结果包括最终引入模型的自变量及常数项的系数（B）、标准误（SE）、Wald 卡方值（Wald）、自由度（df）、P 值（Sig）、以及 OR 值（Exp（B））。本例中，饮酒情况 X4、睡眠质量 X5、吸烟情况 X7 三个自变量纳入方程有统计学意义。每个自变量对应的 Exp（B）可以反映其对因变量的作用。

十、生存分析

（一）估计生存曲线与 log – rank 检验

例 14 – 19 接受每日 15000IU 维生素 A 干预和接受每日 75IU 维生素 A 干预的参加者各自的生存概率，数据见表 11 – 3。试对两种干预的效果进行分析。

SPSS 软件操作步骤如下。

（1）建立数据文件 本例中输入 4 个变量，分别是时间 time、状态 status（1 为失效，0 为删失）、group（1 为 15000IU 组，0 为 75IU 组）、频数 freq，4 列 10 行，数据结构见图 14 – 38。

（2）数据加权

（3）生存分析 点击"Analyze→Survival→Kaplan – Meier…"，弹出 Kaplan – Meier 窗口，见图 14 – 39。将 time 调入 Time 框；

将 status 调入 Status 框，点击 Define Event…按钮，在 Single value 中键入 1，表示失效为 1，删失为 0，点击 Continue 返回；

将 group 调入 Factor 框；

点击 Save…按钮，选中 Survival 和 Standard error of survival，点击 Continue 返回；

点击 Options…按钮，Plots 选中 Survival，点击 Continue 返回；

点击 Compare Factor…按钮，Test Statistics 选中 Log rank，即进行 log rank 检验，点击 Continue 返回；点击 OK 运行。

time	status	group	freq
1	1	1	3
1	0	1	4
2	1	1	6
2	0	1	0
3	1	1	15
3	0	1	1
4	1	1	21
4	0	1	26
5	1	1	15
5	0	1	35
6	1	1	5
6	0	1	41
1	1	0	8
1	0	0	0
2	1	0	13
2	0	0	3
3	1	0	21
3	0	0	2

图 14 – 38 生存分析数据结构

结果见表 14 – 26、14 – 27 和图 14 – 39。统计描述结果见表 14 – 26，Log Rank 检验结果见表 14 – 27，可见 $\chi^2 = 5.360$，$P = 0.021$，两组生存曲线具有统计学差异，15000IU 剂量组的生存情况较 75IU 剂量组更好。

表 14 – 26 Mean and Medians for Survival Time

group	Mean[a]				Median			
	Estimate	Std.Error	95% Confidence Interval Lower Bound	Upper Bound	Estimate	Std.Error	95% Confidence Interval Lower Bound	Upper Bound
lor dose A	4.805	.118	4.574	5.036	6.000	.356	5.302	6.698
high dose A	5.136	.102	4.937	5.335				
Overall	4.965	.078	4.811	5.119	6.000			

a.Estimation is limited to the largest survival time if it is censored

表 14 – 27 Log Rank 检验结果（Overall Comparisons）

	Chi – Square	df	Sig.
Log Rank（Mantel – Cox）	5.360	1	.021

Test of equality of survival distributions for the different levels of group.

（二）Cox 回归

例 14 – 20 采用 Cox 比例风险模型比较表 11 – 3 中维生素 A 高剂量组（15000IU）和低剂量组（75IU）受试者的生存曲线。

（1）数据格式 见图 14 – 38。

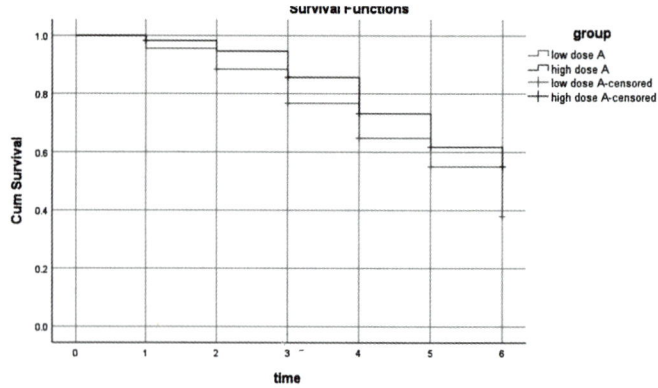

图 14 – 39　生存曲线

（2）加权数据加权

（3）Cox 回归　点击 "Analyze→Survival→Cox Regression…"，弹出 Cox Regression 窗口，见图 14 – 40。将 time 调入 Time 框；

将 status 调入 Status 框，点击 Define Event…按钮，在 Single value 中键入 1，表示失效为 1，删失为 0，点击 Continue 返回；

将 group 调入 Covariates 框。注：若分析多个自变量需要将分析的自变量调入 Covariates 框；

点击 Save…按钮，选中 Survival function 和 Standard error of survival function，点击 Continue 返回；

点击 Options…按钮，Model Statistics 选中 CI for exp（B）95%，点击 Continue 返回；点击 OK。

结果见表 14 – 28。

表 14 – 28　Cox 回归结果（**Variables in the Equation**）

	B	SE	Wald	df	Sig.	Exp（B）	95.0% CI for Exp（B）	
							Lower	Upper
group	– . 352	. 163	4. 644	1	. 031	. 703	. 511	. 969

第三节　Stata 应用简介

（王　玖　艾自胜）

附　录

附录一　统计用表

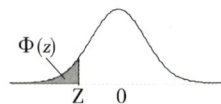

附表1　标准正态分布（Z-分布）曲线下的面积（Φ(z)值）

z	0.00	0.01	0.02	0.03	0.04	0.05	0.06	0.07	0.08	0.09
−3.0	0.00135	0.00131	0.00126	0.00122	0.00118	0.00114	0.00111	0.00107	0.00104	0.00100
−2.9	0.00187	0.00181	0.00175	0.00169	0.00164	0.00159	0.00154	0.00149	0.00144	0.00139
−2.8	0.00256	0.00248	0.00240	0.00233	0.00226	0.00219	0.00212	0.00205	0.00199	0.00193
−2.7	0.00347	0.00336	0.00326	0.00317	0.00307	0.00298	0.00289	0.00280	0.00272	0.00264
−2.6	0.00466	0.00453	0.00440	0.00427	0.00415	0.00402	0.00391	0.00379	0.00368	0.00357
−2.5	0.00621	0.00604	0.00587	0.00570	0.00554	0.00539	0.00523	0.00508	0.00494	0.00480
−2.4	0.00820	0.00798	0.00776	0.00755	0.00734	0.00714	0.00695	0.00676	0.00657	0.00639
−2.3	0.01072	0.01044	0.01017	0.00990	0.00964	0.00939	0.00914	0.00889	0.00866	0.00842
−2.2	0.01390	0.01355	0.01321	0.01287	0.01255	0.01222	0.01191	0.01160	0.01130	0.01101
−2.1	0.01786	0.01743	0.01700	0.01659	0.01618	0.01578	0.01539	0.01500	0.01463	0.01426
−2.0	0.02275	0.02222	0.02169	0.02118	0.02068	0.02018	0.01970	0.01923	0.01876	0.01831
−1.9	0.02872	0.02807	0.02743	0.02680	0.02619	0.02559	0.02500	0.02442	0.02385	0.02330
−1.8	0.03593	0.03515	0.03438	0.03362	0.03288	0.03216	0.03144	0.03074	0.03005	0.02938
−1.7	0.04457	0.04363	0.04272	0.04182	0.04093	0.04006	0.03920	0.03836	0.03754	0.03673
−1.6	0.05480	0.05370	0.05262	0.05155	0.05050	0.04947	0.04846	0.04746	0.04648	0.04551
−1.5	0.06681	0.06552	0.06426	0.06301	0.06178	0.06057	0.05938	0.05821	0.05705	0.05592
−1.4	0.08076	0.07927	0.07780	0.07636	0.07493	0.07353	0.07215	0.07078	0.06944	0.06811
−1.3	0.09680	0.09510	0.09342	0.09176	0.09012	0.08851	0.08691	0.08534	0.08379	0.08226
−1.2	0.11507	0.11314	0.11123	0.10935	0.10749	0.10565	0.10383	0.10204	0.10027	0.09853
−1.1	0.13567	0.13350	0.13136	0.12924	0.12714	0.12507	0.12302	0.12100	0.11900	0.11702
−1.0	0.15866	0.15625	0.15386	0.15151	0.14917	0.14686	0.14457	0.14231	0.14007	0.13786
−0.9	0.18406	0.18141	0.17879	0.17619	0.17361	0.17106	0.16853	0.16602	0.16354	0.16109
−0.8	0.21186	0.20897	0.20611	0.20327	0.20045	0.19766	0.19489	0.19215	0.18943	0.18673
−0.7	0.24196	0.23885	0.23576	0.23270	0.22965	0.22663	0.22363	0.22065	0.21770	0.21476
−0.6	0.27425	0.27093	0.26763	0.26435	0.26109	0.25785	0.25463	0.25143	0.24825	0.24510
−0.5	0.30854	0.30503	0.30153	0.29806	0.29460	0.29116	0.28774	0.28434	0.28096	0.27760
−0.4	0.34458	0.34090	0.33724	0.33360	0.32997	0.32636	0.32276	0.31918	0.31561	0.31207
−0.3	0.38209	0.37828	0.37448	0.37070	0.36693	0.36317	0.35942	0.35569	0.35197	0.34827
−0.2	0.42074	0.41683	0.41294	0.40905	0.40517	0.40129	0.39743	0.39358	0.38974	0.38591
−0.1	0.46017	0.45620	0.45224	0.44828	0.44433	0.44038	0.43644	0.43251	0.42858	0.42465
0.0	0.50000	0.49601	0.49202	0.48803	0.48405	0.48006	0.47608	0.47210	0.46812	0.46414

附表 2 　 t 界值表

自由度 ν		0.50	0.20	0.10	0.05	0.02	0.01	0.005	0.002	0.001
	双侧 单侧	0.25	0.10	0.05	0.025	0.01	0.005	0.0025	0.001	0.0005
1		1.000	3.078	6.314	12.706	31.821	63.657	127.321	318.309	636.619
2		0.816	1.886	2.920	4.303	6.965	9.925	14.089	22.327	31.599
3		0.765	1.638	2.353	3.182	4.541	5.841	7.453	10.215	12.924
4		0.741	1.533	2.132	2.776	3.747	4.604	5.598	7.173	8.610
5		0.727	1.476	2.015	2.571	3.365	4.032	4.773	5.893	6.869
6		0.718	1.440	1.943	2.447	3.143	3.707	4.317	5.208	5.959
7		0.711	1.415	1.895	2.365	2.998	3.499	4.029	4.785	5.408
8		0.706	1.397	1.860	2.306	2.896	3.355	3.833	4.501	5.041
9		0.703	1.383	1.833	2.262	2.821	3.250	3.690	4.297	4.781
10		0.700	1.372	1.812	2.228	2.764	3.169	3.581	4.144	4.587
11		0.697	1.363	1.796	2.201	2.718	3.106	3.497	4.025	4.437
12		0.695	1.356	1.782	2.179	2.681	3.055	3.428	3.930	4.318
13		0.694	1.350	1.771	2.160	2.650	3.012	3.372	3.852	4.221
14		0.692	1.345	1.761	2.145	2.624	2.977	3.326	3.787	4.140
15		0.691	1.341	1.753	2.131	2.602	2.947	3.286	3.733	4.073
16		0.690	1.337	1.746	2.120	2.583	2.921	3.252	3.686	4.015
17		0.689	1.333	1.740	2.110	2.567	2.898	3.222	3.646	3.965
18		0.688	1.330	1.734	2.101	2.552	2.878	3.197	3.610	3.922
19		0.688	1.328	1.729	2.093	2.539	2.861	3.174	3.579	3.883
20		0.687	1.325	1.725	2.086	2.528	2.845	3.153	3.552	3.850
21		0.686	1.323	1.721	2.080	2.518	2.831	3.135	3.527	3.819
22		0.686	1.321	1.717	2.074	2.508	2.819	3.119	3.505	3.792
23		0.685	1.319	1.714	2.069	2.500	2.807	3.104	3.485	3.768
24		0.685	1.318	1.711	2.064	2.492	2.797	3.091	3.467	3.745
25		0.684	1.316	1.708	2.060	2.485	2.787	3.078	3.450	3.725
26		0.684	1.315	1.706	2.056	2.479	2.779	3.067	3.435	3.707
27		0.684	1.314	1.703	2.052	2.473	2.771	3.057	3.421	3.690
28		0.683	1.313	1.701	2.048	2.467	2.763	3.047	3.408	3.674
29		0.683	1.311	1.699	2.045	2.462	2.756	3.038	3.396	3.659
30		0.683	1.310	1.697	2.042	2.457	2.750	3.030	3.385	3.646
31		0.682	1.309	1.696	2.040	2.453	2.744	3.022	3.375	3.633
32		0.682	1.309	1.694	2.037	2.449	2.738	3.015	3.365	3.622
33		0.682	1.308	1.692	2.035	2.445	2.733	3.008	3.356	3.611
34		0.682	1.307	1.091	2.032	2.441	2.728	3.002	3.348	3.601
35		0.682	1.306	1.690	2.030	2.438	2.724	2.996	3.340	3.591
36		0.681	1.306	1.688	2.028	2.434	2.719	2.990	3.333	3.582
37		0.681	1.305	1.687	2.026	2.431	2.715	2.985	3.326	3.574
38		0.681	1.304	1.686	2.024	2.429	2.712	2.980	3.319	3.566
39		0.681	1.304	1.685	2.023	2.426	2.708	2.976	3.313	3.558
40		0.681	1.303	1.684	2.021	2.423	2.704	2.971	3.307	3.551
50		0.679	1.299	1.676	2.009	2.403	2.678	2.937	3.261	3.496
60		0.679	1.296	1.671	2.000	2.390	2.660	2.915	3.232	3.460
70		0.678	1.294	1.667	1.994	2.381	2.648	2.899	3.211	3.436
80		0.678	1.292	1.664	1.990	2.374	2.639	2.887	3.195	3.416
90		0.677	1.291	1.662	1.987	2.368	2.632	2.878	3.183	3.402
100		0.677	1.290	1.660	1.984	2.364	2.626	2.871	3.174	3.390
200		0.676	1.286	1.653	1.972	2.345	2.601	2.839	3.131	3.340
500		0.675	1.283	1.648	1.965	2.334	2.586	2.820	3.107	3.310
1000		0.675	1.282	1.646	1.962	2.33	2.581	2.813	3.098	3.300
∞		0.6745	1.2816	1.6449	1.9600	2.3263	2.5758	2.8070	3.0902	3.2905

附表 3 百分率的可信区间

上行：95% 可信区间　　　　　下行：99% 可信区间

n	X													
	0	1	2	3	4	5	6	7	8	9	10	11	12	13
1	0~98													
	0~100													
2	0~84	1~99												
	0~93	0~100												
3	0~71	1~91	9~99											
	0~83	0~96	4~100											
4	0~60	1~81	7~93											
	0~73	0~89	3~97											
5	0~52	1~72	5~85	15~95										
	0~65	0~81	2~92	8~98										
6	0~46	0~64	4~78	12~88										
	0~59	0~75	2~86	7~93										
7	0~41	0~58	4~71	10~82	18~90									
	0~53	0~68	2~80	6~88	12~94									
8	0~37	0~53	3~65	9~76	16~84									
	0~48	0~63	1~74	5~83	10~90									
9	0~34	0~48	3~60	7~70	14~79	21~86								
	0~45	0~59	1~69	4~78	9~85	15~91								
10	0~31	0~45	3~56	7~65	12~74	19~81								
	0~41	0~54	1~65	4~74	8~81	13~87								
11	0~28	0~41	2~52	6~61	11~69	17~77	23~83							
	0~38	0~51	1~61	3~69	7~77	11~83	17~89							
12	0~26	0~38	2~48	5~57	10~65	15~72	21~79							
	0~36	0~48	1~57	3~66	6~73	10~79	15~85							
13	0~25	0~36	2~45	5~41	9~61	14~68	19~75	25~81						
	0~34	0~45	1~54	3~62	6~69	9~76	14~81	19~86						
14	0~23	0~34	2~43	5~51	8~58	13~65	18~71	23~77						
	0~32	0~42	1~51	3~59	5~66	9~72	13~78	17~83						
15	0~22	0~32	2~41	4~48	8~55	12~62	16~68	21~73	27~79					
	0~30	0~40	1~49	2~56	5~63	8~69	12~74	16~79	21~84					
16	0~21	0~30	2~38	4~46	7~52	11~59	15~65	20~70	25~75					
	0~28	0~38	1~46	2~53	5~60	8~66	11~71	15~76	19~81					
14	0~20	0~29	2~36	4~43	7~50	10~56	14~62	18~67	23~72	28~77				
	0~27	0~36	1~44	2~51	4~57	7~63	10~69	14~74	18~78	22~82				
18	0~19	0~27	1~35	4~41	6~48	10~54	13~59	17~64	22~69	26~74				
	0~26	0~35	1~42	2~49	4~55	7~61	10~66	13~71	17~75	21~79				
19	0~18	0~26	1~33	3~40	6~46	9~51	13~57	16~62	20~67	24~71	29~76			
	0~24	0~33	1~40	2~47	4~53	6~58	9~63	12~68	16~73	19~77	23~81			

续表

n	X													
	0	1	2	3	4	5	6	7	8	9	10	11	12	13
20	0~17	0~25	1~32	3~38	6~44	9~49	12~54	15~59	19~64	23~69	27~73			
	0~23	0~32	1~39	2~45	4~51	6~56	9~61	11~66	15~70	18~74	22~78			
21	0~16	0~24	1~30	3~36	5~42	8~47	11~52	15~57	18~62	22~66	26~70	30~74		
	0~22	0~30	1~37	2~43	3~49	6~54	8~59	11~63	14~68	17~71	21~76	24~80		
22	0~15	0~23	1~29	3~35	5~40	8~45	11~50	14~55	17~59	21~64	24~68	28~72		
	0~21	0~29	1~36	2~42	3~47	5~52	8~57	10~61	13~66	16~70	20~73	23~77		
23	0~15	0~22	1~28	3~34	5~39	8~44	10~48	13~53	16~57	20~62	23~66	27~69	31~73	
	0~21	0~28	1~35	2~40	3~45	5~50	7~55	10~59	13~63	15~67	19~71	22~75	25~78	
24	0~14	0~21	1~27	3~32	5~37	7~42	10~47	13~51	16~55	19~59	22~63	26~67	29~71	
	0~20	0~27	1~33	2~39	3~44	5~49	7~53	9~57	12~61	15~65	18~69	21~73	24~76	
25	0~14	0~20	1~26	3~31	5~36	7~41	9~45	12~49	15~54	18~58	21~61	24~65	28~69	31~72
	0~19	0~26	1~32	1~37	3~42	5~47	7~51	9~56	11~60	14~63	17~67	20~71	23~74	26~77
26	0~13	0~20	1~25	2~30	4~35	7~39	9~44	12~48	14~52	17~56	20~60	23~63	27~67	30~70
	0~18	0~25	0~31	1~36	3~41	4~46	6~50	9~54	11~58	13~62	16~65	19~69	22~72	25~75
27	0~13	0~19	1~24	2~29	4~34	6~38	9~42	11~46	14~50	17~54	19~58	22~61	26~65	29~68
	0~18	0~25	0~30	1~35	3~40	4~44	6~48	8~52	10~56	13~60	16~63	18~67	21~70	24~73
28	0~12	0~18	1~24	2~28	4~33	6~37	8~41	11~45	13~49	16~52	19~56	22~59	25~63	28~66
	0~17	0~24	0~29	1~34	3~39	4~43	6~47	8~51	10~55	12~58	15~62	17~65	20~68	23~71
29	0~12	0~18	1~23	2~27	4~32	6~36	8~40	10~44	13~47	15~51	18~54	21~58	24~61	26~64
	0~17	0~23	0~28	1~33	2~37	4~42	6~46	8~49	10~53	12~57	14~60	17~63	19~66	22~70
30	0~12	0~17	1~22	2~27	4~31	6~35	8~39	10~42	12~46	15~49	17~53	20~56	23~59	26~63
	0~16	0~22	0~27	1~32	2~36	4~40	5~44	7~48	9~52	11~55	14~58	16~62	19~65	21~68
31	0~11	0~17	1~22	2~26	4~30	6~34	8~38	10~41	12~45	14~48	17~51	19~55	22~58	25~61
	0~16	0~22	0~27	1~31	2~35	4~39	5~43	7~47	9~50	11~54	13~57	16~60	18~63	20~66
32	0~11	0~16	1~21	2~25	4~29	5~33	7~36	9~40	12~43	14~47	16~50	19~53	21~56	24~59
	0~15	0~21	0~26	1~30	2~34	4~38	5~42	7~46	9~49	11~52	13~56	15~59	17~62	20~65
33	0~11	0~15	1~20	2~24	3~28	5~32	7~36	9~39	11~42	13~46	16~49	18~52	20~55	23~58
	0~15	0~20	0~25	1~30	2~34	3~37	5~41	7~44	8~48	10~51	12~54	14~57	17~60	19~63
34	0~10	0~15	1~19	2~23	3~28	5~31	7~35	9~38	11~41	13~44	15~48	17~51	20~54	22~56
	0~14	0~20	0~25	1~29	2~33	3~36	5~40	6~43	8~47	10~50	12~53	14~56	16~59	18~62
35	0~10	0~15	1~19	2~23	3~27	5~30	7~34	8~37	10~40	13~43	15~46	17~49	19~52	22~55
	0~14	0~20	0~24	1~28	2~32	3~35	5~39	6~42	8~45	10~49	12~52	14~55	16~57	18~60
36	0~10	0~15	1~18	2~22	3~26	5~29	6~33	8~36	10~39	12~42	14~45	16~48	19~51	21~54
	0~14	0~19	0~23	1~27	2~31	3~35	5~38	6~41	8~44	9~47	11~50	13~53	15~56	17~59
37	0~10	0~14	1~18	2~22	3~25	5~28	6~32	8~35	10~38	12~41	14~44	16~47	18~50	20~53
	0~13	0~18	0~23	1~27	2~30	3~34	4~37	6~40	7~43	9~46	11~49	13~52	15~55	17~58
38	0~10	0~14	1~18	2~21	3~25	5~28	6~32	8~34	10~37	11~40	13~43	15~46	18~49	20~51
	0~13	0~18	0~22	1~26	2~30	3~33	4~36	6~39	7~42	9~45	11~48	12~51	14~54	16~56

续表

n	X													
	0	1	2	3	4	5	6	7	8	9	10	11	12	13
39	0~9	0~14	1~17	2~21	3~24	4~27	6~31	8~33	9~36	11~39	13~42	15~45	17~48	19~50
	0~13	0~18	0~21	1~25	2~29	3~32	4~35	6~38	7~41	9~44	10~47	12~50	14~53	16~55
40	0~9	0~13	1~17	2~21	3~24	4~27	6~30	8~33	9~35	11~38	13~41	15~44	17~47	19~49
	0~12	0~17	0~21	1~25	2~28	3~32	4~35	5~38	7~40	9~43	10~46	12~49	13~52	15~54
41	0~9	0~13	1~17	2~20	3~23	4~26	6~29	7~32	9~35	11~37	12~40	14~43	16~46	18~48
	0~12	0~17	0~21	1~24	2~28	3~31	4~34	5~37	7~40	8~42	10~45	11~48	13~50	15~53
42	0~9	0~13	1~16	2~20	3~23	4~26	6~28	7~31	9~34	10~37	12~39	14~42	16~45	18~47
	0~12	0~17	0~20	1~24	2~27	3~30	4~33	5~36	7~39	8~42	9~44	11~47	13~49	15~52
43	0~9	0~12	1~16	2~19	3~23	4~25	5~28	7~31	8~33	10~36	12~39	14~41	15~44	17~46
	0~12	0~16	0~20	1~23	2~26	3~30	4~33	5~35	6~38	8~41	9~43	11~46	13~49	14~51
44	0~9	0~12	1~15	2~19	3~22	4~25	5~28	7~30	8~33	10~35	11~38	13~40	15~43	17~45
	0~11	0~16	0~19	1~23	2~26	3~29	4~32	5~35	6~37	8~40	9~42	11~45	12~47	14~50
45	0~8	0~12	1~15	2~18	3~21	4~24	5~27	7~30	8~32	9~34	11~37	13~39	15~42	16~44
	0~11	0~15	0~19	1~22	2~25	3~28	4~31	5~34	6~37	8~39	9~42	10~44	12~47	14~49
46	0~8	0~12	1~15	2~18	3~21	4~24	5~26	7~29	8~31	9~34	11~36	13~39	14~41	16~43
	0~11	0~15	0~19	1~22	2~25	3~28	4~31	5~33	6~36	7~39	9~41	10~43	12~46	13~48
47	0~8	0~12	1~15	2~17	3~20	4~23	5~26	6~28	8~31	9~34	11~36	13~38	14~40	16~43
	0~11	0~15	0~18	1~21	2~24	2~27	3~30	5~33	6~35	7~38	9~40	10~42	11~45	13~47
48	0~8	0~11	1~14	2~17	3~20	4~22	5~25	6~28	8~30	9~33	11~35	12~37	14~39	15~42
	0~10	0~14	0~18	1~21	2~24	2~27	3~29	5~32	6~35	7~37	8~40	10~42	11~44	13~47
49	0~8	0~11	1~14	2~17	2~20	4~22	5~25	6~27	7~30	9~32	10~35	12~37	13~39	15~41
	0~10	0~14	0~17	1~20	1~24	2~26	3~29	4~32	6~34	7~36	8~39	9~41	11~44	12~46
50	0~7	0~11	1~14	2~17	2~19	3~22	5~24	6~26	7~29	9~31	10~34	11~36	13~38	15~41
	0~10	0~14	0~17	1~20	1~23	2~26	3~28	4~31	5~33	7~36	8~38	9~40	11~43	12~45

续表

n	14	15	16	17	18	19	20	21	22	23	24	25
27	32~71											
	27~76											
28	31~69											
	26~74											
29	30~68	33~71										
	25~72	28~75										
30	28~66	31~69										
	24~71	27~74										
31	27~64	30~67	33~70									
	23~69	26~72	28~75									
32	26~62	29~65	32~68									
	22~67	25~70	27~73									
33	26~61	28~64	31~67	34~69								
	21~66	24~69	26~71	29~74								
34	25~59	27~62	30~65	32~68								
	21~64	23~67	25~70	28~72								
35	24~58	26~61	29~63	31~66	34~69							
	20~63	22~66	24~68	27~71	29~73							
36	23~57	26~59	28~62	30~65	33~67							
	19~62	22~64	23~67	26~69	28~72							
37	23~55	25~58	27~61	30~63	32~66	34~68						
	19~60	21~63	23~65	25~68	28~70	30~73						
38	22~54	24~57	26~59	29~62	31~64	33~67						
	18~59	20~61	22~64	25~66	27~69	29~71						
39	21~53	23~55	26~58	28~60	30~63	32~65	35~68					
	18~58	20~60	22~63	24~65	26~68	28~70	30~72					
40	21~52	23~54	25~57	27~59	29~62	32~64	34~66					
	17~57	19~59	21~61	23~64	25~66	27~68	30~71					
41	20~51	22~53	24~56	26~58	29~60	31~63	33~65	35~67				
	17~55	19~58	21~60	21~63	25~65	27~67	29~69	31~71				
42	20~50	22~52	24~54	26~57	28~59	30~61	32~64	34~66				
	16~54	18~57	20~59	22~61	24~64	26~66	28~67	30~70				
43	19~49	21~51	23~53	25~56	27~58	29~60	31~62	33~65	36~67			
	16~53	18~56	19~58	23~60	23~62	25~65	27~66	29~69	31~71			
44	19~48	21~50	22~52	24~55	26~57	28~59	30~61	33~63	35~65			
	15~52	17~55	19~57	21~59	23~61	25~63	26~65	28~68	30~70			
45	18~47	20~49	22~51	24~54	26~56	28~58	30~60	32~62	34~64	36~66		
	15~51	17~54	19~56	20~58	22~60	24~62	26~64	28~66	30~68	32~70		
46	18~46	20~48	21~50	23~53	25~55	27~57	29~59	31~61	33~63	35~65		
	15~50	16~53	18~55	20~57	22~59	23~61	25~63	27~65	29~67	31~69		
47	18~45	19~47	21~49	23~52	25~54	26~56	28~58	30~60	32~62	34~64	36~66	
	14~19	16~52	18~54	19~56	21~58	23~60	25~62	26~64	28~66	30~68	32~70	
48	17~44	19~46	21~48	22~51	24~53	26~55	28~57	30~59	31~61	33~63	35~65	
	14~49	16~51	17~53	19~55	21~57	22~59	24~61	26~63	28~65	29~67	31~69	
49	17~43	18~45	20~47	22~50	24~52	25~54	27~56	29~58	31~60	33~62	34~64	36~66
	14~48	15~50	17~52	19~54	20~56	22~58	23~60	25~62	27~64	29~66	31~68	32~70
50	16~43	18~45	20~47	21~49	23~51	25~53	26~55	28~57	30~59	32~61	34~63	36~65
	14~47	15~49	17~51	18~53	20~55	21~57	23~59	25~61	26~63	28~65	30~67	32~68

续表

附表 4-1　T 界值表（配对比较的符号秩和检验用）

	单侧：0.05	0.025	0.01	0.005
n 双侧：	0.10	0.05	0.02	0.010
5	0~15			
6	2~19	0~21		
7	3~25	2~26	0~28	
8	5~31	3~33	1~35	0~36
9	8~37	5~40	3~42	1~44
10	10~45	8~47	5~50	3~52
11	13~53	10~56	7~59	5~61
12	17~61	13~65	9~69	7~71
13	21~70	17~74	12~79	9~82
14	25~80	21~84	15~90	12~93
15	30~90	25~95	19~101	15~105
16	35~101	29~107	23~113	19~117
17	41~112	34~119	27~126	23~130
18	47~124	40~131	32~139	27~144
19	53~137	46~144	37~153	32~158
20	60~150	52~158	43~167	37~173
21	67~164	58~173	49~182	42~189
22	75~178	65~188	55~198	48~205
23	83~193	73~203	62~214	54~222
24	91~209	81~219	69~231	61~239
25	100~225	89~236	76~249	68~257
26	110~241	98~253	84~267	75~276
27	119~259	107~271	92~286	83~295
28	130~276	116~290	101~305	91~315
29	140~295	126~309	110~325	100~335
30	151~314	137~328	120~345	109~356
31	163~333	147~349	130~366	118~378
32	175~353	159~369	140~388	128~400
33	187~374	170~391	151~410	138~423
34	200~395	182~413	162~433	148~447
35	213~417	195~435	173~457	159~471
36	227~439	208~458	185~481	171~495
37	241~462	221~482	198~505	182~521
38	256~485	235~506	211~530	194~547
39	271~509	249~531	224~556	207~573
40	286~534	264~556	238~582	220~600
41	302~559	279~582	252~609	233~628
42	319~584	294~609	266~637	247~656
43	336~610	310~636	281~665	261~685
44	353~637	327~663	296~694	276~714
45	371~664	343~692	312~723	291~744
46	389~692	361~720	328~753	307~774
47	407~721	378~750	345~783	322~806
48	426~750	396~780	362~814	339~837
49	446~779	415~810	379~846	355~870
50	466~809	434~841	397~878	373~902

附表4~2　T界值表（两样本比较的秩和检验用）

单侧	双侧
1行　$P=0.05$	$P=0.10$
2行　$P=0.025$	$P=0.05$
3行　$P=0.01$	$P=0.02$
4行　$P=0.005$	$P=0.01$

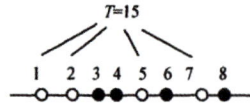

$T=15$

1　2　3　4　5　6　7　8

n_1（较小者）	n_2-n_1										
	0	1	2	3	4	5	6	7	8	9	10
2				3~13	3~15	3~17	4~18	4~20	4~22	4~24	5~25
							3~19	3~21	3~23	3~25	4~26
3	6~15	6~18	7~20	8~22	8~25	9~27	10~29	10~32	11~34	11~37	12~39
			6~21	7~23	7~26	8~28	8~31	9~33	9~36	10~38	10~41
					6~27	6~30	7~32	7~35	7~38	8~40	8~43
							6~33	6~36	6~39	7~41	7~44
4	11~25	12~28	13~31	14~34	15~37	16~40	17~43	18~46	19~49	20~52	21~55
	10~26	11~29	12~32	13~35	14~38	14~42	15~45	16~48	17~51	18~54	19~57
		10~30	11~33	11~37	12~40	13~43	13~47	14~50	15~53	15~57	16~60
			10~34	10~38	11~41	11~45	12~48	12~52	13~55	13~59	14~62
5	19~36	20~40	21~44	23~47	24~51	26~54	27~58	28~62	30~65	31~69	33~72
	17~38	18~42	20~45	21~49	22~53	23~57	24~61	26~64	27~68	28~72	29~76
	16~39	17~43	18~47	19~51	20~55	21~59	22~63	23~67	24~71	25~75	26~79
	15~40	16~44	16~49	17~53	18~57	19~61	20~65	21~69	22~73	22~78	23~82
6	28~50	29~55	31~59	33~63	35~67	37~71	38~76	40~80	42~84	44~88	46~92
	26~52	27~57	29~61	31~65	32~70	34~74	35~79	37~83	38~88	40~92	42~96
	24~54	25~59	27~63	28~68	29~73	30~78	32~82	33~87	34~92	36~96	37~101
	23~55	24~60	25~65	26~70	27~75	28~80	30~84	31~89	32~94	33~99	34~104
7	39~66	41~71	43~76	45~81	47~86	49~91	52~95	54~100	56~105	58~110	61~114
	36~69	38~74	40~79	42~84	44~89	46~94	48~99	50~104	52~109	54~114	56~119
	34~71	35~77	37~82	39~87	40~93	42~98	44~103	45~109	47~114	49~119	51~124
	32~73	34~78	35~84	37~89	38~95	40~100	41~106	43~111	44~117	45~122	47~128
8	51~85	54~90	56~96	59~101	62~106	64~112	67~117	69~123	72~128	75~133	77~139
	49~87	51~93	53~99	55~105	58~110	60~116	62~122	65~127	67~133	70~138	72~144
	45~91	47~97	49~103	51~109	53~115	56~120	58~126	60~132	62~138	64~144	66~150
	43~93	45~99	47~105	49~111	51~117	53~123	54~130	56~136	58~142	60~148	62~154
9	66~105	69~111	72~117	75~123	78~129	81~135	84~141	87~147	90~153	93~159	96~165
	62~109	65~115	68~121	71~127	73~134	76~140	79~146	82~152	84~159	87~165	90~171
	59~112	61~119	63~126	66~132	68~139	71~145	73~152	76~158	78~165	81~171	83~178
	56~115	58~122	61~128	63~135	65~142	67~149	69~156	72~162	74~169	76~176	78~183
10	82~128	86~134	89~141	92~148	96~154	99~161	103~167	106~174	110~180	113~187	117~193
	78~132	81~139	84~146	88~152	91~159	94~166	97~173	100~180	103~187	107~193	110~200
	74~136	77~143	79~151	82~158	85~165	88~172	91~179	93~187	96~194	99~201	102~208
	71~139	73~147	76~154	79~161	81~169	84~176	86~184	89~191	92~198	94~206	97~213

附表 5-1　F 界值表（方差齐性检验用，双侧界值）

$\alpha = 0.05$

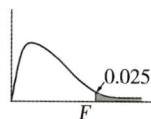

分母自由度 ν_2	分子自由度 ν_1															
	1	2	3	4	5	6	7	8	9	10	12	15	20	30	60	∞
1	648	800	864	900	922	937	948	957	963	969	977	985	993	1001	1010	1018
2	38.51	39.00	39.17	39.25	39.30	39.33	39.36	39.37	39.39	39.40	39.41	39.43	39.45	39.46	39.48	39.50
3	17.44	16.04	15.44	15.10	14.88	14.73	14.62	14.54	14.47	14.42	14.34	14.25	14.17	14.08	13.99	13.90
4	12.22	10.65	9.98	9.60	9.36	9.20	9.07	8.98	8.90	8.84	8.75	8.66	8.56	8.46	8.36	8.26
5	10.01	8.43	7.76	7.39	7.15	6.98	6.85	6.76	6.68	6.62	6.52	6.43	6.33	6.23	6.12	6.02
6	8.81	7.26	6.60	6.23	5.99	5.82	5.70	5.60	5.52	5.46	5.37	5.27	5.17	5.07	4.96	4.85
7	8.07	6.54	5.89	5.52	5.29	5.12	4.99	4.90	4.82	4.76	4.67	4.57	4.47	4.36	4.25	4.14
8	7.57	6.06	5.42	5.05	4.82	4.65	4.53	4.43	4.36	4.30	4.20	4.10	4.00	3.89	3.78	3.67
9	7.21	5.71	5.08	4.72	4.48	4.32	4.20	4.10	4.03	3.96	3.87	3.77	3.67	3.56	3.45	3.33
10	6.94	5.46	4.83	4.47	4.24	4.07	3.95	3.85	3.78	3.72	3.62	3.52	3.42	3.31	3.20	3.08
11	6.72	5.26	4.63	4.28	4.04	3.88	3.76	3.66	3.59	3.53	3.43	3.33	3.23	3.12	3.00	2.88
12	6.55	5.10	4.47	4.12	3.89	3.73	3.61	3.51	3.44	3.37	3.28	3.1S	3.07	2.96	2.85	2.73
13	6.41	4.97	4.35	4.00	3.77	3.60	3.48	3.39	3.31	3.25	3.15	3.05	2.95	2.84	2.72	2.60
14	6.30	4.86	4.24	3.89	3.66	3.50	3.38	3.29	3.21	3.15	3.05	2.95	2.84	2.73	2.61	2.49
15	6.20	4.77	4.15	3.80	3.58	3.41	3.29	3.20	3.12	3.06	2.96	2.86	2.76	2.64	2.52	2.40
16	6.12	4.69	4.08	3.73	3.50	3.34	3.22	3.12	3.05	2.99	2.89	2.79	2.68	2.57	2.45	2.32
17	6.04	4.62	4.01	3.66	3.44	3.28	3.16	3.06	2.98	2.92	2.82	2.72	2.62	2.50	2.38	2.25
18	5.98	4.56	3.95	3.61	3.38	3.22	3.10	3.01	2.93	2.87	2.77	2.67	2.56	2.44	2.32	2.19
19	5.92	4.51	3.90	3.56	3.33	3.17	3.05	2.96	2.88	2.82	2.72	2.62	2.51	2.39	2.27	2.13
20	5.87	4.46	3.86	3.51	3.29	3.13	3.01	2.91	2.84	2.77	2.68	2.57	2.46	2.35	2.22	2.09
21	5.83	4.42	3.82	3.48	3.25	3.09	2.97	2.87	2.80	2.73	2.64	2.53	2.42	2.31	2.18	2.04
22	5.79	4.38	3.78	3.44	3.22	3.05	2.93	2.84	2.76	2.70	2.60	2.50	2.39	2.27	2.14	2.00
23	5.75	4.35	3.75	3.41	3.18	3.02	2.90	2.81	2.73	2.67	2.57	2.47	2.36	2.24	2.11	1.97
24	5.72	4.32	3.72	3.38	3.15	2.99	2.87	2.78	2.70	2.64	2.54	2.44	2.33	2.21	2.08	1.94
25	5.69	4.29	3.69	3.35	3.13	2.97	2.85	2.75	2.68	2.61	2.51	2.41	2.30	2.18	2.05	1.91
26	5.66	4.27	3.67	3.33	3.10	2.94	2.82	2.73	2.65	2.59	2.49	2.39	2.28	2.16	2.03	1.88
27	5.63	4.24	3.65	3.31	3.08	2.92	2.80	2.71	2.63	2.57	2.47	2.36	2.25	2.13	2.00	1.85
28	5.61	4.22	3.63	3.29	3.06	2.90	2.78	2.69	2.61	2.55	2.45	2.34	2.23	2.11	1.98	1.83
29	5.59	4.20	3.61	3.27	3.04	2.88	2.76	2.67	2.59	2.53	2.43	2.32	2.21	2.09	1.96	1.81
30	5.57	4.18	3.59	3.25	3.03	2.87	2.75	2.65	2.57	2.51	2.41	2.31	2.20	2.07	1.94	1.79
40	5.42	4.05	3.46	3.13	2.90	2.74	2.62	2.53	2.45	2.39	2.29	2.18	2.07	1.94	1.80	1.64
60	5.29	3.93	3.34	3.01	2.79	2.63	2.51	2.41	2.33	2.27	2.17	2.06	1.94	1.82	1.67	1.48
120	5.15	3.80	3.23	2.89	2.67	2.52	2.39	2.30	2.22	2.16	2.05	1.94	1.82	1.69	1.53	1.31
∞	5.02	3.69	3.12	2.79	2.57	2.41	2.29	2.19	2.11	2.05	1.94	1.83	1.71	1.57	1.39	1.00

附表 5-2 F 界值表（方差分析用）

上行：P = 0.05，下行：P = 0.01

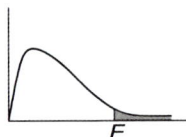

分母的自由度 ν_2	分子的自由度 ν_1											
	1	2	3	4	5	6	7	8	9	10	11	12
1	161.45	199.50	215.71	224.58	230.16	233.99	236.77	238.88	240.54	241.88	242.98	243.91
	4052.18	4999.50	5403.35	5624.58	5763.65	5858.99	5928.36	5981.07	6022.47	6055.85	6083.32	6106.32
2	18.51	19.00	19.16	19.25	19.30	19.33	19.35	19.37	19.38	19.40	19.40	19.41
	98.50	99.00	99.17	99.25	99.30	99.33	99.36	99.37	99.39	99.40	99.41	99.42
3	10.13	9.55	9.28	9.12	9.01	8.94	8.89	8.85	8.81	8.79	8.76	8.74
	34.12	30.82	29.46	28.71	28.24	27.91	27.67	27.49	27.35	27.23	27.13	27.05
4	7.71	6.94	6.59	6.39	6.26	6.16	6.09	6.04	6.00	5.96	5.94	5.91
	21.20	18.00	16.69	15.98	15.52	15.21	14.98	14.80	14.66	14.55	14.45	14.37
5	6.61	5.79	5.41	5.19	5.05	4.95	4.88	4.82	4.77	4.74	4.70	4.68
	16.26	13.27	12.06	11.39	10.97	10.67	10.46	10.29	10.16	10.05	9.96	9.89
6	5.99	5.14	4.76	4.53	4.39	4.28	4.21	4.15	4.10	4.06	4.03	4.00
	13.75	10.92	9.78	9.15	8.75	8.47	8.26	8.10	7.98	7.87	7.79	7.72
7	5.59	4.74	4.35	4.12	3.97	3.87	3.79	3.73	3.68	3.64	3.60	3.57
	12.25	9.55	8.45	7.85	7.46	7.19	6.99	6.84	6.72	6.62	6.54	6.47
8	5.32	4.46	4.07	3.84	3.69	3.58	3.50	3.44	3.39	3.35	3.31	3.28
	11.26	8.65	7.59	7.01	6.63	6.37	6.18	6.03	5.91	5.81	5.73	5.67
9	5.12	4.26	3.86	3.63	3.48	3.37	3.29	3.23	3.18	3.14	3.10	3.07
	10.56	8.02	6.99	6.42	6.06	5.80	5.61	5.47	5.35	5.26	5.18	5.11
10	4.96	4.10	3.71	3.48	3.33	3.22	3.14	3.07	3.02	2.98	2.94	2.91
	10.04	7.56	6.55	5.99	5.64	5.39	5.20	5.06	4.94	4.85	4.77	4.71
11	4.84	3.98	3.59	3.36	3.20	3.09	3.01	2.95	2.90	2.85	2.82	2.79
	9.65	7.21	6.22	5.67	5.32	5.07	4.89	4.74	4.63	4.54	4.46	4.40
12	4.75	3.89	3.49	3.26	3.11	3.00	2.91	2.85	2.80	2.75	2.72	2.69
	9.33	6.93	5.95	5.41	5.06	4.82	4.64	4.50	4.39	4.30	4.22	4.16
13	4.67	3.81	3.41	3.18	3.03	2.92	2.83	2.77	2.71	2.67	2.63	2.60
	9.07	6.70	5.74	5.21	4.86	4.62	4.44	4.30	4.19	4.10	4.02	3.96
14	4.60	3.74	3.34	3.11	2.96	2.85	2.76	2.70	2.65	2.60	2.57	2.53
	8.86	6.51	5.56	5.04	4.69	4.46	4.28	4.14	4.03	3.94	3.86	3.80
15	4.54	3.68	3.29	3.06	2.90	2.79	2.71	2.64	2.59	2.54	2.51	2.48
	8.68	6.36	5.42	4.89	4.56	4.32	4.14	4.00	3.89	3.80	3.73	3.67
16	4.49	3.63	3.24	3.01	2.85	2.74	2.66	2.59	2.54	2.49	2.46	2.42
	8.53	6.23	5.29	4.77	4.44	4.20	4.03	3.89	3.78	3.69	3.62	3.55
17	4.45	3.59	3.20	2.96	2.81	2.70	2.61	2.55	2.49	2.45	2.41	2.38
	8.40	6.11	5.18	4.67	4.34	4.10	3.93	3.79	3.68	3.59	3.52	3.46
18	4.41	3.55	3.16	2.93	2.77	2.66	2.58	2.51	2.46	2.41	2.37	2.34
	8.29	6.01	5.09	4.58	4.25	4.01	3.84	3.71	3.60	3.51	3.43	3.37
19	4.38	3.52	3.13	2.90	2.74	2.63	2.54	2.48	2.42	2.38	2.34	2.31
	8.18	5.93	5.01	4.50	4.17	3.94	3.77	3.63	3.52	3.43	3.36	3.30
20	4.35	3.49	3.10	2.87	2.71	2.60	2.51	2.45	2.39	2.35	2.31	2.28
	8.10	5.85	4.94	4.43	4.10	3.87	3.70	3.56	3.46	3.37	3.29	3.23
21	4.32	3.47	3.07	2.84	2.68	2.57	2.49	2.42	2.37	2.32	2.28	2.25
	8.02	5.78	4.87	4.37	4.04	3.81	3.64	3.51	3.40	3.31	3.24	3.17
22	4.30	3.44	3.05	2.82	2.66	2.55	2.46	2.40	2.34	2.30	2.26	2.23
	7.95	5.72	4.82	4.31	3.99	3.76	3.59	3.45	3.35	3.26	3.18	3.12
23	4.28	3.42	3.03	2.80	2.64	2.53	2.44	2.37	2.32	2.27	2.24	2.20
	7.88	5.66	4.76	4.26	3.94	3.71	3.54	3.41	3.30	3.21	3.14	3.07
24	4.26	3.40	3.01	2.78	2.62	2.51	2.42	2.36	2.30	2.25	2.22	2.18
	7.82	5.61	4.72	4.22	3.90	3.67	3.50	3.36	3.26	3.17	3.09	3.03
25	4.24	3.39	2.99	2.76	2.60	2.49	2.40	2.34	2.28	2.24	2.20	2.16
	7.77	5.57	4.68	4.18	3.85	3.63	3.46	3.32	3.22	3.13	3.06	2.99

续表

分母的自由度 ν_2	分子的自由度 ν_1											
	14	16	20	24	30	40	50	75	100	200	500	∞
1	245.36	246.46	248.01	249.05	250.10	251.14	251.77	252.62	253.04	253.68	254.06	254.31
	6142.67	6170.10	6208.73	6234.63	6260.65	6286.78	6302.52	6323.56	6334.11	6349.97	6359.50	6365.83
2	19.42	19.43	19.45	19.45	19.46	19.47	19.48	19.48	19.49	19.49	19.49	19.50
	99.43	99.44	99.45	99.46	99.47	99.47	99.48	99.49	99.49	99.49	99.50	99.50
3	8.71	8.69	8.66	8.64	8.62	8.59	8.58	8.56	8.55	8.54	8.53	8.53
	26.92	26.83	26.69	26.60	26.50	26.41	26.35	26.28	26.24	26.18	26.15	26.13
4	5.87	5.84	5.80	5.77	5.75	5.72	5.70	5.68	5.66	5.65	5.64	5.63
	14.25	14.15	14.02	13.93	13.84	13.75	13.69	13.61	13.58	13.52	13.49	13.46
5	4.64	4.60	4.56	4.53	4.50	4.46	4.44	4.42	4.41	4.39	4.37	4.37
	9.77	9.68	9.55	9.47	9.38	9.29	9.24	9.17	9.13	9.08	9.04	9.02
6	3.96	3.92	3.87	3.84	3.81	3.77	3.75	3.73	3.71	3.69	3.68	3.67
	7.60	7.52	7.40	7.31	7.23	7.14	7.09	7.02	6.99	6.93	6.90	6.88
7	3.53	3.49	3.44	3.41	3.38	3.34	3.32	3.29	3.27	3.25	3.24	3.23
	6.36	6.28	6.16	6.07	5.99	5.91	5.86	5.79	5.75	5.70	5.67	5.65
8	3.24	3.20	3.15	3.12	3.08	3.04	3.02	2.99	2.97	2.95	2.94	2.93
	5.56	5.48	5.36	5.28	5.20	5.12	5.07	5.00	4.96	4.91	4.88	4.86
9	3.03	2.99	2.94	2.90	2.86	2.83	2.80	2.77	2.76	2.73	2.72	2.71
	5.01	4.92	4.81	4.73	4.65	4.57	4.52	4.45	4.41	4.36	4.33	4.31
10	2.86	2.83	2.77	2.74	2.70	2.66	2.64	2.60	2.59	2.56	2.55	2.54
	4.60	4.52	4.41	4.33	4.25	4.17	4.12	4.05	4.01	3.96	3.93	3.91
11	2.74	2.70	2.65	2.61	2.57	2.53	2.51	2.47	2.46	2.43	2.42	2.40
	4.29	4.21	4.10	4.02	3.94	3.86	3.81	3.74	3.71	3.66	3.62	3.60
12	2.64	2.60	2.54	2.51	2.47	2.43	2.40	2.37	2.35	2.32	2.31	2.30
	4.05	3.97	3.86	3.78	3.70	3.62	3.57	3.50	3.47	3.41	3.38	3.36
13	2.55	2.51	2.46	2.42	2.38	2.34	2.31	2.28	2.26	2.23	2.22	2.21
	3.86	3.78	3.66	3.59	3.51	3.43	3.38	3.31	3.27	3.22	3.19	3.17
14	2.48	2.44	2.39	2.35	2.31	2.27	2.24	2.21	2.19	2.16	2.14	2.13
	3.70	3.62	3.51	3.43	3.35	3.27	3.22	3.15	3.11	3.06	3.03	3.00
15	2.42	2.38	2.33	2.29	2.25	2.20	2.18	2.14	2.12	2.10	2.08	2.07
	3.56	3.49	3.37	3.29	3.21	3.13	3.08	3.01	2.98	2.92	2.89	2.87
16	2.37	2.33	2.28	2.24	2.19	2.15	2.12	2.09	2.07	2.04	2.02	2.01
	3.45	3.37	3.26	3.18	3.10	3.02	2.97	2.90	2.86	2.81	2.78	2.75
17	2.33	2.29	2.23	2.19	2.15	2.10	2.08	2.04	2.02	1.99	1.97	1.96
	3.35	3.27	3.16	3.08	3.00	2.92	2.87	2.80	2.76	2.71	2.68	2.65
18	2.29	2.25	2.19	2.15	2.11	2.06	2.04	2.00	1.98	1.95	1.93	1.92
	3.27	3.19	3.08	3.00	2.92	2.84	2.78	2.71	2.68	2.62	2.59	2.57
19	2.26	2.21	2.16	2.11	2.07	2.03	2.00	1.96	1.94	1.91	1.89	1.88
	3.19	3.12	3.00	2.92	2.84	2.76	2.71	2.64	2.60	2.55	2.51	2.49
20	2.22	2.18	2.12	2.08	2.04	1.99	1.97	1.93	1.91	1.88	1.86	1.84
	3.13	3.05	2.94	2.86	2.78	2.69	2.64	2.57	2.54	2.48	2.44	2.42
21	2.20	2.16	2.10	2.05	2.01	1.96	1.94	1.90	1.88	1.84	1.83	1.81
	3.07	2.99	2.88	2.80	2.72	2.64	2.58	2.51	2.48	2.42	2.38	2.36
22	2.17	2.13	2.07	2.03	1.98	1.94	1.91	1.87	1.85	1.82	1.80	1.78
	3.02	2.94	2.83	2.75	2.67	2.58	2.53	2.46	2.42	2.36	2.33	2.31
23	2.15	2.11	2.05	2.01	1.96	1.91	1.88	1.84	1.82	1.79	1.77	1.76
	2.97	2.89	2.78	2.70	2.62	2.54	2.48	2.41	2.37	2.32	2.28	2.26
24	2.13	2.09	2.03	1.98	1.94	1.89	1.86	1.82	1.80	1.77	1.75	1.73
	2.93	2.85	2.74	2.66	2.58	2.49	2.44	2.37	2.33	2.27	2.24	2.21
25	2.11	2.07	2.01	1.96	1.92	1.87	1.84	1.80	1.78	1.75	1.73	1.71
	2.89	2.81	2.70	2.62	2.54	2.45	2.40	2.33	2.29	2.23	2.19	2.17

续表

分母的自由度 v_2	分子的自由度 v_1											
	1	2	3	4	5	6	7	8	9	10	11	12
26	4.23	3.37	2.98	2.74	2.59	2.47	2.39	2.32	2.27	2.22	2.18	2.15
	7.72	5.53	4.64	4.14	3.82	3.59	3.42	3.29	3.18	3.09	3.02	2.96
27	4.21	3.35	2.96	2.73	2.57	2.46	2.37	2.31	2.25	2.20	2.17	2.13
	7.68	5.49	4.60	4.11	3.78	3.56	3.39	3.26	3.15	3.06	2.99	2.93
28	4.20	3.34	2.95	2.71	2.56	2.45	2.36	2.29	2.24	2.19	2.15	2.12
	7.64	5.45	4.57	4.07	3.75	3.53	3.36	3.23	3.12	3.03	2.96	2.90
29	4.18	3.33	2.93	2.70	2.55	2.43	2.35	2.28	2.22	2.18	2.14	2.10
	7.60	5.42	4.54	4.04	3.73	3.50	3.33	3.20	3.09	3.00	2.93	2.87
30	4.17	3.32	2.92	2.69	2.53	2.42	2.33	2.27	2.21	2.16	2.13	2.09
	7.56	5.39	4.51	4.02	3.70	3.47	3.30	3.17	3.07	2.98	2.91	2.84
32	4.15	3.29	2.90	2.67	2.51	2.40	2.31	2.24	2.19	2.14	2.10	2.07
	7.50	5.34	4.46	3.97	3.65	3.43	3.26	3.13	3.02	2.93	2.86	2.80
34	4.13	3.28	2.88	2.65	2.49	2.38	2.29	2.23	2.17	2.12	2.08	2.05
	7.44	5.29	4.42	3.93	3.61	3.39	3.22	3.09	2.98	2.89	2.82	2.76
36	4.11	3.26	2.87	2.63	2.48	2.36	2.28	2.21	2.15	2.11	2.07	2.03
	7.40	5.25	4.38	3.89	3.57	3.35	3.18	3.05	2.95	2.86	2.79	2.72
38	4.10	3.24	2.85	2.62	2.46	2.35	2.26	2.19	2.14	2.09	2.05	2.02
	7.35	5.21	4.34	3.86	3.54	3.32	3.15	3.02	2.92	2.83	2.75	2.69
40	4.08	3.23	2.84	2.61	2.45	2.34	2.25	2.18	2.12	2.08	2.04	2.00
	7.31	5.18	4.31	3.83	3.51	3.29	3.12	2.99	2.89	2.80	2.73	2.66
42	4.07	3.22	2.83	2.59	2.44	2.32	2.24	2.17	2.11	2.06	2.03	1.99
	7.28	5.15	4.29	3.80	3.49	3.27	3.10	2.97	2.86	2.78	2.70	2.64
44	4.06	3.21	2.82	2.58	2.43	2.31	2.23	2.16	2.10	2.05	2.01	1.98
	7.25	5.12	4.26	3.78	3.47	3.24	3.08	2.95	2.84	2.75	2.68	2.62
46	4.05	3.20	2.81	2.57	2.42	2.30	2.22	2.15	2.09	2.04	2.00	1.97
	7.22	5.10	4.24	3.76	3.44	3.22	3.06	2.93	2.82	2.73	2.66	2.60
48	4.04	3.19	2.80	2.57	2.41	2.29	2.21	2.14	2.08	2.03	1.99	1.96
	7.19	5.08	4.22	3.74	3.43	3.20	3.04	2.91	2.80	2.71	2.64	2.58
50	4.03	3.18	2.79	2.56	2.40	2.29	2.20	2.13	2.07	2.03	1.99	1.95
	7.17	5.06	4.20	3.72	3.41	3.19	3.02	2.89	2.78	2.70	2.63	2.56
60	4.00	3.15	2.76	2.53	2.37	2.25	2.17	2.10	2.04	1.99	1.95	1.92
	7.08	4.98	4.13	3.65	3.34	3.12	2.95	2.82	2.72	2.63	2.56	2.50
70	3.98	3.13	2.74	2.50	2.35	2.23	2.14	2.07	2.02	1.97	1.93	1.89
	7.01	4.92	4.07	3.60	3.29	3.07	2.91	2.78	2.67	2.59	2.51	2.45
80	3.96	3.11	2.72	2.49	2.33	2.21	2.13	2.06	2.00	1.95	1.91	1.88
	6.96	4.88	4.04	3.56	3.26	3.04	2.87	2.74	2.64	2.55	2.48	2.42
100	3.94	3.09	2.70	2.46	2.31	2.19	2.10	2.03	1.97	1.93	1.89	1.85
	6.90	4.82	3.98	3.51	3.21	2.99	2.82	2.69	2.59	2.50	2.43	2.37
125	3.92	3.07	2.68	2.44	2.29	2.17	2.08	2.01	1.96	1.91	1.87	1.83
	6.84	4.78	3.94	3.47	3.17	2.95	2.79	2.66	2.55	2.47	2.39	2.33
150	3.90	3.06	2.66	2.43	2.27	2.16	2.07	2.00	1.94	1.89	1.85	1.82
	6.81	4.75	3.91	3.45	3.14	2.92	2.76	2.63	2.53	2.44	2.37	2.31
200	3.89	3.04	2.65	2.42	2.26	2.14	2.06	1.98	1.93	1.88	1.84	1.80
	6.76	4.71	3.88	3.41	3.11	2.89	2.73	2.60	2.50	2.41	2.34	2.27
400	3.86	3.02	2.63	2.39	2.24	2.12	2.03	1.96	1.90	1.85	1.81	1.78
	6.70	4.66	3.83	3.37	3.06	2.85	2.68	2.56	2.45	2.37	2.29	2.23
1000	3.85	3.00	2.61	2.38	2.22	2.11	2.02	1.95	1.89	1.84	1.80	1.76
	6.66	4.63	3.80	3.34	3.04	2.82	2.66	2.53	2.43	2.34	2.27	2.20
∞	3.84	3.00	2.61	2.37	2.21	2.10	2.01	1.94	1.88	1.83	1.79	1.75
	6.64	4.61	3.78	3.32	3.02	2.80	2.64	2.51	2.41	2.32	2.25	2.19

续表

分母的自由度 ν_2	分子的自由度 ν_1											
	14	16	20	24	30	40	50	75	100	200	500	∞
26	2.09	2.05	1.99	1.95	1.90	1.85	1.82	1.78	1.76	1.73	1.71	1.69
	2.86	2.78	2.66	2.58	2.50	2.42	2.36	2.29	2.25	2.19	2.16	2.13
27	2.08	2.04	1.97	1.93	1.88	1.84	1.81	1.76	1.74	1.71	1.69	1.67
	2.82	2.75	2.63	2.55	2.47	2.38	2.33	2.26	2.22	2.16	2.12	2.10
28	2.06	2.02	1.96	1.91	1.87	1.82	1.79	1.75	1.73	1.69	1.67	1.65
	2.79	2.72	2.60	2.52	2.44	2.35	2.30	2.23	2.19	2.13	2.09	2.06
29	2.05	2.01	1.94	1.90	1.85	1.81	1.77	1.73	1.71	1.67	1.65	1.64
	2.77	2.69	2.57	2.49	2.41	2.33	2.27	2.20	2.16	2.10	2.06	2.03
30	2.04	1.99	1.93	1.89	1.84	1.79	1.76	1.72	1.70	1.66	1.64	1.62
	2.74	2.66	2.55	2.47	2.39	2.30	2.25	2.17	2.13	2.07	2.03	2.01
31	2.03	1.98	1.92	1.88	1.83	1.78	1.75	1.70	1.68	1.65	1.62	1.61
	2.72	2.64	2.52	2.45	2.36	2.27	2.22	2.14	2.11	2.04	2.01	1.98
32	2.01	1.97	1.91	1.86	1.82	1.77	1.74	1.69	1.67	1.63	1.61	1.59
	2.70	2.62	2.50	2.42	2.34	2.25	2.20	2.12	2.08	2.02	1.98	1.96
33	2.00	1.96	1.90	1.85	1.81	1.76	1.72	1.68	1.66	1.62	1.60	1.58
	2.68	2.60	2.48	2.40	2.32	2.23	2.18	2.10	2.06	2.00	1.96	1.93
34	1.99	1.95	1.89	1.84	1.80	1.75	1.71	1.67	1.65	1.61	1.59	1.57
	2.66	2.58	2.46	2.38	2.30	2.21	2.16	2.08	2.04	1.98	1.94	1.91
35	1.99	1.94	1.88	1.83	1.79	1.74	1.70	1.66	1.63	1.60	1.57	1.56
	2.64	2.56	2.44	2.36	2.28	2.19	2.14	2.06	2.02	1.96	1.92	1.89
36	1.98	1.93	1.87	1.82	1.78	1.73	1.69	1.65	1.62	1.59	1.56	1.55
	2.62	2.54	2.43	2.35	2.26	2.18	2.12	2.04	2.00	1.94	1.90	1.87
37	1.97	1.93	1.86	1.82	1.77	1.72	1.68	1.64	1.62	1.58	1.55	1.54
	2.61	2.53	2.41	2.33	2.25	2.16	2.10	2.03	1.98	1.92	1.88	1.85
38	1.96	1.92	1.85	1.81	1.76	1.71	1.68	1.63	1.61	1.57	1.54	1.53
	2.59	2.51	2.40	2.32	2.23	2.14	2.09	2.01	1.97	1.90	1.86	1.84
39	1.95	1.91	1.85	1.80	1.75	1.70	1.67	1.62	1.60	1.56	1.53	1.52
	2.58	2.50	2.38	2.30	2.22	2.13	2.07	1.99	1.95	1.89	1.85	1.82
40	1.95	1.90	1.84	1.79	1.74	1.69	1.66	1.61	1.59	1.55	1.53	1.51
	2.56	2.48	2.37	2.29	2.20	2.11	2.06	1.98	1.94	1.87	1.83	1.80
41	1.94	1.90	1.83	1.79	1.74	1.69	1.65	1.61	1.58	1.54	1.52	1.50
	2.55	2.47	2.36	2.28	2.19	2.10	2.04	1.97	1.92	1.86	1.82	1.79
42	1.94	1.89	1.83	1.78	1.73	1.68	1.65	1.60	1.57	1.53	1.51	1.49
	2.54	2.46	2.34	2.26	2.18	2.09	2.03	1.95	1.91	1.85	1.80	1.78
43	1.93	1.89	1.82	1.77	1.72	1.67	1.64	1.59	1.57	1.53	1.50	1.48
	2.53	2.45	2.33	2.25	2.17	2.08	2.02	1.94	1.90	1.83	1.79	1.76
44	1.92	1.88	1.81	1.77	1.72	1.67	1.63	1.59	1.56	1.52	1.49	1.48
	2.52	2.44	2.32	2.24	2.15	2.07	2.01	1.93	1.89	1.82	1.78	1.75
45	1.92	1.87	1.81	1.76	1.71	1.66	1.63	1.58	1.55	1.51	1.49	1.47
	2.51	2.43	2.31	2.23	2.14	2.05	2.00	1.92	1.88	1.81	1.77	1.74
46	1.91	1.87	1.80	1.76	1.71	1.65	1.62	1.57	1.55	1.51	1.48	1.46
	2.50	2.42	2.30	2.22	2.13	2.04	1.99	1.91	1.86	1.80	1.76	1.73
48	1.90	1.86	1.79	1.75	1.70	1.64	1.61	1.56	1.54	1.49	1.47	1.45
	2.48	2.40	2.28	2.20	2.12	2.02	1.97	1.89	1.84	1.78	1.73	1.70
50	1.89	1.85	1.78	1.74	1.69	1.63	1.60	1.55	1.52	1.48	1.46	1.44
	2.46	2.38	2.27	2.18	2.10	2.01	1.95	1.87	1.82	1.76	1.71	1.68
60	1.86	1.82	1.75	1.70	1.65	1.59	1.56	1.51	1.48	1.44	1.41	1.39
	2.39	2.31	2.20	2.12	2.03	1.94	1.88	1.79	1.75	1.68	1.63	1.60
70	1.84	1.79	1.72	1.67	1.62	1.57	1.53	1.48	1.45	1.40	1.37	1.35
	2.35	2.27	2.15	2.07	1.98	1.89	1.83	1.74	1.70	1.62	1.57	1.54
80	1.82	1.77	1.70	1.65	1.60	1.54	1.51	1.45	1.43	1.38	1.35	1.32
	2.31	2.23	2.12	2.03	1.94	1.85	1.79	1.70	1.65	1.58	1.53	1.49
100	1.79	1.75	1.68	1.63	1.57	1.52	1.48	1.42	1.39	1.34	1.31	1.28
	2.27	2.19	2.07	1.98	1.89	1.80	1.74	1.65	1.60	1.52	1.47	1.43
125	1.77	1.73	1.66	1.60	1.55	1.49	1.45	1.40	1.36	1.31	1.27	1.25
	2.23	2.15	2.03	1.94	1.85	1.76	1.69	1.60	1.55	1.47	1.41	1.37
150	1.76	1.71	1.64	1.59	1.54	1.48	1.44	1.38	1.34	1.29	1.25	1.22
	2.20	2.12	2.00	1.92	1.83	1.73	1.66	1.57	1.52	1.43	1.38	1.33
200	1.74	1.69	1.62	1.57	1.52	1.46	1.41	1.35	1.32	1.26	1.22	1.19
	2.17	2.09	1.97	1.89	1.79	1.69	1.63	1.53	1.48	1.39	1.33	1.28
400	1.72	1.67	1.60	1.54	1.49	1.42	1.38	1.32	1.28	1.22	1.17	1.13
	2.13	2.05	1.92	1.84	1.75	1.64	1.58	1.48	1.42	1.32	1.25	1.19
1000	1.70	1.65	1.58	1.53	1.47	1.41	1.36	1.30	1.26	1.19	1.13	1.08
	2.10	2.02	1.90	1.81	1.72	1.61	1.54	1.44	1.38	1.28	1.19	1.11
∞	1.69	1.64	1.57	1.52	1.46	1.40	1.35	1.28	1.25	1.17	1.11	1.02
	2.08	2.00	1.88	1.79	1.70	1.59	1.53	1.42	1.36	1.25	1.16	1.04

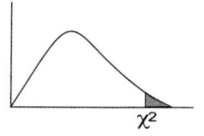

附表6　χ^2分布界值表

ν	α（右侧尾部面积）												
	0.995	0.990	0.975	0.950	0.900	0.750	0.500	0.250	0.100	0.050	0.025	0.010	0.005
1	—	—	—	—	0.02	0.10	0.45	1.32	2.71	3.84	5.02	6.63	7.88
2	0.01	0.02	0.05	0.10	0.21	0.58	1.39	2.77	4.61	5.99	7.38	9.21	10.60
3	0.07	0.11	0.22	0.35	0.58	1.21	2.37	4.11	6.25	7.81	9.35	11.34	12.84
4	0.21	0.30	0.48	0.71	1.06	1.92	3.36	5.39	7.78	9.49	11.14	13.28	14.86
5	0.41	0.55	0.83	1.15	1.61	2.67	4.35	6.63	9.24	11.07	12.83	15.09	16.75
6	0.68	0.87	1.24	1.64	2.20	3.45	5.35	7.84	10.64	12.59	14.45	16.81	18.55
7	0.99	1.24	1.69	2.17	2.83	4.25	6.35	9.04	12.02	14.07	16.01	18.48	20.28
8	1.34	1.65	2.18	2.73	3.49	5.07	7.34	10.22	13.36	15.51	17.53	20.09	21.95
9	1.73	2.09	2.70	3.33	4.17	5.90	8.34	11.39	14.68	16.92	19.02	21.67	23.59
10	2.16	2.56	3.25	3.94	4.87	6.74	9.34	12.55	15.99	18.31	20.48	23.21	25.19
11	2.60	3.05	3.82	4.57	5.58	7.58	10.34	13.70	17.28	19.68	21.92	24.72	26.76
12	3.07	3.57	4.40	5.23	6.30	8.44	11.34	14.85	18.55	21.03	23.34	26.22	28.30
13	3.57	4.11	5.01	5.89	7.04	9.30	12.34	15.98	19.81	22.36	24.74	27.69	29.82
14	4.07	4.66	5.63	6.57	7.79	10.17	13.34	17.12	21.06	23.68	26.12	29.14	31.32
15	4.60	5.23	6.26	7.26	8.55	11.04	14.34	18.25	22.31	25.00	27.49	30.58	32.80
16	5.14	5.81	6.91	7.96	9.31	11.91	15.34	19.37	23.54	26.30	28.85	32.00	34.27
17	5.70	6.41	7.56	8.67	10.09	12.79	16.34	20.49	24.77	27.59	30.19	33.41	35.72
18	6.26	7.01	8.23	9.39	10.86	13.68	17.34	21.60	25.99	28.87	31.53	34.81	37.16
19	6.84	7.63	8.91	10.12	11.65	14.56	18.34	22.72	27.20	30.14	32.85	36.19	38.58
20	7.43	8.26	9.59	10.85	12.44	15.45	19.34	23.83	28.41	31.41	34.17	37.57	40.00
21	8.03	8.90	10.28	11.59	13.24	16.34	20.34	24.93	29.62	32.67	35.48	38.93	41.40
22	8.64	9.54	10.98	12.34	14.04	17.24	21.34	26.04	30.81	33.92	36.78	40.29	42.80
23	9.26	10.20	11.69	13.09	14.85	18.14	22.34	27.14	32.01	35.17	38.08	41.64	44.18
24	9.89	10.86	12.40	13.85	15.66	19.04	23.34	28.24	33.20	36.42	39.36	42.98	45.56
25	10.52	11.52	13.12	14.61	16.47	19.94	24.34	29.34	34.38	37.65	40.65	44.31	46.93
26	11.16	12.20	13.84	15.38	17.29	20.84	25.34	30.43	35.56	38.89	41.92	45.64	48.29
27	11.81	12.88	14.57	16.15	18.11	21.75	26.34	31.53	36.74	40.11	43.19	46.96	49.64
28	12.46	13.56	15.31	16.93	18.94	22.66	27.34	32.62	37.92	41.34	44.46	48.28	50.99
29	13.12	14.26	16.05	17.71	19.77	23.57	28.34	33.71	39.09	42.56	45.72	49.59	52.34
30	13.79	14.95	16.79	18.49	20.60	24.48	29.34	34.80	40.26	43.77	46.98	50.89	53.67
40	20.71	22.16	24.43	26.51	29.05	33.66	39.34	45.62	51.81	55.76	59.34	63.69	66.77
50	27.99	29.71	32.36	34.76	37.69	42.94	49.33	56.33	63.17	67.50	71.42	76.15	79.49
60	35.53	37.48	40.48	43.19	46.46	52.29	59.33	66.98	74.40	79.08	83.30	88.38	91.95
70	43.28	45.44	48.76	51.74	55.33	61.70	69.33	77.58	85.53	90.53	95.02	100.43	104.21
80	51.17	53.54	57.15	60.39	64.28	71.14	79.33	88.13	96.58	101.88	106.63	112.33	116.32
90	59.20	61.75	65.65	69.13	73.29	80.62	89.33	98.65	107.57	113.15	118.14	124.12	128.30
100	67.33	70.06	74.22	77.93	82.36	90.13	99.33	109.14	118.50	124.34	129.56	135.81	140.17

附表7　q界值表

上行：$P=0.05$　下行：$P=0.01$

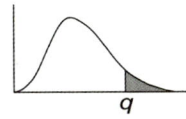

ν	组数，a								
	2	3	4	5	6	7	8	9	10
5	3.64	4.60	5.22	5.67	6.03	6.33	6.58	6.80	6.99
	5.70	6.98	7.80	8.42	8.91	9.32	9.67	9.97	10.24
6	3.46	4.34	4.90	5.30	5.63	5.90	6.12	6.32	6.49
	5.24	6.33	7.03	5.56	7.97	8.32	8.61	8.87	9.10
7	3.34	4.16	4.68	5.06	5.36	5.61	5.82	6.00	6.16
	4.95	5.92	6.54	7.01	7.37	7.68	7.94	8.17	8.37
8	3.26	4.04	4.53	4.89	5.17	5.40	5.60	5.77	5.92
	4.75	5.64	6.20	6.62	6.96	7.24	7.47	7.68	7.86
9	3.20	3.95	4.41	4.76	5.02	5.24	5.43	5.59	5.74
	4.60	5.43	5.96	6.35	6.66	6.91	7.13	7.33	7.49
10	3.15	3.88	4.33	4.65	4.91	5.12	5.30	5.46	5.60
	4.48	5.27	5.77	6.14	6.43	6.67	6.87	7.05	7.21
12	3.08	3.77	4.20	4.51	4.75	4.95	5.12	5.27	5.39
	4.32	5.05	5.50	5.84	6.10	6.32	6.51	6.67	6.81
14	3.03	3.70	4.11	4.41	4.64	4.83	4.99	5.13	5.25
	4.21	4.89	5.32	5.63	5.88	6.08	6.26	6.41	6.54
16	3.00	3.65	4.05	4.33	4.56	4.74	4.90	5.03	5.15
	4.13	4.79	5.19	5.49	5.72	5.92	6.08	6.22	6.35
18	2.97	3.61	4.00	4.28	4.49	4.67	4.82	4.96	5.07
	4.07	4.70	5.09	5.38	5.60	5.79	5.94	6.08	6.20
20	2.95	3.58	3.96	4.23	4.45	4.62	4.77	4.90	5.01
	4.02	4.64	5.02	5.29	5.51	5.69	5.84	5.97	6.09
30	2.89	3.49	3.85	4.10	4.30	4.46	4.60	4.72	4.82
	3.89	4.45	4.80	5.05	5.24	5.40	5.54	5.65	5.76
40	2.86	3.44	3.79	4.04	4.23	4.39	4.52	4.63	4.73
	3.82	4.37	4.70	4.93	5.11	5.26	5.39	5.50	5.60
60	2.83	3.40	3.74	3.98	4.16	4.31	4.44	4.55	4.65
	3.76	4.28	4.59	4.82	4.99	5.13	5.25	5.36	5.45
120	2.80	3.36	3.68	3.92	4.10	4.24	4.36	4.47	4.56
	3.70	4.20	4.50	4.71	4.87	5.01	5.12	5.21	5.30
∞	2.77	3.31	3.63	3.86	4.03	4.17	4.29	4.39	4.47
	3.64	4.12	4.40	4.60	4.76	4.88	4.99	5.08	5.16

附表 8 **H** 界值表（三样本比较的秩和检验用）

n	n_1	n_2	n_3	P	
				0.05	0.01
7	3	2	2	4.71	
	3	3	1	5.14	
8	3	3	2	5.36	
	4	2	2	5.33	
	4	3	1	5.21	
	5	2	1	5.00	
9	3	3	3	5.60	7.20
	4	3	2	5.44	6.44
	4	4	1	4.97	6.67
	5	2	2	5.16	6.53
	5	3	1	4.96	
10	4	3	3	5.73	6.75
	4	4	2	5.45	7.04
	5	3	2	5.25	6.82
	5	4	1	4.99	6.95
11	4	4	3	5.60	7.14
	5	3	3	5.65	7.08
	5	4	2	5.27	7.12
	5	5	1	5.13	7.31
12	4	4	4	5.69	7.65
	5	4	3	5.63	7.44
	5	5	2	5.34	7.27
13	5	4	4	5.62	7.76
	5	5	3	5.71	7.54
14	5	5	4	5.64	7.79
15	5	5	5	5.78	7.98

附表 9 – 1　相关系数 r 界值表（Pearson 相关系数检验用）

自由度 ν	单侧:	0.25	0.10	0.05	0.025	0.01	0.005	0.0025	0.001	0.000
	双侧:	0.50	0.20	0.10	0.05	0.02	0.01	0.005	0.002	0.001
1		0.707	0.951	0.988	0.997	1.000	1.000	1.000	1.000	1.000
2		0.500	0.800	0.900	0.950	0.980	0.990	0.995	0.998	0.999
3		0.404	0.687	0.805	0.878	0.934	0.959	0.974	0.986	0.991
4		0.347	0.608	0.729	0.811	0.882	0.917	0.942	0.963	0.974
5		0.309	0.551	0.669	0.755	0.833	0.875	0.906	0.935	0.951
6		0.281	0.507	0.621	0.707	0.789	0.834	0.870	0.905	0.925
7		0.260	0.472	0.582	0.666	0.750	0.798	0.836	0.875	0.898
8		0.242	0.443	0.549	0.632	0.715	0.765	0.805	0.847	0.872
9		0.228	0.419	0.521	0.602	0.685	0.735	0.776	0.820	0.847
10		0.216	0.398	0.497	0.576	0.658	0.708	0.750	0.795	0.823
11		0.206	0.380	0.467	0.553	0.634	0.684	0.726	0.772	0.801
12		0.197	0.365	0.457	0.532	0.612	0.661	0.703	0.750	0.780
13		0.189	0.351	0.441	0.514	0.592	0.641	0.683	0.730	0.760
14		0.182	0.338	0.426	0.497	0.574	0.623	0.664	0.711	0.742
15		0.176	0..327	0.412	0.482	0.558	0.606	0.647	0.694	0.725
16		0.170	0.317	0.400	0.468	0.542	0.590	0.631	0.678	0.708
17		0.165	0.308	0.389	0.456	0.529	0.575	0.616	0.662	0.693
18		0.160	0.299	0.378	0.444	0.515	0.561	0.602	0.648	0.679
19		0.156	0.291	0.369	0.433	0.503	0.549	0.589	0.635	0.665
20		0.152	0.284	0.360	0.423	0.492	0.537	0.576	0.622	0.652
21		0.148	0.277	0.352	0.413	0.482	0.526	0.565	0.610	0.640
22		0.145	0.271	0.344	0.404	0.472	0.515	0.554	0.599	0.629
23		0.141	0.265	0.337	0.396	0.462	0.505	0.543	0.588	0.618
24		0.138	0.260	0.330	0.388	0.453	0.496	0.534	0.578	0.607
25		0.136	0.255	0.323	0.381	0.445	0.487	0.524	0.568	0.597
26		0.133	0.250	0.317	0.374	0.437	0.479	0.515	0.559	0.588
27		0.131	0.245	0.311	0.367	0.430	0.471	0.507	0.550	0.579
28		0.128	0.241	0.306	0.361	0.423	0.463	0.499	0.541	0.570
29		0.126	0.237	0.301	0.355	0.416	0.456	0.491	0.533	0.562
30		0.124	0.233	0.296	0.349	0.409	0.449	0.484	0.526	0.554
31		0.122	0.229	0.291	0.344	0.403	0.442	0.477	0.518	0.546
32		0.120	0.225	0.287	0.339	0.397	0.436	0.470	0.511	0.539
33		0.118	0.222	0.283	0.334	0.392	0.430	0.464	0.504	0.532
34		0.116	0.219	0.279	0.329	0.386	0.424	0.458	0.498	0.525
35		0.115	0.216	0.275	0.325	0.381	0.418	0.452	0.492	0.519
36		0.113	0.213	0.271	0.320	0.376	0.413	0.446	0.486	0.513
37		0.111	0.210	0.267	0.316	0.371	0.408	0.441	0.480	0.507
38		0.110	0.207	0.264	0.312	0.367	0.403	0.435	0.474	0.501
39		0.108	0.204	0.261	0.308	0.362	0.398	0.430	0.469	0.495
40		0.107	0.202	0.257	0.304	0.358	0.393	0.425	0.463	0.490
41		0.106	0.199	0.254	0.301	0.354	0.389	0.420	0.458	0.484
42		0.104	0.197	0.251	0.297	0.350	0.384	0.416	0.453	0.479
43		0.103	0.195	0.248	0.294	0.346	0.380	0.411	0.449	0.474
44		0.102	0.192	0.246	0.291	0.342	0.376	0.407	0.444	0.469
45		0.101	0.190	0.243	0.288	0.338	0.372	0.403	0.439	0.465
46		0.100	0.188	0.240	0.285	0.335	0.368	0.399	0.435	0.460
47		0.099	0.186	0.186	0.282	0.331	0.365	0.395	0.431	0.456
48		0.098	0.184	0.184	0.279	0.328	0.361	0.391	0.427	0.451
49		0.097	0.182	0.182	0.276	0.325	0.358	0.387	0.423	0.447
50		0.096	0.181	0.181	0.273	0.322	0.354	0.384	0.419	0.443

附表 9-2 r_s 界值表（spearman 相关系数检验用）

自由度 ν	单侧：0.25 双侧：0.50	0.10 0.20	0.05 0.10	0.025 0.05	0.01 0.02	0.005 0.01	0.0025 0.005	0.001 0.002	0.0005 0.001
4	0.600	1.000	1.000						
5	0.500	0.800	0.900	1.000	1.000				
6	0.371	0.657	0.829	0.886	0.943	1.000	1.000		
7	0.321	0.571	0.714	0.786	0.893	0.929	0.964	1.000	1.000
8	0.310	0.524	0.643	0.738	0.833	0.881	0.905	0.952	0.976
9	0.267	0.483	0.600	0.700	0.783	0.833	0.867	0.917	0.933
10	0.248	0.455	0.564	0.648	0.745	0.794	0.830	0.879	0.903
11	0.236	0.427	0.536	0.618	0.709	0.755	0.800	0.845	0.873
12	0.217	0.406	0.503	0.587	0.678	0.727	0.769	0.818	0.846
13	0.209	0.385	0.484	0.560	0.648	0.703	0.747	0.791	0.824
14	0.200	0.367	0.464	0.538	0.626	0.679	0.723	0.771	0.802
15	0.189	0.354	0.446	0.521	0.604	0.654	0.700	0.750	0.779
16	0.182	0.341	0.429	0.503	0.582	0.635	0.679	0.729	0.762
17	0.176	0.328	0.414	0.485	0.566	0.615	0.662	0.713	0.748
18	0.170	0.317	0.401	0.472	0.550	0.600	0.643	0.695	0.728
19	0.165	0.309	0.391	0.460	0.535	0.548	0.628	0.677	0.712
20	0.161	0.299	0.380	0.447	0.520	0.570	0.612	0.662	0.696
21	0.156	0.292	0.370	0.435	0.508	0.556	0.599	0.648	0.681
22	0.152	0.284	0.361	0.425	0.496	0.544	0.586	0.634	0.667
23	0.148	0.278	0.353	0.415	0.486	0.532	0.573	0.622	0.654
24	0.144	0.271	0.344	0.406	0.476	0.521	0.562	0.610	0.642
25	0.142	0.265	0.337	0.398	0.466	0.511	0.551	0.598	0.630
26	0.138	0.259	0.331	0.390	0.457	0.501	0.541	0.587	0.619
27	0.136	0.255	0.324	0.382	0.448	0.491	0.531	0.577	0.608
28	0.133	0.250	0.317	0.375	0.440	0.483	0.522	0.567	0.598
29	0.130	0.245	0.312	0.368	0.433	0.475	0.513	0.558	0.589
30	0.128	0.240	0.306	0.362	0.425	0.467	0.504	0.549	0.580
31	0.16	0.236	0.301	0.356	0.418	0.459	0.496	0.541	0.571
32	0.124	0.232	0.296	0.350	0.412	0.452	0.489	0.533	0.563
33	0.121	0.229	0.291	0.345	0.405	0.446	0.482	0.525	0.554
34	0.120	0.225	0.287	0.340	0.399	0.439	0.475	0.517	0.547
35	0.118	0.222	0.283	0.335	0.394	0.433	0.468	0.510	0.539
36	0.116	0.219	0.279	0.330	0.388	0.427	0.462	0.504	0.533
37	0.114	0.216	0.275	0.325	0.382	0.421	0.456	0.497	0.526
38	0.113	0.212	0.217	0.321	0.378	0.415	0.450	0.491	0.519
39	0.111	0.210	0.267	0.317	0.373	0.410	0.444	0.485	0.513
40	0.110	0.207	0.264	0.313	0.368	0.405	0.439	0.479	0.507
41	0.108	0.204	0.261	0.309	0.364	0.400	0.433	0.473	0.501
42	0.107	0.202	0.257	0.305	0.359	0.395	0.428	0.468	0.495
43	0.105	0.199	0.254	0.301	0.355	0.391	0.423	0.463	0.490
44	0.104	0.197	0.251	0.298	0.351	0.386	0.419	0.458	0.484
45	0.103	0.194	0.248	0.294	0.347	0.382	0.414	0.453	0.479
46	0.102	0.192	0.246	0.291	0.343	0.378	0.410	0.448	0.474
47	0.101	0.190	0.243	0.288	0.340	0.374	0.405	0.443	0.469
48	0.100	0.188	0.240	0.285	0.336	0.370	0.401	0.439	0.465
49	0.098	0.186	0.238	0.282	0.333	0.366	0.397	0.434	0.460
50	0.097	0.184	0.235	0.279	0.329	0.363	0.393	0.430	0.456

附表 10　随机数字表

编号	1~10	11~20	21~30	31~40	41~50
1	22 17 68 65 81	68 95 23 92 35	87 02 22 57 51	61 09 43 95 06	58 24 82 03 47
2	19 36 27 59 46	13 79 93 37 55	39 77 32 77 09	85 52 05 30 62	47 83 51 62 74
3	16 77 23 02 77	09 61 84 25 21	28 06 24 25 93	16 71 13 59 78	23 05 47 47 25
4	78 43 76 71 61	20 44 90 32 64	97 67 63 99 61	46 38 03 93 22	69 81 21 99 21
5	03 28 28 26 08	73 37 32 04 05	69 30 16 09 05	88 69 58 28 99	35 07 44 75 47
6	93 22 53 64 39	07 10 63 76 35	84 03 04 79 88	08 13 13 85 51	55 34 57 72 69
7	78 76 58 54 74	92 38 70 96 92	52 06 79 79 45	82 63 18 27 44	69 66 92 19 09
8	23 68 35 26 00	99 53 93 61 28	52 70 05 48 34	56 65 05 61 86	90 92 10 70 80
9	15 39 25 70 99	93 86 52 77 65	15 33 59 05 28	22 87 26 07 47	86 96 98 29 06
10	58 71 96 30 24	18 46 23 34 27	85 13 99 24 44	49 18 09 79 49	74 16 32 23 02
11	57 35 27 33 72	24 53 63 94 09	41 10 76 47 91	44 04 95 49 66	39 60 04 59 81
12	48 50 86 54 48	22 06 34 72 52	82 21 15 65 20	33 29 94 71 11	15 91 29 12 03
13	61 96 48 95 03	07 16 39 33 66	98 56 10 56 79	77 21 30 27 12	90 49 22 23 62
14	36 93 89 41 26	29 70 83 63 51	99 74 20 52 36	87 09 41 15 09	98 60 16 03 03
15	18 87 00 42 31	57 90 12 02 07	23 47 37 17 31	54 08 01 88 63	39 41 88 92 10
16	88 56 53 27 59	33 35 72 67 47	77 34 55 45 70	08 18 27 38 90	16 95 86 70 75
17	09 72 95 84 29	49 41 31 06 70	42 38 06 45 18	64 84 73 31 65	52 53 37 97 15
18	12 96 88 17 31	65 19 69 02 83	60 75 86 90 68	24 64 19 35 51	56 61 87 39 12
19	85 94 57 24 16	92 09 84 38 76	22 00 27 69 85	29 81 94 78 70	21 94 47 90 12
20	38 64 43 59 98	98 77 87 68 07	91 51 67 62 44	40 98 05 93 78	23 32 65 41 18
21	53 44 09 42 72	00 41 86 79 79	68 47 22 00 20	35 55 31 51 51	00 83 63 22 55
22	40 76 66 26 84	57 99 99 90 37	36 63 32 08 58	37 40 13 68 97	87 64 81 07 83
23	02 17 79 18 05	12 59 52 57 02	22 07 90 47 03	28 14 11 30 79	20 69 22 40 98
24	95 17 82 06 53	31 51 10 96 46	92 06 88 07 77	56 11 50 81 69	40 23 72 51 39
25	35 76 22 42 92	96 11 83 44 80	34 68 35 48 77	33 42 40 90 60	73 96 53 97 86
26	26 29 31 56 41	85 47 04 66 08	34 72 57 59 13	82 43 80 46 15	38 26 61 70 04
27	77 80 20 75 82	72 82 32 99 90	63 95 73 76 63	89 73 44 99 05	48 67 26 43 18
28	46 40 66 44 52	91 36 74 43 53	30 82 13 54 00	78 45 63 98 35	55 03 36 67 68
29	37 56 08 18 09	77 53 84 46 47	31 91 18 95 58	24 16 74 11 53	44 10 13 85 57
30	61 65 61 68 66	37 27 47 39 19	84 83 70 07 48	53 21 40 06 71	95 06 79 88 54
31	93 43 69 64 07	34 18 04 52 35	56 27 09 24 86	61 85 53 83 45	19 90 70 99 00
32	21 96 60 12 99	11 20 99 45 18	48 13 93 55 34	18 37 79 49 90	65 97 38 20 46
33	95 20 47 97 97	27 37 83 28 71	00 06 41 41 74	45 89 09 39 84	51 67 11 52 49
34	97 86 21 78 73	10 65 81 92 59	58 76 17 14 97	04 76 62 16 17	17 95 70 45 80
35	69 92 06 34 13	59 71 74 17 32	27 55 10 24 19	23 71 82 13 74	63 52 52 01 41
36	04 31 17 21 56	33 73 99 19 87	26 72 39 27 67	53 77 57 68 93	60 61 97 22 61
37	61 06 98 03 91	87 14 77 43 96	43 00 65 98 50	45 60 33 01 07	98 99 46 50 47
38	85 93 85 86 88	72 87 08 62 40	16 06 10 89 20	23 21 34 74 97	76 38 03 29 63
39	21 74 32 47 45	73 96 07 94 52	09 65 90 77 47	25 76 16 19 33	53 05 70 53 30
40	15 69 53 82 80	79 96 23 53 10	65 39 07 16 29	45 33 02 43 70	02 87 40 41 45
41	02 89 08 04 49	20 21 14 68 86	87 63 93 95 17	11 29 01 95 80	35 14 97 35 33
42	87 18 15 89 79	85 43 01 72 73	08 61 74 51 69	89 74 39 82 15	94 51 33 41 67
43	98 83 71 94 22	59 97 50 99 52	08 52 85 08 40	87 80 61 65 31	91 51 80 32 44
44	10 08 58 21 66	72 68 49 29 31	89 85 84 46 06	89 73 19 85 23	65 09 29 75 63
45	47 90 56 10 08	88 02 84 27 83	42 29 72 23 19	66 56 46 65 79	20 71 53 20 25
46	22 85 61 68 90	49 64 92 85 44	16 40 12 89 88	50 14 49 81 06	01 82 77 45 12
47	67 80 43 79 33	12 83 11 41 16	25 58 19 68 70	77 02 54 00 52	53 43 37 15 26
48	27 62 50 96 72	79 44 61 40 15	14 53 40 65 39	27 31 58 50 28	11 39 03 34 25
49	33 78 80 87 15	38 30 06 38 21	14 47 47 07 26	54 96 87 53 32	40 36 40 96 76
50	13 13 92 66 99	47 24 49 57 74	32 25 43 62 17	10 97 11 69 84	99 63 22 32 98

附表 11　随机排列表（$n = 20$）

编号	1	2	3	4	5	6	7	8	9	10	11	12	13	14	15	16	17	18	19	20	r_k
1	8	6	19	13	5	18	12	1	4	3	9	2	17	14	11	7	16	15	10	0	− 0.0632
2	8	19	7	6	11	14	2	13	5	17	9	12	0	16	15	1	4	10	18	3	− 0.0632
3	18	1	10	13	17	2	0	3	8	15	7	4	19	12	5	14	9	11	6	16 .	0.1053
4	6	19	1	5	18	12	4	0	13	10	16	17	7	14	11	15	8	3	9	2	− 0.0842
5	1	2	7	4	18	0	15	13	5	12	19	10	9	14	16	8	6	11	3	17	0.2000
6	11	19	2	15	14	10	8	12	1	17	4	3	0	9	16	6	13	7	18	5	− 0.1053
7	14	3	16	7	9	2	15	12	11	4	13	19	8	1	18	6	0	5	17	10	− 0.0526
8	3	2	16	6	1	13	17	19	8	14	0	15	9	18	11	5	4	10	7	12	0.0526
9	16	9	10	3	15	0	11	2	1	5	18	8	19	13	6	12	17	4	7	14	0.0947
10	4	11	18	6	0	8	12	16	17	3	2	9	5	7	19	10	15	13	14	1	0.0947
11	5	15	18	13	7	3	10	14	16	1	8	2	17	6	9	4	0	12	19	11	− 0.0526
12	0	18	10	15	11	12	3	13	14	1	17	2	6	9	16	4	7	8	19	5	− 0.0105
13	10	9	14	18	12	17	15	3	5	2	11	19	8	0	1	4	7	13	6	16	− 0.1579
14	11	9	13	0	14	12	18	7	2	10	4	17	19	6	5	8	3	15	1	16	0 − .0526
15	17	1	0	16	9	12	2	4	5	18	14	15	7	19	6	8	11	3	10	13	0.1053
16	17	1	5	2	8	12	15	13	19	14	7	16	6	3	9	10	4	11	0	18	0.0105
17	5	16	15	7	18	10	12	9	11	6	13	17	14	1	0	4	3	2	19	8	− 0.2000
18	16	19	0	8	6	10	13	17	4	3	15	18	11	1	12	9	5	7	2	14	− 0.1368
19	13	9	17	12	15	4	3	1	16	2	10	18	8	6	7	19	14	11	0	5	− 0.1263
20	11	12	8	16	3	19	14	17	9	7	4	1	10	0	18	15	6	5	13	2	− 0.2105
21	19	12	13	8	4	15	16	7	0	11	1	5	14	18	3	6	10	9	2	17	− 0.1368
22	2	18	8	14	6	11	1	9	15	0	17	10	4	7	13	3	12	5	16	19	0.1158
23	9	16	17	18	5	7	12	2	4	10	0	13	8	3	14	15	6	11	1	19	− 0.0632
24	15	0	14	6	1	2	9	8	18	4	10	17	3	12	16	11	19	13	7	5	0.1789
25	14	0	9	18	19	16	10	4	5	1	6	2	12	3	11	13	7	8	17	15	0.0526

附表12　ψ值表（多个样本均值比较的样本含量估计用）

$\alpha = 0.05$, $\beta = 0.1$

v_2	v_1																
	1	2	3	4	5	6	7	8	9	10	15	20	30	40	60	120	∞
2	6.80	6.71	6.68	6.67	6.66	6.65	6.65	6.65	6.64	6.64	6.64	6.63	6.63	6.63	6.63	6.63	6.62
3	5.01	4.63	4.47	4.39	4.34	4.30	4.27	4.25	4.23	4.22	4.18	4.16	4.14	4.13	4.12	4.11	4.09
4	4.40	3.90	3.69	3.58	3.50	3.45	3.41	3.38	3.36	3.34	3.28	3.25	3.22	3.20	3.19	3.17	3.15
5	4.09	3.54	3.30	3.17	3.08	3.02	2.97	2.94	2.91	2.89	2.81	2.78	2.74	2.72	2.70	2.68	2.66
6	3.91	3.32	3.07	2.92	2.83	2.76	2.71	2.67	2.64	2.61	2.53	2.49	2.44	2.41	2.40	2.37	2.35
7	3.80	3.18	2.91	2.76	2.66	2.58	2.53	2.49	2.45	2.42	2.33	2.29	2.24	2.21	2.19	2.16	2.18
8	3.71	3.08	2.81	2.64	2.51	2.46	2.40	2.35	2.32	2.29	2.19	2.14	2.09	2.06	2.03	2.00	1.97
9	3.65	3.01	2.72	2.56	2.44	2.36	2.30	2.26	2.22	2.19	2.09	2.03	1.97	1.94	1.91	1.88	1.85
10	3.60	2.95	2.66	2.49	2.37	2.29	2.23	2.18	2.14	2.11	2.00	1.94	1.88	1.85	1.82	1.78	1.75
11	3.57	2.91	2.61	2.44	2.32	2.23	2.17	2.12	2.08	2.04	1.93	1.87	1.81	1.78	1.74	1.70	1.67
12	3.54	2.87	2.57	2.39	2.27	2.19	2.12	2.07	2.02	1.99	1.88	1.81	1.75	1.71	1.68	1.64	1.60
13	3.51	2.84	2.54	2.36	2.23	2.15	2.08	2.02	1.98	1.95	1.83	1.76	1.69	1.66	1.62	1.58	1.54
14	3.49	2.81	2.51	2.33	2.20	2.11	2.04	1.99	1.94	1.91	1.79	1.72	1.65	1.61	1.57	1.53	1.49
15	3.47	2.79	2.48	2.30	2.17	2.08	2.01	1.96	1.91	1.87	1.75	1.68	1.61	1.57	1.53	1.49	1.44
16	3.46	2.77	2.46	2.28	2.15	2.06	1.99	1.93	1.88	1.85	1.72	1.65	1.58	1.54	1.49	1.45	1.40
17	3.44	2.76	2.44	2.26	2.13	2.04	1.96	1.91	1.86	1.82	1.69	1.62	1.55	1.50	1.46	1.41	1.36
18	3.43	2.74	2.43	2.24	2.11	2.02	1.94	1.89	1.84	1.80	1.67	1.60	1.52	1.48	1.43	1.38	1.33
19	3.42	2.73	2.41	2.22	2.09	2.00	1.93	1.87	1.82	1.78	1.65	1.58	1.49	1.45	1.40	1.35	1.30
20	3.41	2.72	2.40	2.21	2.08	1.98	1.91	1.85	1.80	1.76	1.63	1.55	1.47	1.43	1.38	1.33	1.27
21	3.40	2.71	2.39	2.20	2.07	1.97	1.90	1.84	1.79	1.75	1.61	1.54	1.45	1.41	1.36	1.30	1.25
22	3.39	2.70	2.38	2.19	2.05	1.96	1.88	1.82	1.77	1.73	1.60	1.52	1.43	1.39	1.34	1.28	1.22
23	3.39	2.69	2.37	2.18	2.04	1.95	1.87	1.81	1.76	1.72	1.58	1.50	1.42	1.37	1.32	1.26	1.20
24	3.38	2.68	2.36	2.17	2.03	1.94	1.86	1.80	1.75	1.71	1.57	1.49	1.40	1.35	1.30	1.24	1.18
25	3.37	2.68	2.35	2.16	2.02	1.93	1.85	1.79	1.74	1.70	1.56	1.48	1.39	1.34	1.28	1.23	1.16
26	3.37	2.67	2.35	2.15	2.02	1.92	1.84	1.78	1.73	1.69	1.54	1.46	1.37	1.32	1.27	1.21	1.15
27	3.36	2.66	2.34	2.14	2.01	1.91	1.83	1.77	1.72	1.68	1.53	1.45	1.36	1.31	1.26	1.20	1.13
28	3.36	2.66	2.33	2.14	2.00	1.90	1.82	1.76	1.71	1.67	1.52	1.44	1.35	1.30	1.24	1.18	1.11
29	3.36	2.65	2.33	2.13	1.99	1.89	1.82	1.75	1.70	1.66	1.51	1.43	1.34	1.29	1.23	1.17	1.10
30	3.35	2.65	2.32	2.12	1.99	1.89	1.81	1.75	1.70	1.65	1.51	1.42	1.33	1.28	1.22	1.16	1.08
40	3.32	2.61	2.28	2.08	1.94	1.84	1.76	1.70	1.64	1.60	1.44	1.36	1.25	1.20	1.13	1.06	0.98
50	3.31	2.59	2.26	2.06	1.92	1.81	1.73	1.67	1.61	1.56	1.41	1.31	1.21	1.15	1.08	1.00	0.90
60	3.30	2.58	2.25	2.04	1.90	1.79	1.71	1.64	1.59	1.54	1.38	1.29	1.18	1.11	1.04	0.95	0.85
80	3.28	2.56	2.23	2.02	1.88	1.77	1.69	1.62	1.56	1.51	1.35	1.25	1.14	1.07	0.99	0.90	0.77
120	3.27	2.55	2.21	2.00	1.86	1.75	1.66	1.59	1.54	1.49	1.32	1.22	1.09	1.02	0.94	0.83	0.68
240	3.26	2.53	2.19	1.98	1.84	1.73	1.64	1.57	1.51	1.46	1.29	1.18	1.05	0.97	0.88	0.76	0.56
∞	3.24	2.52	2.17	1.96	1.81	1.70	1.62	1.54	1.48	1.43	1.25	1.14	1.01	0.92	0.82	0.65	0.00

附表13　λ值表（多个样本率比较的样本含量估计用）

α = 0.05

v	β								
	0.9	0.8	0.7	0.6	0.5	0.4	0.3	0.2	0.1
1	0.43	1.24	2.06	2.91	3.84	4.90	6.17	7.85	10.31
2	0.62	1.73	2.78	3.83	4.96	6.21	7.70	9.63	12.65
3	0.78	2.10	3.30	4.50	5.76	7.15	8.79	10.90	14.17
4	0.91	2.40	3.74	5.05	6.42	7.92	9.68	11.94	15.41
5	1.03	2.67	4.12	5.53	6.99	8.59	10.45	12.83	16.47
6	1.13	2.91	4.46	5.96	7.50	9.19	11.14	13.62	17.42
7	1.23	3.13	4.77	6.35	7.97	9.73	11.77	14.35	18.28
8	1.32	3.33	5.06	6.71	8.40	10.24	12.35	15.02	19.08
9	1.40	3.53	5.33	7.05	8.81	10.71	12.89	15.65	19.83
10	1.49	3.71	5.59	7.37	9.19	11.15	13.40	16.24	20.53
11	1.56	3.88	5.83	7.68	9.56	11.57	13.89	16.80	21.20
12	1.64	4.05	6.06	7.97	9.90	11.98	14.35	17.34	21.83
13	1.71	4.20	6.29	8.25	10.23	12.36	14.80	17.85	22.44
14	1.77	4.36	6.50	8.52	10.55	12.73	15.22	18.34	23.02
15	1.84	4.50	6.71	8.78	10.86	13.09	15.63	18.81	23.58
16	1.90	4.65	6.91	9.03	11.16	13.43	16.03	19.27	24.13
17	1.97	4.78	7.10	9.27	11.45	13.77	16.41	19.71	24.65
18	2.03	4.92	7.29	9.50	11.73	14.09	16.78	20.14	25.16
19	2.08	5.05	7.47	9.73	12.00	14.41	17.14	20.56	25.65
20	2.14	5.18	7.65	9.96	12.26	14.71	17.50	20.96	26.13
21	2.20	5.30	7.83	10.17	12.52	15.01	17.84	21.36	26.60
22	2.25	5.42	8.00	10.38	12.77	15.30	18.17	21.74	27.06
23	2.30	5.54	8.16	10.59	13.02	15.59	18.50	22.12	27.50
24	2.36	5.66	8.33	10.79	13.26	15.87	18.82	22.49	27.94
25	2.41	5.77	8.48	10.99	13.49	16.14	19.13	22.85	28.37
26	2.46	5.88	8.64	11.19	13.72	16.41	19.44	23.20	28.78
27	2.51	5.99	8.79	11.38	13.95	16.67	19.74	23.55	29.19
28	2.56	6.10	8.94	11.57	14.17	16.93	20.04	23.89	29.60
29	2.60	6.20	9.09	11.75	14.39	17.18	20.33	24.22	29.99
30	2.65	6.31	9.24	11.93	14.60	17.43	20.61	24.55	30.38
31	2.69	6.41	9.38	12.11	14.82	17.67	20.89	24.87	30.76
32	2.74	6.51	9.52	12.28	15.02	17.91	21.17	25.19	31.13
33	2.78	6.61	9.66	12.45	15.23	18.15	21.44	25.50	31.50
34	2.83	6.70	9.79	12.62	15.43	18.38	21.70	25.80	31.87
35	2.87	6.80	9.93	12.79	15.63	18.61	21.97	26.11	32.23
36	2.91	6.89	10.06	12.96	15.82	18.84	22.23	26.41	32.58
37	2.96	6.99	10.19	13.12	16.01	19.06	22.48	26.70	32.93
38	3.00	7.08	10.32	13.28	16.20	19.28	22.73	26.99	33.27
39	3.04	7.17	10.45	13.44	16.39	19.50	22.98	27.27	33.61
40	3.08	7.26	10.57	13.59	16.58	19.71	23.23	27.56	33.94
50	3.46	8.10	11.75	15.06	18.31	21.72	25.53	30.20	37.07
60	3.80	8.86	12.81	16.38	19.88	23.53	27.61	32.59	39.89
70	4.12	9.56	13.79	17.60	21.32	25.20	29.52	34.79	42.48
80	4.41	10.21	14.70	18.74	22.67	26.75	31.29	36.83	44.89
90	4.69	10.83	15.56	19.80	23.93	28.21	32.96	38.74	47.16
100	4.95	11.41	16.37	20.81	25.12	29.59	34.54	40.56	49.29
110	5.20	11.96	17.14	21.77	26.25	30.90	36.04	42.28	51.33
120	5.44	12.49	17.88	22.68	27.34	32.15	37.47	43.92	53.27

附录二　统计符号表

符号	意义	符号	意义
H_0	原假设、无效假设	$s_{\bar{d}}$	样本差数的标准误
H_1	备择假设	n_{ij}	列联表第 i 行、第 j 列对应格的频数
α	总体回归截距	R_i	列联表第 i 行的合计频数
β	总体回归系数	C_j	列联表第 j 列的合计频数
β_i	x_i 的总体偏回归系数	N	列联表的总频数
ε_i	y_i 的模型残差	G	几何平均数
μ	总体均值	G^2	似然比统计量
σ	总体标准差	χ^2	卡方统计量
σ^2	总体方差	$N(\mu,\sigma^2)$	均数为 μ，方差为 σ^2 的正态分布
ρ	总体相关系数	O_{ij}	对应第 ij 个卡方分量的观测频数
ν	自由度	A_{ij}	对应第 ij 个卡方分量的期望频数
λ	Poisson 分布参数	f_i	第 i 项的频数
r	样本相关系数	Q_1,Q_2,Q_3	四分位数
r^2	确定系数	P_x	第 $x\%$ 位数
R^2	多重确定系数	Md	中位数
r_s	等级相关系数	IQR	四分位间距
a	样本回归截距	$\sum_{i=1}^{n} x_i$	将 x_1 到 x_n 求和
b	样本回归系数	$\sum_{l<j} x_l$	将 x_1 到 x_{j-1} 求和
b_i	第 i 变量的样本偏回归系数	$n!$	n 的阶乘
$\bar{x}$	样本均值	Z	标准化正态得分，即标准正态离差值
$\hat{y}_i$	第 i 个回归预测值	$Z_{\alpha/2}$	双尾 Z 检验的临界值，如 $\alpha=0.05$ 则 $Z=1.96$
$\bar{d}$	差数的均值	Z_α	单尾 Z 检验的临界值，如 $\alpha=0.05$ 则 $Z=1.64$
s_d	差数的标准差	$t_{\alpha/2,\nu}$	检验水平为 α，自由度为 ν 的 t 分布的临界值
$P(A)$	事件 A 的概率	$\chi^2_{\alpha,\nu}$	检验水平为 α，自由度为 ν 的卡方分布的临界值
$P(A\mid B)$	事件 B 已经发生条件下，事件 A 的概率	F_{α,ν_1,ν_2}	检验水平为 α，自由度1为 ν_1，自由度2为 ν_2 的 F 分布的临界值

附录三　希腊字母表

希腊字母		英文读音	希腊字母		英文读音
大写	小写		大写	小写	
A	α	alpha	N	ν	nu
B	β	beta	Ξ	ξ	xi
Γ	γ	gamma	O	o	omicron
Δ	δ	delta	Π	π	pi
E	ε	epsilon	P	ρ	rho
Z	ζ	zeta	Σ	σ	sigma
H	η	eta	T	τ	tau
Θ	θ	theta	Υ	υ	upsilon
I	ι	iota	Φ	φ	phi
K	κ	kappa	X	χ	chi
Λ	λ	lambda	Ψ	ψ	psi
M	μ	mu	Ω	ω	omega

附录四　教材内容思维导图

思维导图 1　　思维导图 2

参考文献

［1］李康，贺佳. 医学统计学［M］. 7版. 北京：人民卫生出版社. 2018.

［2］吴学森. 医学统计学［M］. 北京：中国医药科技出版社. 2016.

［3］Rosner B. Fundamentals of Biostatistics［M］. 8th ed. Boston：Cengage Learning, 2016.

［4］方积乾. 生物医学研究的统计方法［M］. 北京：高等教育出版社，2019.

［5］陆守曾，陈锋. 医学统计学［M］. 3版. 北京：中国统计出版社. 2016.